*Allister Ross*

# LIVING WELSH

Mr. T. J. Rhys Jones is Principal Lecturer in Welsh at the North East Wales Institute of Education. He graduated with First Class Honours in Welsh in the University of Wales and was awarded the most coveted post-graduate studentship which enabled him to complete his M.A. degree. After teaching at Grammar Schools in Glamorgan, he was appointed one of that county's language organisers. Later he became Language Adviser to the Camarthenshire L.E.A. where he pioneered audio-visual courses in Welsh and initiated oral examination testing on tape. He was for some years editor of the Welsh Teachers' magazine, 'Yr Athro' and has been honoured by the bardic Gorsedd circle at the national eisteddfod for his services to the Welsh language. He is a leading authority on the Welsh drama during the 17th and 18th centuries.

Mr. Rhys Jones and the late J. T. Bowen were the co-authors of the previous Teach Yourself Welsh in this series.

D1465358

TEACH YOURSELF BOOKS

# LIVING WELSH

**T. J. Rhys Jones**

TEACH YOURSELF BOOKS
Hodder and Stoughton

*First impression 1977*
*Fourth impression 1980*

This volume is published in the U.S.A. by David McKay
Company Inc., 750 Third Avenue, New York, N.Y. 10017.

ISBN 0 340 21846 0

*Printed in Great Britain*
*for Hodder and Stoughton Paperbacks, a Division of Hodder*
*and Stoughton Ltd, Mill Road, Dunton Green, Sevenoaks, Kent,*
*(Editorial Office, 47 Bedford Square, London WC1 3DP)*
*by Richard Clay (The Chaucer Press), Ltd., Bungay, Suffolk*

# Contents

## 6  Contents

# Acknowledgements

Many people have had a hand in the shaping of this book. I should like to thank students at Cartrefle College whose experience of language learning has proved invaluable in the preparation of this book. Many of my colleagues have made valuable contributions during discussions. The Principal and Governors of the College kindly granted me Sabbatical leave to complete this work, and I thank them.

Every teacher of Welsh has to pay tribute to the excellent work done in this field by the Faculty of Education at the University College of Wales, Aberystwyth, under its late Dean, Professor Jac. L. Williams, and also to the National Language Unit at Pontypridd under Mr Eric Evans, to whom I am deeply indebted for reading this book in manuscript and making many valuable suggestions. I should like to thank also my colleague Mr David Compton and my friend Mr John Morland of Dorking for assistance and valued constructive criticism. To my own family I owe an inexpressible debt of gratitude for constant encouragement. I hold myself alone responsible for any shortcomings in this book.

## The National Anthem of Wales
### Anthem Genedlaethol Cymru

Mae hen wlad fy nhadau yn annwyl i mi,
Gwlad beirdd a chantorion, enwogion o fri;
Ei gwrol ryfelwyr, gwladgarwyr tra mad,
Dros ryddid collasant eu gwaed.

Gwlad, gwlad, pleidiol wyf i'm gwlad;
Tra môr yn fur i'r bur hoff bau
O bydded i'r hen iaith barhau.

### FREE TRANSLATION

The old land of my fathers is dear to me,
Land of poets and singers, famous men of renown;
Her brave warriors, splendid patriots,
For freedom they lost their blood.

(My) country, (my) country, I'm devoted to my country,
While the sea is a wall to the pure loved land
O may the ancient language live on.

# Introduction

The aim of this book is to teach you to understand and *speak* Welsh as it is spoken today in Wales. It takes advantage of the many exciting developments in language teaching which have occurred since the appearance of *Teach Yourself Welsh*. In this book you will find a new approach, due to the fact that the emphasis is entirely upon learning the *spoken* language.

It is designed to help you participate in the vigorous social life of Welsh-speaking Wales, and also to provide you with a key to the treasure house of the Welsh cultural heritage.

The Welsh language has a fascinating history. It belongs, with its sister languages Breton and Cornish, to the Celtic family of languages, which includes Irish, Manx and Gaelic. Welsh emerged as an independent language in the fifth century AD when Roman rule in Britain was crumbling, and was spoken throughout the island of Britain south of a line between modern Glasgow and Edinburgh.

One of the most astonishing features in the history of the Welsh language is that the earliest examples of its literature come not from Wales itself, but from southern Scotland. They consist in the main of poems attributed to Taliesin and Aneirin, two court poets who sang of the exploits of their countrymen against the invading Saxons in the latter part of the sixth century. These poets were probably among the first to write in Welsh, and they pioneered a continuous tradition of literature which has lasted through fourteen centuries to the present day.

The Welsh language was the medium of government and literature in Wales until the Norman conquest of Wales which culminated in 1282, when the last Welsh prince was killed. Even so, Welsh literature, in prose and poetry, continued to flourish, and the fifteenth century has been acclaimed as one of its 'golden ages'. The accession of the Welsh Tudors, regarded as the ablest of the royal dynasties of England, was, ironically enough, a serious blow to the Welsh language. For not only did the Tudors begin the long 'brain drain' of the natural leaders of Welsh life in that period—the gentry—to London, but decreed that English was to be henceforth the only official language in Wales and that no one was to hold a public position anywhere in the royal dominions unless he spoke English.

Despite these setbacks, the language was virile enough to survive both blows. The translation of the Bible, authorised by Elizabeth I, gave the ordinary people of Wales a standard language which became the medium of expression throughout the religious revivals of the ensuing centuries. It was the religious zeal of Gruffydd Jones, in the eighteenth century, which inspired him to begin his 'Circulating' schools which made the Welsh people one of the first literate nations in Europe. One of the most important by-products of the religious fervour of the last century was an amazing resurgence of cultural activities, mainly musical and literary, which were a distinctive feature of the industrial areas of Wales.

During the last hundred years, however, the Welsh language suffered many savage hammer blows that have threatened its very survival—English-centred compulsory education, 'mixed' marriages in which English became the dominant language of the hearth, the severe economic depressions of the twenties and thirties in Wales which drained whole communities of their adolescent generation, not to mention the deaths of thousands of Welshmen during the two World Wars.

Today, in spite of all its adversities, the Welsh language is re-establishing itself. Instruction through the medium of

Welsh is on the increase from the Nursery Schools to the University Colleges; evening classes for learning Welsh are increasing in number and crash-courses are over-subscribed. Hundreds of books are pouring out from Welsh presses. But above all, there is a growing feeling of national identity, especially amongst young people, which augurs a brighter future for the Welsh language as an expression and symbol of Welsh nationhood.

The standard of Welsh taught in this book is that of the majority of educated Welsh people living today. The primary aim of the method used in this book is to teach you to learn Welsh as quickly and as easily as possible. It is not a grammar book; the technical terms used are mainly for the benefit of readers who are accustomed to a 'grammar' approach to learning languages. Some of the traditional 'rules' of Welsh grammar have been recast in the interests of clarity and ease of assimilation. Where it appears that modern Welsh speakers ignore these 'rules', they have been jettisoned for two reasons: firstly, this is a 'descriptive' not a 'prescriptive' account of the language, i.e. a description of the language *as it is spoken today* and not an imperative set of grammatical regulations as to how it should be spoken; secondly, the changes that have been made tend, by analogy etc., to remove irregularities and therefore to simplify and facilitate the process of language learning. By this process of change, the language itself is eliminating much of the tedium of having to learn numerous exceptions to general usages—the bane of language acquisition.

The recommendations of the pamphlet *Cymraeg Byw 3* regarding contemporary Welsh practice and usage have, in the main, been followed in this book. The author wishes to express his indebtedness and his gratitude to its compilers.

# How to use this book

Welsh is presented in this book as a *spoken* language and it is therefore of the greatest importance that the student should learn the sounds represented by the written symbols. Secondly, all the sentences and exercises in this book should be read aloud, so that the student may become familiar with producing Welsh sounds and words in combination, especially those involving the use of mutations.

The backbone of the course is the dialogue at the end of each lesson. In these the learner will meet real-life situations and learn how to participate in conversation. The subject matter consists of the day-to-day activities of two Welsh families, using present-day spoken Welsh in their conversation, and the learner will be able to use what he has learnt immediately he comes into contact with people who speak Welsh.

Each Lesson is divided up into sections:

(*a*) The explanatory section. Before he can fully understand the conversation, the student must learn how words are organised in Welsh sentences, in other words, sentence structure. This is dealt with under the headings 'How to say . . .' An attempt has been made to keep grammatical terms to a minimum and to allow the student to learn by inference and deduction from the examples given.

(*b*) Pattern Practice Tables and Exercises. These are included in order to give the student an opportunity of 'trying out' the skills he has been introduced to in the 'How to say . . .' section. Again it must be emphasised that *these exercises must be read aloud.* The tables enable the student to 'generate' sentences of his own under strict control, while the exercises, used in conjunction with the key give him an opportunity of testing his oral skill.

(*c*) Vocabulary. This consists of words used in the explanatory section together with new words needed to understand the content of the conversation that follows. The student should concentrate first of all on learning 'function' words, i.e. the words that appear time and time again in sentences, words such as 'the', 'and', 'in', 'on' etc. Words borrowed from English can easily be assimilated, although they may appear a little strange when encountered in their mutated form. Other words are best learnt in conjunction with the conversation. The meanings of many words will become apparent through analogy and deduction (and sometimes by sheer guesswork) in a situational context.

(*d*) The Conversations. Having mastered the pattern practices, and with the aid of the vocabulary, the student should have little difficulty in understanding the conversation. A fairly literal key to each conversation is given at the end of the book so that a check may be made on comprehension. The content should be read aloud and re-read, with the assistance, if possible of a fellow-learner or a Welsh speaker. These conversations are the core of this book and the importance of their function in the course cannot be over-emphasised.

(*e*) Questions sections. These, following the conversation, should give the student practice in asking and answering questions, responding to statements, as well as testing whether he or she understands the content of the conversation. It is possible to test oneself by using a card to cover the answer when working one's way down the page. Having done this, the student is advised to re-trace his steps via the conversation and pattern practice exercises back to the initial explanatory section. This 'to and fro' activity within each lesson should be of great practical assistance to the student, and should be done before proceeding to the English–Welsh translation exercises at the end of the lesson.

Language learning is a skill mastered by deliberate and unhurried perseverance and constant oral practice. The most important part is the beginning. Here the main language structures are outlined, and they provide the bases on which all subsequent structures are built. The importance of revision cannot be over-stressed, and an opportunity is given in Lesson 10 for a major revision of the previous chapters before commencing a study of the second half of the book.

The introductory section on mutations, which are a characteristic feature of the Welsh language, should be studied in detail so that the student may understand from the outset how and why they occur.

# A guide to Welsh pronunciation

Welsh pronunciation follows definite rules, with very few exceptions, and once they are mastered you will be able to pronounce every word correctly. There may be regional dialect variations, but the pronunciation indicated here is understood and accepted throughout Wales.

Welsh vowel sounds are 'pure' sounds, i.e. the position of the tongue, the lips and the jaws remain constant while the sound is being made.

Stress (or accent) in Welsh falls regularly on the last syllable but one. (There are a very few exceptions, which will be indicated in the vocabulary.)

Welsh spelling is much more 'phonetic' (or, to be more accurate, *phonemic*) than either English or French. There is a closer correspondence between symbol and sound. Each consonant has one sound only. *Ff* and *ph* obviously have the same sound.

## VOWEL SOUNDS

Welsh vowel sounds are 'pure' sounds similar to those found in Spanish and Italian. The long vowel sounds must not be diphthongised as in English. For example **to** (long *o*) is pronounced as *to(h)*, not as *tow*.

*Note*
(i) The consonantal values in the examples that follow will be the same as those of English.
(ii) The symbols between slant lines / / are those of the International Phonetic Alphabet.

a /aː/   long, as in 'father' (not 'fawther'); **tad**, 'father'.

a /a/   short, as in **Jac**, 'Jack' (not 'Jeck'); **cap**, 'cap'; **mat**, 'mat'.

e /eː/   long, as in 'pale'; **pêl**, 'ball'.

e /ɛ/   short, as in 'pen'; Welsh **pen**, 'head' or 'pen'.

i /iː/   long, as in 'machine'; **mil**, 'thousand', pronounced as English 'meal'.

i /i/   short, as in 'pin'; **dim**, 'nothing', is like English 'dim'.

o /oː/   long, as in 'more'; **pob**, 'every', rhymes with Job (the paragon of patience!); **côr**, 'choir'.

o /o/   short, as in 'pop'; Welsh **pop**, **ffon**, 'stick'.

u /ɨ/   In N. Wales, a guttural *ee* sound.

   /iː/   In S. Wales, pronounced as *ee*, and easier for the learner to produce. This vowel symbol is *never* pronounced as the *u* in English, but always as *ee*. For example **un** ('een'), 'one'; **mul**, 'mule', as English 'meal' (compare **'mil'**, 'thousand' above).

u /i/   a short *i* sound as in **pum** ('pim'), 'five'; **papur** (pron. 'pap-irr'), 'paper'; **punt** (pron. 'pinn-t') 'a pound'.

w /uː/   a long vowel sound as in 'fool', in Welsh **ffŵl**; **mwg** (pron. 'moo-g'), 'smoke'.

w /u/   short, as in English 'took'; **cwm**, 'valley'; **trwm**, 'heavy'.

y   This symbol represents two sounds:

   /iː/   1. (*a*) A long vowel similar to *ee* in S. Wales and to the N. Wales *u*. In this book,[1] to assist the learner, this sound will be represented by the symbol ụ. **Dụn** (pron. 'dean'), 'man'; **Bụd** (pron. 'bead'), 'world'.

   /i/   (*b*) A short sound similar to *i* in 'bin'. **Brụn** (pron. as in the name 'Brinley'), 'hill'; **Hụn** (pron. 'hinn'), 'this'.

---

[1] As far as, and including, Lesson 10. From then on both sounds will be represented by the letter *y*, as is the normal usage in written and printed Welsh.

/ə/ 2. A sound similar to that of *y* in 'Myrtle'. This sound is very common in unstressed vowels in English, e.g. the *a* in 'about', the *e* in 'butter', the *o* in 'honey' etc. In Welsh this sound has a distinctive symbol, *y*. **Ydw** (pron. 'udd-oo'), 'Yes, I am'; **Ydꟻ** ('Udd-ee'), 'Yes, he is'.

Both long **ꟻ** and short **ꟻ** become *y* when a syllable is added:

Long ꟻ—**dꟻn**, 'man' as in 'dean', but **dynion** ('dunn-yon'), 'men'.

Short y—**hꟻn**, 'this, these', but **hynnꟻ** (pron. 'honey'), 'that, those'.

*Note*
Only the following one-syllable words have the sound in (2) above:

> **Y, yr**, 'the'
> The ejaculation **Ych**, 'Ugh'
> **Yn, yng, ym**, 'in' (pron. (H)un, (H)ung and (H)um, respectively).
> **Fy**, 'my', as in 'fa*vour*' ('vuh')
> **Dy**, 'thy', 'your', as in '*dir*t' ('duh')
> A small number of borrowings from English, such as **syr**, 'sir'; **nyrs**, 'nurse'.

CONSONANTS

b /b/ As in English.

c /k/ Always the 'hard' sound of *c* in 'cap', never as in 'ace'. Therefore the Welsh alphabet dispenses with *k*; *criced*, 'cricket', except for *kilo* 'kilo'.

ch /x/ As in German *Bach*, Scottish *loch*, never as in 'church'. Two consecutive *ch*'s are sounded as one.

d /d/ As in English; **dim** (pron. 'dim'), 'nothing'.

dd /ð/ Used to represent the softer *th* sound as in English 'brea*the*' and '*the*'. **Prudd**, 'sad', rhymes with 'breathe', and so does the **pridd** in **Pontypridd**.

f /v/ Always as in English 'o*f*'; **afal**, 'an apple'; **fel** ('vell'), 'like'. There is no *v* in the Welsh alphabet, as *f* always represents this sound. This is a weak letter in Welsh, and tends to disappear at the end of words, e.g. **ha(f)**, 'summer', and also in **fy**, 'my'.

ff /f/    As in English 'off'; **ffilm**, 'film'.

g /g/    Always as in 'get', never as in 'George'; **golff**, 'golf'; **gêm**, 'game', **gardd**, 'garden'.

ng /ŋ/    As in English 'sing', never as in 'angel' or 'danger'; rarely as *ng* and *g*, as in 'Bingo' e.g. **Bangor** (pron. 'Bang-gor'), and **dangos** ('dang-gos'), 'to show'. Note the position of this letter in the Welsh alphabet, i.e. between **g** and **h**. In a vocabulary or dictionary **angen**, 'need', comes before **ail**, 'second'.

h /h̃/    As in English. Omitted in a number of S. Wales dialects. **Haf**, 'summer'; **hen** (pron. 'hane'), 'old'.

j /dʒ/    Borrowed from English; **Jac-y-do**, 'Jackdaw'.

l /l/    As in English; **lwc** (pron. 'look'), 'luck'.

ll /ɬ/    Produced by putting the tongue in the *l* position and hissing; **llan**, 'a church'; **Llangollen**, 'the church of (Saint) Collen'.

m /m/    As in English; **môr** (pron. 'more' with trilled *r*), 'sea'.

n /n/    As in English; **dyn**, 'man'.

p /p/    As in English; **pop**, 'pop'.

ph /f/    As in English.

r /r/    Trilled in Welsh, as in Spanish and Italian; **radio** (pron. 'rrahdio'), 'radio'.

rh /r̥/    An aspirated *r*; *r* accompanied by a strong emission of breath; **rhosyn**, 'a rose'.

s /s/    Always as in 'sit', *never* as in 'nose'. **Rhosyn** ('rho-sin'), 'a rose'; **nos** (long *o*), 'night'; **sosban**, 'saucepan'.

si /ʃ/    Pronounced as *sh* in 'English'. **Siop**, 'shop'; **siarad**, 'to talk'.

t /t/    As in English. **Het**, 'hat'.

th /θ/    Always as in English '*th*ing', never as in 'the'. **Cath** (pron. 'caa-th', long *a*) 'cat'.

CONSONANTAL VOWELS

The letters **i** and **w** sometimes perform the function of a consonant. **I** /j/ resembles the *y* in 'yes', and **w** /w/ the clipped *oo* sound in 'water'. The combination **gwl-** in Welsh words, as in the refrain to the Welsh National Anthem '**Gwlad, gwlad . . .**' is pronounced as a cluster of consonants, 'g-oo-l' with a very short *oo*, similar to that of the English *u* in 'queen'. The Welsh **Gwladys** has the same number of syllables as 'Gladys'.

VOWEL LENGTH

1. In words of one syllable, the vowels are *short*

(*a*) When they stand alone, as in 'function' words such as
    **a**  and
    **e**  he, him, or it
    **i**  to, or I. (This *i* (pronounced 'ee') is always written with a small letter in Welsh.)
    **o**  from, (out) of
    **y**  the (as in 'myrtle')

(*b*) When they occur in unstressed syllables, e.g. **coffi**, 'coffee'; **deffro**, 'to awake'; **canu** (pron. 'kāhn-ee'), 'to sing'; **hynny** (pron. 'honey'), 'that'.

(*c*) When they are followed by the consonants c, p, t, m, ng; e.g. **crac**, 'crack'; **map**, 'map'; **mam**, 'mother'; **llong**, 'ship'; **stop**, 'stop'. Exceptions are shown by the use of the circumflex (^), e.g. **plât**, 'plate'.

(*d*) When they are followed by a cluster of consonants (two or more), e.g. **nant**, 'stream', **pont**, 'bridge', **plant**, 'children'.

(*e*) When *a*, *e*, *o*, *w*, *y* (*not i* or *u*) are followed by *n*, *l*, or *r*, and have no circumflex. For example **dan** (as in 'Dan'), 'under'; **ar**, 'on'; **llyn**, 'lake'; **dol**, 'doll'.

Vowels are *long*

(*a*) When they occur at the end of the syllable, e.g. **da** ('daa'), 'good'; **te**, 'tea'; **to**, 'roof', **tŷ** ('tee'), 'house'.

(*b*) When they occur in syllables ending in consonants other than those mentioned in (*c*) above (i.e. b, d, g, f, dd, th, ch, ff, s). For example, **mab**, 'son'; **tad**, 'father'; **pob** (pron. 'pobe'), 'every'; **deg**, 'ten'; **nef** (pron. 'nave'), 'heaven'; **sedd**, 'seat'; **cath**, 'cat'; **hoff** (rhymes with 'oaf'), 'favourite'; **cas**, 'nasty'. Special care must be taken with this type of word as it runs contrary to the rules of English pronunciation. (English has its own devices for representing long vowels sounds as contrasted with short sounds, e.g. rod (short), road, rode (long); bad (short), bard, barred (long).) Some borrowed words are pronounced as in English, e.g. **bag**, 'bag'; **pin**, 'pin'; **bil**, 'bill'.

(*c*) Before *n*, *l*, *r*, the sounds *i* and *u* are always long.[1] For example, **gwin** (rhymes with 'queen'), 'wine'; **un** ('een'), 'one'; **pur** (long 'ee'), 'pure'. When other vowels are long before *n*, *l* and *r*, they have a circumflex, e.g. **pêl**, 'ball'. Exceptions are **hen** (pron. 'hane') and **dyn** ('dean'), which have *long* vowels.

## 2. Words of more than one syllable

We have already seen that (i) the accent in Welsh falls on the last syllable but one, and (ii) that all unaccented syllables are short. In words of more than one syllable, the stressed vowel may be short, medium or long.

The stressed vowel lengths will follow, in the main, the rules for vowels in words of one syllable.

Stressed vowels are *long* if followed by another vowel, e.g. **diog** ('dee-og'), 'lazy'; **diolch** ('dee-all' together with the Welsh -*ch*), 'thanks'.

Long vowels in words of one syllable tend to become medium length when another syllable is added, e.g. **ceg** (long 'eh' sound) but the sound is shorter in **cegin**, 'kitchen'.

---

[1] Except **prin** (as in 'prince'), short, scarce.

**DIPHTHONGS**

The chief vowel comes first, but both are pronounced in quick succession.

**ae, ai**        as in English 'aye', e.g. **mae**, 'is'; **maen**, 'are'; **cae**, 'field'. **Mai**, the month of 'May'; **Dai**, short for 'David' or 'Dafydd'; **tai**, 'houses'.

**au**        Similar to **ae**, and **ai** in S. Wales. **Cau**, 'to close'; **haul**, 'sun'; **dau**, 'two'.

*Note*

This diphthong when it appears in plural endings, is pronounced as -e (long, as in 'Pale') by the majority of Welsh speakers. It is not, however, written as *e* in this book, in case the learner might confuse it with the 'silent' *e* which appears at the end of numerous words in English. The syllable written as -**au** at the end of words of more than one syllable should therefore be pronounced as -*e* /ɛ/.

**aw**        A combination of short *ah* and short *oo*, e.g. **brawd**, 'brother'; **llaw**, 'hand'.

**ei, eu**        These represent two sounds:

(*a*) When they mean 'his'/'her' and 'they' respectively they are pronounced *ee*, e.g. **ei mam**, 'her mother'; **eu mam**, 'their mother'.

(*b*) In words other than those of (*a*), the *e* has developed into an *y* (M*y*rtle) sound, e.g. **tei** is pronounced as English 'tie', and **teigar** as English 'tiger' (but with trilled **r**).

**ew**        This diphthong does not exist in English. It is produced by combining a short *eh* sound with a short, quick *oo*; try reversing the order of the 'we'- in 'went': *w, e*, followed by *e, w*.

|               |                                                                 |
|---------------|-----------------------------------------------------------------|
|               | **Mewn** ('meh-oon', quickly), 'in'; **Dewch i mewn**, 'Come in'. |
| **iw, uw, yw** | As English -ew in 'dew'. **Duw** ('dew'), 'God'; **byw**, 'to live'; **i'w**, 'to his'. |
| **oi, oe**    | Like the *oi* in 'oil'. **Oes** ('oiss'), 'Is there'; **oedd**, 'was'; **ddoe**, 'yesterday'; **oed**, 'age'; **coed**, 'trees'; **troi**, 'to turn'. |
| **ow**        | As in Owen. **Trowch!**, 'Turn!'                                |
| **-yw-**      | The 'obscure' *y* sound, with '*oo*' (short), as in 'cow'; **bywyd** ('bough-idd'), 'life'. |
| **wy**        | An apparently formidable combination, but not very difficult: |

(*a*) A short *oo* sound followed by a less emphatic, very short *ee* sound. **Pwy** is produced by adding 'Pooh' and **y** (as in 'yet')— 'Pooh-y'. Practice this sound: it occurs quite often in Welsh, e.g. **wy**, 'an egg'; **wyth**, 'eight'; **dwy**, 'two'; **twym**, 'warm'; **drwy**, 'through'.

(*b*) Mainly after *g*, as in **Gwyn**, the masculine name which corresponds to Gwen, and the colour **gwyn**, 'white'; **gwynt** ('gwinn-t'), 'wind'. *Exception:* the -**wy**- is like that of **pwy** in **gwyliau**, 'holidays'.

## 'FALSE FRIENDS'

'False friends' are words which have the same spelling in two (or more) different languages but are pronounced in different ways. Here are ten of the most common examples of these in Welsh and English. See if you can spot the differences before reading the explanations.

|            |                                                             |
|------------|-------------------------------------------------------------|
| **angel**  | Pronounced 'ang-ell'; it does, however, mean 'angel'.       |
| **allan**  | Pronounced with the Welsh *ll* sound; 'out'.                |
| **bob**    | Rhymes with 'robe', not with 'rob'; 'every'.                |
| **bore**   | The *-e* is sounded. 'Bore-ay'; 'morning'.                  |

**does**    Pronounced 'doiss'; 'there isn't . . .'

**faint**    *F* as in 'of'; *ai* as in English 'aye'. 'How much . . .?'

**gem**    The *g* is hard as in 'get'; it *does* mean 'gem'.

**haul**    'Haa-eel' (pronounced rapidly), 'sun'.

**hen**    With a long *e*, 'hane'; it means 'old'.

**well**    Short *we* as in 'went', with Welsh *ll*; 'better'.

# A short guide to mutations

To the student of Welsh, the word 'mutation' means that a sound (and therefore a letter) at the beginning of a word changes into another or disappears. These changes are not haphazard; they occur according to definite rules which can be easily understood.

Mutation is not a phenomenon peculiar to Welsh. Mutations *within* words can be observed in English. For example, the change from *f* to *v* is a mutation in such words as 'wife'—'wives', 'thief'—'thieves', etc. Another example of a mutation is that of the *sound* of *th* in 'path'—'paths'.

Mutation has played an important part in the development of European languages. For example, the word for the number 3 in the ancestor language (Indo-European) was *treies*, which developed into Latin *tres*, French *trois* and Welsh **tri**; but in English we have *three*, and in German *drei*. This change from *t* to *th* and to *d* is a mutation, and this very mutation happens in modern Welsh. **Tri** can change under certain circumstances to **thri**, and under others to **dri**. (But it will always appear in a dictionary under its 'radical' or unmutated form, **tri**.)

This process of mutation can also be observed in modern (spoken) American English. For example an American will say 'wader' for 'water', 'cidy' for 'city', 'beaudy' for 'beauty' etc, an interesting mutation of *t* to *d*, comparable to the one given above. He will also say 'paber' for 'paper' (*p* changing to *b*), and 'cogonut' for 'coconut' (*k* sound changing to *g*). These again are regular mutations in modern Welsh.

An interesting feature of these changes is that they can be

classified according to points of articulation in the mouth. Consonants can be produced at three main points: the first group is produced in the throat—the 'gutteral' (velar) consonants *c*(k), *g*, *ng* and *ch*, as in the final sounds of 'back', 'bag', 'bang' and the German 'Bach'. Here we have a family of consonants produced in the same place, but by different means. The second family is that of the 'labials'— sounds produced by the action of the lips on one another or on the lower teeth, e.g. *p*an, *b*an, *m*an, *f*an, *v*an. The third important family is that of the 'dentals', their point of articulation being the tip of the tongue touching the junction between the upper teeth, and the hard palate or protruding between the teeth as in the final sounds of 'boat', 'bode', 'both', 'bone' and 'smooth'.

Mutations in Welsh work *within* these families of consonants, which can be classified thus:

| | | | | | |
|---|---|---|---|---|---|
| The 'gutterals': | *C* | *G* | *Ng* | *Ch* | |
| The 'labials': | *P* | *B* | *M* | *Ph* | *F(v)* |
| The 'dentals': | *T* | *D* | *N* | *Th* | *Dd* (the softer sound as in 'the') |

These consonants can be classified vertically as well as horizontally. *G*, *B* and *D* are 'softer' forms of *C*, *P* and *T*, as we noticed above in American English. There is also an affinity between *C/Ch*, *P/Ph* and *T/Th*. The second in each group is produced by allowing breath to squeeze through the point of articulation, the friction producing the sounds *ch*, *ph*, *th* (hence the term 'fricatives' to describe these consonants). The fourth member of each family is produced by closing the mouth and letting the sound pass out through the nose, so that we have the changes *C/Ng*, *P/M* and *T/N*. This kind of mutation, too, can be heard in American English, which also has this tendency towards nasalisation, e.g. 'plenny' for 'plenty', 'presidenn' for 'president' (changing -*nt*- and -*nd*- to -*nn*-). The reason for this change is that a highly nasalised '*n*' tends to attract a following consonant into its nasal form. It was this tendency in Brittonic, the parent language of Welsh that is now responsible for the 'nasal mutation' which happens, for example after **yn**, 'in'.

The 'softening' of consonants between vowels in Brittonic is mainly responsible for the mutation called the 'Soft Mutation' in Welsh.

These changes follow, therefore, well-defined consonantal classifications that are common to most languages. Although some of the Welsh mutations, e.g. from **c** to **ngh**, may seem formidable to the *eye*, the actual physical change in their *physical production* is both minute and simple.

Further information as to when mutations occur will be found in the following chapters and in the Appendix, pp. 326.

### NOTES ON EXERCISES

Pattern Practice Blocks (or Tables) are provided for the student's use. A substantial number of sentences may be made or 'generated' from these tables. Read across the columns from left to right, choosing one word, or words on the same plane, from each column. If there are any horizontal lines in the tables, do not cross them. A Key is provided at the back of the book for the Pattern Practice Exercises, the dialogues and the sentences for translation.

# Lesson 1: The Simple Sentence

## 1. How to say 'Tom is . . .', 'I am . . .' etc.

| | |
|---|---|
| Mae Tom yma. | *Tom is here.* |
| Mae e yma. | *He is here.* |
| Mae Gwen yn y dre. | *Gwen is in the town.* |
| Mae hi yn y dre. | *She is in the town.* |
| Rydw i gartre. | *I am at home.* |
| Rydŷch chi gartre. | *You are at home.* |

*Note*

(i) that the verb comes first in these sentences—Rydŷch (chi) . . . Mae . . .

(ii) that the pronoun **i**, 'I', is written with a small letter in Welsh.

**Mae** can be used when more than one person or object is involved:

> Mae Gwen a Mr Owen yn y dre.
> *Gwen and Mr Owen are in the town.*

Make up your own sentences from this pattern practice block:

| | | |
|---|---|---|
| Rydw i (*I am*)<br>Rydŷch chi (*you are*) | | yma (*here*)<br>gartre (*at home*) |
| Mae | Tom (*Tom is*)<br>e (*He is*)<br>Gwen (*Gwen is*)<br>hi (*She is*)<br>Gwen a Mr Owen<br>Mr Jones | yn y dre (*in the town*)<br>allan (*out*)<br>yn y tŷ (*in the house*) |

## 2. How to ask questions, 'Is Tom . . .?', 'Are you . . .?' etc.

Welsh does not follow the English usage of inverting the order of subject and verb to form a question. Instead:

(i) the affirmative particle (or 'marker') **R** in **Rydw i** and **Rydɥch chi**, is dropped, giving **Ydw i . . .?** 'Am I . . .?' or 'Do I . . .?' and **Ydɥch chi . . .?**, 'Are you . . .?' or 'Do you . . .?'

| | |
|---|---|
| Ydw i gartre? | *Am I at home?* |
| Ydɥch chi yma? | *Are you here?* |

(ii) for **mae** a new word, **ydɥ**, is substituted.

| | |
|---|---|
| Mae Gwen yn y dre. | *Gwen is in town.* |
| Ydɥ Gwen yn y dre? | *Is Gwen in town?* |

## 3. How to answer 'Yes' and 'No'

There is no simple equivalent to the word 'Yes' in Welsh. In answer to questions of the above kind, appropriate personal forms of the verb are used. For example, 'Are you . . .?' will be answered by 'Yes-I-am' (or 'No-I'm-not'):

| | |
|---|---|
| Ydɥch chi gartre? | *Are you at home?* |
| Ydw. | *Yes-I-am.* |

and 'Is Tom . . .?' by 'Yes-he-is':

| | |
|---|---|
| Ydɥ Tom yn y dre? | *Is Tom in town?* |
| Ydɥ. | *Yes-he-is.* |
| Ydɥ Gwen yn y dre? | *Is Gwen in town?* |
| Ydɥ. | *Yes-she-is.* |

The personal forms are also used to answer 'No'.

| | |
|---|---|
| Ydɥch chi yn y tŷ? | *Are you in the house?* |
| Nag ydw. | *No-I'm-not.* |
| Ydɥ Gwen yn y tŷ? | *Is Gwen in the house?* |
| Nag ydɥ. | *No-she's-not.* |

Note that questions beginning with **Ydɥch chi . . .?** are most frequently answered by **Ydw** or **Nag ydw**, and that questions beginning with **Ydy** are answered by **Ydy** or **Nag ydɥ**.

| | |
|---|---|
| Ydw i . . .? | Ydɥch *or* Nag ydɥch. |
| Ydɥch chi . . .? | Ydw *or* Nag ydw . . . |
| Ydɥ Tom . . .? | Ydɥ *or* Nag ydɥ . . . |

Make up your own questions from this pattern practice block. Imagine that you have a friend who is asking you these questions and give appropriate replies.

| | | |
|---|---|---|
| Ydɥch chi | | |
| Ydw i | yma | |
| Ydɥ Gwen | gartre | ? |
| Ydɥ hi | yn y dre | |
| Ydɥ Mr Owen | yn y tŷ | |
| Ydɥ e | allan | |
| Ydɥ Tom | | |

## 4. How to say 'I'm doing' *or* 'I do something' etc.

Mae Gwen yn siopa.     *Gwen is shopping.*

**Yn** before a verb in Welsh corresponds to the ending *-ing* in English, e.g. **yn siopa**, 'shopping'.

Mae Tom yn darllen.     *Tom is reading, Tom reads.*

After a vowel sound, this **yn** contracts to **'n** (just as 'I am', in English becomes 'I'm').

| | |
|---|---|
| Mae e'n darllen. | *He's reading, he reads.* |
| Mae hi'n siopa. | *She's shopping, she shops.* |
| Rydw i'n hoffi coffi. | *I like coffee.* (Lit. *I am liking.*) |
| Mae Tom yn hoffi darllen. | *Tom likes to read.* |

Note that **Rydw i'n darllen** can mean (a) '*I am reading*', (b) '*I read*', or (c) '*I do read*'. There are a number of verbs in English which cannot assume the progressive form e.g. '*I* know', but '*I am knowing*' is not English. These verbs are progressive in the Present Tense in Welsh. **Rydw i'n hoffi, 'I like'.**

### 5. 'The' and 'a'

Welsh has no word for *a* or *an*. **Tŷ** means 'a house' or 'house' according to the context.

The definite article 'The' has three forms:

(i) **Yr**, used before a vowel, either when **Yr** stands alone, e.g.

    Yr ysbytŷ.                 *the hospital*.

or after a consonant:

    yn yr ysbytŷ.              *in the hospital*.

(ii) the shortened form **'r** used *after* a vowel:

    Mae'r ysbytŷ yn y dre.     *The hospital is in the town*.
    i'r tŷ, *to the house*.
    Mae'r tŷ. *the house is*.

(iii) another short form *y* used either alone before a *consonant*:

    y tŷ.   *the house*.        y gegin.   *the kitchen*,

or between *two* consonants

    Yn y tŷ.  *in the house*.     yn y gegin.   *in the kitchen*.

*Note*
The definite article in Welsh does *not* change according to the *gender* of the following noun.

### 6. Masculine and feminine words

All nouns in Welsh are, by historic convention, either masculine or feminine. All male words are masculine, all female words feminine.

Masculine words do *not* mutate after the definite article (yr/'r/y).

Tŷ, y tŷ. *the house.*  coleg, y coleg. *the college.*
papur, y papur. *the paper.*

Feminine singular nouns take the Soft Mutation after the definite article (**c/g p/b t/d**):

tre, y dre. *the town.*  cegin, y gegin. *the kitchen.*
pen-lin, y ben-lin. *the knee.* Mae'r dre. *the town is.*

The gender of most words in Welsh can be learnt in combination with the definite article. For example, **tŷ, y tŷ**—no change, therefore **tŷ** is masculine; **tre, y dre**—Soft Mutation, therefore **tre** is feminine.

Remember that it is the presence or absence of the *mutation*, and not the *form* of the definite article (as in French etc.) that indicates the gender of the noun.

Build up sentences from this Pattern Practice table, using **mynd i**, *to go to*, and **hoffi**, to like.

| | | coleg |
|---|---|---|
| Rydw i'n | | coleg |
| Mae Gwen yn | mynd i'r | dre |
| Mae Mrs Owen yn | hoffi'r | gegin |
| Rydych chi'n | | tŷ |

## 7. 'He', 'she', 'it'

There is no one word for 'it' in Welsh. Every noun is either masculine or feminine and must be referred to as either a 'he' or a 'she'.

Ble mae'r papur?  *Where is the paper?*
Mae e yn y gegin.  *It ('he') is in the kitchen.*

The phrase **Mae'r papur**, with no mutation of **papur** after **'r**, shows that **papur** is masculine and is referred to as **e**.

Ble mae'r gegin?  *Where is the kitchen?*
Mae hi yn y tŷ.  *It ('she') is in the house.*

The mutation of **cegin** after **'r** shows that it is feminine and must therefore be referred to as **hi**.

From the answer to the question,

| Ble mae'r stafell? | *Where is the room?* |
| Mae hi yn y tŷ. | *It (she) is in the house.* |

we can infer that **stafell**, which cannot mutate, is feminine.

## 8. 'This' and 'That'

'This' is expressed by putting the definite article before the word, and **'ma** (short for **yma**, 'here') after it:

| y stafell 'ma. | *this room (i.e. the room here).* |

Similarly, 'that' is expressed by putting the definite article in front of the word and **'na**, short for **yna**, 'there', after it:

| y stafell 'na. | *that room (i.e. the room there).* |
| Ydych chi'n hoffi'r stafell 'ma? | *Do you like this room?* |
| Nag ydw. Rydw i'n hoffi'r stafell 'na. | *No. I like that room.* |

## 9. Word order

In the phrase **Bore da**, 'good morning', the adjective *da* comes after the noun it describes, **bore**, 'morning'. The normal word-order in Welsh is noun-adjective, as in French and Spanish.

| Tŷ da. | *A good house.* |
| Coleg da. | *A good college.* |

**Iawn**, 'very' comes *after* the adjective (or adverb).

| Tŷ da iawn. | *A very good house.* |
| Mae Tom yn dda iawn. | *Tom is very well.* |

Note the order of precedence:

(i) What is being described? **Tŷ.**
(ii) How is it described? **Tŷ da.**
(iii) Is 'good' qualified in any way? **Tŷ da iawn.**

PATTERN PRACTICE EXERCISES

1. *Where is the . . .?*          *It's here (He/she is here)*

   1. Cegin   Ble mae'r gegin?   Mae . . . . . . . . . . . yma.
   2. Papur   Ble mae'r papur?   . . . . . . . . . . . . . . . . . . . . .
   3. Tre   Ble mae'r dre?   . . . . . . . . . . . . . . . . . . . . .
   4. Coffi   Ble mae'r coffi?   . . . . . . . . . . . . . . . . . . . . .
   5. Tŷ   Ble mae'r tŷ?   . . . . . . . . . . . . . . . . . . . . .
   6. Stafell   Ble mae'r stafell?   . . . . . . . . . . . . . . . . . . . . .

2. Answer *Yes, I like this* . . . to the following questions:

   1. Ydych chi'n hoffi'r coffi 'ma?   . . . . . . . . coffi 'ma.
   2. Ydych chi'n hoffi'r tŷ 'ma?   . . . . . . . . . . . . . . .
   3. Ydych chi'n hoffi'r coleg 'ma?   . . . . . . . . . . . . . . .
   4. Ydych chi'n hoffi'r gegin 'ma?   . . . . . . . . . . . . . . .
   5. Ydych chi'n hoffi'r papur 'ma?   . . . . . . . . . . . . . . .
   6. Ydych chi'n hoffi'r dre 'ma?   . . . . . . . . . . . . . . .
   7. Ydych chi'n hoffi'r ysbyty 'ma?   . . . . . . . . . . . . . . . .

3. Answer the following questions using the words in brackets in your answers:

   1. Ble mae Gwen? (y dre)   Mae hi . . . . . . . . . . .
   2. Ble mae Tom? (gartre)   Mae. . . . . . . . . . . . . .
   3. Ble mae Mr Owen? (y dre)   . . . . . . . . . . . . . . . . . .
   4. Ble mae Mrs Owen? (y tŷ)   . . . . . . . . . . . . . . . . . .
   5. Ble mae Aled? (y gegin)   . . . . . . . . . . . . . . . . .

GEIRFA I (VOCABULARY)

     (M): masculine noun     (F): feminine noun

| | | | |
|---|---|---|---|
| a | *and* | da | *good* |
| allan | *out(side)* | darllen | *to read* |
| ble | *where* | Dewch! | *Come!* |
| bore (M) | *morning* | diolch | *thanks* |
| cegin (F) | *kitchen* | e | *he, him* |
| coffi (M) | *coffee* | edrych | *to look* |
| coleg (M) | *college* | gartre | *at home* |
| chi | *you* | gobeithio | *(I) hope* |

|  (M): masculine noun | |  (F): feminine noun | |
|---|---|---|---|
| gwella | to improve, get better | Rydw i | I am |
| | | Rydych chi | you are |
| hefɥd | also | siopa | to shop |
| hoffi | to like | stafell (F) | room |
| Hylo! | Hello! | Sut? | How? |
| hi | she, her | tŷ (M) | house |
| i | I, me; to, into | tre (F) | town |
| | | tymor (M) | term |
| iawn | very | Wel! | Well! |
| i mewn | inside | y, yr, 'r | the |
| i mewn i | into | y . . . 'ma | this |
| 'ma | this | yn | in (also a 'link' word) |
| Mae | is, are, does | | |
| meddwl | to think | Ydw. | Yes I am. |
| mɥnd | to go | Ydw i? | Am I? Do I? |
| meddwl mɥnd | to think of going | Ydɥ? | Is? Are? |
| | | Ydɥ. | Yes he/she/it is |
| Nag ydɥ | No, he/she/it isn't | Ydɥch chi? | Are you? |
| | | yma | here |
| nawr | now | ymddiddan (M) | conversation |
| nôl | back; to fetch | | |
| o | from, of | yn dda | well |
| papur (M) | paper | yn fawr | much, greatly |
| pen-lin (F) | knee | yn wir | indeed (in truth) |
| Pryd? | When? | ysbytɥ (M) | hospital |

YMDDIDDAN (CONVERSATION) I

*Tom has injured his knee playing rugby. His friend Aled calls at his home to enquire about him. His mother, Mrs Owen, opens the door.*

Mrs Owen　Bore da, Aled.

Aled　Bore da, Mrs Owen. Ydɥ Tom gartre o'r ysbytɥ?

Mrs Owen　Ydɥ Aled. Mae e yma yn y tŷ nawr. Dewch i mewn.

Aled　Diolch, Mrs Owen. Ydɥ Gwen gartre hefɥd?

Mrs Owen　Nag ydɥ. Mae hi allan y bore 'ma.

Aled　Ble mae hi?

*Mrs Owen*  Mae hi a Mr Owen yn y dre. Mae Gwen yn siopa. (*She calls*) Tom! Ble rydych chi?

*Tom*  Rydw i yma yn y gegin. Rydw i'n darllen y papur.

*Mrs Owen*  Mae Aled yma.

*Tom*  Hylo, Aled. Dewch i mewn i'r stafell 'ma. Sut rydych chi?

*Aled*  Rydw i'n dda iawn diolch. A sut rydych chi, Tom? Sut mae'r ben-lin?

*Tom*  O, mae hi'n gwella yn dda iawn, diolch.

*Aled*  Wel, rydych chi'n edrych yn dda iawn.

*Tom*  Ydw i?

*Aled*  Ydych, yn wir. Pryd rydych chi'n meddwl mynd nôl i'r Coleg, Tom?

*Tom*  Rydw i'n mynd nôl y tymor 'ma, gobeithio.

(Mrs Owen comes in with a tray.)

*Mrs Owen*  Ydych chi'n hoffi coffi, Aled?

*Aled*  O ydw, Mrs Owen. Rydw i'n hoffi coffi yn fawr iawn.

CWESTIYNAU (QUESTIONS)

1. Ydy Tom yn yr ysbyty?
   Nag ydy. Mae e gartre nawr.
2. Ydy Gwen gartre?
   Nag ydy. Mae hi allan yn y dre yn siopa.
3. Pryd mae hi'n siopa?
   Yn y bore.
4. Ble mae Tom yn darllen y papur?
   Yn y gegin.
5. Sut mae Tom?
   Mae e'n dda iawn.
6. 'Sut mae'r ben-lin, Tom?"
   'Mae hi'n dda iawn.'
7. Ydy Tom yn edrych yn dda?
   Ydy. Mae e'n edrych yn dda iawn.
8. Pryd mae Tom yn meddwl mynd nôl i'r coleg?
   Y tymor 'ma mae e'n gobeithio.
9. Ydy Aled yn hoffi coffi?
   Ydy. Mae e'n hoffi coffi yn fawr iawn.

10. 'Ydych chi'n hoffi coffi, Tom?'
    'Ydw, Aled. Rydw i hefyd yn hoffi coffi.'
11. 'Ydych chi'n meddwl mynd allan y bore 'ma, Tom?'
    'Nag ydw, Aled. Rydw i'n meddwl darllen y papur y
    bore 'ma.'
12. Pryd mae Gwen yn siopa?
    Mae hi'n siopa yn y bore.

TRANSLATION INTO WELSH

1. Is Tom shopping in the town?
   No, he's not. He is reading in the kitchen.
2. Is Gwen reading in the kitchen?
   No, she's not. She is shopping in the town.
3. Do you like reading, Mrs Owen?
   Yes, I do. I like reading very much.
4. How are you?
   I am very well, thank you.
5. You are looking very well.
   Am I? I am getting much better now.
6. When are you thinking of going to town?
   I'm going to town this morning, I hope.
7. Come into the house. Come into the kitchen, too.
8. How is Tom this term?
9. Aled is thinking of going to the hospital this morning.
10. Does Mrs Owen like shopping too? Yes she does. She
    likes shopping very much, I think.

(Check your answers with the Key at the end of the book.)

# Lesson 2

### 1. How to say 'We are . . .', 'They are . . .'

| | |
|---|---|
| Rydyn ni yma. | *We are here.* |
| Rydyn ni'n mynd allan. | *We are going out.* |
| Maen nhw allan. | *They are out.* |
| Maen nhw'n siopa. | *They are shopping.* |

Note the use of the affirmative signaller **R** in **Rydyn ni** (as in **Rydw i**, 'I am') and the third person plural form **Maen** which is only used with **nhw**, 'they' or 'them', or when **nhw** is understood.

### 2. How to ask 'Are we . . .?', 'Are they . . .?'

| | |
|---|---|
| Ydyn ni'n mynd? | *Are we going?* |
| Ydyn nhw'n dod? | *Are they coming?* |

Observe the similarity between the interrogative forms in the singular and the plural:

| | |
|---|---|
| Ydy e? | Ydyn nhw? |
| *Is he?* | *Are they?* |

### 3. How to answer 'Yes' or 'No'.

| | |
|---|---|
| Ydyn ni'n mynd yn y car? | Ydyn. |
| *Are we going in the car?* | *Yes-we-are.* |

or, if the person replying does not include himself:

| | |
|---|---|
| Ydyn ni'n mynd yn y car? | Ydych. |
| *Are we going in the car?* | *Yes-you-are.* |

They:

> Ydⱳn nhw'n dod yma?　　*Are they coming here?*
> Ydⱳn.　　　　　　　　*Yes-they-are.*
> *or:*　Nag ydⱳn.　　　　*No-they're not.*

Note that the '*Yes-we-are*' and '*Yes-they-are*' answers (**Ydⱳn**) are identical. The context will indicate the difference in meaning. **Ydⱳn** is used to answer a question beginning with **Ydⱳ** if the subject is plural:

> Ydⱳ Gwen a Mr Owen yn y dre?　　Ydⱳn.
> *Are Gwen and Mr Owen in town?*　　*Yes-they-are.*

**Ydⱳn**, like **Maen** is only used in the third person with **nhw** or when **nhw** (they) is understood.

Learn the following table of Yes and No answers in the present tense.

| | | | |
|---|---|---|---|
| Ydw | *Yes I am* | Nag ydw | *No I'm not* |
| Ydⱳch | *Yes you are* | Nag ydⱳch | *No you're not* |
| Ydⱳ | *Yes he/she/it is* | Nag ydⱳ | *No he/she/it's not* |
| Ydⱳn | *Yes we/they are* | Nag ydⱳn | *No we/they're not* |

## 4. Masculine and feminine words contd.

Note the following groups:

| (i) | gwelⱳ | *bed* | y gwelⱳ | *the bed* |
|---|---|---|---|---|
| | drws | *door* | y drws | *the door* |
| | bag | *bag* | y bag | *the bag* |
| | menⱳn | *butter* | y menⱳn | *the butter* |

| (ii) | gardd | *garden* | yr ardd | *the garden* |
|---|---|---|---|---|
| | merch | *girl* | y ferch | *the girl* |
| | basged | *basket* | y fasged | *the basket* |
| | dawns | *dance* | y ddawns | *the dance* |

Group (i) are masculine nouns, which do not change after the definite article.

Group (ii) are feminine nouns and undergo Soft Mutation after the definite article (**g/-, b/f, d/dd, m/f**).

## 5. 'One . . .' Un (pronounced 'een')

**Un** follows the same pattern of mutation as the definite article: **bag, y bag, un bag**—no change, because **bag** is masculine. **Basged, y fasged, un fasged**, one basket—Soft Mutation, because **basged** is feminine. **Un** preceding a word will give, therefore, another indication of gender.

| Yr, 'r *or* y, | Masculine | NO CHANGE |
|---|---|---|
| Un | Feminine | C/G P/B T/D; G/- B/F D/DD M/F |

(Note that **ll** and **ch** do not mutate here.)

## 6. Adjectives after nouns

We have already seen how, in Welsh, the adjective usually comes *after* the noun it describes,

Bore da. *Good morning.*

(This word order is not unknown in English, e.g. court *martial*, Morris *Minor*, Ford *Escort*, anything *wrong*? God *Almighty*.)

Adjectives after masculine nouns do not change. The **d** in **da** (which can mutate) does not change after **bore**, indicating that **bore** is masculine. Adjectives after *feminine singular* nouns, however, undergo Soft Mutation. Thus if a noun is mutated after **Yr, 'r, y** or **un**, it will mutate the adjective that follows it. 'Gender' mutations are 'leap-frog' mutations.

| | | | |
|---|---|---|---|
| Y fasged | *the basket* | Y fasged fawr | *the big basket* |
| Yr ardd | *the garden* | Un ardd fach | *one small garden* |

Mae'r gyllell *f*awr yn y gegin *f*ach.
*The big knife is in the scullery* (Lit. *little kitchen*)

| Noun | Following Adjective |
|---|---|
| Feminine Singular | C/G P/B T/D; G/- B/F D/DD; LL/L M/F Rh/R |

## 7. Commands

We have already met **Dewch!**, '*Come*' in Lesson 1. The ending **-wch** is here a sign of request or command.

Dewch i mewn.  *Come in, or Do come in.*

The tone of voice indicates which is request and which command.

Gadewch i fi ...  *Let me ...*
Gadewch i Tom ...  *Let Tom ...*
Ewch allan  *Go out*

## 8. The Soft Mutation after *i* (to). 'Contact' Mutations

A Contact (or Liaison) Mutation is a change caused by a word like **i**, which affects all mutatable consonants that follow it, whether they be at the beginning of masculine or feminine, singular or plural words; or whether they be nouns, verbs or adjectives (other than proper names, e.g. Tom).

Words like **i** mutate 'on contact'.

Before a verb, **i** expresses intention, purpose.

Rydw i'n mynd i'r ardd i ddarllen.
*I'm going to the garden (in order) to read.*

As in English, **mynd i**, '*going to*', can express future action.

Rydw i'n mynd i bacio y pnawn 'ma.
*I'm going to pack this afternoon.*

In addition to the letters which have already undergone 'soft' mutation, there remain two others, **ll** and **rh** which become **l** and **r**. For example, after **i** 'to':

> Rydw i'n mynd i Langollen.
> *I'm going to Llangollen.*
> Mae Tom yn mynd i Rydychen.
> *Tom is going to Oxford (Rhydychen).*

**Practice Exercise**

Say where you're going, using the place-names listed. (Remember that **i** takes the Soft Mutation after it, i.e. C/G P/B T/D; G/- B/F D/Dd; M/F Ll/L Rh/R.

| | |
|---|---|
| 1. Caerdydd (Cardiff) | Rydw i'n mynd i ..... |
| 2. Powys | Rydw i'n mynd i ..... |
| 3. Treffynnon (Holywell) | Rydw i'n ............ |
| 4. Gwynedd | .................... |
| 5. Bangor | .................... |
| 6. Dyfed | .................... |
| 7. Morgannwg (Glamorgan) | .................... |
| 8. Llundain (London) | .................... |
| 9. Rhaeadr | .................... |

*Note*

(i) As a small number of Welsh place names are preceded by the definite article, 'the', 'to the' will be **i'r**, e.g. i'r Bala, i'r Barri (Barry), i'r Bermo (Barmouth), i'r Gelli (Hay), i'r Waun (Chirk), i'r Wyddgrug (Mold), i'r Drenewydd (Newtown), i'r Trallwng (Welshpool), i'r Wyddfa (Snowdon).

(ii) Glamorgan is a corruption of **Gwlad Morgan**, 'the Land of Morgan', i.e. **Morgann-wg**.

**9. How to say 'I want . . .' etc.**

> Rydw i eisiau.          *I want.*

Note that there is no **Yn** between **Rydw i** etc. and **eisiau** in this sentence pattern.

Rydw i eisiau bwyd.    *I want food.*
Rydw i eisiau darllen.    *I want to read.*
Ydych chi eisiau mynd?    *Do you want to go?*
Ydych chi eisiau rhagor?    *Do you want (any) more?*

Use the following pattern practice table to generate sentences.

| | | | |
|---|---|---|---|
| Rydw i<br>Ydych chi<br>Ydyn nhw<br>Rydyn ni<br>Ydy Tom<br>Mae Gwen<br>Mae hi<br>Maen nhw | eisiau | siopa<br>mynd i'r dre<br>darllen<br>mynd i'r gwely<br>basged<br>mynd i'r ardd<br>mynd i gysgu (*to sleep*)<br>mynd allan<br>rhagor (*more*) | (?) |

PATTERN PRACTICE TABLES

Build up your own sentences from these tables:

1. *We are . . . They are . . . too.*

| | | | | |
|---|---|---|---|---|
| Rydyn<br>ni'n | pacio.<br>darllen.<br>meddwl.<br>mynd.<br>gwella. | Maen<br>nhw'n | pacio<br>darllen<br>meddwl<br>mynd<br>gwella | hefyd. |

2. Masculine words: *The big . . .* and/or *the small . . .*

| | | | | | |
|---|---|---|---|---|---|
| Y | bag<br>coleg<br>gwely<br>pentre<br>cwpwrdd | mawr | a'r<br>neu'r | bag<br>coleg<br>gwely<br>pentre<br>cwpwrdd | bach. |

3. Feminine words: *The big . . . and/or the small . . .*

| Y | fasged wlad stafell gegin ferch | fawr | a'r neu'r | fasged wlad stafell gegin ferch | fach. |
|---|---|---|---|---|---|

4. *Leave the . . . to . . .*

| Gadewch | y | pacio cyfan siopa | i | Mrs Owen ni. Gwen. fi. Tom. |
|---|---|---|---|---|

*Note*

No mutation of personal names after **i**.

5. Aled *is going to . . . but* Siân *is going to . . .*

| Mae Aled yn mynd | i bacio i gysgu i gael cinio (*to have dinner*) | ond | mae Siân yn mynd | i nôl bara. (*to fetch bread*) i ddarllen. i dorri bara. (*to cut bread*) |
|---|---|---|---|---|

PATTERN PRACTICE EXERCISES

1. *Where's the . . .?*                     *It (he/she) is . . .*

   1. Gwely  Ble mae'r gwely?  Mae . . . yn y stafell.

   2. Bag    Ble mae'r bag?   . . . . . . . ar (*on*) y gwely.

   3. Drws  Ble mae'r drws?  . . . . . . . yn y tŷ

4. Menyn  Ble mae'r menyn? ...... yn y gegin.
5. Gardd  Ble mae'r ardd?  ...... wrth (*by*) y tŷ.
6. Basged  Ble mae'r fasged? ...... yn y gegin.
7. Merch  Ble mae'r ferch?  ...... yn yr ardd.

2. *Where's the . . .?*                         *There's one . . .*

1. Basged  Ble mae'r fasged?  Mae un .... ar y gwely.
2. Coleg.  Ble mae'r coleg? ........... yn y dre.
3. Gwely  Ble mae'r gwely? ........... y stafell.
4. Ysbyty  Ble mae'r ysbyty? ........... y dre.
5. Bag  Ble mae'r bag? ........... y gegin.
6. Dawns  Ble mae'r ddawns? ........... y dre.

3. Ask '*Do you like this . . .?*' using the words given below:

1. Coffi  ................... coffi 'ma?
2. Papur ...........................?
3. Basged ...........................?
4. Tŷ  ...........................?
5. Bag  ...........................?
6. Dawns ...........................?

4. Say '*No, I don't want . . .*' any of the following:

1. Ydych chi eisiau mynd i'r dre? ...............
2. Ydych chi eisiau siopa?  ...............
3. ......... eisiau mynd i gysgu? ...............
4. ......... eisiau rhagor?  ...............
5. ......... eisiau mynd allan?  ...............
6. ......... eisiau darllen?  ...............

GEIRFA 2

(M): masculine noun      (F): feminine noun

| | | | |
|---|---|---|---|
| amser (M) | *time* | bara (M) | *bread* |
| ar ôl | *after* | basged (F) | *basket* |
| bach | *small, little* | beth am? | *what about?* |

(M)- masculine noun          (F): feminine noun

| | | | |
|---|---|---|---|
| bwʉd (M) | *food* | i beth? | *what for?* |
| cael | *to have* | i lawr | *down* |
| | *(i.e. to* | llaeth (M) | *milk* |
| | *receive)* | maen nhw | *they are* |
| car (M) | *car* | mawr | *great, big* |
| cario | *to carry* | menyn (M) | *butter* |
| caws (M) | *cheese* | merch (F) | *girl, daughter* |
| cinio (M) | *dinner* | 'na | *that* |
| cwpwrdd | *cupboard* | Nag ydʉn | *We/they are not* |
| (M) | | nawr 'te | *now then* |
| cyfan (M) | *lot, everything* | neithiwr | *last night* |
| cyllell (F) | *knife* | neu | *or* |
| cysgu | *to sleep* | o'r gorau | *very well, O.K.* |
| dawns (F) | *dance* | pacio | *to pack* |
| dod | *to come* | pentre (M) | *village* |
| drws (M) | *door* | picnic (M) | *picnic* |
| eisiau | *want, need* | pnawn (M) | *afternoon* |
| ewch! | *go!* | rhagor | *more* |
| fi | *I, me* | Rydʉn ni | *we are* |
| gadewch! | *let! allow!* | silff (F) | *shelf* |
| | *leave!* | te (M) | *tea* |
| gwelʉ (M) | *bed* | torri | *to break* |
| gwlad (F) | *country* | wrth | *by* |
| gwʉbod | *to know* | Ydyn nhw? | *Are they?* |
| gyda | *with* | Ydyn ni? | *Are we?* |
| heddiw | *today* | yn ôl | *back* |

YMDDIDDAN 2

*One morning Tom has arranged with Aled and Siân, his sister, to go for a picnic in the country. Gwen is still in bed, tired after a dance the previous night.*

Tom  Gwen! Gwen! Ble mae'r ferch 'na? Mam, ble mae Gwen?

*Mrs Owen*  Mae hi yn y gwelʉ, yn cysgu, ar ôl y ddawns neithiwr.

*Tom*  Yn y gwelu? Yr amser 'ma o'r bore? Gwen! Rydun ni'n mynd allan i'r wlad y pnawn 'ma.

*Gwen*  I beth?

*Tom*  I gael picnic gyda Aled a Siân. Ydych chi'n dod gyda ni?

*Gwen*  Ydw. Ble mae Aled a Siân nawr?

*Tom*  Maen nhw'n siopa yn y pentre.

*Gwen*  Ydun nhw'n dod yma i ginio?

*Tom*  Nag ydun; ond maen nhw'n dod yma ar ôl cinio i bacio'r bwyd.

*Gwen*  Ydun ni'n mynd yn y car?

*Tom*  Ydun, ydun.

*Gwen*  O'r gorau. Rydw i'n dod i lawr nawr.

*Tom*  Mam, ble mae'r fasged bicnic?

*Mrs Owen*  Y fasged fach neu'r fasged fawr?

*Tom*  Rydw i eisiau'r fasged fawr heddiw.

*Mrs Owen*  Mae hi yn y cwpwrdd yn y gegin fach.

*Tom*  Rydw i eisiau'r bag mawr hefyd—i gario'r bwyd.

*Mrs Owen*  Mae'r bag mawr a'r bag bach ar y silff wrth y drws yn y gegin fach.

*Tom*  Diolch mam. Un bag mawr ac un fasged fawr . . . Nawr 'te, beth am y bara a'r menyn a'r caws—caws Caerffili—a'r te a'r llaeth a'r . . . O! a'r gyllell fawr i dorri'r bara 'menyn? Ydun ni eisiau rhagor?

*Mrs Owen*  Mae Gwen yn dod nawr, Tom. Mae hi'n gwybod ble maen nhw. Gadewch y pacio i . . .

*Gwen*  Gadewch y cyfan i Gwen! Tom, ewch chi allan i'r ardd i ddarllen neu ewch yn ôl i'r gwelu i gysgu. Gadewch y cyfan i fi!

**CWESTIYNAU**

1. Ydu Gwen yn y gwelu?
   Ydu. Mae hi'n cysgu ar ôl y ddawns.
2. Ble mae Tom a Gwen yn mynd yn y pnawn?
   Mae nhw'n mynd allan i'r wlad.
3. Ydu Aled a Siân yn dod i ginio?
   Nag ydun. Ond maen nhw'n dod ar ôl cinio.

4. Ydy'r fasged fawr yn y cwpwrdd?
   Ydy. Mae hi yn y cwpwrdd yn y gegin fach.
5. Ydy'r bag mawr ar y silff?
   Ydy. Mae e ar y silff wrth y drws yn y gegin fach.
6. Ydy Tom yn gwybod ble mae'r bara menyn?
   Nag ydy. Ond mae Gwen yn gwybod.
7. Ble mae Tom yn mynd?
   Allan i'r ardd neu i'r gwely.
8. Ydy'r ardd wrth y tŷ?
   Ydy. Mae hi wrth y tŷ.

TRANSLATION INTO WELSH

1. Are we going to the country?
2. No. We are going to the town to shop.
3. Are Aled and Siân coming to the house?
4. Yes. They are coming to pack the basket and the bag.
5. Where is the picnic basket?
6. It's in the garden, I think.
7. What about the tea and the milk?
8. They are in the picnic basket in the scullery.
9. Siân is going to cut the bread and butter.
10. Tom goes to bed to sleep this afternoon. He's going to get better.

(Check your answers with the Key at the end of the book.)

# Lesson 3

## 1. How to say 'I'm not' etc.

The negative is formed by putting the negative signaller **D** at the head, and **ddim** at the end of the verb. (For a similar 'double negative' compare the French '*ne . . . pas*'.)

| | |
|---|---|
| Dydw i ddim yn cysgu. | *I'm not sleeping.* |
| Dydw i ddim eisiau mynd. | *I don't want to go.* |

The negative forms of the other 'persons' follow a similar regular pattern.

| | |
|---|---|
| Dydy Tom ddim eisiau codi. | *Tom doesn't want to get up.* |
| Dydyn ni ddim yn hoffi llaeth. | *We don't like milk.* |
| Dydych chi ddim yn dod. | *You're not coming.* |
| Dydyn nhw ddim yma. | *They're not here.* |

## 2. How to say 'Tom is good', etc.

If the sentence describes Tom, the link word **yn** is put between Tom and the adjective, which then undergoes Soft Mutation.

| | |
|---|---|
| Mae Tom yn dda. | *Tom is good* (da). |
| Mae Tom yn dawel. | *Tom is quiet* (tawel). |

**Yn** before a verb does not mutate it; **yn** before an adjective does.

|     | Mae Tom yn cysgu. | *Tom is sleeping.* |
| --- | --- | --- |
| *but* | Mae Tom yn gysglyd. | *Tom is sleepy.* |

The Soft Mutation of an adjective after **yn** is a 'Function' Mutation.

| Mae Tom yn gwella. | *Tom is improving* (verb). |
| --- | --- |
| Mae Tom yn well. | *Tom is better* (adjective). |

**Yn** can also precede the word that describes *how* Tom performs his actions, i.e. it can turn an adjective into an adverb:

| Mae Tom yn gyfforddus. | *Tom is comfortable.* |
| --- | --- |
| Mae Tom yn eistedd yn gyfforddus. | *Tom is sitting comfortably.* |

The function of **yn** in this instance is similar to that of the English adverbial ending -ly (comfortab*ly*, bad*ly* etc.).

### 3. How to say 'It's fine', 'it's one o'clock' etc.

<small>THE IMPERSONAL 'IT'</small>

The meaningless 'prop' word '*it*' in sentences such as these is feminine in Welsh. (In French, this '*it*' is masculine—*il pleut*, 'it is raining'.)

| Mae hi'n hyfryd. | *It is pleasant, fine.* |
| --- | --- |
| Mae hi'n fendigedig. | *It's wonderful.* |

So too with time:

| Un o'r gloch. | *One o'clock.* |
| --- | --- |
| Mae hi'n un o'r gloch. | *It's one o'clock.* |
| Tri o'r gloch. | *Three o'clock.* |
| Mae hi'n dri o'r gloch. | *It's three o'clock.* |

Numbers are regarded as adjectives and will be mutated after **yn**, or its abbreviated form **'n**. Sometimes the **hi** is omitted and the phrase becomes **Mae'n**:

| Dau o'r gloch. | *Two o'clock.* |
| --- | --- |
| Mae'n ddau o'r gloch. | *It's two o'clock.* |

The word **braf** is never mutated after **yn**:

> Mae'n braf heddiw.   &#125; *It's fine today.*
> *or* Mae hi'n braf heddiw. &#125;

## 4. How to say 'too hot . . .' etc.

This is an extension of the construction with **yn**. **Rh&#293;**, 'too', is inserted between **yn** and the adjective, and is followed by the Soft Mutation:

| | |
|---|---|
| Mae'r gadair yn gyfforddus. | *The chair is comfortable.* |
| Mae'r gadair yn rh&#293; gyfforddus. | *The chair is too comfortable.* |
| Mae'r coffi yn boeth. | *The coffee is hot.* |
| Mae'r coffi yn rh&#293; boeth. | *The coffee is too hot.* |

| yn (yn) rh&#293; + | Adjective | C/G P/B T/D; G/- B/F D/DD M/F |
|---|---|---|

*Note*

**Ll** and **Rh** do not mutate after **yn** or **rh&#293;**

PATTERN PRACTICE TABLES

Generate and read aloud as many sentences as possible from the following:

I.

| | |
|---|---|
| Dydw i ddim | yn gw&#305;bod ble mae'r Myn&#305;dd Du. |
| Dyd&#305;ch chi ddim | yn hoffi coffi oer. |
| Dyd&#305; e ddim | yn hoffi torri bara men&#305;n. |
| Dyd&#305; hi ddim | yn hoffi codi yn y bore. |
| Dyd&#305;n ni ddim | yn m&#305;nd allan heddiw. |
| Dyd&#305;n nhw ddim | yn teimlo'n dda. |

2.

| Dydw i ddim etc. | | gwŷbod. |
|---|---|---|
| | | darllen. |
| | eisiau | cysgu. |
| | | cinio mawr. |
| | | te oer. |
| Dydŷn nhw ddim | | eistedd yn rhŷ gyfforddus. |

3.

| Mae Tom Dydŷ Gwen ddim | yn gysglŷd. |
|---|---|
| | yn awyddus. |
| | yn iach. |
| | yn garedig. |
| | yn well. |
| | yn gyfforddus. |
| | yn iawn. |

4.

| Mae'r coffi | yn hyfrŷd |
|---|---|
| | yn gynnes |
| | yn ddu |
| | yn wan |
| | yn oer |
| | yn boeth |

5. The weather

| Mae hi'n | oer (*cold*)<br>hyfryd<br>(*pleasant*) | heddiw (*today*) |
| (Mae'n) | | y bore'ma<br>(*this morning*) |
| Dydy hi ddim yn | gynnes (*warm*) | y pnawn 'ma<br>(*this afternoon*) |
| Mae'r tywydd yn | fendigedig<br>(*lovely*)<br>boeth (*hot*) | |

6. Aled, Siân and Gwen talk about Tom. Their conversation
   follows a fixed pattern. What do they say?

| Aled | Mae Tom yn garedig. | *Tom is kind.* |
| Siân | Mae Tom yn garedig **iawn**. | *Tom is **very** kind.* |
| Gwen | Mae Tom yn **rhy** garedig. | *Tom is **too** kind.* |
| Aled | Mae Tom yn dawel. | *Tom is quiet.* |
| Siân | ...............iawn. | |
| Gwen | ...........yn rhy..... | |
| Aled | Mae Tom yn gysglyd. | *Tom is sleepy.* |
| Siân | .................iawn. | |
| Gwen | .........yn rhy..... | |

**PATTERN PRACTICE EXERCISES**

1. Complete the following sentences, e.g.:

   *Tom is in the garden but Gwen isn't.*
   Mae Tom yn yr ardd ond dydy Gwen ddim.

   1. Mae Gwen yn y tŷ ond   ....    Tom ....
   2. Rydw i yn yr ardd ond   ...... chi ....
   3. Rydyn ni yn y dre ond   ..... nhw ....
   4. Mae e yn y gegin ond   ...... hi ....
   5. Mae hi yn y coleg ond   ...... i ....

2. Agree with the following, adding **iawn** (very), e.g.:

Mae'r coffi 'ma'n boeth. Ydꭩ, mae e'n boeth iawn.
*This coffee is hot. Yes, it is very hot.*

    1. Mae'r coffi 'ma'n oer.     Ydꭩ, ..........
    2. .............'n wan.          ..........
    3. .............'n hyfrꭩd.     ..........
    4. .............'n ddu.        ..........
    5. .............'n gynnes.    ..........

3. Say *It's* ..... *here* using the word given, mutating where necessary.

    1. Mae hi'n (tawel) yma.
    2. ........ (bendigedig)
    3. ........ (cynnes)
    4. ........ (poeth)
    5. ........ (braf)

4. Say *I'm too* .... using the following:

    1. Rydw i'n gynnes.    Rydw i'n rhꭩ ......
    2. Rydw i'n dawel.     .................
    3. Rydw i'n boeth.     .................
    4. Rydw i'n gyfforddus.  .................
    5. Rydw i'n garedig.    .................

GEIRFA 3

| | | | |
|---|---|---|---|
| agor | *to open* | cynnes | *warm* |
| ar | *on* | cadair (F) | *chair* |
| am | *about, at* | canu | *to sing, to ring* |
| at | *towards* | caredig | *kind* |
| awyddus | *eager* | cerdded | *to walk* |
| bendigedig | *wonderful* | cloch (F) | *bell* |
| beth? | *what?* | codi | *to rise* |
| beth am? | *what about?* | coed | *trees, wood* |
| bob amser | *always* | cyfforddus | *comfortable* |
| braf | *fine* | cyrraedd | *arrive* |
| bwꭩta | *to eat* | cysglꭩd | *sleepy* |

| | | | |
|---|---|---|---|
| dan | *under* | mae hi | *(Impersonal)* |
| dau | *two* | | *'it is . . .'* |
| du | *black* | mynydd (M) | *mountain* |
| dŵr (M) | *water* | oer | *cold* |
| Dydw i | *I'm not,* | o'r gloch | *o'clock* |
| ddim | *I don't* | os gwelwch | *if you please* |
| dyma | *here (is)* | yn dda | |
| dyna | *there (is)* | pawb | *everybody* |
| eisteddwch! | *sit down!* | poeth | *hot* |
| estynnwch! | *pass!* | prydlon | *punctual* |
| gallu | *to be able (can)* | rhy | *too* |
| gardd (F) | *garden* | tawel | *quiet* |
| gwan | *weak* | tegell (M) | *kettle* |
| gwell | *better* | teimlo | *to feel* |
| haul (M) | *sun* | teulu (M) | *family* |
| hapus | *happy* | tri | *three* |
| hyfryd | *pleasant,* | tywydd (M) | *weather* |
| | *lovely* | un | *one* |
| iach | *healthy, in good* | ymláen | *on(ward)* |
| | *health* | (stress on | |
| iawn, yn | *all right,* | last syllable) | |
| | *quite good* | yn lle | *in place of,* |
| jwg (F) | *jug* | | *instead of* |
| lle (M) | *place* | | |

## YMDDIDDAN 3

*The Owen family is having coffee in the garden after lunch. Tom has eaten a big meal and is not very anxious to move.*

*Tom*  O! rydw i'n teimlo'n gysglyd ar ôl bwyta'r cinio mawr 'na. Dydw i ddim yn awyddus iawn i fynd allan y pnawn 'ma.

*Gwen*  O, dewch Tom. Mae'r tywydd yn hyfryd ac mae'r haul yn gynnes. Rydw i'n edrych ymlaen at y picnic 'na ar y Mynydd Du.

*Tom*  Ydy, mae hi'n fendigedig heddiw. Ond mae'r gadair 'ma'n gyfforddus iawn hefyd.

*Gwen*  Ydy, ydy. Mae hi'n rhy gyfforddus. Dewch.

Codwch Tom. Mae hi'n un o'r gloch a mae Aled bob
amser yn cyrraedd yn brydlon. Mae'r gloch yn canu yn
y tŷ. Dyma nhw nawr. Ewch i agor y drws, Tom . . .

*Aled*   Hylo, sut mae pawb yma? Rydŵch chi'n edrych yn
gyfforddus iawn. Sut mae'r ben-lin, Tom? Ydŵ hi'n well?

*Tom*   Ydŵ, ond dydŵ hi ddim yn iawn eto. Mae hi'n wan,
ond rydw i'n gallu cerdded yn iawn.

*Mr Owen*   Sut mae'r teulu, Aled?

*Aled*   Mae pawb yn iach, diolch Mr Owen.

*Mrs Owen*   Dewch, eisteddwch. Coffi, Siân? Aled?

*Siân*   Diolch, Mrs Owen. Rydŵch chi'n garedig iawn.

*Mrs Owen*   O, Gwen, mae'r coffi 'ma'n oer. Mae'r dŵr yn
y tegell yn boeth, ac mae'r llaeth yn y jwg fach yn gynnes.
Estynnwch nhw i fi os gwelwch yn dda. Dyna ni.

*Siân*   Diolch yn fawr Mrs Owen.

*Tom*   Wel, mae hi'n dawel iawn yma. Mae pawb yn edrych
yn hapus iawn. Beth am gael y picnic yn yr ardd o dan y
coed, yn lle ar y Mynŵdd Du?

**CWESTIYNAU**

1. Sut mae Tom yn teimlo ar ôl y cinio mawr?
   Mae e'n teimlo'n gysglŵd iawn.

2. Sut mae'r tywŵdd?
   Mae'r tywŵdd yn hyfrŵd. Mae'n fendigedig.

3. Prŵd mae Aled a Siân yn cyrraedd?
   Maen nhw'n cyrraedd yn brydlon am un o'r gloch.

4. Ble mae'r teulu yn cael coffi?
   Maen nhw'n cael coffi yn yr ardd yn yr haul.

5. Sut mae Aled a Siân yn dod?
   Maen nhw'n dod yn y car.

6. Ydŵ Mrs Owen yn garedig?
   Ydŵ. Mae hi'n garedig iawn.

7. Ydŵ'r dŵr yn y tegell yn oer?
   Nag ydŵ. Dydŵ e ddim yn oer. Mae e'n boeth.

8. Ydŵ Sian yn estŵn y tegell a'r jwg i Mrs Owen?
   Nag ydŵ. Mae hi'n cael coffi.

9. Ydŵ'r jwg yn fawr?
   Nag ydŵ. Mae hi'n fach.

10. Ydų Tom eisiau aros yn yr ardd?
    Ydų. Mae hi'n dawel iawn yma ac mae pawb yn hapus.
    Mae e'n gobeithio cael picnic dan y coed yn yr ardd yn
    lle ar y Mynųdd Du.

TRANSLATION INTO WELSH

1. I want to know.
2. Do you want to know?
3. She's very eager to go to the Black Mountain(s).
4. I'm sitting very comfortably in this chair, thank you.
5. Is he eager to come with us? No he's not.
6. She's not looking too well, is she?
7. I'm not very warm. It's cold in this room.
8. The sun is lovely in the garden today.
9. I'm feeling very sleepy. I want to go to bed now.
10. Thank you very much. You are too kind.

# Lesson 4

## 1. How to say 'There is a . . .' and 'There are . . .'

Note that in the following sentences:

| | |
|---|---|
| Mae'r car yma. | *The car is here.* |
| Mae car yma. | *There is a car here.* |

the pattern of the English sentence is almost totally changed, whereas all that happens in Welsh is that the definite article ('**r**' in this case) is dropped.

| | |
|---|---|
| Mae'r deisen yma. | *The cake is here.* |
| Mae teisen yma. | *There is a cake here.* |
| Mae afalau yma. | *There are apples here.* |

## 2. How to ask 'Is there . . .?' 'Are there . . .'

The question form of **Mae** before an indefinite noun is **Oes . . .?** which can mean either '*Is there . . .?*' or '*Are there . . .?*' according to context.

| | |
|---|---|
| Oes caws yma? | *Is there cheese here?* |
| Oes bisgedi yma? | *Are there biscuits here?* |

Note that both **Mae** and **Oes** can have plural nouns as their subject. Care must be taken to distinguish between the functions of **Ydy . . .?** and **Oes**.

**Ydy** is always followed by a noun that is *definite*: either by a name, as in

| | |
|---|---|
| Ydy Gwen yn siopa? | *Is Gwen shopping?* |

or a noun with the definite article before it:

> Ydɥ'r bisgedi yn y car?   *Are the biscuits in the car?*

**Oes** is always followed by a noun that is *indefinite*:

> Oes bisgedi yn y siop?   *Are there biscuits in the shop?*

*Remember:*   Is THE . . .?   Are THE . . .?   **YDЧ'R**
       Is THERE . . .?   Are THERE . . .?   **OES**

### 3. How to say 'There isn't . . .' 'There aren't . . .', 'There's not . . .'

The negative of **Mae** followed by an indefinite noun is **Does dim**:

> Does dim bara yma.   *There's no bread here.*

Contrast this pattern with **Dydɥ . . . ddim**:

> Dydɥ'r bara ddim yma.   *The bread isn't here.*

*Note*
**Dim bara** literally means 'No bread'.

### 4. How to answer questions, e.g. 'Yes, there is' etc.

A question introduced by **Oes . . .?** will be answered by **Oes**, 'Yes there is/are', or **Nag oes**, 'No there isn't/aren't'.

> Oes coffi yn y cwpwrdd?   *Is there coffee in the cupboard?*
> Oes, mae coffi yn y   *Yes, there's coffee in the cup-*
>   cwpwrdd.   *board.*
*or*   Nag oes, does dim coffi yn y cwpwrdd.
>   *No, there's no coffee in the cupboard.*

There are some words that are indefinite in meaning, such as **rhywbeth**, 'something', **rhywun**, 'someone', and **digon**, 'enough', etc.; **Oes** will be the word used with these in the interrogative.

> Mae rhywun yma.   *There's someone here.*
> Oes rhywun yma?   *Is there someone here?*

In the negative **neb**, 'no one', and **dim**, 'nothing', are used:

| | |
|---|---|
| Does neb yma. | *There's no one here.* |
| Does dim yma. | *There's nothing/none here.* |

## 5. How to say 'I've got . . .'

Welsh (like Russian) has no verb for 'to have, to possess'. Instead, use is made of the preposition **gyda** or **gan**, 'with'. **Gan** has personal forms, so that **gyda**, which has none and is therefore easier to use, is taught in this book. (The forms of **gan** will be found in the Appendix.)

'We have food, we've got food', is expressed in Welsh as:

| | |
|---|---|
| Mae bwyd gyda ni. | *There's food with us, i.e.* *We've got food, we have food.* |
| Mae car gyda ni. | *There's a car with us, i.e.* *We've got a car.* |
| Oes car gyda chi? | *Is there a car with you?, i.e.* *Have you got a car?* |
| Does dim cadair gyda hi. | *There's no chair with her, i.e.* *She hasn't got a chair.* |

The pronoun **e**, 'he' or 'him', takes the form **fe** after a vowel.

**gyda fe:** 'with him'. **Mae . . . gyda fe:** '*He's got a . . . . .*':

| | |
|---|---|
| Oes car gyda fe? | *Has he got a car?* |

Make sentences with the help of the following table:

| | | | | |
|---|---|---|---|---|
| Mae<br>Oes<br>Does dim | car<br>petrol<br>coffi<br>te<br>bara<br>caws<br>bwyd<br>digon<br>stafell | gyda | fi.<br>fe.<br>chi.<br>hi.<br>nhw.<br>Gwen.<br>ni. | (?) |

## 6. Contact Mutation (Soft) after o, 'of'. (The Partitive Genitive)

When 'of' means 'out of a quantity of, out of the sum of the parts of', i.e. in expressions of quantity, it is translated into Welsh by the preposition **o**, which is followed by the Soft Mutation of *every* mutatable consonant. As this is a high frequency mutation (like that of **i**) the changes are listed below in full:

| | | | |
|---|---|---|---|
| C/G | Caws | kilo o gaws | *a kilo of cheese* |
| C/G | coffi | poteled o goffi | *a bottle full of coffee* |
| P/B | pɥs | tuned o bɥs | *a tin of peas* |
| T/D | tatws | dau gilo o datws | *two kilos of potatoes* |
| G/- | gwlân | hanner kilo o wlân | *half a kilo of wool* |
| D/DD | dŵr | poteled o ddŵr | *a bottle of water* |
| B/F | bara | torth o fara | *a loaf of bread* |
| M/F | menɥn | digon o fenɥn | *plenty of butter* |
| LL/L | llaeth | poteled o laeth | *a bottle of milk* |
| RH/R | rhosyn-nau | gardd o rosynnau | *a garden of roses* |

**Digon**, 'enough', **ychydig**, 'a little', **rhagor**, 'more', **llawer**, 'many, much' and **gormod**, 'too many', 'too much', are followed by **o**:

| | |
|---|---|
| Oes digon o fwɥd yma? | *Is there enough food here?* |
| Mae rhagor o fwɥd yn y gegin. | *There's more food in the kitchen.* |
| Mae llawer o afalau ar y coed. | *There are many apples on the trees.* |
| Mae gormod o laeth gyda ni. | *We have too much milk.* |

## 7. Plurals

There are a number of different ways of forming the plural of nouns in Welsh. The most common way is to add **-au** to the singular. (This **-au** is pronounced **-e** in South and N.E. Wales, and **-a** in the North West.)

| afal | *an apple* | afalau | *apples* |
| wŷ | *an egg* | wŷau | *eggs* |

Further examples:

| tymor, tymhorau | bore, boreau | siop, siopau |
| coleg, colegau | papur, papurau | gwelŷ, gwelŷau |

Another method is to add **-i** to the singular:

| basged, basgedi | bisged, bisgedi | potel, poteli |

There are no grammatical distinctions between the usages of masculine and feminine plurals in Welsh. The pronoun **nhw** refers to 'they, them' of both genders.

*Note*
(*a*) Plural nouns (masculine and feminine) do not mutate after **y**.
(*b*) Adjectives do not mutate after plural nouns of either gender.

| y papurau **mawr** | *the big papers* |
| y poteli mawr | *the big bottles* |

*Exception*
**Pobl**, 'people', which is feminine singular in form—**Y bobl**, 'the people'.

## 8. 'Two . . .'

Nouns following immediately after numbers in Welsh take the singular form. There are two words for 'two': **dau** is used before masculine nouns and **dwy** before feminine nouns. *Both* are followed by the Soft Mutation.

MASCULINE

| dau gilo | *two kilos* | dau bentre | *two villages* |
| dau dŷ | *two houses* | dau ddrws | *two doors* |

FEMININE

| | | | |
|---|---|---|---|
| dwᵫ gadair | *two chairs* | dwᵫ botel | *two bottles* |
| dwᵫ dorth | *two loaves* | dwᵫ ardd | *two gardens* |

Both **dau** and **dwᵫ** will mutate after **y**:

| | |
|---|---|
| y ddau dŷ | *the two houses* |
| y ddwᵫ botel | *the two bottles* |

| **dau/dwᵫ,** **i, o** | C/G P/B T/D | G/- B/F D/DD | M/F LL/L RH/R |
|---|---|---|---|

## 9. How to ask 'How many?'

**Sawl?**, 'how many?', like the number it asks for, is followed by a *singular* noun. **Sawl** is only used with nouns that can be counted, e.g.

| | |
|---|---|
| Sawl afal? | *How many apples?* |
| Dau afal. | *Two apples* |
| Sawl cadair? | *How many chairs?* |
| Dwᵫ gadair | *Two chairs* |
| Sawl kilo rydᵫch chi eisiau? | *How many kilos do you want?* |
| Dau gilo, os gwelwch yn dda. | *Two kilos, please.* |

Note that **sawl** does not mutate the word that follows it.

## 10. 'Another, else'

**Arall**, like most other adjectives, follows its noun, whether it means 'else' or 'another':

| | |
|---|---|
| Rhᵫwbeth arall. | *Something else.* |
| Rhᵫwbeth arall? | *Anything else?* |
| Potel arall? | *Another bottle?* |

*Note*

| | |
|---|---|
| Mae dᵫn arall yma. | *There's another man here.* |
| Mae'r dᵫn arall yma. | *The other man is here.* |

**Arall** has a plural form **eraill,** which is used when the noun it refers to is plural:

> Oes siopau eraill yn y pentre?
> *Are there other shops in the village?*

It can also be used independently:

> Mae eraill yn dod.     *Others are coming.*

## 11. How to say 'all'

**i gyd,** 'all' (literally 'all together') *follows* the plural form in Welsh. Study these examples:

> Mae Tom wedi bwyta'r afalau i gyd
> *Tom has eaten all the apples* (lit. *the apples all*)
> Mae'r siopau i gyd ar gau
> *All the shops are closed*
> Ydych chi i gyd yma?
> *Are you all here?*

### PATTERN PRACTICE EXERCISES

1. (*a*) Answer '*Yes, there is/are . . .*' to these questions:

|  |  |
|---|---|
| 1. Oes gwely yn y stafell? | Oes, mae gwely yn y stafell. |
| 2. Oes coffi yn y jwg? | . . . . . . . . . . . . . . . . . . . . |
| 3. Oes ysbyty yn y dre? | . . . . . . . . . . . . . . . . . . . . |
| 4. Oes dawns yn y dre? | . . . . . . . . . . . . . . . . . . . . |
| 5. Oes llaeth yn y cwpwrdd? | . . . . . . . . . . . . . . . . . . . . |

(*b*) Now answer '*No, there isn't/aren't . . .*' to these:

|  |  |
|---|---|
| 1. Oes ysbyty ar y Mynydd Du? | Nag oes, does dim . . . |
| 2. Oes coleg yn Llangollen? | . . . . . . . . . . . . . . . . |
| 3. Oes llaeth yn y tegell? | . . . . . . . . . . . . . . . . |
| 4. Oes dawns yn yr ardd? | . . . . . . . . . . . . . . . . |
| 5. Oes gwely yn y gegin? | . . . . . . . . . . . . . . . . |

Oes gwely yn yr ardd?   Oes—gwely blodau (flowers)!

2. To '*Is there enough . . .?*' answer '*There's too much . . . here.*'

| | | |
|---|---|---|
| 1. | Oes digon o laeth yma? | Mae gormod o . . . . . . . |
| 2. | Oes digon o goed yma? | . . . . . . . . . . . . . . . . . . . |
| 3. | Oes digon o fwyd yma? | . . . . . . . . . . . . . . . . . . . |
| 4. | Oes digon o ddŵr yma? | . . . . . . . . . . . . . . . . . . . |
| 5. | Oes digon o bapur yma? | . . . . . . . . . . . . . . . . . . . |

3. '*There isn't any in one place but there's plenty in another.*' (Watch the mutation):

| | | |
|---|---|---|
| 1. | Does dim coed yn yr ardd, | ond mae digon o . . . ar y mynydd. |
| 2. | Does dim caws yn y tŷ, | ond . . . . . . . . . . yn y siop. |
| 3. | Does dim dŵr yn y tegell, | ond . . . . . . . . . . yn y tap. |
| 4. | Does dim digon o fwyd yn y cwpwrdd, | ond . . . . . . . . . . yn y gegin. |
| 5. | Does dim digon o fara yn y bag, | ond . . . . . . . . . . yn y fasged. |

4. In response to '*Aled's got a . . .*', reply '*I've got a . . . too.*',

| | | |
|---|---|---|
| 1. | Mae car gyda Aled. | Mae . . . . . . . . . fi hefyd. |
| 2. | Mae radio gyda Aled. | . . . . . . . . . . . . . . . . . . . |
| 3. | Mae ci (*dog*) gyda Aled. | . . . . . . . . . . . . . . . . . . . |
| 4. | Mae bag gyda Aled. | . . . . . . . . . . . . . . . . . . . |
| 5. | Mae tŷ gyda Aled. | . . . . . . . . . . . . . . . . . . . |

5. In reply to '*Have you got . . .?*' answer '*Yes, we've got plenty of . . .*'

| | | |
|---|---|---|
| 1. | Oes petrol gyda chi? | Oes, mae . . . . . . . . . gyda ni. |
| 2. | Oes llaeth gyda chi? | Oes, . . . . . . . . . . . . . . . . . . . |
| 3. | Oes dŵr gyda chi? | Oes, . . . . . . . . . . . . . . . . . . . |
| 4. | Oes coffi gyda chi? | Oes, . . . . . . . . . . . . . . . . . . . |
| 5. | Oes te gyda chi? | Oes, . . . . . . . . . . . . . . . . . . . |

6. When asked are you going *to* the places listed below, say you are coming *from* there, e.g.

| | |
|---|---|
| Ydych chi'n mynd i Gaerdydd? | Nag ydw, rydw i'n dod o Gaerdydd |

1. Ydych chi'n mynd i Landudno?  Nag ydw, ......
2. Ydych chi'n mynd i Bwllheli?  Nag ydw, ......
3. Ydych chi'n mynd i Lundain?  ..............
4. Ydych chi'n mynd i Fangor?  ..............

7. Someone wants a certain thing. All the things are in places listed below.

   1. Rydw i eisiau afal.  Mae'r ........ i gyd yn y cwpwrdd
   2. Rydw i eisiau wy.  Mae'r ....... y fasged
   3. Rydw i eisiau potel.  Mae'r ....... y gegin
   4. Rydw i eisiau papur.  Mae'r ....... ar y gwely
   5. Rydw i eisiau basged.  Mae'r ....... yn y car

8. You are asked '*How many . . . do you want?*'. Ask for two of each. (Remember that you have a choice of **dau** or **dwy**, and that the name of the object will remain singular.)

   1. Sawl car rydych chi eisiau?  D .........., os gwelwch yn dda.
   2. Sawl cadair rydych chi eisiau?  ...............
   3. Sawl papur rydych chi eisiau?  ...............
   4. Sawl potel rydych chi eisiau?  ...............
   5. Sawl tŷ rydych chi eisiau?  ...............
   6. Sawl bag rydych chi eisiau?  ...............
   7. Sawl basged rydych chi eisiau?  ...............

9. You are asked '*Have you a car?*' etc. and you will say, '*Yes, but I want one more*'. Remember that feminine nouns mutate after **un**.

   1. Oes car gyda chi?  Oes, ond rydw i eisiau un ... arall.
   2. Oes cadair gyda chi?  Oes, ond ............ arall
   3. Oes ci gyda chi?  ........................
   4. Oes basged gyda chi?  ........................
   5. Oes merch gyda chi?  ........................

GEIRFA 4

*Plural Forms*

From this lesson on, the plural as well as the singular forms of nouns are listed.

| | | | |
|---|---|---|---|
| ac | *and* (before vowel) | nag oes | *no, there isn't/aren't* |
| arall | *other, else* | ni | *we, us* |
| afal -au (M) | *apple* | neud | *to do, make* (from gwneud) |
| bisged-i (F) | *biscuit* | | |
| bwyd -ydd (M) | *food* | | |
| cig moch (M) | *bacon* | oes | *yes, there is/are* |
| kilo (M) | *kilo* | pam | *why* |
| chwarter (M) | *quarter* | ond | *but* |
| | | potel -i (F) | *bottle* |
| dau (M) | *two* | poteled | *a bottle-full* |
| deg | *ten* | prynu | *to buy* |
| deg o wyau | *'ten (of) eggs',* i.e. *ten eggs* | pys | *peas* |
| dwy (F) | *two* | pwlofer -s (M) | *pullover* |
| digon | *enough* | rhestr -i (F) | *list* |
| does dim | *there isn't* | rhywbeth | *something* |
| ffrwyth -au (M) | *fruit* | rhywun | *someone* |
| | | siop -au (F) | *shop* |
| gwag | *empty* | tatws | *potatoes* |
| gweld | *to see* | teisen -nau (F) | *cake* |
| gwlân (M) | *wool* | torth-au (F) | *loaf* |
| gwyn | *white* | troli -au (M) | *trolley, shopping basket* |
| gyda | *with* (have) | | |
| hanner (M) haneray | *half* | tun -iau (M) | *a tin* |
| helpu | *to help* | tuned | *a tin-full* |
| llawn | *full* | trwm | *heavy* |
| mam -au (F) | *mother* | tynnu | *to draw, pull* |
| mor (+Soft Mutation except for ll and rh) | *so, as* | wy -au (M) | *egg* |

**YMDDIDDAN 4**

*The Owen family have just finished lunch but there is no cheese, and Tom is still hungry.*

*Tom*   Oes caws yma, Mam?

*Mrs Owen*   Nag oes.

*Tom*   Oes bisgedi yma?

*Mrs Owen*   Nag oes, does dim rhagor o fisgedi, ond mae teisen yma. A does dim bara na ffrwythau yma. Rydw i'n mynd i lawr i'r pentre i siop Edward Jones y pnawn 'ma i brynu bwyd. Does dim digon o fwyd gyda ni yn y tŷ. Mae'r cwpwrdd yn wag. Ble mae'r rhestr 'na? A, dyma hi. Rydw i eisiau caws, cig moch, coffi, pys, tatws, ac wyau ac afalau. Dyna'r cyfan, rydw i'n meddwl. Ble mae'r troli?

*Gwen*   Dyma fe, Mam. Rydw i'n dod gyda chi i helpu tynnu'r troli. Mae troli llawn mor drwm.

*Mrs Owen*   Diolch yn fawr Gwen . . .


*Yn siop Edward Jones*

*Mrs Owen*   Pnawn da Edward Jones. Mae hi'n braf heddiw.

*E. Jones*   Ydy'n wir, Mari. Mae hi'n braf iawn. Pnawn da, Gwen.

*Mrs Owen*   Ble mae'r rhestr? O dyma hi. Hanner kilo o gaws Caerffili, os gwelwch yn dda.

*E. Jones*   Hanner kilo o gaws Caerffili. Rhywbeth arall?

*Mrs Owen*   Chwarter kilo o gig moch a dwsin o wyau.

*E. Jones*   Chwarter kilo o gig moch a dwsin o wyau. Rhywbeth arall?

*Mrs Owen*   Kilo o datws.

*Gwen*   Ydy kilo o datws yn ddigon, Mam?

*Mrs Owen*   Nag ydy, Gwen. Rydych chi'n iawn. Dau gilo o datws.

*E. Jones*   O'r gorau, dau gilo o datws. Rhywbeth arall?

*Mrs Owen*   Torth o fara, dwy boteled o goffi, tuned o bys, poteled o laeth.

*E. Jones*  Torth o fara, dwɥ boteled o goffi, tuned o bɥs,
poteled o laeth. Rhɥwbeth arall? Menɥn? Te?

*Mrs Owen*  Na, Mae digon o de, a digon o fenɥn gyda ni
yn y tɥ̂, diolch. Dyna'r cyfan, nawr. Ydɥch chi eisiau
rhɥwbeth, Gwen?

*Gwen*  Ydw, mam. Gwlân. Hanner kilo o wlân gwɥn.

*Mrs Owen*  Gwlân? I beth?

*Gwen*  I neud pwlofer i Aled.

*Mrs Owen*  O! Rydw i'n gweld nawr. Dyna pam 'mae
troli llawn mor drwm'!

CWESTIYNAU

1. Oes caws yn y tɥ̂?
   Nag oes, does dim caws yn y tɥ̂.
2. Oes teisen yma?
   Oes, mae teisen a bisgedi yma.
3. Oes digon o fwɥd gyda nhw?
   Nag oes. Does dim hanner digon o fwɥd gyda nhw.
4. Ble mae Mrs Owen a Gwen yn mynd i siopa?
   I siop Edward Jones yn y pentre.
5. Oes rhestr gyda Mrs Owen?
   Oes.
6. Ydy kilo o datws yn ddigon?
   Nag ydy. Mae Tom yn hoff o datws.
7. Oes digon o fenɥn yn y tɥ̂?
   Oes. Mae digon o fenɥn, a digon o de, hefɥd.
8. Ydɥ Gwen eisiau rhɥwbeth?
   Ydɥ. Mae hi eisiau hanner kilo o wlân gwyn.
9. I beth?
   I neud pwlofer i Aled.
10. Ydɥ Mrs Owen yn gweld pam mae Gwen yn awyddus i
    ddod gyda hi i'r siop?
    Ydɥ. A mae hi'n gweld pam 'mae troli llawn mor
    drwm'!

TRANSLATION INTO WELSH

1. Are there biscuits in the cupboard?
2. Have you got petrol in the car? Yes, I've got enough, thank you.
3. Is there time to buy a paper? No, there isn't.
4. It's so lovely in the garden in the afternoon.
5. I don't like this one. I want another one.
6. He hasn't enough time to read the paper today.
7. They haven't got a very comfortable room. It's cold and empty.
8. Have you (any) empty bottles? Yes. I've got plenty.
9. Have you got peas in the garden? Yes. I'm very fond of peas.
10. There are plenty of apples on the trees. Yes, there are.

# Lesson 5

## 1. How to say 'I have done something' etc.

The word **wedi** is used in two ways:

(*a*) to mean 'after' or 'past':

> Mae hi wedi dau o'r gloch.    *It's past two o'clock.*

(*b*) instead of the **yn** of the present tense, in order to form the present-perfect tense, 'I have (done something)':

| | |
|---|---|
| Mae Tom yn darllen. | *Tom is reading.* |
| Mae Tom wedi darllen. | *Tom has read.* (Lit. '*is after reading*'.) |
| Mae Gwen yn codi. | *Gwen is getting up.* |
| Mae Gwen wedi codi. | *Gwen has got up.* |

This tense is used, as in English, to link up a past (**wedi**) event with the present (**Rydw i**, etc.).

*Note*

| | |
|---|---|
| Rydw i wedi codi. | *I have got up.* |
| Rydw i wedi blino. | *I am (have) tired.* |

The interrogative and the negative form of this tense will be very similar to that of the present tense:

| | |
|---|---|
| Ydych chi'n codi? | *Are you getting up?* |
| Ydych chi wedi codi? | *Have you got up?* |
| Dydy e ddim yn dod. | *He's not coming.* |
| Dydy e ddim wedi dod. | *He hasn't come.* |

Questions with **wedi** are answered as in the *present* tense forms:

| | |
|---|---|
| Ydyn nhw wedi dod? | *Have they come?* |
| Ydyn. /Nag ydyn. | *Yes/No they haven't.* |
| Ydych chi wedi gorffen? | *Have you finished?* |
| Ydw. | *Yes I have.* |

Make sentences with the help of the following table:

| Ydy'r | papur llaeth post cyfan bwyd | wedi dod? | Nag ydy, Dydy e ddim wedi dod eto (*yet*). |
|---|---|---|---|

## 2. Another use of *yn*

We have already seen how **yn** is used to link a noun or pronoun to a verb, as in:

    Mae Tom yn darllen.    *Tom is reading.*

and to an adjective, as in:

    Mae Tom yn gysglyd.    *Tom is sleepy.*

It can also be used as a link between two nouns as in:

    Mae Tom yn fachgen.    *Tom is a boy.*

As with the adjective, **yn** having this function causes Soft Mutation:

    Mae Mrs Owen yn fam dda.    *Mrs Owen is a good mother.*

After a vowel, **yn** becomes **'n**.

| | |
|---|---|
| Mae hi'n ferch ddiog. | *She's a lazy girl.* |
| Rydyn ni'n deulu prysur. | *We're a busy family.* |

Note the following use of **yn** with the impersonal 'it is':

| | |
|---|---|
| Mae hi'n fore braf. | *It's a fine morning.* |
| Mae hi'n ddydd Llun. | *It's Monday.* |
| Mae hi'n amser te. | *It's tea time.* |

| (Link-word) **yn** + | **Noun** | C/G P/B T/D; G/- B/F D/Dd; M/F |
|---|---|---|

*Note*
**Ll** and **Rh** do not change after **yn**.

### 3. How to say 'I must . . .' etc.

This is expressed by the use of **rhaid**, 'necessity', followed by **i** and the personal pronoun:

Mae rhaid i fi.     *It is a necessity to me,* i.e. *I must*

In the present tense, **mae** is often omitted:

Rhaid i fi fɥnd i'r dre.     *I must go to town.*

The preposition **i** has personal forms in the third person singular and plural:

| | |
|---|---|
| iddo fe | *to him* |
| iddi hi | *to her* |
| iddɥn nhw | *to them* |

and these forms are used with **rhaid**

| | |
|---|---|
| Rhaid iddo fe ddod. | *He must come.* |
| Rhaid iddi hi godi. | *She must get up.* |
| Rhaid iddyn nhw edrɥch. | *They must look.* |

*Note*

**Personal pronouns (fi, chi, fe/e, hi, ni, nhw) are followed by the Soft Mutation.**

This mutation occurs most frequently in the negative of the verb 'to be':

| | |
|---|---|
| Dydw i **dd**im. | *I'm not.* |
| Dydy e **dd**im. | *He's not.* |
| Dydyn ni **dd**im. | *We're not.* |

and with **rhaid**:

| | |
|---|---|
| Rhaid i ni **dd**effro. | *We must wake up.* |
| Rhaid iddo fe **dd**arllen. | *He must read.* |

A noun substituted for a pronoun in this context will also cause mutation:

| | |
|---|---|
| Rhaid i **Gwen** ddod gyda ni. | *Gwen must come with us.* |
| Rhaid iddyn nhw frysio. | *They must hurry.* |
| Rhaid i'r teulu frysio. | *The family must hurry.* |

**Rhaid** in this construction is an indefinite noun and will therefore be preceded in the interrogative by **oes**:

| | |
|---|---|
| Oes rhaid i chi fynd? | *Must you go?* |
| Oes/Nag oes. | *Yes/No.* |

In the negative, **'Does dim rhaid i chi'** means 'There is no necessity for you to', 'You needn't'. 'You must not' is **'Rhaid i chi beidio â . . .'**, (Literally, 'you must cease to'):

| | |
|---|---|
| Rhaid i chi beidio â smygu. | *You mustn't smoke.* |
| Rhaid i chi beidio â mynd. | *You mustn't go.* |

## 4. The Genitive. Possession

Possession is indicated by the juxtaposition of the property and the possessor:

| | |
|---|---|
| Siop Edward Jones. | *Edward Jones' shop.* |

In Welsh, that which is talked about comes first, followed by words that qualify or describe it. We have already encountered examples of this type of construction in:

| | |
|---|---|
| Llyfr da iawn. | *A very good book.* |

The object discussed is 'book', therefore it will come first. 'Good' qualifies 'book' and so we have **Llyfr da**. 'Very' qualifies 'good' and so we have **Llyfr da iawn**. In the same way 'Edward Jones' qualifies 'shop' and in Welsh the qualifier comes after the noun it qualifies, and so we have **Siop Edward Jones**. Further examples:

| | |
|---|---|
| Mam Gwen | *Gwen's mother* |
| Car Aled | *Aled's car* |
| Drws tŷ | *The door of a house* |
| Drws y tŷ | *The door of the house* |

Note the omission of the first definite article in the last examples. Therefore:

i ddrws y tŷ          *to the door of the house.*

(Note also the close correspondence between **hanner awr** and 'half (of) an hour'.)

This construction is common in place names in Wales:

| | |
|---|---|
| Aberystwyth | *The mouth of Ystwyth (the river Ystwyth)* |
| Llandudno | *The church of Tudno (the saint)* |
| Castell Harlech | *'The castle of Harlech', Harlech Castle* |
| Dinas Abertawe | *The city of Swansea.* |

## 5. Numbers: Cardinal

| | |
|---|---|
| 1. un | 6. chwech |
| 2. dau | 7. saith |
| 3. tri | 8. wyth |
| 4. pedwar | 9. naw |
| 5. pump | 10. deg |

From ten upwards there are two methods of counting:

(*a*) the Vingesimal system of counting in twenties, of which the French *quatre vingts* 'four twenties', i.e. eighty, is an example. (See Lesson 21.)

(*b*) the Decimal system of counting in tens as in English. When measuring time by the clock the first method is used, so that to complete the hours we need

    11. un ar ddeg               12. deuddeg

**Beth ydy hi o'r gloch?** ('What time is it?' Literally, 'What is it of the (church) bell?'):

| | |
|---|---|
| Mae hi'n un o'r gloch. | *It's one o'clock.* |
| Mae hi'n saith o'r gloch. | *It's seven o'clock.* |
| Mae hi'n hanner awr wedi saith. | *It's half past seven.* |

As we have seen in Lesson 3, the **'n** of **Mae hi'n** (or **Mae'n**) before a numerical adjective causes the Soft Mutation:

| | |
|---|---|
| Mae hi'n ddau o'r gloch. | *It's two o'clock.* |
| Mae hi'n dri o'r gloch. | *It's three o'clock.* |

*or*   Mae'n ddau, Mae'n dri o'r gloch etc.

Make up sentences from the following tables which contain only the numbers that mutate:

| | | |
|---|---|---|
| Mae hi'n<br>Mae'n<br>Mae'n chwarter i | ddau<br>dri<br>bedwar<br>bump<br>ddeg<br>ddeuddeg | (o'r gloch). |

Note that **wedi**, 'past' on the other hand, is *not* followed by a mutation.

| | | |
|---|---|---|
| Mae'n hanner awr<br>Mae'n chwarter | wedi | dau.<br>tri.<br>pedwar.<br>pump.<br>deg.<br>deuddeg. |

## 6. The days of the week

These, like those in French, are derived from Latin:

| | |
|---|---|
| Dydd Sul | *Sunday* |
| Dydd Llun | *Monday* |
| Dydd Mawrth | *Tuesday* |
| Dydd Mercher | *Wednesday* |
| Dydd Iau | *Thursday* |
| Dydd Gwener | *Friday* |
| Dydd Sadwrn | *Saturday* |

| | |
|---|---|
| Mae hi'n ddydd Llun heddiw. | *It's Monday today.* |

### NIGHTS OF THE WEEK

1. In Welsh the *–day* of Mon–*day* is omitted, and the nights become Mon–*night*, Tues–*night* etc.
2. **Nos** will mutate **Llun, Mawrth** etc. (This is a relic of an old construction.)

| | |
|---|---|
| Nos Sul | *Sunday night* |
| Nos Lun | *Monday night* |
| Nos Fawrth | *Tuesday night* |
| Nos Fercher | *Wednesday night* |
| Nos Iau | *Thursday night* |
| Nos Wener | *Friday night* |
| Nos Sadwrn | *Saturday night* |

### PATTERN PRACTICE EXERCISES

1. (a) *Is Tom ––––ing? No, he has ––––(ed).*

   1. Ydy Tom yn pacio?
      Nag ydy. Mae e....................
   2. Ydy Tom yn cael brecwast?
      Nag ydy. Mae e....................
   3. Ydy Tom yn darllen y papur?
      .....................................

4. Ydų Tom yn codi o'r gwelų?
...............................

5. Ydų Tom yn siopa yn y dre?
...............................

(*b*) You are asked when you are going to do something. Say you've done it. (*Note*: Soft Mutation after **i**, no mutation after **wedi**.)

e.g. Prųd rydųch chi'n mųnd i ganu? Rydw i wedi canu.

1. Prųd rydųch chi'n mųnd i gael coffi? .....:....
2. Prųd rydųch chi'n mųnd i edrųch ar y papur?....
3. Prųd rydųch chi'n mųnd i dorri rhosynnau?......
4. Prųd rydųch chi'n mųnd i wella? ..............

(*c*) *Has Aled ——— ? No, he hasn't ——— yet.*
Ydų Aled wedi mųnd? Nag ydų, dydų e ddim wedi mynd eto (*yet*).

1. Ydų Aled wedi codi? .........................
2. Ydų Aled wedi cysgu? .........................
3. Ydų Aled wedi cyrraedd? ......................
4. Ydų Aled wedi deffro? ........................

2. In the list given below, each person gives his/her nationality. e.g.

Cymro (Welshman)          Rydw i'n Gymro

1. Cymraes (Welshwoman)    Rydw i'n............
2. Cymrų (Welsh people)    Rydųn ni'n..........
3. Saesnes (Englishwoman)  ....................
4. Saeson (English people) Rydyn ni'n ..........
5. Albanwr (Scotsman)      ....................
6. Gwyddel (Irishman)      ....................
7. Ffrancwr (Frenchman)    ....................
8. Sbaenwr (Spaniard)      ....................
9. Eidalwr (Italian)       ....................
10. Almaenwr (German)      ....................
11. Americanwr (American)  ....................

3. (*a*) Tom and Gwen have to do certain things. Ask why
   each one must.

> Rhaid i Tom fɥnd i'r banc.  Pam mae rhaid iddo
>                              fe fɥnd?

1. Rhaid i Tom godi yn y    Pam .............?
   bore.
2. Rhaid i Tom gysgu'n
   dawel.                   ..................?
3. Rhaid i Gwen gyrraedd yn
   brydlon.                 ..................?
4. Rhaid i Gwen fynd i'r dre.  ..................?
5. Rhaid i Gwen neud bre-
   cwast.                   ..................?

(*b*) *He (etc.) doesn't want to . . . but he (etc.) must.*

1. Dydɥ e ddim eisiau mynd  Ond mae rhaid......
   i'r ysbytɥ.
2. Dydɥ e ddim eisiau codi
   yn y bore.               ..................
3. Dydɥ e ddim eisiau deffro.  ..................
4. Dydɥ e ddim eisiau
   darllen.                 ..................
5. Dydɥ hi ddim eisiau canu.  ..................
6. Dydɥ hi ddim eisiau bwɥta
   rhagor.                  ..................
7. Dydɥn nhw ddim eisiau
   torri coed.              ..................

4. Mr Owen has gone, but has left some of his possessions
   behind.

'*Is Mr Owen here? No, but Mr Owen's ——————— is here.*'

1. Ydɥ Mr Owen yma?  (Car) Nag ydɥ, ond mae
                          (—————) Mr Owen yma.
2. Ydɥ Mr Owen yma?  (Ci) ....................
3. Ydɥ Mr Owen yma?  (Papur) ..................
4. Ydɥ Mr Owen yma?  (Coffi) ..................

5. Ydq Mr Owen yma?   (Teulu) ................
6. Ydq Mr Owen yma?   (Merch) ..............

5. (*a*) Answer the following questions. The clock is half an
    hour *fast*.

   1. Ydq hi'n hanner awr wedi dau?
      Nag ydq, mae hi'n . . . . . o'r gloch.
   2. Ydq hi'n hanner awr wedi tri?
      Nag ydq, mae hi'n.................
   3. Ydq hi'n hanner awr wedi pedwar?
      ...............................
   4. Ydq hi'n hanner awr wedi deg?
      ...............................
   5. Ydq hi'n hanner awr wedi deuddeg?
      ...............................

(*b*) You are asked if you are coming during the day.
    Reply that you are coming in the evening (night) of
    that day.

   1. Ydqch chi'n dod dqdd Llun?   Nag, ydw, rydw i'n
                                     dod nos ........
   2. Ydqch chi'n dod dydd
      Mawrth?                      ................
   3. Ydqch chi'n dod dydd Mer-
      cher?                        ................
   4. Ydqch chi'n dod dqdd
      Gwener?                      ................

(*c*) Asked if you, or someone else, are doing something
    on a certain day of the week, say no, that you are
    doing it that evening/night.

    Ydqch chi'n dod dqdd Llun? Nag ydw, rydw i'n dod
    nos Lun.

   1. Ydq Tom yn cyrraedd dydd Mawrth?
      ........ mae e'n ................
   2. Ydq Gwen yn canu dqdd Mercher?
      ................ hi'n............

3. Ydy Mr Owen yn darllen y Radio Times dydd Iau?

..................................

4. Ydy Mrs Owen yn siopa dydd Gwener?

..................................

GEIRFA 5

| | | | |
|---|---|---|---|
| â | *as, with* | iddi hi | *to/for her* |
| achos-ion (M) | *cause, because* | lle (M) | *place, vacancy* |
| anrheg-ion (F) | *present, gift* | Llun | *Monday* |
| | | Mae hi | *'It' is* |
| ar unwaith | *at once* | Mercher | *Wednesday* |
| bachgen | *boy* | naw | *nine* |
| bechgyn (M) | | nos-au (F) | *night* |
| | | parod | *ready* |
| bob bore | *every morning* | paratoi | *to prepare* |
| bod | *to be* | pedwar | *four* |
| brecwast (M) | *breakfast* | pen blwydd (M) | *birthday* |
| brysio | *to hurry* | | |
| creadur-iaid (M) | *creature* | pobl (F) | *people* |
| | | post (M) | *(the) post* |
| cynnar | *early* | prysur | *busy* |
| chwech | *six* | pump | *five* |
| deffro | *to awake* | rhai | *some* |
| deg | *ten* | rhaid | *must* |
| diog | *lazy* | rhosyn-nau (F) | *rose* |
| diwrnod-au (M) | *day* | | |
| | | saith | *seven* |
| dydd, dydd-iau (M) | *day* | 'te | *then* |
| | | traffig (M) | *traffic* |
| dim eto *or* ddim eto | *not yet* | tri | *three* |
| | | trwm | *heavy* |
| eich | *your* | un | *one* |
| er, ers | *since* | unwaith | *once* |
| eto | *yet, again* | wedi | *after, past* |
| ffordd, ffyrdd (F) | *way, road* | wyth | *eight* |
| | | ymolchi | *to wash one-self* |
| galw | *to call* | | |
| gwisgo | *to dress* | ysgol-ion (F) | *school* |

YMDDIDDAN 5

*It's breakfast time in the Owens' house.*

*Mrs Owen*  Ydych chi'n barod, Emrys? Mae hi wedi wyth.
Does dim amser i ddarllen y papur y bore 'ma.

*Mr Owen*  Nag oes, yn wir. Rydw i eisiau bod yn yr ysgol
yn gynnar heddiw. Mae hi'n fore dydd Llun ac mae'r
traffig yn drwm ar y ffordd bob bore dydd Llun.

*Mrs Owen*  Ydy. Mae rhaid i ni frysio. Ond mae Tom allan
yn yr ardd, ac mae Gwen yn y gwely, a mae'n rhaid i fi
baratoi brecwast iddi hi.

*Mr Owen*  Rhaid i fi alw Gwen, 'te. Mae hi eisiau mynd
i siopa yn gynnar y bore 'ma. Gwen! Gwen! Mae hi'n
amser codi. Mae hi wedi wyth o'r gloch, a mae hi'n
ddiwrnod braf. Codwch ar unwaith.

*Gwen*  Rydw i wedi codi, ac wedi ymolchi ac wedi gwisgo.
Rydw i'n barod i frecwast. Ond ble mae Tom? Ydy e
wedi deffro eto? O, mae e'n greadur diog.

*Tom*  (yn dod i mewn o'r ardd) O, nag ydw'n wir. Dydw
i ddim mor ddiog â rhai pobl. Rydw i wedi codi ers saith
o'r gloch y bore 'ma, ac wedi bod allan yn yr ardd yn
torri rhosynnau i'r tŷ. Mae Mam yn hoff iawn o rosynnau.

*Mr Owen*  Wel, yn wir Tom, rydych chi wedi bod yn
fachgen prysur iawn heddiw. Ydych chi wedi cael
brecwast?

*Tom*  Ydw, diolch. Ond beth am Gwen? Ydy hi wedi cael
brecwast eto?

*Mrs Owen*  Nag ydy. Ddim eto, ond rydw i'n neud bre-
cwast iddi hi nawr.

*Tom*  Ydy'r post wedi dod?

*Mr Owen*  Nag ydy, dydy e ddim wedi dod eto.

*Mrs Owen*  Dyna chi, Gwen. Mae eich brecwast chi'n
barod. Rhaid i ni frysio nawr, a mynd. Mae hi'n hanner
awr wedi wyth.

*Gwen*  Rhaid i Tom a fi frysio hefyd.

*Mr Owen*  Pam?

*Gwen*  Achos mae'n ben blwydd Siân dydd Mercher a
rhaid i ni fynd i'r dre i brynu anrheg iddi hi.

*Mr Owen*  Rydąn ni'n mąnd i fod yn deulu prysur iawn heddiw!

CWESTIYNAU

1. Oes amser gyda Mr Owen i ddarllen y papur?
   Nag oes. Mae e eisiau bod yn yr ysgol yn gynnar.
2. Ble mae Gwen a Tom?
   Mae Gwen yn y gwely ond mae Tom allan yn yr ardd.
3. Pam mae Mr Owen yn galw Gwen?
   Achos mae hi eisiau mąnd i'r dre i siopa.
4. Ydą Gwen wedi codi?
   Ydą. Mae hi wedi codi ac wedi ymolchi ac wedi gwisgo.
5. Ydą Tom yn greadur diog?
   Nag ydą'n wir.
6. Ers pryd mae e wedi codi?
   Ers saith o'r gloch.
7. Ydą Tom a Gwen wedi cael brecwast?
   Mae Tom wedi cael brecwast ond dydą Gwen ddim.
8. Pryd mae Mr a Mrs Owen yn mąnd allan o'r tŷ?
   Am hanner awr wedi wąth.
9. Ydą Tom a Gwen yn mąnd hefyd?
   Ydąn.
10. Pam?
    Achos maen nhw eisiau prynu anrheg pen blwydd i Siân.[1]

TRANSLATION INTO WELSH

1. She has got up and has washed and has dressed.
2. We are ready for breakfast.
3. We must call at the house.
4. Tom is not as lazy as some people.
5. Have you got up yet? Yes, I have.

---

[1] Literally 'a birthday's present'. Cf. French *le cadeau d'anniversaire*.

6. Has he got up yet? It's twelve o'clock.
7. We must go to the Black Mountain(s).
8. Gwen's birthday is (on) Wednesday. I must buy a present for her.
9. Aled's car is coming to the door of the house at a quarter to five.

# Lesson 6

### 1. 'Who is who, and what is what'

When the verb 'to be' is used, as above, as a 'link' verb to join two words which refer to the same person or thing or have the same identity, the form used in Welsh is **ɥw** or **ydɥ**. Both of these, in this context, have the same meaning and the same function.

> Pwɥ ɥw/ydɥ e?    *Who is he?*

In the above example, **pwɥ** and **e** refer to the same person; 'who' and 'he' are identical in this question, and the verb 'to be' merely serves as a connecting word between the two. Similarly with 'what is this', 'what' and 'this' refer to the same object and 'is' is the link between them:

> Beth ɥw hwn?    *What is this?*
> Beth ɥw'r dyddiad?    *What is the date?*

'Which one' is **p'un** (from **pa un**, 'which one'):

> ·P'un ɥw p'un?    *Which is which?*

and similarly:

> Pwɥ ɥw pwɥ?    *Who's who?*

The answer to a question which follows this pattern is substituted for the interrogative word:

> Pwy ɥw hwn?    *Who is this?*
> Tom ɥw hwn.    *This is **Tom**.*

English relies mainly on intonation and stress in speech, and on italics in print, to 'point' or emphasise particular elements. Welsh is more flexible and achieves this by varying the order of words in the sentence.

| | |
|---|---|
| Beth ʊw Tom? | *What is Tom?* |
| Bachgen ʊw Tom. | *Tom is a **boy**.* |

In Lesson 5 we saw how 'Tom is a boy' could be translated as **Mae Tom yn fachgen.** This is a normal statement of fact. In the sentence

| | |
|---|---|
| Bachgen ʊw Tom. | *Tom is a **boy**?* |

the fact that he is a *boy*, not a man, is stressed. Questions using this emphatic pattern were once prefaced by the interrogative particle **Ai**, but this is no longer found in spoken Welsh, and the patterns of the question and the affirmative statement are now identical; the only difference is that in the written word a question mark is put at the end of the question, corresponding to the rising interrogative intonation in the spoken word.

| | |
|---|---|
| Bachgen ʊw Tom? | *Is Tom a **boy**?* |
| Mr Owen ʊw tad Tom? | *Is **Mr Owen** Tom's father?* |

Such a question does not begin with a verb, and therefore is not answered by a verb, as questions beginning with **Ydʊ . . .?** are. This type of question has evolved its own equivalents of YES and NO, which are invariable:

| | |
|---|---|
| Bachgen ʊw Tom? | *Is Tom a **boy**?* |
| Ie. | *Yes.* |
| Bachgen yw Gwen? | *Is Gwen a **boy**?* |
| Nage. | *No.* |

*Note*
When a question involving agreement (YES), or disagreement (NO) begins with any part of speech other than the personal form of a verb, the answer is **Ie**, 'YES', or **Nage**, 'NO'.

Further examples:

> Enw bachgen ɥw Tom?    *Is Tom a boy's name?*
> Ie, enw bachgen ɥw Tom.    *Yes. Tom is a boy's name.*

The negative particle or 'marker' is **Nid**:

> Enw bachgen ɥw Gwen?    *Is Gwen a boy's name?*
> Nage. Nid enw bachgen    *No. It's not a boy's name.*
> ɥw e.

(A more colloquial form of **nid** is **dim**:

> Dim bachgen ɥw e.      *He's not a boy.*)

It is the contracted form (**'d**) of this negative marker **nid** that negates the personal form of the verb 'to be': **dydw i ddim** (from **nid ydw i ddim** etc.).

## 2. The Nasal Mutation

When the negative prefix **an-** (English 'in-', or 'un-') is attached to another word it causes the Nasal Mutation. For example:

| | | | |
|---|---|---|---|
| an + cyfforddus | gives | anghyfforddus | *uncomfortable* |
| an + posibl | gives | amhosibl | *impossible* |
| an + teg | gives | annheg | *unfair* |

The opposite of **cofio**, 'to remember', is **an + cofio**, which gives **anghofio** (Cf. American English 'to disremember', i.e. to forget).

## 3. How to say 'My . . .'

The full form of 'my' is **fy**; but the **f**, a weak consonant, has fallen into disuse throughout the greater part of Wales, leaving **'y**, which, like the prefix **an-** in Section 2 above, is followed by the Nasal Mutation:

| | | |
|---|---|---|
| cadair | 'y nghadair i | *my chair* |
| tad | 'y nhad (i) | *my father* |
| pensil | 'y mhensil i | *my pencil* |

| gwraig | 'y ngwraig (i) | *my wife* |
| basged | 'y masged i | *my basket* |
| dyddiadur | 'y nyddiadur i | *my diary* |

After vowels, there is a tendency for even the **'y** to be elided completely, leaving the Nasal Mutation only, in some cases, to represent 'my':

| Ble mae 'nghadair i? | *Where is my chair?* |
| Ble mae 'mhensil i? | *Where's my pencil?* |
| 'Mhensil i ɥw hwn? | *Is this my pencil?* |
| 'nhad | *my father* |
| 'Nhad! | *Father! Dad!* |

The personal (affixed) pronoun **i** is often put after the object possessed.[1] Since the possessive adjective **fy**, or **'y**, or the Nasal Mutation cannot be stressed, the personal affixed pronoun bears the stress when necessary:

'y mhensil **i** ɥw hwn  *This is **my** pencil.*

**THE NASAL MUTATION TABLE**

| an—<br>(fy)'y … i | C/NGH P/MH T/NH | G/NG B/M D/N |
|---|---|---|

**EXERCISE**

Imagine that you have a friend who is possessive and regards what is yours as his (or hers). He says that your pencil is his, and you reply 'No, it's yours'. Conduct your arguments along these lines:

| 'y mhensil i ydɥ hwn. | Nage, 'y mhensil i ydɥ e. |
| *This is my pencil.* | *No, it's my pencil.* |
| 'y nghoffi i ydɥ hwn. | Nage, ................ |

---

[1] But not after close relatives, e.g. **'y mam**, 'my mother', **'y nhad**, 'my father', **'y mrawd**, 'my brother', except for emphasis.

Remember that the Demonstrative Pronoun **hwn**, and **e**, refer to masculine words. **Hon**, and **hi**, refer to feminine words.

| | |
|---|---|
| 'y nghadair i ydy hon | Nage, 'y nghadair i ydy hi |
| *This is my chair.* | *No, it's my chair.* |
| 'y mhotel i ydy hon. | Nage, 'y mhotel i ydy hi |

And in a lower key:

|   | | |
|---|---|---|
|   | Eich coffi chi ydy hwn? | *Is this **your coffee**?* |
|   | Ie, 'y nghoffi i ydy e. | *Yes, it is **my coffee**.* |
| *or* | Nage, nid 'y nghoffi i ydy e. | *No, it's not my coffee.* |

## 4. The Soft Mutation after *am*, 'at, about'. (Contact Mutations)

**Am**, 'at' (time), is followed by the Soft Mutation:

Am un o'r gloch, am *dd*au o'r gloch, am *d*ri, am *b*edwar, am *b*ump, am *dd*eg, am *dd*euddeg.

PATTERN PRACTICE EXERCISES

The time you are offered is inconvenient. Make it an hour later.

Am ddau? Nage, am . . .   Am bedwar? Nage, am . . .
Am naw? Nage, am . . .   Am un-ar-ddeg? Nage, am
      . . .

Compare the following:

| | |
|---|---|
| am ddau o'r gloch | *at two o'clock* |
| i ddau o'r gloch | *to two o'clock* |
| o ddau o'r gloch | *from two o'clock* |

FURTHER PRACTICE WITH THE SOFT MUTATION

It is a useful exercise to put **o**, 'from', and **i**, 'to', in front of the same word.

| | | |
|---|---|---|
| e.g. Cadair | o gadair i gadair | *from chair to chair* |
| pentre | o bentre i bentre | *from village to village* |

| tre | o dre i dre |
| bag | o fag i fag |
| gardd | o ardd i ardd |
| dŷdd | o ddŷdd i ddŷdd |
| lle | o le i le |
| mynŷdd | o fynŷdd i fynŷdd |
| rhosyn | o rosŷn i rosŷn |

Continue this practice with other words you know, e.g. **coleg**, **gwlad** etc.

## 5. The months of the year (misoedd y flwyddyn).

| | | | |
|---|---|---|---|
| Ionawr | *January* | Gorffennaf | *July* |
| Chwefror | *February* | Awst | *August* |
| Mawrth | *March* | Medi | *September* |
| Ebrill | *April* | Hydref | *October* |
| Mai | *May* | Tachwedd | *November* |
| Mehefin | *June* | Rhagfŷr | *December* |

Prŷd rydŷch chi'n cael eich penblwŷdd?
*When do you have your birthday?*
Rydw i'n cael 'y mhenblwŷdd ym mis Tachwedd
*I have my birthday in the month of November.*

For 'in November' etc. say **ym mis Tachwedd**. The use of **mis** before the name of the months avoids the use of the Nasal Mutation **yn Nhachwedd** etc.

PATTERN PRACTICE EXERCISES

1. (*a*) Change the pattern of these sentences in order to emphasise the nationality:

1. Mae Aled yn Gymro. ......... ŷw ..........
2. Rydw i yn Gymro. ...........ydw i (*if male*)
3. Rydw i yn Gymraes. .............. (*if female*)
4. Mae Mr Arbuthnot yn Sais. .......................
5. Mae Miss Greeves yn Saesnes. .......................

6. Mae Mícheál Mac
Craith yn Wyddel. ........................

7. Mae Ian Fraser yn
Albanwr. ........................

8. Mae Juan Pérez yn
Sbaenwr. ........................

(b) *Who is he, . . .? Yes, he is . . .*

1. Pwụ ydụ e, Mr Owen? Ie, ....................

2. Pwụ ydụ e, Tom? ........................

3. Pwụ ydụ hi, Gwen? .................... hi.

4. Pwụ ydụn nhw, Mr a
Mrs Owen? .................. nhw.

2. Answer the following questions based on 1. (*a*).

1. Beth ụw Aled? .................. yw e

2. Beth ụw Gwen? ........................

3. Beth ụw Mícheál? ........................

4. Beth ụw Ian? ........................

5. Beth ụw Juan? ........................

GEIRFA 6

| | | | |
|---|---|---|---|
| anghy- fforddus | *uncomfortable* | dal | *to hold, catch* |
| amhosibl | *impossible* | dyddiad-au (M) | *date* |
| annheg (â) | *unfair (to)* | Ebrill | *April* |
| athro, athr-awon (M) | *teacher* | ei . . . hi | *her* |
| Awst | *August* | fan yma | *here* |
| cais ceis-iadau (M) | *attempt, ap-plication* | fy | *my* |
| | | fod | *that* |
| calendr | *calendar* | forụ | *tomorrow* |
| clywed | *to hear* | ffôn (M) | *telephone* |
| cofio | *to remember* | Gorffennaf | *July* |
| cyfun | *comprehensive* | gwaith (M) | *work* |
| Cymraeg | *Welsh* | gwraig (F) | *wife, woman* |
| croesawu | *to welcome* | Hydref | *October* |
| cynta | *first* | ie | *yes* |
| Chwefror | *February* | Ionawr | *January* |
| | | Mai | *May* |

| | | | |
|---|---|---|---|
| Mawrth | *March* | rhywun | *someone* |
| Medi | *September* | sgrifenyddes | *secretary* |
| Mehefin | *June* | -au (F) | |
| meithrin | *nursery, nurture* | siarad â | *to talk to* |
| mis (M) | *month* | siŵr | *sure* |
| nabod | *to know (a* | staff | *staff* |
| | *person)* | symud | *to move* |
| nage | *no* | syniad -au | *idea* |
| newydd | *new* | (M) | |
| peth-au (M) | *thing* | swydd -i (F) | *post, job* |
| plant | *children* | Tachwedd | *November* |
| popeth | *everything* | troi | *to turn* |
| posibl | *possible* | tad -au (M) | *father* |
| pwy | *who, whom,* | tudalen-nau | *page* |
| | *whose* | (M) | |
| Rhagfyr | *December* | ymhen | *within* |
| rhywbryd | *sometime* | 'y 'yn. . . i | *my* |
| rhywle | *somewhere* | | |

PHRASES:

| | |
|---|---|
| Mae'n ddrwg gyda fi | *I'm sorry* (Lit. *It is bad with me*) |
| yn lle | *instead of* |

YMDDIDDAN 6

*Mr Owen and Ann, his secretary, are in the Headmaster's study in a large comprehensive school. Ann is due for leave of absence within a month to have a baby.*

*Mr Owen* Wel, nawr te, gadewch i ni weld. Beth yw'r dyddiad heddiw, Ann?

*Ann* Y diwrnod cynta o Fai. Mae'n ddrwg gyda fi, Mr Owen, dydw i ddim wedi troi tudalen y calendr o fis Ebrill i fis Mai.

*Mr Owen* Popeth yn iawn, Ann. Dyna fe. A rydych chi'n mynd i'r ysbyty ymhen y mis?

*Ann* Ydw. Ar y cynta o Fehefin. Ond rydw i'n teimlo'n anghyfforddus iawn. Does neb wedi neud cais am 'yn swydd i eto. Beth am Mrs Owen? Ydy hi'n bosibl iddi hi ddod yma o ysgol 'nhad am ddiwrnod neu ddau yn yr wythnos?

*Mr Owen* Wel, dydy'r peth ddim yn amhosibl, ond mae'n annheg â'ch tad. A dydw i ddim yn siŵr fod 'y ngwraig i'n croesawu'r syniad o symud o ysgol i ysgol. Na, mae rhywun yn siŵr o ddod o rywle.

*Mae cloch y ffôn yn canu*

*Ann* Hylo. Yr Ysgol Gyfun Gymraeg . . . Daliwch ymlaen, os gwelwch yn dda. Mr Owen, mae Mrs Jane Edwards eisiau siarad â chi.

*Mr Owen* Jane Edwards? Pwy yw hi?

*Ann* Gwraig Barry Edwards yw hi.

*Mr Owen* Gwraig Barry Edwards? Pwy yw e?

*Ann* Mr Owen! Dydych chi ddim yn nabod eich staff?

*Mr Owen* O! Rydw i'n cofio pwy yw e nawr. Ond beth yw e?

*Ann* Athro gwaith coed yw e.

*Mr Owen* Ie, wrth gwrs. Athro newydd yw e.

*Ann* Ie, ie, Athro newydd ydy e.

*Mr Owen* Bore da, Mrs Edwards.

*Jane* Bore da, Mr Owen. Rydw i'n clywed fod lle gyda chi i sgrifenyddes yn lle Mrs Ann Morgan.

*Mr Owen* Oes, Mrs Edwards.

*Jane* Rydw i eisiau neud cais am ei swydd hi. Ydy hi'n bosibl i mi ddod i'r ysgol rywbryd?

*Mr Owen* Daliwch ymlaen os gwelwch yn dda. Ann! Ble mae 'nyddiadur i? O, dyma fe ar 'y nghadair i, fan yma. Mrs Edwards? Ydy hi'n bosibl i chi ddod yma pnawn fory am ddau?

*Jane* Ydy. Mae ('y)mhlant i yn yr ysgol feithrin ar bnawn dydd Mawrth.

*Mr Owen* Diolch yn fawr i chi, Mrs Edwards. Bore da.

*Jane* Diolch i chi, Mr Owen. Bore da.

*Ann* Rhaid i chi gofio pwy yw gŵr Mrs Edwards fory!

CWESTIYNAU

1. Ble mae Ann a Mr Owen?
   Maen nhw yn stafell y prifathro, Mr Owen.
2. Ydy Ann wedi troi tudalen y calendr?
   Nag ydy. Mae hi wedi anghofio.
3. Pryd mae Ann yn mynd i'r ysbyty?
   Ymhen mis (mae hi'n mynd).
4. Ydy hi'n hapus?
   Nag ydy. Mae hi'n teimlo'n anghyfforddus.
5. Pam?
   Achos does neb wedi neud cais am ei swydd hi eto.
6. Ydy hi'n bosibl i Mrs Owen ddod at Mr Owen?
   Ydy. Ond dydy hi ddim yn croesawu'r syniad.
7. Pam?
   Achos dydy hi ddim yn hoffi symud o le i le.
8. Pwy yw Mrs Jane Edwards?
   Gwraig Barry Edwards yw hi.
9. Beth yw Barry Edwards? Athro Cymraeg?
   Nage. Athro gwaith coed yw e.
10. Pryd mae Jane yn dod i weld Mr Owen?
    Am ddau o'r gloch pnawn dydd Mawrth.

TRANSLATION INTO WELSH

1. We are in the Headmaster's room on the first day of May.
2. When are you going to the hospital?
3. No one has made an application for her job yet.
4. My wife does not welcome the idea of moving house.
5. Something is sure to come from somewhere.
6. The school bell is ringing.
7. Who is Jane Edwards? Is she the wife of John Edwards? No.
8. What is Barry Edwards? Is he a wood-work master?
9. Is *Mr Owen* the headmaster of the school? Yes.
10. Who is Ann? She is *my wife*.

# Lesson 7

### 1. How to say 'Who is where, and doing what?'

If, instead of saying

|  |  |
|---|---|
| Mae Tom yma. | *Tom is here.* |

we want to emphasise that it is Tom and no one else who is here, we put Tom at the beginning of the sentence, followed by **sy**, with falling intonation:

|  |  |
|---|---|
| Tom sy yma. | *It is Tom who is here.* |

Note how the following statements are turned into emphatic sentences:

| Mae Tom yn pacio. | *Tom is packing.* | (verb) |
|---|---|---|
| Tom sy'n pacio. | *It is Tom who is packing.* | |
| Mae Tom yn garedig. | *Tom is kind.* | (adjective) |
| Tom sy'n garedig. | *It is Tom who is kind.* | |
| Mae Tom yn athro. | *Tom is a teacher.* | (noun) |
| Tom sy'n athro. | *It is Tom who is a teacher.* | |

**Sy** is very frequently used in questions such as **Pwy sy . . .?**
**Beth sy . . .?** to enquire who, or what is somewhere or doing something:

|  |  |
|---|---|
| Pwy sy yma? | *Who is here?* |
| Pwy sy yn y stafell? | *Who is in the room?* |

Pwy sy'n canu, darllen, cael brecwast? etc.
*Who is singing, reading, having breakfast?* etc.

*or* Beth sy wedi mynd, wedi dod, wedi digwydd? etc.
*What has gone, come, happened?* etc.

The answer to these questions can be substituted for the interrogative word **Pwy** or **Beth**.

| | |
|---|---|
| Pwy sy yma? | *Who is here?* |
| Gwen sy yma. | *(It is) Gwen (who) is here.* |
| Fi sy yma. | *It's me.* (Lit. *It is I who is here.*) |

A similar pattern can involve the genitive or possessive:

| | |
|---|---|
| Het pwy sy yn y gegin? | *Whose hat is in the kitchen?* |
| Het Gwen sy yn y gegin. | ***Gwen's hat** is in the kitchen.* |

To form the interrogative and the negative sentences with ... **sy** ... we follow the same construction as that in Lesson 6.

| | |
|---|---|
| Het Gwen ydy hon? | *Is this Gwen's hat?* |
| Het Gwen sy yn y gegin? | *Is it Gwen's hat that's in the kitchen?* |
| Ie. | *Yes.* |
| Het Mrs Owen sy yn y gegin? | *Is it Mrs Owen's hat that is in the kitchen?* |
| Nage. | *No.* |
| Nid het Mrs Owen sy yn y gegin. | *It isn't Mrs Owen's hat that's in the kitchen.* |

The difference between ... **sy** ... and ... **yw** ... (or ... **ydy** ...)

(i) ... **yw** ... expresses a definite equivalence or identity:

| | |
|---|---|
| Tom yw'r athro. | *Tom is **the** teacher.* |

... **sy** ... does not:

| | |
|---|---|
| Tom sy'n athro. | *Tom is **a** teacher.* |

(ii) ... **yw** ... is followed immediately by a definite noun or pronoun (rarely, by an adjective)
    ... **sy** ... is followed by an adverb or a preposition or the link word **yn**.

(iii) In grammatical terms ... **ydy** ... is *followed* by its

subject; ... **sɥ** ... is *preceded* by its subject. (**Ydɥ** +
subject; subject + **sɥ**) (Students of Spanish will see
many points of similarity between **ydɥ** and '*ser*', and
**sɥ** and '*estar*').

## 2. More about 'My . . .'

We saw in Lesson 6 that the literary form **fy** has been
contracted to **'y** in speech, and that **'y** after a preceding
vowel has disappeared leaving only the Nasal Mutation (if
any) and the affixed **i**:

fy nhad > 'y nhad > 'nhad   *my father*
Tŷ 'nhad                    *My father's house*

Note the corresponding tendency in English to omit 'my'
in a similar context:

Tŷ 'nhad a 'mam   *Father and mother's house*

By analogy with phrases such as **'y nhad**, **'y nheulu**, 'my
family', the form **'y** has become **'yn** throughout the greater
part of Wales, and in speech 'my sister' has become **'yn
chwaer i**, 'my apple', **'yn afal i**, and 'my name', **'yn enw i**.
After a vowel, the *y* in **'yn** is elided:

Ann ydɥ 'n enw i.    *Ann is my name.*
'N enw i ydɥ Ann.    *My name is Ann.*

## 3. The Soft Mutation after *neu*, 'or' (Contact Mutation)

Un neu *dd*au (M)      *One or two*
un neu ddwɥ (F)        *one or two*
te neu goffi?          *Tea or coffee?*
Coffi neu de?          *Coffee or tea?*
gŵr neu wraig(?)       *a man or a woman(?)*
menyn neu gaws(?)      *butter or cheese(?)*

## 4. How to say 'Here's . . . there's . . .'

Dyma Ann.   *Here's Ann/This is Ann.*
Dyma ni.    *Here we are.*

| | |
|---|---|
| Dyna Tom. | *There's Tom.* |
| Dyna ni. | *There we are.* |
| Dacw Gwen. | *There's Gwen.* |
| Dacw nhw. | *There they are.* |

**Dyna** expresses middle distance; **dacw** a further distance away—'Yonder, over there'. The three forms, **dyma, dyna** and **dacw** are followed by the Soft Mutation:

| | |
|---|---|
| Dyma gar Aled. | *This is Aled's car.* |
| Dyma dywydd braf. | *What/here's fine weather.* |
| Dyna dŷ Mr Owen. | *That's Mr Owen's house.* |
| Dyna ddigon. | *That's enough.* |
| Dacw fynydd Cadair Idris. | *That's the mountain of Cadair Idris.* |
| Dacw Lyn y Bala. | *That's Bala Lake.* |

**Dyma, dyna** and **dacw** are compounds of **yma, yna** and **acw** and **d**, the contracted form of **Gwêl di**, 'See thou':

| | |
|---|---|
| Gwêl di yma > dyma | *See thou here.* i.e. *here's . . .* |

These adverbs are used extensively in Welsh, for example:

| | |
|---|---|
| Dyma'r newyddion. | *Here's the news.* |
| Dyma Gwen yn dod. | *Here's Gwen coming.* |
| Dyna sut maen nhw'n byw. | *That's how they live.* |
| Dyna syniad da. | *That's a good idea.* |
| Dyna fe. | *That's it/him.* |
| Dyma fi. | *Here I am.* |

**Dyma** and **dyna** are often used in a derogatory sense:

| | |
|---|---|
| Dyma le! | *What a place!* (Lit. *Here's a place.*) |
| Dyna ffordd i neud coffi! | *What a way to make coffee!* (in retrospect) |
| Dyna ddiwrnod! | *What a day!* (in retrospect) |
| Dyma ddiwrnod! | *What a day!* (at that moment) |

and also in a complimentary sense:

> Dyna syniad da!      *What (that's) a good idea.*

**Dyma** and **dyna** can also mean 'this' or 'that is what' etc.:

> Dyma mae e'n neud.      *This is what he does.*
> Dyna pam mae e'n mynd.      *That is why he's going.*
> Dyna fe!      *That's it! That's him!*

PATTERN PRACTICE EXERCISES

1. Answer **dyma fe** or **dyma hi** ('Here it is') to the follow-
   ing questions. (If the noun *does* change after **'r** it is
   feminine, and the answer is **Dyma hi**.)

   1. Ble mae'r coffi? 2. Ble mae'r papur? 3. Ble mae'r
   *f*asged? 4. Ble mae'r *d*re? 5. Ble mae'r *a*rdd? 6. Ble
   mae'r tŷ? 7. Ble mae'r *g*egin?

2. (*a*) You hear the tail-end of a statement. Ask for fuller
   information.

   > e.g. *Tom is singing in the bath. Who is singing in the bath?*
   > Mae Tom yn canu yn y     Pwy sy'n canu yn y bath?
   > bath.

   1. Mae Tom yn deffro'n
      gynnar.           ...................?
   2. Mae Tom yn siarad yn
      gynta.           ...................?
   3. Mae Tom yn garedig.    ...................?
   4. Mae Tom yn gynnes
      iawn.            ...................?
   5. Mae Tom yn boeth.     ...................?
   6. Mae Tom yn yr ardd.    ...................?
   7. Mae Tom ar y myn-
      ydd.             ...................?
   8. Mae Tom gartre.       ...................?

(*b*) You don't hear the beginning of these statements. Ask for fuller information, e.g.:

Mae'r ci yn bwyta'r cig moch. Beth sy'n bwyta'r cig moch?
*The dog is eating the bacon. What's eating the bacon?*

1. Mae'r ci yn cario'r bag. ...................... ?
2. Mae'r ci yn agor y drws. ...................... ?
3. Mae'r ci yn teimlo'n boeth. ...................... ?
4. Mae'r ci yn dawel iawn heddiw. ...................... ?
5. Mae'r ci yn hoff o fisgedi. ...................... ?
6. Mae'r ci yn saith mis oed. ...................... ?
7. Mae'r ci dan y ford. ...................... ?
8. Mae'r ci wrth y drws. ...................... ?

3. Answer the following questions, using the information given.

1. Pwy sy wedi agor drws y tŷ? (Gwen)
   Gwen ......................
2. Pwy sy'n cario'r bagiau? (Aled)
   ......................
3. Pwy sy'n symud y car? (Mr Owen)
   ......................
4. Pwy sy'n nabod y staff? (Ann)
   ......................
5. Pwy sy yma? (Fi)
   ......................
6. Pwy sy yna? (Nhw)
   ......................

GEIRFA 7

| | | | |
|---|---|---|---|
| athrawes -au (F) | *teacher* | ffrind -iau (M/F) | *friend* |
| athro, athr- awon (M) | *teacher* | hoff | *fond, favourite* |
| berwi | *to boil* | hynny | *that* |
| brawd, brodyr (M) | *brother* | iard, ierdydd (F) | *yard (school)* |
| byw | *to live* | lwcus | *lucky* |
| bywydeg (F) | *biology* | Lladin (F) | *Latin* |
| cymryd | *to take* | metel -au (M) | *metal* |
| cymydog, cymdogion (M) | *neighbour* | mewn | *in (a)* |
| | | munud -au (M/F) | *minute* |
| chwaer, chwiorydd (F) | *sister* | mynd â | *to take* |
| | | nesa | *next* |
| | | on'd | *interrogative tag* |
| chwarae | *to play* | | |
| dechrau | *to begin* | pryd -iau (M) | *time, meal* |
| dim | *nothing, no* | Saesneg (F) | *English (language)* |
| dysgu | *to teach, to learn* | | |
| eich | *your* | siwgr (M) | *sugar* |
| ein | *our* | sôn (M) | *mention, talk* |
| ffenest -ri (F) | *window* | wedyn | *afterwards* |
| | | Mae'n dda gyda fi | *I'm glad, pleased* |
| ffiseg (F) | *physics* | | |

YMDDIDDAN 7

*Ann is in the secretary's room, typing. She hears a knock at the door and shouts:*

*Ann*    Pwy sy 'na? Dewch i mewn.

*Jane*    Fi sy 'ma. Mrs Jane Edwards ydw i. Rydw i eisiau gweld Mr Owen, y prifathro, os gwelwch yn dda.

*Ann*    Dewch i mewn, Mrs Edwards. Sut rydych chi? Ann Morgan ydw i, Ann i bawb ar y staff—ac i'r plant hefyd. Eisteddwch am funud neu ddwy. Mae Mr Owen ar y

ffôn. Rydỿch chi wedi cyrraedd mewn prỿd—mae'r
tegell yn berwi. Te neu goffi, Mrs Edwards?

*Jane*  Jane ydỿ'n enw i, Ann. Te, os gwelwch yn dda.

*Ann*  Ydỿch chi'n cymrỿd siwgr a llaeth, Jane?

*Jane*  Llaeth, os gwelwch yn dda, Ann, ond dim siwgr . . .
Diolch.

*Ann*  Mae eich gŵr, Barry, yn dysgu yma, on'd ydỿ e?

*Jane*  Ydỿ. Mae e yma ers dechrau'r tymor.

*Ann*  Ydỿ e'n hapus yma?

*Jane*  Ydỿ, ond dydỿ e ddim yn nabod llawer o'r staff eto.

*Ann*  Fe sỿ'n dysgu gwaith coed i Gareth, 'y mrawd i, a
gwaith metel i Siân, 'yn chwaer i. Ydỿch chi'n nabod
rhai o'r staff?

*Jane*  Ydw, rydw i'n nabod dau neu dri . . . a chi, nawr.

*Ann*  Dyna dri neu bedwar! Dewch yma at y ffenest. Mae'n
amser chwarae, a mae rhai o'r athrawon allan ar y
iard. Dyna Mr Davies sỿ'n dysgu Lladin a dyna Mrs
Ifans sỿ'n dysgu Saesneg.

*Jane*  Pwỿ sỿ'n dysgu Bywydeg yma? Mae 'mhlant i'n hoff
iawn o'r athrawes 'na.

*Ann*  Mae'n dda gyda fi glywed hynny. Siwsan, 'yn
chwaer i, sỿ'n dysgu Bywydeg yma, a'i ffrind hi, Ben,
sỿ'n dysgu Ffiseg.

*Jane*  Rydw i wedi clywed ein plant ni, a Barry hefyd, yn
sôn am y ddau. Ben sỿ'n mynd â Barry i'r ysgol. Mae
e'n bỿw drws nesa i ni. Rydỿn ni'n lwcus iawn yn ein
cymdogion ni.

*Ann*  Maen nhw'n dod i'n cinio a'n dawns ni nos Wener
nesa. Dewch gyda nhw a fe ddewch chi i nabod pawb
wedyn!

CWESTIYNAU

1. Pwỿ sỿ wrth y drws? Jane sỿ wrth y drws.
2. Pam mae hi wedi dod i'r ysgol?
   Achos mae hi eisiau gweld Mr Owen, y prifathro.
3. Ble mae Mr Owen? Mae e ar y ffôn.
4. Ydỿ Jane yn hoffi te neu goffi? Mae hi'n hoffi te.

5. Ers prɥd mae ei gŵr hi yn yr ysgol? Ers dechrau'r tymor.
6. Ydɥ e'n nabod llawer o'r staff? Nag ydɥ. Ddim eto.
7. Pwɥ sɥ'n dysgu gwaith coed i frawd Ann? Mr Barry Edwards.
8. Pwɥ sɥ'n dysgu Lladin a Saesneg? Mr Davies sɥ'n dysgu Lladin a Mrs Ifans sɥ'n dysgu Saesneg.
9. Pwɥ sɥ'n dysgu Bywydeg? Siwsan, chwaer Ann, sɥ'n dysgu Bywydeg.
10. Pwy sɥ'n bɥw drws nesa i Jane a Barry? Ben sɥ'n bɥw drws nesa iddɥn nhw.

TRANSLATION INTO WELSH

1. It's *Gareth* who is at the door.
2. That's my breakfast and that's my paper, too.
3. The kettle is boiling for (i) tea.
4. Sugar, please, but no milk.
5. He's teaching here since the beginning of the month (Lit.).
6. I don't know many of the staff yet.
7. That's three or four months!
8. What a way to make tea! (in retrospect).
9. He wants to go out. That's why he's hurrying.
10. 'Who's sleeping in my bed?' 'Me, Goldilocks.'

# Lesson 8

### 1. How to say 'Her' . . .

**Ei** (pron. 'ee'), 'her', is followed by the Aspirate Mutation, C/CH P/PH T/TH. The Aspirate Mutation after other words is rarely heard in spoken Welsh, but this mutation after **ei**, 'her', is one of the distinguishing factors between **ei**, 'her', and **ei**, 'his', (which is followed by the Soft Mutation), and is therefore rigorously observed. It affects three consonants only. Examples:

| | | |
|---|---|---|
| car | ei char hi | *her car* |
| casgliad | ei chasgliad hi | *her collection* |
| penblwŷdd | ei phenblwŷdd hi | *her birthday* |
| plant | ei phlant hi | *her children* |
| tŷ | ei thŷ hi | *her house* |
| teulu | ei theulu hi | *her family* |

The custom of adding the affixed pronoun **hi** probably arose because of the difficulty of interpreting the meaning of phrases such as **ei stafell** which, because it cannot undergo mutation can mean 'his' or 'her' room. In order to make the meaning clear, the pronouns **e** or **hi** were inserted after the noun.

| | |
|---|---|
| ei stafell hi | *her room* |
| ei stafell e | *his room* |

This usage spread to the other possessive adjectives so that now we have the constructions **'y** or **'yn . . . i**, 'my'; **ein . . . ni**, 'our'; **eich . . . chi**, 'your'; and **eu . . . nhw**, 'their'.

**EXERCISE**

Make up your own sentences on the following pattern, changing C/CH P/PH T/TH after **ei**, 'her':

| | |
|---|---|
| Ble mae car Gwen? | Mae ei char hi yn y dre |
| Ble mae tad . . .? | . . . ei thad hi . . . etc. |

*Note* **o ei** > **o'i**: 'of her' **a ei** > **a'i**: 'and her'; **â'i**: 'as her';
**o ein** > **o'n** ('from our') **o eich** > **o'ch** ('From your')
**o eu** > **o'u** ('from their').

## 2. The Nasal Mutation after *yn*, 'in'

**Fy** or **'yn**, 'my', and **yn**, 'in', are the only words which are followed by the Nasal Mutation. The two words are used in widely differing contexts and are not likely to be confused. They are both chameleon-like words, taking on the 'colour' of the words that follow. Thus **yn** before **ng** will become **yng**, as in

| | | |
|---|---|---|
| Caernarfon | yng Nghaernarfon | *in Caernarfon.* |

**Yn** before **m** will become **ym** (compare 'immemorial' in English from 'in-memorial'):

| | | |
|---|---|---|
| Porthmadog | ym Mhorthmadog | *in Porthmadog.* |

It will remain as *yn* before another *n*

| | | |
|---|---|---|
| Tywyn | yn Nhywyn | in Tywyn (Towyn). |

The mutation of placenames after **yn** has become rather unstable, probably under the influence of non-Welsh place-names like Timbuctoo, etc. The mutation is retained, however, with genitive or 'possessive' phrases such as,

| | |
|---|---|
| canol y dre, yng nghanol y dre | *in the middle of the town* |
| cornel yr ardd, yng nghornel yr ardd | *in the corner of the garden* |

| | |
|---|---|
| poced Gareth, ym mhoced Gareth | *in Gareth's pocket* |
| gardd Mr Owen, yng ngardd Mr Owen | *in Mr Owen's garden* |
| basged Gwen, ym masged Gwen | *in Gwen's basket* |
| desg Alun, yn nesg Alun | *in Alun's desk* |

## 3. Numbers above Ten

The modern arithmetical method is to count in tens. Eleven is 'one ten one', twelve 'one ten two', and so on, basing numbers on the 'hundreds, tens, units' method of writing numbers.

|   |                    |     |                    |
|---|--------------------|-----|--------------------|
| 11 | un deg un          | 21  | dau ddeg un        |
| 12 | un deg dau         | 22  | dau ddeg dau       |
| 13 | un deg tri etc     | 23  | dau ddeg tri etc   |
|    |                    |     |                    |
| 34 | tri deg pedwar     | 77  | saith deg saith    |
| 35 | tri deg pump       | 88  | wŷth deg wŷth      |
| 36 | tri deg chwech     | 99  | naw deg naw        |
|    |                    |     |                    |
| 100 | cant              | 200 | dau gant           |
| 107 | cant a saith      | 300 | tri chant          |
| 179 | cant saith deg naw | 400 | pedwar cant        |

This method of numeration only requires the memorisation of numbers up to ten, and the mutations after **dau** (Soft Mutation) and **tri** (Aspirate Mutation). **Mil**, 'thousand', is feminine, so that 1 000 is **un fil**, 2 000 **dwy fil** and 2 999 is **dwy fil naw cant naw deg naw**.

**Tri** has a feminine form **tair**, and **pedwar** a feminine form **pedair**. Numbers beyond four have no gender forms.

3 000: tair mil    4 000: pedair mil    10 000: deg mil

Note that the date is given in Welsh as 'a thousand, so many hundreds' etc. and not, as in English, 'nineteen seventy-seven'. **Mil naw cant saith deg a saith** or **un naw saith saith**—1977.

### 4. How to say 'The same . . .'

This is expressed by putting the definite article before **un**.
**Yr un**, 'the one', i.e. 'the same':

| | |
|---|---|
| yr un enw | *the same name* |
| yr un lliw â . . . | *the same colour as . . .* |
| Rydqn ni'n bqw yn yr un pentre | *We live in the same village.* |
| Yr un un | *The same one.* |

### 5. Further examples of the Aspirate Mutation

(i) After **a**, 'and':

| | |
|---|---|
| te a choffi | *tea and coffee* |
| bara a chaws | *bread and cheese* |

(ii) After **tri**, 'three' and **chwe(ch)**, 'six':

| | |
|---|---|
| tri chant | *three hundred* |
| tri char | *three cars* |
| chwe cha | *six cars* |

This mutation is unstable in most Welsh dialects and tends
to disappear. **Tri chant** however is the form invariably
used for 'three hundred', and **chwe chant**, 'six hundred'.

### 6. How to say 'Our', 'Your' and 'Their'

**Ein**, 'our', is not followed by a mutation, e.g.

> Mae ein teulu ni yn deulu hapus iawn.
> *Our family is a very happy family.*

Note the affixed pronoun '**ni**' as with **ei . . . e**, 'his', **ei . . .
he** 'his', etc.

**Eich**, 'your':

> Mae eich plant chi yn chwarae gyda'n plant ni.
> *Your children are playing with our children.*

**Eu**, 'their':

> Ydq eu tŷ nhw drws nesa i'ch tŷ chi?
> *Is their house next door to your house?*

*Note*

  (i) that the full forms in speech are

    ein ................ ni    *our*
    eich .............. chi   *your*
    eu ............... nhw   *their*

 (ii) That **ein, eich, eu** are not followed by mutations.

(iii) That after vowels they are reduced to **'n, 'ch** and **'u**.
In rapid speech **Mae ein > Mae'n, mae eich > mae'ch**
and **mae eu > mae'u**, and **i'n, i'ch, i'w** (for **i'u**), 'to
their'.

(iv) That in literary Welsh **ein, eu** and **ei** ('her') aspirate
the vowel that follows, e.g. **ein harian ni,** 'our money'.
Some dialects still observe this rule.

PATTERN PRACTICE EXERCISES

1. (*a*) *Is this Siân's car? Yes, it is her car.*
        Car Siân ydy hwn? Ie, ei char hi ydy e.

     Say that the following belong to Siân:

     1. Coffi Siân ydy hwn?   Ie, ............... ydy e.
     2. Tŷ Siân ydy hwn?      .......................
     3. Papur Siân ydy hwn?   .......................,.
     4. Te Siân ydy hwn?      .......................
     5. Gwely Siân ydy hwn?   .......................
     6. Brawd Siân ydy hwn?   .......................

   (*b*) *Gwen's coffee is hot. Her coffee is very hot.*
        Mae coffi Gwen yn boeth. Mai ei choffi hi 'n boeth
        iawn.

     1. Mae teulu Gwen yn    Mae ........ 'n brysur
        brysur.             iawn.
     2. Mae cadair Gwen yn
        gyfforddus.          .......................
     3. Mae tad Gwen yn
        garedig.             .......................
     4. Mae basged Gwen yn
        drwm.                .......................

5. Mae car Gwen yn fach. ........................
6. Mae mam Gwen yn
   hapus. ........................

2. Answer the following questions using the clues given, e.g.: Ble rydych chi'n byw? (Caerdydd) Rydw i'n byw yng Nghaerdydd.

1. Ble mae Pedr yn byw?
   (Pontypridd). Mae e'n byw ..........
2. Ble mae Tudur yn byw?
   (Powys). Mae ......................
3. Ble mae Siân yn byw?
   (Dyfed)............................
4. Ble mae Gareth yn byw?
   (Gwent). ..........................
5. Ble mae Alun yn byw?
   (Morgannwg). ....................
6. Ble mae Gwynedd, Powys, Dyfed, Morgannwg a Gwent?
   (Cymru) Maen nhw ................

3. And now for some arithmetic.
Faint ydy (*How much is*):

1. Dau ddeg un a ('and') dau ddeg un?
2. Tri deg dau a dau ddeg saith?
3. Pedwar deg tri a thri deg wyth?
4. Cant a saith a chant dau ddeg naw?
5. Dau gant tri deg un a thri chant saith deg chwech?
6. Naw cant pum deg naw a chwe chant a dau?

4. These people do everything together.

Ydyn nhw'n prynu yn y siop? Ydyn. Maen nhw'n prynu yn yr un siop.
*Do they buy in the shop? Yes. They buy in the same shop.*

1. Ydyn nhw'n byw yn y
   tŷ?                        Ydyn, ..................
2. Ydyn nhw'n hoffi
   bwyd?                     ........................

3. Ydyn nhw'n mynd i'r
   ysgol?                     ........................
4. Ydyn nhw'n cysgu yn
   y gwely?                   ........................
5. Ydyn nhw'n dysgu yn
   y coleg?                   ........................

5. You don't want to choose. You want both!

Te neu goffi? Te *a* choffi.
*Tea or coffee? Tea and coffee.*

1. Beic neu gar?             ........................
2. Fforc neu gyllell?        ........................
3. Menyn neu gaws?           ........................
4. Radio Times neu
   bapur?                    ........................
5. Gwlad neu dre?            ........................
6. Bwyta neu gysgu?          ........................

6. (*a*) *Where are my . . .? Your . . . are in (the) town.*

Ble mae 'mhlant i? Mae'ch plant chi yn y dre.
*Where are my children? Your children are in town.*

1. Ble mae 'nheulu i?        ........................
2. Ble mae 'nghar i?         ........................
3. Ble mae 'mrawd i?         ........................
4. Ble mae 'merch i?         ........................
5. Ble mae 'nhad (i)?        ........................

(*b*) Ble mae'ch plant chi? Mae'n plant ni yn y dre.
*Where are your children? Our children are in town.*

1. Ble mae'ch teulu chi?     ........................
2. Ble mae'ch tŷ chi?        ........................
3. Ble mae'ch coleg chi?     ........................
4. Ble mae'ch caffe chi?     ........................
5. Ble mae'ch siop chi?      ........................
6. Ble mae'ch car chi?       ........................

GEIRFA 8

| | | | |
|---|---|---|---|
| ardderchog | *splendid* | llygad, llygaid | *eye* |
| balch | *glad, proud* | (M/F) | |
| canol | *middle, centre,* | lliw -iau (M) | *colour* |
| | *waist* | newid (M) | *change* |
| casgliad-au | *collection* | newyddion | *news* |
| (M) | | ochr -au (F) | *side* |
| ceiniog-au (F) | *penny* | pa | *what* |
| cwpaned (M) | *cup(ful)* | pâr, parau | *pair* |
| chwaer, | *sister* | (M) | |
| chwiorydd | | pen -nau (M) | *head, end, top* |
| (F) | | pop (M) | *pop, popular* |
| dacw | *there's, that's* | | *music* |
| dewis (M) | *choice, to* | pris (M) | *price* |
| | *choose* | punt, pun- | *pound (£)* |
| faint | *how much* | noedd (M) | |
| fe | *he, him* | record -iau | *record* |
| ffrog-iau (F) | *frock* | (F) | |
| gorffen | *to finish* | rhain | *these* |
| glan -nau (F) | *beach, bank* | rhoi | *to put, to give* |
| gweinᵭdd | *waiter* | sandal -au (F) | *sandal* |
| (M) | | strᵭd (F) | *street* |
| gŵr, gwᵭr | *man, husband* | strydoedd | |
| (M) | | sᵭ (*or* sᵭdd) | *(who, which)* |
| haf- au (M) | *summer* | | *is* |
| het -iau (F) | *hat* | tadcu (M) | *grandfather* |
| hon (F) | *this one* | tebᵭg | *like, similar* |
| hunan | *-self* | troed, traed | *foot* |
| hunain | *-selves* | (F) | |
| hwn (M) | *this one* | yno | *there (out of* |
| hynnᵭ | *that* | | *sight)* |
| iddi hi | *to/for her* | yn ôl | *according to,* |
| | | | *back* |

YMDDIDDAN 8

*Gwen and Tom are coming out of the car park. They are on their way to the shopping centre of the town to look for a birthday gift for Siân, Tom's girl friend.*

*Gwen*  Wel, mae hi'n ddigon oer yn y strydoedd 'ma.

*Tom*  Ydy. Dydy hi ddim yn debyg i fis Mai, ond mae'r tywydd yn mynd i wella, yn ôl y newyddion.

*Gwen*  Gobeithio hynny'n wir. Gadewch i ni fynd i'r caffe 'ma am gwpaned o goffi yn gynta. Mae 'nhraed i'n oer.

*Tom*  Mae hwn ar gau. Ond mae caffe yr ochr arall i'r stryd.

*Gwen*  Gadewch i ni fynd ymlaen. Rydw i'n gwybod am gaffe da yng nghanol y dre. Mae coffi da yno bob amser.

*Tom*  O'r gorau . . .

*Gwen*  Wel mae hi'n braf a chynnes yma.

*Tom*  Dau goffi, os gwelwch yn dda. Coffi du i fi, a choffi gwyn i'n chwaer (i).

*Gwen*  Pa ddiwrnod mae Siân yn cael ei phenblwydd, Tom?

*Tom*  Mai dau ddeg un. Mae tri phenblwydd yn nheulu Siân ym mis Mai—ei thad a'i thadcu a Siân ei hunan.

*Gwen*  Beth rydych chi'n mynd i brynu iddi hi?

*Tom*  Dydw i ddim yn gwybod eto. Rhaid i fi weld beth sy yn y siopau. Oes syniadau gyda chi?

*Gwen*  Rydw i'n meddwl prynu record neu ddwy o ganu pop Cymraeg iddi hi. Mae casgliad da o recordiau gyda hi.

*Tom*  Oes. Mae hi'n hoff iawn o'i chasgliad o recordiau . . . Ydych chi wedi gorffen eich coffi? Gadewch i ni fynd 'te. Dyma'r gweinydd yn dod. Faint ydy'r coffi, os gwelwch yn dda?

*Gweinydd*  Tri deg pump ceiniog.

*Tom*  Dyma bapur punt. Oes newid gyda chi?

*Gweinydd*  Oes. Mae digon o newid gyda fi. Dyma fe. Pedwar deg, pum deg, chwe deg, saith deg, wyth deg, naw deg, punt. Diolch yn fawr. Bore da.

*Tom*  Diolch. Bore da . . .

*Gwen*  Wel, mae digon o siopau yma a digon o ddewis. Beth am fynd i mewn i hon, Tom?

*Tom*  O'r gorau. Gadewch i ni weld beth sy yn y siop 'ma.

*Gwen*  Beth rydych chi eisiau Tom? Rhywbeth i roi am ei thraed hi, neu am ei chanol hi, neu am ei phen hi?

*Tom*  Rydw i'n gwybod beth i roi am ei chanol hi! Beth am bâr o sandalau i wisgo ar lan y môr yn yr Haf?

*Gwen*  Syniad da iawn. Beth am y rhain?

*Tom*  Ardderchog. Maen nhw yr un lliw â'i llygaid hi.

*Gwen*  Mae ffrog haf gyda Siân yr un lliw â'r rhain. Mae hi'n mynd i fod yn falch iawn o'r rhain, rydw i'n siŵr.


CWESTIYNAU

1. Ble mae Gwen a Tom yn mynd yn gynta?
   I'r caffe am gwpaned o goffi.
2. Pam mae Gwen eisiau cwpaned o goffi?
   Achos mae ei thraed hi'n oer.
3. Ble maen nhw'n cael coffi?
   Mewn caffe yng nghanol y dre.
4. Pryd mae Siân yn cael ei phenblwydd?
   Mai dau ddeg un.
5. Oes pedwar penblwydd yn nheulu Siân ym mis Mai?
   Nag oes. Tri phenblwydd sy yn nheulu Siân ym mis Mai).
6. Pwy sy'n cael eu penblwydd ym mis Mai?
   Siân ei hunan, a'i thad a'i thadcu.
7. Beth mae Gwen yn mynd i brynu i Siân?
   Mae hi'n mynd i brynu record neu ddwy o ganu pop Cymraeg.
8. Oes casgliad o recordiau gyda Siân?
   Oes, mae casgliad da gyda hi.
9. Beth ydy pris y coffi?
   Tri deg pump ceiniog ydy pris y coffi.
10. Ydy Tom yn prynu rhywbeth i roi am draed Siân?
    Ydy. Mae e'n prynu pâr o sandalau iddi hi yr un lliw â'i llygaid hi, a'r un lliw hefyd â'i ffrog haf hi.


TRANSLATION INTO WELSH

1. There's a pound note in Tom's pocket.
2. Where's Gwen's car? Her car is in the village.
3. Her father has gone to fetch her grandfather.
4. Tom is cutting the roses in the corner of the garden.
5. How much is the tea? Ninety-nine pence, please.

6. Her family is living in Pontypridd now.
7. I'm living in Cardiff (Caerdydd) since the beginning of October (Lit.).
8. There's half a kilo of bacon in Gwen's basket.
9. She's put her sandals on her feet.
10. Her summer frock is the same colour as her eyes.

# Lesson 9

## 1. How to say 'His . . ., its' (Masculine)

**Ei**, 'his', causes Soft Mutation of all the consonants that mutate. The pronoun **e** is usually added to the noun that follows **ei**, and it is the **e** which is stressed if emphasis is required.

| | |
|---|---|
| car   ei gar e | *his car* |
| car   ei gar *e* | ***His** car* |
| Ble mae car Tom? | *Where is Tom's car?* |
| Mae ei gar e yn y garej. | *His car is in the garage* |

**Ei . . . e** can also be used to refer to masculine nouns:

| | |
|---|---|
| Beth sy'n bod ar y car? | *What's the matter with the car?* |
| Mae ei danc e'n wag. | *Its tank is empty.* |

**Ei** 'agrees' with the possessor, as in English, and not with what is possessed, as in French.

## 2. How to say 'I . . . him', 'He . . . me' etc. (Pronoun Objects)

In English the pronoun object comes *after* the verb, e.g. 'I know *him*', 'he knows *me*'. Welsh employs the unusual linguistic device of putting the *possessive* adjective *before* the verb, e.g.:

| | |
|---|---|
| Rydw i yn *ei* nabod *e* | *I know **him*** |
| Mae e yn *'yn* nabod *i* | *He knows **me*** |
| Ydych chi yn *ei* nabod *e*? | *Do you know **him**?* |
| Ydych chi yn *ei* nabod *hi*? | *Do you know **her**?* |

Note that the affixed pronoun follows the verb as it does the noun.

The pronouns **'yn, ei, ein, eich, eu,** therefore, have, according to their context, two meanings in Welsh: (*a*) with a noun and (*b*) with a verb:

| | | | |
|---|---|---|---|
| 'yn . . . i | *My . . .* | 'yn . . . i | *. . . me* |
| ei . . . e | *his, its . . .* | ei . . . e | *. . . him, it* |
| ei . . . hi | *her, its . . .* | ei . . . hi | *. . . her, it* |
| ein . . . ni | *our . . .* | ein . . . ni | *. . . us* |
| eich . . . chi | *your . . .* | eich . . . chi | *. . . you* |
| eu . . . nhw | *their . . .* | eu . . . nhw | *. . . their* |

Make up your own sentences and read them aloud from the following table (**yn** is used after a consonant, **'n** after a vowel):

| | | | | |
|---|---|---|---|---|
| Rydw i | | | | |
| Rydych chi | | ei | | hi |
| Mae Tom | | ein | helpu | ni |
| Mae e | *or* 'n | eu | nabod | nhw |
| Mae Gwen | yn | ei | nôl | e |
| Mae hi | | 'yn | hoffi | i |
| Rydyn ni | | | | |
| Maen nhw | | | | |

Note that the pronouns in the third column must be accompanied by their appropriate forms in the fifth column. The possessives are followed by their regular mutations:

    Mae e yn 'y nghario i    *He is carrying me/It is carrying me*

Learn as a useful mnemonic (aid to memory):

| | |
|---|---|
| Mae 'nghar i yn 'y nghario i | *My car carries me* |
| Mae ei gar e yn ei gario fe | *His car carries him* |
| Mae ei char hi yn ei chario hi | *Her car carries her* |

| Mae'n car ni yn ein cario ni | *Our car carries us* |
| Mae 'ch car chi yn eich cario chi | *Your car carries you* |
| Mae eu car nhw yn eu cario nhw | *Their car carries them* |

Note that the plural pronouns do not cause mutation of the noun or the verb.

FURTHER EXAMPLES

With the interrogative:

| Ydɥch chi yn ei weld e? | *Do you see him (it)?* |
| Ydɥch chi yn ei ddarllen e? | *Are you reading it?* |

With the negative:

| Dydw i ddim wedi ei symud e. | *I haven't moved him/it.* |
| Dydyn nhw ddim yn ei hoffi hi. | *They don't like her/it.* |

With **wedi**:

| Dydw i ddim wedi ei orffen e eto. | *I haven't finished it yet.* |
| Maen nhw wedi ein helpu ni. | *They have helped us.* |

With **Pwy sy ... Beth sy ...**

| Pwy sɥ wedi eu nôl nhw? | *Who has fetched them?* |
| Beth sɥ wedi eich deffro chi? | *What has awakened you?* |

With **Oes rhaid ...?**

| Beth am y bag 'ma? | *What about this bag?* |
| Oes rhaid i fi ei gario fe? | *Must I carry him/it?* |

Beth am y fasged 'ma? *What about this basket?*
Oes rhaid i fi ei chario hi? *Must I carry it? Yes!*
Oes!

## With **eisiau**:

Rydw i eisiau ei weld e. *I want to see him/it.*
Ydych chi eisiau 'ngweld *Do you want to see me?*
i?
Mae nhw eisiau ei symud *They want to move it/him.*
e.

## With **Gadewch i fi** etc.:

Gadewch i fi eich helpu *Let me help you.*
chi.
Beth am y gadair 'ma? *What about this chair?*
Gadewch i Tom ei chael *Let Tom have it.*
hi.

Note that it is the affixed pronoun that is stressed for emphasis·

Maen nhw eisiau ei *They want to move **him**/**it**.*
symud *e*.

Rydw i yn ei gofio *fe* ond dydw i ddim yn ei chofio *hi*.
*I remember **him** but I don't remember **her**.*

## 3. Some prepositions and prepositional phrases

Prepositions are words like 'on', 'by', 'at', 'under', etc. They are the most difficult words to translate from one language to another. Few correspond exactly to one another. For example:

**am** ddau o'r gloch means *at two o'clock*
*but* siarad **am** y tywydd means *talking **about** the
weather*

Some verbs, like **siarad** (**am**) are followed by particular (and, to the learner, peculiar) pronouns. We have already met

> Gadewch *i* Gwen       *Let Gwen*

A similar construction is found with **gofqn** to ask

> Gofynnwch i Gwen       *Ask Gwen*

To ask someone for something is **Gofqn i . . . am . . .**

> Gofynnwch i Gwen am
> siwgwr.       *Ask Gwen for sugar.*

A verb can be substituted for **siwgwr** in this example:

> Gofynnwch i Gwen am       *Ask Gwen to come.*
> ddod.
> Gofynnwch i Tom am       *Ask Tom to telephone.*
> ffonio.

This pattern may be further extended to include constructions from Section 2 above:

> Gofynnwch i Gwen am       *Ask Gwen to phone them.*
> eu ffonio nhw.
> Gofynnwch iddi hi am eu       *Ask her to phone them.*
> ffonio nhw.

Prepositions may also precede verbs as in:

> ar agor            *open*
> ar gau            *shut*

and in idiomatic phrases where **ar** is a preposition ('on') followed by the Soft Mutation:

> Mae'r drws ar agor.       *The door is open.*
> Mae'r siop ar gau.       *The shop is shut.*
> Mae'r siop ar dân.       *The shop is on fire.*

PATTERN TABLE

Form as many sentences as you can from the following
table. Practise them aloud:

| | | |
|---|---|---|
| Gadewch i fi | ei chario hi | |
| Rydw i wedi | ei ddarllen e | |
| Rhaid i fi | ei gweld hi | |
| Pwy sy'n | ei deffro hi | (?) |
| Oes rhaid iddo fe | eu nôl nhw | |
| Dydw i ddim eisiau | ei fwŵta fe | |
| Gofynnwch i Gwen am | | |

## 4. How to say 'Don't', 'You mustn't'

The verb used in the Negative Imperative is **Peidio** (â), 'to
cease', 'not to'. It can be used independently:

Peidiwch!    *Don't!*

or as an auxiliary:

Peidiwch â mynd.                 *Don't go.*
Peidiwch â'i gario fe.           *Don't carry it/him.*
Peidiwch â bod yn rhŵ           *Don't be too sure.*
　　siŵr.
Peidiwch â'i chario hi.          *Don't carry her/it.*

**â** becomes **ag** in front of a vowel:

Peidiwch ag anghofio'r   *Don't forget the date.*
　　dyddiad.

**â** is followed by the Aspirate Mutation:

Peidiwch â cholli eich   *Don't lose your temper.*
　　tymer.

There is an increasing tendency in spoken Welsh to omit
the **â** after **peidio** and so to avoid the Aspirate Mutation.
These forms are all heard in conversation today:

> Peidiwch mynd i'r dre heddiw.   *Don't go to town today.*
>
> Peidiwch colli eich tymer.   *Don't lose your temper.*
>
> Peidiwch anghofio'r dyddiad.   *Don't forget the date.*
>
> Peidiwch ei chario hi.   *Don't carry her/it.*

## 5. Ei, 'his', eu, 'her'/'their' after vowels

**Ei** and **eu** are abbreviated as follows:

| | |
|---|---|
| o + ei = o'i | *from his/her* |
| o + eu = o'u | *from their* |
| a + ei = a'i | *and his/her* |
| gyda + ei = gyda'i | *with his/her* |
| gyda + eu = gyda'u | *with their* |
| i + ei = i'w | *to his/her* |
| i + eu = i'w | *to their* |

PATTERN PRACTICE EXERCISES

1. *Where is Aled's ......? His ..... is +* (the places mentioned).

   1. Ble mae car Aled?
     Mae ei ................e yn y garej.
   2. Ble mae brecwast Aled?
     ...................... ar y ford.
   3. Ble mae tad-cu Aled?
     ...................... yn yr ardd.
   4. Ble mae coffi Aled?
     .................. yn y fflasg. (*flask*)
   5. Ble mae pwlofer Aled?
     ...................... ar y gwely.
   6. Ble mae bwyd Aled?
     ...................... ar y ford.

7. Ble mae dillad (*clothes*) Aled?
........................... yn y bag.
8. Ble mae trowsus (*trousers*) Aled?
...................... ar y gwelу..

2. (*a*) Say that you know the people mentioned well:

1. Ydуch chi'n nabod Eifion?
Ydw, rydw i'n ei ........... e'n dda.
2. Ydуch chi'n nabod Nesta?
....................... hi'n dda.
3. Ydуch chi'n nabod Mr Edward Jones?
....................... e'n dda.
4. Ydуch chi'n nabod Mrs Edward Jones?
.......................hi'n dda.
5. Ydуch chi'n nabod Mr a Mrs Owen?
...................... nhw'n dda.
6. Ydуch chi'n 'y nabod i?
....................... chi'n dda.
7. Ydуch chi'n eu nabod nhw?
...................... nhw'n dda.

(*b*) Say that you remember the people mentioned.

1. Ydуch chi'n cofio Lloyd George?
Ydw, rydw i'n ei ............... fe.
2. Ydуch chi'n cofio Madam Patti?
........................... hi.
3. Ydуch chi'n cofio'r athrawon i gуd?
..........................................
4. Ydуch chi'n ein cofio ni?
..........................................
5. Ydуch chi'n 'y nghofio i?
..........................................

(*c*) *Do you hear* .....? *Yes, I hear* ......

1. Ydуch chi'n clywed Mr Jones yr athro?
Ydw, rydw i'n ei ................ e.

2. Ydych chi'n clywed Miss Morgan yr athrawes?
.................................. hi.

3. Ydych chi'n clywed yr athrawon?
............................ nhw.

4. Ydych chi'n ein clywed ni?
................................. chi.

5. Ydych chi'n 'y nghlywed i?
................................. chi.

(d) *Have you seen .....? No, I haven't seen (him).*

1. Ydych chi wedi gweld Geraint?
   Nag ydw, dydw i ddim wedi ei ..... e.

2. Ydych chi wedi gweld Siân?
   ................................. hi.

3. Ydych chi wedi gweld Geraint a Siân?
   ............................ nhw.

4. Ydych chi wedi gweld yr afalau?
   ........................... nhw.

5. Ydych chi wedi 'ngweld i?
   ................................ chi.

6. Ydych chi wedi ein gweld ni?
   ............................... chi.

3. (a) *Can ...........? Yes, let ..........*

Ydy Gwen yn gallu pacio? Ydy, gadewch iddi hi bacio.

1. Ydy Tom yn gallu pacio?  Ydy, gadewch .... bacio.

2. Ydy Mr a Mrs Owen yn gallu gyrru?  Ydyn, ..................

3. Ydych chi'n gallu gweld?  Ydw, ..................

4. Ydyn nhw'n gallu gweld?  Ydyn, ..................

(b) *Does ....... know? Yes, ask .......*

Ydy Siân yn gwybod? Ydy, gofynnwch iddi hi.
*Does Sian know? Yes, ask her.*

1. Ydq Tom yn gwybod?    Ydq, ....................
2. Ydq Dr a Mrs Rhys yn    Ydqn, .................
   gwybod?
3. Ydqch chi'n gwybod?    .................... fi.
4. Ydqn nhw'n gwybod?    ....................
5. Ydq e'n gwybod?    ....................

4. (a) You give an order, but you change your mind.

Darllenwch. Na, peidiwch â darllen.
*Read! No! Don't read!*

1. Brysiwch.    Na, ....................
2. Bytwch.[1] (*Eat*).    Na, ....................
3. Dewch.    Na, ....................
4. Ewch. (Cerwch).    Na, ....................
5. Agorwch y drws.    Na, ....................

(b) Someone is going to do something. Tell him, 'Don't
   ...... it'. e.g.:

Rydw i'n mynd i gau'r drws 'na.
Na, peidiwch â'i gau e.

1. Rydw i'n mynd i agor y drws 'na.
   Na, ..............................
2. Rydw i'n mynd i brynu'r car 'na.
   ..............................
3. Rydw i'n mynd i yrru'r car 'na.
   ..............................
4. Rydw i'n mynd i stopio'r car 'na.
   ..............................
5. Rydw i'n mynd i brynu'r het 'na.
   .................. â'i phrynu hi.
6. Rydw i'n mynd i dorri'r botel 'na.
   .................. hi.
7. Rydw i'n mynd i agor y ffenest 'na.
   .................. hi.

---

[1] The colloquial form of Bwytwch! *Eat*!

## GEIRFA 9

(Pl): *plural*

| | | | |
|---|---|---|---|
| ar agor | *open* | digwŷdd | *to happen* |
| ar gau | *closed* | edrŷch | *to look* |
| ambiwlans (M) | *ambulance* | ffonio | *to phone* |
| | | gofŷn | *to ask* |
| achub | *to save* | gorwedd | *to lie down* |
| beic -iau (M) | *bicycle* | garej -ys (F) | *garage* |
| blaen, o'r | *before* | heibio | *past* |
| busnes -au (M) | *business* | helmet -s (F) | *helmet* |
| | | ifanc | *young* |
| bywŷd -au bywydau (M) | *life* | i lawr | *down* |
| | | lwc (F) | *luck* |
| | | mab, meibion (M) | *son* |
| cefn -au (M) | *back* | | |
| coes -au (F) | *leg* | peidiwch (â) | *don't* |
| coes dde (F) | *right leg* | stopio | *to stop* |
| colli | *to lose* | syml | *simple* |
| cwŷmpo | *to fall* | toriad -au (M) | *fracture, cut* |
| cyflym | *fast, quick* | | |
| damwain (F) | *accident* | tymer (F) | *temper, mood* |
| dillad (Pl) | *clothes* | y tu ôl i | *behind* |

### YMDDIDDAN 9

*As Tom and Gwen approach a roundabout, a young motorcyclist passes them at great speed.*

*Tom* Edrychwch, Gwen. Mae'r bachgen ifanc 'na'n mŷnd heibio yn rhŷ gyflŷm.

*Gwen* Mae e'n siŵr o gael damwain. O! mae e wedi cwŷmpo oddi ar ei feic. Mae e'n gorwedd ar ei gefn ar ochr y ffordd.

*Tom* Ydŷ. Rhaid i ni stopio a'i helpu fe. Dewch allan Gwen.

*Gwen* Dyma lwc! Dyma Doctor Rhŷs, tad Siân, yn y car y tu ôl i ni. Rhaid i ni ei stopio fe. Mae e'n gwŷbod beth i neud. Doctor Rhŷs!

*Dr Rhys*   Ie, Gwen. Helo Tom. Beth sʉ wdi digwydd
yma?

*Gwen*   O! Doctor Rhʉs, mae'r bachgen 'ma wedi cwʉmpo
oddi ar ei feic.

*Dr Rhys*   Gadewch i fi ei weld. Rhaid i ni godi'r beic oddi
ar ei goes e'n gynta.

*Tom*   Gadewch i fi eich helpu chi.

*Dr Rhys*   Diolch Tom. Nawr, peidiwch â'i symud e.
Ydʉch chi'n ei nabod e, Tom?

*Tom*   Nag ydw. Rydw i wedi ei weld e o'r blaen, ond
dydw i ddim yn ei nabod e.

*Dr Rhys*   Beth ydʉ'ch enw chi, 'machgen i?

*Terry*   Terry Davies, syr.

*Dr Rhys*   A ble rydych chi'n bʉw?

*Terry*   Yn y Felin Fach.

*Dr Rhys*   A! Rydw i'n eich nabod chi'n awr. Mab Harri
Davies ydʉch chi?

*Terry*   Ie, doctor.

*Dr Rhys*   Wel, rhaid i chi fʉnd i'r ysbytʉ. Gwen, mae ffôn
yn y garej 'na i lawr y ffordd. Maen nhw'n 'yn nabod i
yno. Gofynnwch iddʉn nhw am ffonio'r ysbytʉ a
galw'r ambiwlans ar unwaith, os gwelwch yn dda.

*Gwen*   O'r gorau, Dr Rhʉs.

*Tom*   Beth sʉ wedi digwʉdd iddo fe, doctor?

*Dr. Rhys*   Wel, mae e wedi torri ei goes dde o dan ei benlin,
ond dim ond toriad syml ydy e. Mae ei gefn e'n iawn
a'i ben hefʉd. Mae e'n gwisgo helmet, rydʉch chi'n
gweld, ac mae'r helmet 'na wedi achub ei fywʉd e.

CWESTIYNAU

1. Pwy sʉ'n mʉnd heibio i Gwen a Tom?
   Bachgen ifanc sʉ'n mʉnd heibio iddʉn nhw. Mae e'n
   mʉnd yn rhy gyflʉm.
2. Beth sy'n digwʉdd iddo fe?
   Mae e'n cwʉmpo oddi ar ei feic.
3. Pwy sʉ'n dod yn y car y tu ôl i Tom a Gwen?
   Dr Rhʉs, tad Aled a̯ Siân.
4. Ydʉ e'n gwʉbod beth i neud?

Ydy, wrth gwrs. Meddyg yw e.

5. Ydyn nhw'n nabod y bachgen?
Nag ydyn, dydyn nhw ddim yn ei nabod e, ond mae Dr Rhys yn nabod ei dad e.

6. Oes rhaid i'r bachgen fynd i'r ysbyty?
Oes, ac mae Gwen yn mynd i ffonio am yr ambiwlans.

7. Ydy pobl y garej yn nabod Dr Rhys?
Ydyn. Maen nhw'n ei nabod e'n dda iawn.

8. Ydy Terry wedi torri ei ddwy goes?
Nag ydy, ond mae e wedi torri un goes.

9. Ydy ei gefn a'i ben e'n iawn?
Ydyn.

10. Ydy Dr Rhys yn meddwl fod gwisgo helmet yn beth da?
Ydy, mae e'n dweud fod yr helmet 'na wedi achub bywyd Terry.

TRANSLATION INTO WELSH

1. Do you know him?
2. Does she like him?
3. Gwen is going to phone them this afternoon.
4. Dr Rhys knows his father and his mother.
5. I'm going to ask him to phone the doctor.
6. That clock wakes me (up) every morning.
7. Let me help you to lift the bag (codi'r bag).
8. They eat them at home.
9. She's coming to see me at two o'clock.
10. That helmet has saved my life.

# Lesson 10: Revision

## 1. The Present Tense : Affirmative : 'I am' etc.

With **yn** + verb (No Mutation)
Note that **yn** after a vowel becomes **'n**.

| | |
|---|---|
| Rydw i'n darllen llyfr. | *I'm reading a book.* |
| Mae Tom yn gweithio yn yr ardd. | *Tom is working in the garden.* |
| Mae e'n torri rhosynnau. | *He's cutting roses.* |
| Mae Gwen yn siopa nawr. | *Gwen is shopping now.* |
| Mae hi'n prynu het. | *She's buying a hat.* |
| Rydyn ni'n mynd gyda hi. | *We're going with her.* |
| Rydych chi'n edrych yn dda. | *You're looking well.* |
| Mae Tom a Gwen yn yfed coffi. | *Tom and Gwen are drinking coffee.* |
| Maen nhw'n eistedd mewn caffe. | *They're sitting in a cafe.* |

THE PRESENT TENSE : INTERROGATIVE : 'AM I?' ETC.

With **yn** + adjective (Soft Mutation)

| | |
|---|---|
| Cynnar | Ydw i'n gynnar?<br>*Am I early?* |
| Gwell | Ydy Tom yn well?<br>*Is Tom better?* |
| Iach | Ydy e'n iach?<br>*Is he healthy (or well)?* |
| Parod | Ydy Gwen yn barod?<br>*Is Gwen ready?* |

| Poeth | Ydy'r coffi yn boeth? |
| | *Is the coffee hot?* |
| Cynnar | Ydy'n ni'n gynnar? |
| | *Are we early?* |
| Cyfforddus | Ydych chi'n gyfforddus? |
| | *Are you comfortable?* |
| Prysur | Ydy Tom a Gwen yn brysur? |
| | *Are Tom and Gwen busy?* |
| Tawel | Ydyn nhw'n dawel? |
| | *Are they quiet?* |

THE PRESENT TENSE : NEGATIVE : 'I'M NOT'

With **yn** + noun (Soft Mutation):

| Plismon | Dydw i ddim yn blismon. |
| | *I'm not a policeman.* |
| Doctor | Dydy Tom ddim yn ddoctor eto. |
| | *Tom isn't a doctor yet.* |
| Creadur | Dydy e ddim yn greadur diog. |
| | *He isn't a lazy creature.* |
| Merch | Dydy hi ddim yn ferch ddiog. |
| | *She isn't a lazy girl.* |
| Athrawon | Dydyn ni ddim yn athrawon. |
| | *We're not teachers.* |
| Teulu | Dydych chi ddim yn deulu tawel. |
| | *You're not a quiet family.* |
| Cymdogion | Dydyn nhw ddim yn gymdogion da. |
| | *They're not good neighbours.* |

THE VERB 'TO BE' WITH (*a*) DEFINITE NOUNS

(i) Proper names:

| Mae Tom gartre. | *Tom is at home.* |
| Ydy Tom yn y dre? | *Is Tom in town?* |
| Dydy Tom ddim yn y dre. | *Tom is not in town.* |

(ii) with nouns:

Mae'r bachgen yn y tŷ.   *The boy is in the house.*
Ydy'r bachgen yn yr ardd?   *Is the boy in the garden?*
Dydy'r bachgen ddim yn yr ardd.   *The boy is not in the garden.*

**'TO BE' WITH (*b*) INDEFINITE NOUNS:**

Mae coffi yma.   *There's coffee here.*
Oes llaeth yma?   *Is there milk here?*
Nag oes, does dim llaeth yma.   *No, there isn't any milk here.*

*Note*
**Ydy** . . . ? Is THE . . . ?   **Oes** . . . Is THERE . . . ?

## 2. The Perfect Tense

**Wedi** is used instead of **yn** to denote the perfect tense.

Rydw i wedi gorffen darllen y llyfr 'ma.
*I've finished reading this book.*
Mae Tom wedi mynd i'r pentre i chwarae.
*Tom has gone to the village to play.*
Ydy Gwen wedi mynd gyda fe? Nag ydy. Mae hi wedi mynd i'r dre.
*Has Gwen gone with him? No, she hasn't. She's gone to town.*
Rydyn ni wedi cael digon o de, diolch i chi.
*We've had enough (of) tea, thank you.*
Ydych chi wedi gorffen eich gwaith? Nag ydyn, ddim eto.
*Have you finished your work? No (we haven't) not yet.*

### 3. Pronouns

| | | | | |
|---|---|---|---|---|
| i, fi, mi | *I, me* | fy, 'y, 'yn ..i | *my, me* |
| e, fe | *he, him* | ei .........e | *his, him* |
| hi | *she, her* | ei .........hi | *her* |
| ni | *we, us* | ein ........ni | *our, us* |
| chi | *you* | eich .......chi | *your, you* |
| nhw | *they, them* | eu.........nhw | *their, them* |

### 4. Mutations after Possessive Adjectives ('my . . .', etc.)

| | My . . . *Nasal Mutation* | His . . . *Soft Mutation* | Her . . . *Aspirate Mutation* | |
|---|---|---|---|---|
| Cap | 'y nghap i | ei gap e | ei chap hi | *cap* |
| Pen | 'y mhen i | ei ben e | ei phen hi | *head* |
| Teulu | 'y nheulu i | ei deulu e | ei theulu hi | *family* |
| Gardd | 'y ngardd i | ei ardd e | ei gardd hi | *garden* |
| Brawd | 'y mrawd i | ei frawd e | ei brawd hi | *brother* |
| Desg | 'y nesg i | ei ddesg e | ei desg hi | *desk* |
| Llaw | 'yn llaw i | ei law e | ei llaw hi | *hand* |
| Mam | 'y mam i | ei fam e | ei mam hi | *mother* |
| Rhestr | 'yn rhestr i | ei restr e | ei rhestr hi | *list* |

### 5. Mutations after pronouns

| | | |
|---|---|---|
| Rhaid i fi gerdded | *I must walk* | (cerdded) |
| Rhaid iddo fe brynu | *He must buy* | (prynu) |
| Rhaid iddi hi dalu | *She must pay* | (talu) |
| Rhaid i ni weld | *We must see* | (gweld) |
| Rhaid i chi fyw | *You must live* | (byw) |
| Rhaid iddyn nhw feddwl | *They must think* | (meddwl) |

## 6. Position of Object Pronouns 'Tom . . . him' etc.

| | | | |
|---|---|---|---|
| Mae Tom yn | 'y nghofio i | Tom | *remembers me* (cofio) |
| | ei gario fe | | *carries him* (cario) |
| | ei bacio fe | | *packs it* (M) (pacio) |
| | ei charu hi | | *loves her* (caru) |
| | ei phrynu hi | | *buys it* (F) (prynu) |
| | ein dysgu ni | | *teaches us* (dysgu) |
| | eich gweld chi | | *sees you* (gweld) |
| | eu nabod nhw | | *knows them* (nabod) |

The possessive adjectives are placed in front of the verb; the verb may or may not be mutated; the personal pronouns follow the verb.

## 7. 'To have', 'to possess' ('I've got . . .')

The preposition **gyda** is used to express possession:

| | | | |
|---|---|---|---|
| Mae teulu | gyda fi | *I've got* | *a family* |
| | gyda fe | *He's got* | |
| | gyda hi | *She's got* | |
| | gyda Mr Owen | *Mr Owen's got* | |
| | gyda ni | *We've got* | |
| | gyda chi | *You've got* | |
| | gyda nhw | *They've got* | |

*Note*

This structure can be recast to put the prepositional phrase
first: **Mae gyda fi deulu**. In this construction the object
possessed undergoes Soft Mutation after **fi** etc.

## 8. Question and answer

Questions beginning with **Oes**, 'is there, are there?', are
answered by **oes** or **nag oes**, e.g.:

> Oes llaeth yn y jwg? Oes.
> *Is there milk in the jug? Yes.*
> Oes ffrwythau ar y coed yn yr ardd? Nag oes, ddim
> eto.
> *Is there fruit on the trees in the garden? No, not yet.*

Where other forms of the verb 'to be' come at the beginning
of a question, they are answered by the appropriate personal
forms:

> *Are you coming? I am*, i.e. *Yes-I-am.*
> *Am I right? You're not*, i.e. *No-you're-not.*

**POSITIVE ANSWERS**

(*a*) Singular:

| | | | |
|---|---|---|---|
| *Am I . . .?* | Ydw i . . .? | Ydych | *Yes you are* |
| *Are you . . .?* | Ydych chi? | Ydw | *Yes I am* |
| *Is Tom . . .?* | Ydy Tom . . .? | Ydy | *Yes he is* |
| *Is it . . .?* | Ydy e (if (M)) . . .? | Ydy | *Yes it is* |
| *Is it . . .?* | Ydy hi (if (F)) . . .? | Ydy | *Yes it is* |

(*b*) Plural:

| | | | |
|---|---|---|---|
| *Are we . . .?* | Ydyn ni . . .? | Ydych | *Yes you are* |
| | | *or* Ydyn | *Yes we are* |
| *Are you . . .?* | Ydych chi . . .? | Ydyn | *Yes we are* |
| *Are they . . .?* | Ydyn nhw . . .? | Ydyn | *Yes they are* |

*Note*

> Are Gwen and Tom...? Ydų Gwen a Tom...?
> Ydyn *Yes they are*

The verb is singular except when referring to **nhw**, 'they'.

NEGATIVE ANSWERS

(*a*) Singular:

| | | |
|---|---|---|
| *Am I?* | Ydw i .......? | Nag ydųch<br>*No, you're not.* |
| *Are you?* | Ydųch chi ...? | Nag ydw<br>*No I'm not.* |
| *Is he?* | Ydų e .......? | Nag ydų<br>*No he's not.* |
| *Is she?* | Ydų hi ......? | Nag ydų<br>*No she's not.* |
| *Is it?* (M) | Ydų e .......? | Nag ydų<br>*No it isn't.* |
| *Is it?* (F) | Ydų hi ......? | Nag ydų<br>*No it isn't.* |

(*b*) Plural:

| | | |
|---|---|---|
| *Are we?* | Ydųn ni .....? | Nag ydųn<br>*No we're not.* |
| | *or* | Nag ydųch<br>*No you're not.* |
| *Are you?* | Ydųch chi....? | Nag ydųn<br>*No we're not.* |
| *Are they?* | Ydųn nhw ...? | Nag ydųn<br>*No they're not.* |

## 9. Numbers

| | |
|---|---|
| 1. un | 6. chwech |
| 2. dau, dwų (F) | 7. saith |
| 3. tri, tair (F) | 8. wųth |
| 4. pedwar, pedair (F) | 9. naw |
| 5. pump | 10. deg |

11. un deg un, un ar ddeg
12. un deg dau, deuddeg
13. un deg tri
14. un deg pedwar
15. un deg pump
16. un deg chwech
17. un deg saith
18. un deg wqth
19. un deg naw
20. dau ddeg
21. dau ddeg un

22. dau ddeg dau
30. tri deg
50. pum deg
60. chwe deg
100. cant
200. dau gant
1 000. un fil *or* mil
2 000. dwy fil
1977 mil naw cant saith
    deg saith.

*Note*

**Deg** and **cant** are Masculine numbers, but **mil** (and **miliwn**) are Feminine. Learn this table for mutations after numbers.

| | **Masculine** 100's | | **Feminine** Pence |
|---|---|---|---|
| **100** | un cant | **1p** | un geiniog (ceiniog) |
| **200** | dau gant | **2p** | dwy geiniog |
| **300** | tri chant | **3p** | tair ceiniog |
| **400** | pedwar cant | **4p** | pedair ceiniog |
| **500** | pum cant | **5p** | pum ceiniog |
| **600** | chwe chant | **6p** | chwe cheiniog |

Mutations of numbers beyond six are *very* rare.

Apart from **tri chant** and **chwe chant**, the Aspirate Mutation after these numbers is seldom observed in spoken Welsh.

## 10. Gender mutations

A masculine singular noun does not:

(*a*) mutate after **y**, 'the'; e.g.:

    **y dqn, y bachgen, y tq, y coffi, y gwelq.**

(*b*) mutate the following adjective, e.g.:

    **gwelq mawr** *a big bed*, **dŵr poeth** *hot water.*

The Feminine Singular noun, however, (*a*) will undergo mutation after **y**, e.g. **merch,, y ferch**; **cadair, y gadair** 'the chair'; **tre, y dre**, 'the town; **gardd, yr ardd**, 'the garden'. (*b*) After **un**, 'one', e.g. **un ferch**, 'one girl', **un geiniog**, 'one penny', etc. (*c*) causes the mutation of the following adjective, e.g. **potel, y botel fawr**, 'the big bottle'; **basged, y fasged lawn**, 'the full basket'. Masculine and Feminine Plural nouns follow the pattern of the Masculine Singular, e.g. **poteli mawr**, 'big bottles', **basgedi mawr**, 'big baskets'.

## 11. Contact Mutations

| i, o, am<br>dau, dwy<br>rhy, neu<br>dyma, dyna | mutate | C/G  P/B  T/D<br>G/–  B/F  D/Dd<br>Ll/L  M/F  Rh/R |
|---|---|---|

Note that the Welsh equivalents of 'to' (**i**), 'too' (**rhy**) and 'two' (**dau/dwy**) are all followed by the Soft Mutation.

## 12. Plural forms

The main methods of changing nouns from the singular to the plural form in Welsh are as follows:

1. (*a*) By adding **-au**. For example:

| coleg | colegau | *colleges* |
| ceiniog | ceiniogau | *pence* |
| cefn | cefnau | *back* |

(*b*) By a change of vowel and adding **-au**:

| drws | drysau | *doors* |
| cadair | cadeiriau | *chairs* |

2. (*a*) By adding **-iau**:

| cloc | clociau | *clocks* |
| ffrind | ffrindiau | *friends* |

(*b*) By vowel change and adding **-iau**:

| | | |
|---|---|---|
| awr | oriau | *hours* |
| gair | geiriau | *words* |
| meddwl | meddyliau | *thoughts* |

3. By adding **-ion**:

| | | |
|---|---|---|
| dyn | dynion | *men* |
| ysgol | ysgolion | *schools* |
| Sais | Saeson | *English people* |

4. By adding **-i**:

| | | |
|---|---|---|
| basged | basgedi | *baskets* |
| poced | pocedi | *pockets* |
| tre(f) | trefi | *towns* |
| ffenest(r) | ffenestri | *windows* |

5. By adding **-ydd**:

| | | |
|---|---|---|
| bwyd | bwydydd | *foods* |
| afon | afonydd | *rivers* |
| gwlad | gwledydd | *countries* |

6. By adding **-oedd**:

| | | |
|---|---|---|
| lle | lleoedd | *places* |
| mynydd | mynyddoedd | *mountains* |
| teulu | teuluoedd | *families* |

7. By internal sound changes (Compare 'man', 'men' in English):

| | | |
|---|---|---|
| bachgen | bechgyn | *boys* |
| brawd | brodyr | *brothers* |
| car | ceir | *cars* |
| tŷ | tai | *houses* |
| gŵr | gwŷr | *men, husbands* |
| troed | traed | *feet* |

In borrowing from English by adding **-ys**, e.g. nyrs—nyrsys, bocs—bocsys, or **-s**, tomato—tomatos, banana—bananas.

*Note*

Learn the meaning, gender and plural form of each noun as you progress through this book.

## 13. Tag questions

A tag is an interrogative phrase appended to a statement in order to elicit a response from the listener, e.g.:

*You're coming, aren't you?*

In general, if the assertion is positive, the tag will be negative, and vice versa, e.g.:

*You're not coming, are you?*

Tag questions can greatly assist learners who are in doubt as to what type of 'Yes' or 'No' response to make. For example, a listener might hear this statement:

Mae llawer o bobl yma heno.
*There are many people here tonight.*

and wonder whether to answer **Ydy** or **Oes**. This statement with a tag would give him the necessary clue:

Mae llawer o bobl yma heno, on'd oes?

and he would answer **Oes** with complete assurance. If the statement were

Mae hi'n oer.

accompanied by the tag, **on'd ydy hi**, the answer would, of course, be **ydy**:

Mae hi'n oer, on'd ydy hi? Ydy, mae hi'n oer iawn.
*It's cold, isn't it? Yes, it's very cold.*

**FURTHER EXAMPLES**

Rydw i'n edrych yn well, on'd ydw i? Ydych, yn wir.
*I'm looking better, aren't I? Yes (you are), indeed.*
Mae e'n hoffi chwarae, on'd ydy e? Ydy.

*He likes playing, doesn't he? Yes, he does.*
Rydɥn ni'n mɥnd â nhw gyda ni, on'd ydɥn ni? Ydɥn
*We're taking them with us, aren't we? Yes, we are.*

## With **wedi** (past tense):

Maen nhw wedi cyrraedd, on'd ydɥn nhw? Ydɥn, ers
awr.
*They've arrived, haven't they? Yes, an hour ago.*

## Negative statement, with positive tag:

Dydw i ddim yn rhɥ gynnar, ydw i? Nag ydɥch, wrth
gwrs.
*I'm not too early, am I? No, of course (not).*
Dydɥch chi ddim wedi gorffen eich gwaith, ydɥch chi?
Ydɥn.
*You haven't finished your work, have you? Yes we have.*

**Oes e** is the positive tag used with **Does dim** 'there isn't
or aren't'.

Does dim llawer o bobl yma heno, oes e? Nag oes.
*There aren't many people here tonight, are there? No.*

## 14. Normal and emphatic sentences

A 'normal' sentence is a sentence such as the following:

Mae Mr Owen yn yr ardd.
*Mr Owen is in the garden.*

where, in Welsh, the verb comes first (**Mae**), followed by
its subject (Mr Owen), and then the remainder of the
sentence. If the question is asked

Ble mae Mr Owen?

the word **Ble** focuses attention on his whereabouts, and the
answer can be substituted for **Ble** at the beginning of the
answer:

Ble mae Mr Owen?
Yn yr ardd mae Mr Owen.

He is in the garden, and nowhere else. This is now an emphatic sentence, and if turned into a question,

>Yn yr ardd mae Mr Owen?

the answer is **Ie** (**Nage** if he isn't):

>Ie, yn yr ardd mae e.
>*Yes, he's in the garden.*

Similarly, the normal sentence can be turned into an emphatic one by asking '*Who is in the garden?*':

>Pwq sq yn yr ardd?
>Mr Owen sq yn yr ardd?
>Ie, Mr Owen sq yn yr ardd.
>*Yes, it's Mr Owen who is in the garden (not anyone else).*

If Mr Owen were asked '*Who is in the garden?*' he would reply:

>Fi sq yn yr ardd.

Another example of a 'normal' sentence but with a different structure is:

>Mae Mr Owen yn brifathro.
>*Mr Owen is a headmaster.*

The question

>Beth qw Mr Owen?
>*What is Mr Owen?*

elicits the answer

>Prifathro qw Mr Owen.
>(Lit.) *A headmaster is Mr Owen.*
>  i.e. *Mr Owen is a **headmaster**.*

emphasising the fact that he is a headmaster and not a doctor or a policeman, etc. To translate the sentence,

>*Mr Owen is **the** headmaster.*

only the emphatic-type construction can be used, because of the identity or equivalence of the words *Mr Owen* and *the headmaster*. This sentence can be cast as a mathematical equation:

> *Mr Owen* = *the headmaster*
> Mr Owen = (yw)'r prifathro

The order of the words may be changed, as in English:

> Y prifathro yw Mr Owen.
> *The headmaster is Mr Owen.*

but the structure cannot be changed. (**Mae . . . yn** cannot be used in sentences which express definite identity.) Similarly:

> Caerdydd yw prifddinas Cymru.
> *Cardiff is the capital (city) of Wales.*
>
> *or* Prifddinas Cymru yw Caerdydd.
> *The capital (city) of Wales is Cardiff.*

If Mr Owen were asked

> Pwy ydych chi?
> *Who are you?*

he would reply, keeping to the pattern of the question,

> Emrys Owen ydw i.
> *I'm Emrys Owen.*

If he wished to emphasise that *he* was Emrys Owen, he could say

> Fi yw Emrys Owen.
> *I'm Emrys Owen.*

He would use **ydw** in the first sentence and **yw** in the second because the verb in Welsh agrees with the pronoun that comes *after* it. (If the subject is a plural *noun*, the verb is singular.) Tom and Gwen can therefore say,

> Plant Mr a Mrs Owen ydyn ni.
> *We are Mr and Mrs Owen's children.*

*or*  Ni yw plant Mr a Mrs Owen.
   *We are Mr and Mrs Owen's children.*

Intonation and stress play a large part in 'pointing' the emphasis in sentences such as these and in speech the less emphatic and the more emphatic constructions are interchangeable.

*Summary*
(Bold type is used to denote emphatic stress in English)

| | |
|---|---|
| *I am a teacher* | Rydw i yn athro *or* Rydw i'n athro |
| *I am **a teacher*** | Athro ydw i |
| *I am **the teacher*** | Yr athro ydw i |
| *I am **Gwen Owen*** | Gwen Owen ydw i |
| *I am the teacher* | Fi ydy'r athro |
| *I am Gwen Owen* | Fi ydy Gwen Owen |

(Note that **Rydw i yn** cannot be used to translate '*I am the . . .*' This rule also applies to other forms of the verb 'to be' with affirmative markers; **Rydych chi . . .** cannot be used to translate '*You are the . . .*' etc.)

## 15. Additional items: how to say 'Since . . .': *Ers*

**Ers** referring to a past *point* of time corresponds to 'since' in English:

   Dydw i ddim wedi ei weld e ers mis Ionawr.
   *I haven't seen him since the month of January.*
   Dydy e ddim wedi bod yma ers dydd Llun.
   *He hasn't been here since Monday.*

A past *period* of time is translated by 'for':

   Dydy hi ddim wedi ei weld e ers tri mis.
   *She hasn't seen him for three months.*

If the action is still not complete, Welsh, like French, German etc., uses the Present Tense:

   Mae'r llythyr yma ers dydd Iau.
   *The letter has been here (and still is) since Thursday.*

Mae'r llythyr yma ers wythnos.
*The letter has been here for a week (and still is).*
Rydw i'n byw yma ers tair blynedd.
*I've been living here for three years.*

(Cf. French '*Je demeure ici depuis trois ans*'.)

### 16. How to count in years

**Biwyddyn**, 'a year', has an old plural form **blynedd** which
is used after numbers. There is also a special form **blwydd**
used to denote 'years of age':

| | |
|---|---|
| blwyddyn | *a (or one) year* |
| blwydd oed | *a year old* |
| dwy flynedd | *two years* |
| dwy flwydd oed | *two years old* |
| tair blynedd | *three years* |
| tair blwydd oed | *three years old* |
| pedair blynedd | *four years* |
| pedair blwydd oed | *four years old* |
| pum mlynedd | *five years* |
| pum mlwydd oed | *five years old* |
| chwe blynedd | *six years* |
| chwe blwydd oed | *six years old* |
| saith mlynedd | *seven years* |
| saith mlwydd oed | *seven years old* |
| wyth mlynedd | *eight years* |
| wyth mlwydd oed | *eight years old* |
| naw mlynedd | *nine years* |
| naw mlwydd oed | *nine years old* |
| deg mlynedd | *ten years* |
| deg mlwydd oed | *ten years old* |

*Note*
The mutations after numbers up to four are the regular
mutations. Five, seven, eight, nine and ten are followed *in
these words only* by the Nasal Mutation (B/M).

Mae Nesta yn bum mlwydd oed heddiw.
*Nesta is five years old today.*

Mae hi yn yr ysgol feithrin ers dwy flynedd.
*She's been* (Lit. '*She is*') *in the nursery school for two years.*

Numerals which are compounds of **deg**, 'ten', **ugain** and **can**(**t**) follow a similar pattern:

| | |
|---|---|
| Ugain mlynedd | *twenty years* |
| Pymtheg mlynedd | *fifteen years* |
| Can mlynedd | *a hundred years.* |

## 17. How to say 'Before I . . . After I' . . . etc.

'Before I' etc. can be expressed in Welsh by the use of **cyn** with the infinitive (or verb-noun) and **i**. The tense will depend on the context:

Cyn i Tom fynd allan yn y bore, mae e'n deffro Gwen.
*Before Tom goes out in the morning, he wakes Gwen.*
Cyn i fi fynd, rydw i eisiau arian.
*Before I go, I want money.*

As with **Rhaid i** (see Lesson 5) the **i** has personal forms.

Roedd hi'n gweithio mewn swyddfa cyn iddi hi briodi.
*She was working in an office before she (got) married.*

(Note the Soft Mutation after the pronoun.) **Wedi**, **ar ôl**, **er**, 'although', **oherwydd**, 'because', **nes**, 'until', can be used in a similar way.

Mae hi'n gweithio yn y tŷ ar ôl iddi briodi.
*She works in the house after she's got married* (Lit.).
Mae Tom yn hapus er iddo dorri ei ben-lin.
*Tom is happy although he's broken his knee.*
Mae'r bachgen wedi cael damwain oherwydd iddo yrru'n gyflym.
*The boy has had an accident because he drove fast.*
Mae Mr Owen yn galw Gwen nes iddi ddeffro.
*Mr Owen calls Gwen until she wakes up.*

If nouns can be substituted for the pronouns in this type of construction, the following verb will still undergo mutation:

> Cɥn iddo fe fwɥta ei ginio
> *Before he ate his dinner*
> Cɥn i Tom fwɥta ei ginio
> *Before Tom ate his dinner*
> Cɥn i Gwen gael ei chinio
> *Before Gwen had/has her dinner*
> Cɥn i Mr a Mrs Owen briodi
> *Before Mr and Mrs Owen got married.*

For this type of mutation, compare:

> Mae'n rhaid i Tom fynd.
> *Tom must go.*

(See Lesson 5.3)

PATTERN PRACTICE EXERCISES

1. Add tags to the following sentences. e.g.:
   Mae hi'n braf heddiw, on'd ydɥ hi?

   *It's fine today, isn't it?*

   1. Mae Tom yn gweithio'n brysur, on'd ......?
   2. Mae'n nhw'n mɥnd allan yn y car, on'd ......?
   3. Rydɥch chi'n dod gyda ni, on'd ......?
   4. Rydw i'n iawn (right), on'd ......?
   5. Mae'ch ffrindiau (friends) chi'n dod, on'd ......?
   6. Mae'r stafell 'ma'n gyfforddus, on'd ......?
   7. Mae'r dre 'ma'n brysur, on'd ......?

2. *His* and *hers.*
   *His ...... is on the table. Her ...... is on the cupboard.*
   (Coffi) Mae ei goffi e ar y ford, ond mae ei choffi hi ar y cwpwrdd.

   1. Bag. Mae ei ...... e ar y ford, ond mae ei ...... hi ar y cwpwrdd.
   2. Papur. Mae ei ......, ond ......

3. Te. Mae ei .............., ond ................
4. Gwaith. Mae ei .........., ond ................
5. Deg ceiniog. Mae ei ......, ond ................
6. Llaeth. Mae ei .........., ond ................
7. Map. Mae ei............., ond ................

3. *My ...... is in the village, but his ...... is in the town.*
   (Car) Mae 'nghar i yn y pentre, ond mae ei gar e yn y dre.

   1. Teulu. Mae .............., ond ................
   2. Plant. Mae .............., ond ................
   3. Gwraig. Mae ............, ond ................
   4. Brawd. Mae ............., ond ................
   5. Mab. Mae............., ond ................

4. You are told '*This ...... is good.*' Say that they're all good.
   Mae'r coleg 'ma'n dda. Mae'r colegau i gyd yn dda.
   *This college is good. All the colleges are good.*

   1. Mae'r cloc 'ma'n dda.      ....................
   2. Mae'r ysgol 'ma'n dda.     ....................
   3. Mae'r bwyd 'ma'n dda.      ....................
   4. Mae'r lle 'ma'n dda.       ....................
   5. Mae'r car 'ma'n dda.       ....................
   6. Mae'r nyrs 'ma'n dda.      ....................

**GEIRFA 10**

| | | | |
|---|---|---|---|
| blwydd (F) | *year (old)* | cyn | *before* |
| blwyddyn (F) | *year* | dechrau | *to begin* |
| blynyddoedd (Pl) | *years* | dosbarth -iadau (M) | *class* |
| blynedd (F) | *year* | dros ben | *very* |
| cwestiwn (M) | *question* | fel | *like* |
| cwestiynau | *questions* | gair, geiriau (M) | *word* |
| cwrs, cyrsiau (M) | *course* | hir | *long* |

| | | | |
|---|---|---|---|
| iawn | *right, very* | Saeson (Pl) | *English people* |
| lefel -au (F) | *level* | stad dai (F) | *housing estate* |
| llanw | *to fill* | tair (F) | *three* |
| llaw fer | *shorthand* | teipio | *to typewrite* |
| melyn | *yellow* | tipyn bach | *a little bit* |
| oedran (M) | *age* | treio/trio | *to try* |
| parti -ïon (M) | *party* | tystysgrif -au (F) | *certificate* |
| pasio | *to pass* | | |
| priod | *married* | wythnos -au (F) | *week* |
| profiad -au (M) | *experience* | | |
| | | yntê? | *are/is . . . not?* |
| rhai | *some* | | |

YMDDIDDAN 10

*Mrs Jane Edwards is being interviewed by Mr Owen, the head-master, for the post of temporary school secretary.*

*Mr Owen*   Beth ydy'ch enw chi, os gwelwch yn dda?

*Jane Edwards*   Jane Edwards.

*Mr Owen*   Dyna'ch enw llawn chi?

*Jane*   Ie, dyna'n enw llawn i. Dim ond Jane.

*Mr Owen*   Beth ydy'ch oed chi?

*Jane*   Pymtheg ar hugain. Rydw i'n bymtheg ar hugain heddiw.

*Mr Owen*   Penblwydd hapus i chi, Mrs Edwards.

*Jane*   Diolch yn fawr.

*Mr Owen*   Chi ydy gwraig Mr Barry Edwards, yntê?

*Jane*   Ie. Rydyn ni'n briod ers tair blynedd ar ddeg.

*Mr Owen*   Oes plant gyda chi?

*Jane*   Oes. Pedwar. Mae dau yn yr ysgol 'ma.

*Mr Owen*   Wrth gwrs. Eleri a Dafydd. Beth am y ddau arall?

*Jane*   Maen nhw yn ysgol feithrin Gymraeg Felin Fach.

*Mr Owen*   Beth ydy eu hoedran nhw?

*Jane*   Mae Euros yn bedair blwydd oed.

*Mr Owen*   A'r ferch?

*Jane*   Mae Mair yn dair blwydd oed heddiw.

*Mr Owen*   Wel, wel! Y fam a'r ferch yn cael eu penblwydd yr un diwrnod. Oes parti i fod?

*Jane*  Oes. Mae Mair wedi bod yn edrɥch ymlaen at ei pharti penblwɥdd ers wɥthnosau.

*Mr Owen*  Wel, rhaid i fi beidio â'ch cadw chi'n rhɥ hir.

*Jane*  O, mae popeth yn iawn. Mae mam Ben Jones yn dod i mewn i'n helpu ni.

*Mr Owen*  Mam ein Ben Jones ni?

*Jane*  Ie. Mae'r teulu'n bɥw drws nesa i ni. Maen nhw'n gymdogion caredig dros ben.

*Mr Owen*  Ydɥn. Rydɥn ni'n eu nabod nhw'n dda ers blynyddoedd. Felly rydɥch chi'n byw yn stad dai'r Felin Fach. Wel, gadewch i fi ofɥn cwestiwn neu ddau arall i chi. Beth am eich profiad fel ysgrifenyddes?

*Jane*  Rydw i wedi neud cwrs busnes mewn coleg am dair blynedd, ac wedi cael tɥstysgrif yr H.N.D.-cɥn i fi briodi Barry. Rydw i'n gallu teipio a sgrifennu llaw-fer.

*Mr Owen*  Ydych chi'n gallu neud hynny yn Gymraeg a Saesneg?

*Jane*  Ydw. Saesnes ydw i, o Coventry, ond rydw i wedi dysgu Cymraeg, ac rydw i wedi pasio Lefel O, yn y dosbarth nos.

*Mr Owen*  Saeson ydɥ'ch rhieni chi, fellɥ. Ydɥn nhw'n gallu siarad Cymraeg?

*Jane*  Dim gair. Ond mae Mair yn dysgu rhai geiriau i'w thad-cu, ac mae e'n trio siarad tipɥn bach o Gymraeg gyda hi.

*Mr Owen*  Wel, rydɥch chi'n siarad Cymraeg yn dda dros ben. Dyna'r cyfan nawr, Mrs Edwards.

*Jane*  Diolch yn fawr. Pnawn da, Mr Owen.

*Mr Owen*  Un gair arall, Mrs Edwards, cɥn i chi fynd. Mae anrheg penblwɥdd gyda fi i chi.

*Jane*  I fi?

*Mr Owen*  Ie. I chi. Rydɥch chi'n dechrau yma ddɥdd[1] Llun nesa fel ysgrifenyddes.

---

[1] For this mutation see Appendix p. 336.

**CWESTIYNAU**

1. Beth ydŷ oed Jane?
   Pymtheg ar hugain.
2. Hi ydŷ gwraig Barry, yntê?
   Ie.
3. Ers prŷd maen nhw'n briod?
   Ers tair blynedd ar ddeg.
4. Faint o blant sŷ gyda Jane?
   Pedwar o blant (sŷ gyda hi).
5. Beth ydŷ oed Euros?
   Pedair (blwŷdd oed ydŷ e)./Mae e'n bedair.
6. Beth ydŷ oed Mair?
   Tair (blwŷdd oed ydŷ hi)./Mae hi'n dair.
7. Pwŷ sŷ'n dod i helpu Jane?
   Mam Mr Ben Jones.
8. Ble mae Mrs Jones yn bŷw?
   (Mae hi'n bŷw) drws nesa i Jane.
9. Ydŷ Jane yn siarad Cymraeg?
   Ydŷ, mae hi'n siarad Cymraeg yn dda dros ben.
10. Beth ydŷ 'gair arall' Mr Owen cŷn i Jane fŷnd?
    'Mae anrheg penblwŷdd gyda fi i chi.'

**TRANSLATION INTO WELSH**

1. It's fine today, isn't it?
2. Ask Gwen for some coffee.
3. Does she remember me?
4. Are the children quiet in school?
5. How old is Nesta? She is ten years old.
6. Does Barry Edwards teach you?
7. I pay six pence for an egg now.
8. These two boys and these two girls are too lazy to get up.
9. How many windows are there in the house?
10. We finish our work before we go home.

# Lesson 11

(*Note*: from this lesson on, no distinction will be made between **ɥ** and **y**.)

## 1. How to use the familiar form Ti, 'you'

**Ti** is the 'familiar' second person singular form of 'you', and is used when addressing individual persons with whom one is on Christian name terms. Remember that **chi**, 'you', *must* be used when speaking to strangers or to people who are not close friends. The second person singular has verbal forms of its own:

| | |
|---|---|
| Rwyt ti. | *You are.* |
| (Both t's are sounded as one) | |
| Rwyt ti'n dawnsio'n dda. | *You dance well.* |
| Wyt ti'n dod? | *Are you coming?* |
| Dwyt ti ddim yn aros yma! | *You're not staying here!* |
| Wyt ti eisiau? | *Do you want?* |
| Wyt ti eisiau mynd allan heddiw? | *Do you want to go out today?* |
| Rhaid i ti. | *You must.* |
| Rhaid i ti ddod gyda ni.[1] | *You must come with us.* |

The possessive form of **ti** is **dy . . . di**, 'your', 'thy', and is followed by the Soft Mutation:

| | |
|---|---|
| Ble mae dy gar (car) di? | *Where's your car?* |
| Ydy dy ben-lin (pen-lin) di'n well? | *Is your knee better?* |

---

[1] *Note:* **ti**, like **fi, fe, ni** etc. is followed by the Soft Mutation.

**Dy . . . di** is the form of the pronoun object (see Lesson 9):

| | |
|---|---|
| Mae e'n dy weld di. | *He sees you.* |
| Mae hi'n dy garu di. | *She loves you.* |

**Ti** COMMAND FORMS:

**Ti** has its own personal command forms which are either
(*a*) the stem of the verb, e.g.:

| | |
|---|---|
| Darllen y llyfr 'ma! | *Read this book!* |
| Agor y drws i fi! | *Open the door for me!* |
| Rho dy law i fi! | *Give me your hand!* |
| Gad i ni fynd! | *Let's go!* |
| Dal dy dafod! | *Hold your tongue!* |

The pronoun **di** may be inserted for emphasis:

| | |
|---|---|
| Eistedd **di** fan 'ma | **You** *sit here* |

(*b*) the stem of the verb + **a**

| | | |
|---|---|---|
| sgrifennu | Sgrifenna at dy frawd! | *Write to your brother!* |
| cario | Caria'r bag i fi! | *Carry the bag for me!* |

(*c*) an irregular form, e.g.:

| | |
|---|---|
| Cer i'r tŷ! | *Go into the house!* |
| Cer yn ôl i'r gwely! | *Go back to bed!* |

(Cer is derived from **cerdded**, 'to walk'.)

(N. Wales form, **Dos**: **Dos i'r tŷ**, 'Go into the house.')

| | |
|---|---|
| Dere gyda fi! | *Come with me!* |
| Dere â'r llyfr 'na i fi! | *Bring* (Lit. *come with*) *that book to me!* |

(N. Wales form **Tyrd**: **Tyrd gyda fi**, 'Come with me'.)

The negative is formed from **peidio â**:

| | |
|---|---|
| Paid â symud! | *Don't move!* |
| Paid â gofyn am ragor! | *Don't ask for more!* |
| Paid â gofyn pam! | *Don't ask why!* |

| | |
|---|---|
| Paid â chrio! | *Don't cry!* |
| *or* Paid crio | |
| Paid â cholli dy dymer! | *Don't lose your temper!* |

## 2. Another form of 'I am'—Rwy (i)

**Rydw i**, 'I am', has been taught hitherto, as it corresponds to the answers **ydw** or **nag ydw**. It has, however, a contracted form in general use which is **Rwy i** or simply **Rwy**, for example:

| | |
|---|---|
| Rwy'n mynd. | *I'm going.* |
| Rwy'n caru Gwen. | *I love Gwen.* |

The contracted negative form of **Dydw i ddim** is **Dwy ddim**.

| | |
|---|---|
| Dwy ddim eisiau dod. | *I don't want to come.* |

The interrogative and reply forms, however, do not contract: **Ydw i?** 'Am I?'; **Ydw**, 'Yes-I-am'; **Nag ydw**, 'No-I'm-not'.

Note the similarity between **Rwy i'n mynd**, 'I'm going', and **Rwyt ti'n mynd**, 'You're going'.

In the plural, **rydyn ni** is 'reduced' to **ryn ni**, and **dydyn ni** (**ddim**) to **dyn ni**,[1] e.g.:

| | |
|---|---|
| Rydyn ni'n mynd i'r dre. | Rŷn ni'n mynd i'r dre. |
| Dydyn ni ddim yn barod eto. | Dŷn ni ddim yn barod eto. |

So, too, with **Rydych chi**:

| | |
|---|---|
| Rydych chi'n hwyr. | Rŷch chi'n hwyr. |
| Ydych chi'n dod? | Ŷch chi'n dod? |
| Dydych chi ddim yn cofio. | Dŷch chi ddim yn cofio. |

The negative of 'They . . .' (The affirmative is **Maen nhw**):

| | |
|---|---|
| Dydyn nhw ddim yn bwyta digon. | Dŷn nhw ddim yn bwyta digon. |

---

[1] The vowel sound **y** ('ee') in these contractions is long.

*Note*

The interrogative (question) forms do *not* contract:

> Ydych chi'n dod? Ydw/-    *Are you coming. Yes I am/Yes*
> Ydyn.                  *we are.*
> Ydyn nhw'n mynd? Nag    *Are they going. No (they're*
> ydyn.                  *not).*

## 3. Personal forms of prepositions

A number of one-syllable prepositions in Welsh have
personal forms. We have already had one example: **i**, 'to',
which has personal forms for the third person in the singular
and plural:

| | | | |
|---|---|---|---|
| i fi | *to/for me* | i ni | *to/for us* |
| i ti | *to/for you* | i chi | *to/for you* |
| iddo fe | *to/for him* | iddyn nhw | *to/for them* |
| iddi hi | *to/for her* | | |

Personal forms of **ar**, 'on': **ar** has a complete set of personal
forms, with an inserted **-n-**:

| | | | |
|---|---|---|---|
| arna/arno i | *on me* | arnon ni | *on us* |
| arnat/arnot ti | *on you* | arnoch chi | *on you* |
| arno fe | *on him* | arnyn nhw | *on them* |
| arni hi | *on her* | | |

> Dyma gadair gyfforddus.    *This is a comfortable chair.*
> Eistedd arni hi.             *Sit on it.*

Personal forms of **at**, 'towards', 'to':

| | | | |
|---|---|---|---|
| ata/ato i | *to, towards me* | aton ni | *to, towards us* |
| atat/atot ti | *to, towards you* | atoch chi | *to, towards you* |
| ato fe | *to, towards him* | atyn nhw | *to, towards them* |
| ati hi | *to, towards her* | | |

> Eistedd yn y gadair nesa    *Sit in the chair next to her.*
> ati hi.
> Mae'r ffôn yn canu.      *The telephone is ringing. I*
> Rhaid i fi fynd ato.      *must go to it.*
> Dere 'ma ata i.            *Come here to(wards) me.*

These personal forms are frequently used with verbs that are followed by certain prepositions, e.g. **gwrando ar**, 'to listen to', **edrych ar**, 'to look at', **sgrifennu at**, 'to write to'. e.g.:

Gwrandewch arno fe!     *Listen to him!*
Sgrifenna ata i.     *Write to me.*

Personal forms of **yn**, 'in':

| | | | |
|---|---|---|---|
| yno i | *in me* | ynon ni | *in us* |
| ynot ti | *in you* | ynoch chi | *in you* |
| ynddo fe | *in him/it* | ynddyn nhw | *in them* |
| ynddi hi | *in her/it* | | |

Note the interpolated **-dd-** in the third person singular and plural.

Mae Aled wedi prynu car newydd a mae'n mynd i'r swyddfa ynddo fe bob dydd.
*Aled has bought a new car and he goes to the office in it every day.*
Mae gardd gyda fi a rydw i'n gweithio ynddi bob dydd Sadwrn.
*I have a garden and I work in it every Saturday.*

Some prepositions have a syllable inserted, e.g. **o**, 'from'/'of', whose stem is **o-hon-**:

| | |
|---|---|
| ohono i | ohonon ni |
| ohonot ti | ohonoch chi |
| ohono fe | ohonyn nhw |
| ohoni hi | |

Examples, using **llawer o**, 'many, a lot of', **faint o**, 'how many (of)', **pawb o**, 'all of':

Mae llawer ohonon ni'n dysgu Cymraeg yn y dosbarth nos.
*A lot of us are learning Welsh in the evening class.*
Faint ohonoch chi sy'n dod?
*How many of you are coming?*

Mae e'n meddwl llawer ohoni hi.
*He thinks a lot of her.*
Mae'r ddau ohonyn nhw'n dod.
*Both* (Lit. *the two*) *of them are coming.*
Pawb ohonon ni?
*All of us?*
Ie, a phawb ohonyn nhw hefyd.
*Yes, and all of them too.*

The so-called 'rule' of English grammar humorously expressed as 'a preposition is a bad word to end a sentence *with*', *is* a rule of Welsh grammar. If a preposition comes at the end of a sentence in English, it must assume in Welsh either:

(*a*) an initial position in the sentence:

| | |
|---|---|
| **At** bwy rydych chi'n sgrifennu? | *Who are you writing to?* (Lit.) *To whom are you writing?* |

(*b*) an adverbial form:

| | |
|---|---|
| Rhowch y golau ymlaen. | *Put the light on.* |
| Dewch i mewn. | *Come in.* |

(*c*) a personal form (usually third person):

| | |
|---|---|
| Y dyn roeddwn i'n sgrifennu ato. | *The man I was writing to* (*him*). |
| Y gadair roeddwn i'n eistedd arni. (**arni** because **cadair** is feminine—**arni hi**. See Lesson 21). | *The chair I was sitting on.* |

## 4. How to say 'I was', 'you were' etc. The past, 'imperfect' tense

The imperfect tense of the verb 'to be' in Welsh indicates the duration or continuation of an activity or condition in the past, e.g.

| | |
|---|---|
| Roedd hi'n oer ddoe. | *It was cold yesterday.* |

To form this tense, personal endings are added to the stem **oedd**:

| | |
|---|---|
| Roedd-wn i | *I was* |
| Roedd-et ti | *You were (fam.)* |
| Roedd e | *He was* |
| Roedd hi | *She was* |
| Roedd Tom | *Tom was* |
| Roedd-en ni | *We were* |
| Roedd-ech chi | *You were* |
| Roedd-en nhw | *They were* |

| | |
|---|---|
| Roeddwn i yno | *I was there* |
| Sut roedd e? | *How was he?* |

The interrogative is formed, as with **Rydw i** etc. by dropping the affirmative marker **R**:

| | |
|---|---|
| Oeddet ti yno? | *Were you there?* |
| Oedden nhw'n hapus? | *Were they happy? Yes. They* |
| Oedden.  Roedden nhw'n hapus iawn. | *were very happy.* |

The negative too, follows the pattern of **Rydw i (Dydw i ddim,** 'I'm not'):

| | |
|---|---|
| Doedd-wn i ddim | *I wasn't* |
| Doedd-et ti ddim | *You weren't* |
| Doedd e ddim | *He wasn't* |
| Doedd hi ddim | *She wasn't* |
| Doedd Gwen ddim | *Gwen wasn't* |
| Doedd-en ni ddim | *We weren't* |
| Doedd-ech chi ddim | *You weren't* |
| Doedd-en nhw ddim | *They weren't* |

| | |
|---|---|
| Doedd dim bwyd gyda nhw | *There was no food with them, i.e. They had no food.* |
| Doedd e ddim yno | *He wasn't there* |

## 5. Answers to questions

As with **Ydw i?** etc. questions in the imperfect tense are answered by the appropriate personal forms:

> Oeddech chi yno?      *Were you there?*
> Oeddwn. Roeddwn i yno.    *Yes-I-was. I was there.*

The answer form is that of the interrogative without the following pronoun.

| | | | |
|---|---|---|---|
| Oeddwn | *Yes-I-was* | Oedden | *Yes-we-were* |
| Oeddet | *Yes-you-were* | Oeddech | *Yes-you-were* |
| Oedd | *Yes-he/she/it was* | Oedden | *Yes-they-were* |

The negative is formed by the use of **Nag** + personal form:

> Oeddet ti'n dawnsio    *Were you dancing last night?*
> neithiwr?
> Nag oeddwn.            *No, I wasn't.*

Further examples of the use of this tense:

> Roedd hi'n braf ddoe.    *It was fine yesterday.*
> Roedd Tom yn gweithio   *Tom was working in the gar-*
>    yn yr ardd tra roedd     *den while Gwen was sleep-*
>    Gwen yn cysgu yn y     *ing in (the) bed.*
>    gwely.
> Oedd llawer ohonoch chi   *Were there many of you there?*
>    yno?

**Oedd** may be substituted for **mae** in the construction **Mae rhaid i fi**, to form the imperfect tense.

> Roedd rhaid i fi fynd   *I had to go home(wards)*
> adre'n gynnar.         *early.*

## 6. Statements in this tense may be turned into questions by 'tags'

> Roeddech chi'n cysgu, on'd oeddech chi? Oeddwn.
> *You were sleeping, weren't you? Yes I was.*

Roedd hi'n braf ar lan y môr ddoe, on'd oedd (hi)?
Oedd, roedd hi'n braf iawn.

*It was nice at the seaside yesterday, wasn't it? Yes, it was very nice.*

Doeddech chi ddim yn y coleg yr un pryd â fi, oeddech chi? Nag oeddwn.

*You weren't in (the) college the same time as me, were you? No, I wasn't.*

*Note*

In some dialects, as **dd** is an unstable consonant, **Roeddwn i** has contracted to **Roen i**, and sometimes **Rôn ni** (oe > o) etc.:

| | |
|---|---|
| Roeddwn i, Roen i | *I was* |
| Roeddet ti, Roet ti | *You were* (fam.) |
| Roedd e, Rodd e | *He was* |
| Roedd hi Rodd hi | *She was* |
| Roedden ni, Roen ni | *We were* |
| Roeddech chi, Roech chi | *You were* |
| Roedden nhw, Roen nhw | *They were* |

In the imperfect tense, **oedd** replaces **mae, ydy, yw, oes** and **sy** of the present tense:

| | |
|---|---|
| Oes petrol yn y car? | *Is there petrol in the car?* |
| Oedd petrol yn y car? | *Was there petrol in the car?* |
| Pwy ydy/yw e? | *Who is he?* |
| Pwy oedd e? | *Who was he?* |
| Brawd Ann oedd e. | *He was Ann's brother.* |
| Pwy sy'n byw yn y tŷ 'na? | *Who lives in that house?* |
| Pwy oedd yn byw yn y tŷ 'na? | *Who was living in that house?* |
| Ann oedd yn byw 'na. | *Ann was living there.* |

PATTERN PRACTICE EXERCISES

1. (*a*) Gwen asks you a question using the **chi** form. You are already on Christian name terms, so you ask her to say '**Ti**'. She does so.

Ydych chi'n dod? Dwed **ti**, Gwen. O'r gore, wyt ti'n dod?

1. Ydych chi'n cysgu?
   Dwed **ti**, Gwen. O'r gore, . . . . . . . . . . .
2. Pryd rydych chi'n dechrau?
   . . . . . . . . . . . . . . . . . . . . . . . . . . . . . . . . .
3. Ydych chi'n pasio'r ysgol?
   . . . . . . . . . . . . . . . . . . . . . . . . . . . . . . . . .
4. Ydych chi wedi priodi?
   . . . . . . . . . . . . . . . . . . . . . . . . . . . . . . .

(b) So, too, with **eich . . . chi** to **dy . . . di**.
    Ble mae'ch car chi? Ble mae dy gar di?

1. Ble mae'ch tad (chi)?       Ble . . . . . . . . . . . . . . . . . ?
2. Beth ydy eich cwestiwn
   chi?                        . . . . . . . . . . . . . . . . . . . . . . ?
3. Beth yw eich oed chi?       . . . . . . . . . . . . . . . . . . . . . . ?
4. Ble mae eich plant chi,
   nawr?                       . . . . . . . . . . . . . . . . . . . . . . ?
5. Pwy yw eich ffrindiau
   chi?                        . . . . . . . . . . . . . . . . . . . . . . ?

(c) Do the same with the following:
    *e.g.* Dydw i ddim yn eich gweld chi. Dydw i ddim yn dy weld di.

1. Dydw i ddim yn eich
   deall chi.                  Dydw i . . . . . . . . . . . . . . . .
2. Dydw i ddim yn eich
   clywed chi.                 . . . . . . . . . . . . . . . . . . . . . .
3. Dydw i ddim yn eich
   credu chi.                  . . . . . . . . . . . . . . . . . . . . . .
4. Dydw i ddim yn eich
   caru chi.                   . . . . . . . . . . . . . . . . . . . . . .

2. '*I'm fond of* . . . . . .'. '*I'm fond of him/her/it*, etc., *too.*'
   Rydw i'n hoff o Aled. Rydw **i**'n hoff ohono fe hefyd.

   1. Rydw i'n hoff o Gwen.   Rydw **i** . . . . . . . . . . . . . . .

2. Rydw i'n hoff o'r ga-
   dair 'ma. .......................
3. Rydw i'n hoff o siwgr. .......................
4. Rydw i'n hoff o Mr a
   Mrs Owen. .......................
5. Rydw i'n hoff o'r ci
   'ma. .......................

3. Answer the following sentences in the appropriate person
   in the imperfect tense, and in the affirmative.

   1. Oeddet ti yn y ddawns
      neithiwr? .......................
   2. Oedd Gwen yno? .......................
   3. Oedd llawer ohonoch
      chi yno? .......................
   4. Oedd hi'n braf? .......................
   5. Oedd Mr a Mrs Rhys
      yno? .......................

4. (a) Turn the following questions into the imperfect,
   using **oedd**.

   1. Oes petrol yn y car? .......................
   2. Pwy ydy meddyg y
      pentre? .......................
   3. Beth sy'n cysgu ar
      ymyl y ffordd? .......................
   4. Het Mrs Owen yw hi? .......................

   (b) Put suitable tags on to these sentences and answer
   them.

   1. Roedd Mr Owen yma ddoe......? .............
   2. Roeddech chi yn yr ysgol yr un pryd â fi, .........
   3. Roedden nhw'n chwarae'n dda, ...............
   4. Roedd Tom yn gyrru'r car yn dda, .............
   5. Roeddwn i'n iawn, ........... (Use polite form)

**GEIRFA II**

| | | | |
|---|---|---|---|
| adre | *homeward* | glan y môr | *seaside* |
| amynedd (M) | *patience* | glaw -ogydd (M) | *rain* |
| ar | *on* | | |
| arfer -ion (M) | *custom* | gofalu (am) | *to care for, to look after* |
| aros | *to wait, stay* | | |
| byd -oedd (M) | *world* | golau (M) | *light* |
| | | gwefus -au (F) | *lip* |
| calon -nau (F) | *heart* | gwlyb | *wet* |
| | | gwlychu | *to get wet* |
| camfa (F) | *stile* | hapusa | *happiest* |
| cant, can- noedd (M) | *hundred* | hardd | *beautiful* |
| | | hardda | *most beautiful* |
| caru | *to love* | hawdd | *easy* |
| cellwair | *to joke* | heno | *tonight* |
| corff, cyrff (M) | *body* | hyn | *this* |
| | | i fyny | *up* |
| crio | *to cry* | llaw, dwylo (F) | *hand, hands* |
| curo | *to beat, knock* | | |
| cychwyn | *to start* | llwybr -au (M) | *path* |
| daear (F) | *earth* | | |
| dal | *to catch, to hold* | mainc, mein- ciau (F) | *bench* |
| darn -au (M) | *piece, part* | mam-gu (F) | *grandmother* |
| | | man -nau (F/M) | *spot* |
| dawnsio | *to dance* | | |
| deall/dyall | *to understand* | math -au (M) | *kind, sort* |
| dere! | *come!* | | |
| deunaw | *eighteen* | nefoedd (Pl) | *heaven(s)* |
| dod nôl | *to return* | peth -au (M) | *thing* |
| dringo | *to climb* | pwysau (Pl) | *weight* |
| er gwell | *for the better* | serth | *steep* |
| ffarm (F) | *farm* | swn (M) | *sound, noise* |
| ffermydd (Pl) | *farms* | tafod -au (M) | *tongue* |
| gaeaf -au (M) | *winter* | tân, tanau (M) | *fire* |
| gilydd | *other* | tew | *fat, stout* |

| treulio | *to spend* | weithiau | *sometimes* |
|---------|-----------|----------|-------------|
| trwyn -au | *nose* | wrth | *by* |
| (M) | | ymarfer corff | *physical* |
| tywyll | *dark* | | *exercise* |
| ugain | *twenty* | ynddo | *in it* (M) |

**YMDDIDDAN II**

*Gwen and Aled have taken the woodland path up to Hafod y Graig farm to visit Aled's grandparents who live on this smallholding. Gwen, who is more athletic than Aled teases him by going on ahead.*

*Aled* Gwen! Gwen! Ble rwyt ti? Aros i fi!

*Gwen* Dyma fi. I fyny yma ar y gamfa. Dere, rwyt ti'n mynd yn rhy dew. Dwyt ti ddim yn cael digon o ymarfer.

*Aled* Digon hawdd i ti siarad. Rwyt ti'n neud digon o ymarfer corff drwy'r dydd a bob dydd. Mae'r llwybr 'ma'n serth iawn.

*Gwen* Rwyt ti'n treulio gormod o dy amser yn y car. Rhaid i ti gerdded rhagor er mwyn tynnu dy bwysau di i lawr. Dere. Dring i fyny yma ata i ar y gamfa. Rho dy law i fi. Dyna ti. Mae'r gamfa' ma'n lle braf i eistedd arni.

*Aled* Ydy, mae'n braf yma. Dim sŵn, dim . . .

*Gwen* Dim ond sŵn dy galon di'n curo.

*Aled* Wyt ti'n gwybod pam mae hi'n curo?

*Gwen* Ydw, wrth gwrs. Rwyt ti wedi bod yn dringo ac rwyt ti . . .

*Aled* Paid â chellwair! Gwen, rydw i'n dy garu di. Rwyt ti'n gwybod hynny, on'd wyt ti?

*Gwen* Ydw. Ac rydw i'n gwybod rhywbeth arall hefyd.

*Aled* Beth?

*Gwen* Rwy'n dy garu di hefyd. Fi ydy'r ferch hapusa yn y byd i gyd heno.

*Aled* Gwen. Ti yw'r ferch hardda yn y byd i gyd hefyd. Rwy'n dy garu di, bob darn ohonot ti . . . dy drwyn di, dy wefusau di, dy lygaid di . . . Mae edrych arnat ti fel nefoedd ar y ddaear i fi . . .

*Gwen*   Rhaid i ni gychwyn i fyny'r mynydd cyn iddi hi fynd yn rhy dywyll. Rho dy law i fi . . .

*Gwen and Aled and Mrs Rhys (his grandmother) are coming out into the garden, which overlooks the valley.*

*Mrs Rhys*   Dewch i eistedd ar y fainc 'ma. Rwy'n eistedd arni am ychydig funudau bob nos cyn mynd i'r gwely.

*Aled*   Beth oedd eich oed chi'n priodi, Mamgu?

*Mrs Rhys*   Roeddwn i'n ddeunaw oed yn priodi, a roedd dy dadcu'n ugain oed.

*Aled*   Roeddech chi'n ifanc! Ers pryd roeddech chi'n nabod eich gilydd?

*Mrs Rhys*   Ers pan oedden ni'n blant bach. Roedd tad a mam dy dadcu yn byw yn y Garth, y ffarm nesa aton ni, a roedden ni'r plant yn arfer mynd i'r ysgol gyda'n gilydd. Rwy'n cofio dy dadcu'n rhoi ei law i'n helpu i dros y gamfa 'na gannoedd o weithiau.

*Aled*   Doedd cydio yn ei law e ddim yn beth newydd i chi, 'te!

*Mrs Rhys*   Nag oedd. Rydyn ni wedi cerdded law yn llaw ers pedwar ugain mlynedd nawr. Gobeithio y cewch chi'ch dau fyw i neud yr un peth.

*Gwen*   Diolch, Mamgu. Oeddech chi'n hapus yn yr ysgol?

*Mrs Rhys*   Oeddwn, a nag oeddwn. Roedd pawb ohonon ni'n hapus iawn wrth fynd i'r ysgol ac wrth ddod nôl yng nghwmni'r plant eraill. Ond doedd yr ysgol yn y dyddiau hynny ddim yr un fath â'r ysgol heddiw. Doedd dim tan yn yr ysgol yn y gaea, ac os oedden ni'n gwlychu yn y glaw ar y ffordd i'r ysgol yn y bore, roedden ni'n wlyb drwy'r dydd.

*Aled*   Beth am yr athrawon? Oedden nhw ddim yn gofalu amdanoch chi?

*Mrs Rhys*   Pobl o'r dre oedden nhw, a doedd gyda nhw ddim llawer o amynedd aton ni. Roedden nhw'n siarad Saesneg bob amser a doedden ni ddim yn eu deall nhw, achos doedden ni ddim yn siarad Saesneg gartre, nac yn clywed Saesneg yn unman, ond yn yr ysgol.

*Gwen*   Ond mae pethau wedi newid erbyn hyn.

*Mrs Rhys*  Ydyn, ac wedi newid er gwell hefyd, mae'n rhaid
  i fi ddweud.

*Aled*  Mae'r ysgolion yn gynnes yn y gaea nawr . . .

CWESTIYNAU

1. Pwy oedd yn eistedd ar y gamfa?
   Gwen (oedd yn eistedd ar y gamfa).
2. Oedd y gamfa'n lle braf i eistedd?
   Oedd. Doedd dim sŵn yno.
3. Pam roedd Gwen yn hapus?
   Roedd hi'n caru Aled ac roedd Aled yn ei charu hi.
4. Pam roedd yn rhaid iddyn nhw gychwyn i fyny'r
   mynydd?
   Achos roedd hi'n mynd yn dywyll.
5. Pwy yw Mrs Rhys?
   Mamgu Aled a Siân, mam eu tad, yw hi.
6. Ble roedden nhw'n eistedd yng ngardd Mrs Rhys?
   Roedden nhw'n eistedd ar y fainc.
7. Beth oedd oed Mr a Mrs Rhys yn priodi?
   Roedd Mr Rhys yn ugain oed ac roedd Mrs Rhys yn
   ddeunaw.
8. Ers pryd roedden nhw'n nabod ei gilydd?
   Ers pan oedden nhw'n blant bach.
9. Oedd athrawon yr ysgol yn gofalu am y plant?
   Doedd gyda nhw ddim llawer o amynedd atyn nhw.
10. Ydy pethau wedi newid erbyn hyn?
    Ydyn, maen nhw wedi newid er gwell.

TRANSLATION INTO WELSH

1. Were there many of them there?
2. Where's your brother and your sister? (Use **dy**.)
3. I don't understand them.
4. I'm very fond of them.
5. You weren't in town yesterday, were you? (Use **chi**.)
6. Come with me to Aled's house.
7. Here's a comfortable car. Sit in it. (**ynddo**)
8. Was there water in the tank?
9. I'm going to stay at home to look after the children.
10. I haven't seen much of you for months.

# Lesson 12

### 1. How to say 'I saw', 'I opened' etc. The past tense.

The past tense is used to denote a completed action in the past—'I opened the door'—an activity which had a beginning and an end in the past. This tense is formed in Welsh by adding endings to the 'stem' of the verb, which, in a normal sentence, comes at the beginning of the sentence (compare **Rydw i** etc.). In speech, an affirmative 'marker', **Fe** (**Mi** in N. Wales), precedes the verb.

Fe agores i'r drws.        *I opened the door.*

The full past tense of **agor** is as follows:

| | |
|---|---|
| Fe agor**es** i | *I opened* |
| Fe agor**est** ti | *You opened* |
| Fe agor**odd** e | *He opened* |
| Fe agor**odd** hi | *She opened* |
| Fe agor**on** ni | *We opened* |
| Fe agor**och** chi | *You opened* |
| Fe agor**on** nhw | *They opened* |

Fe agor**odd** hi'r ffenest.        *She opened the window.*

In literary Welsh the endings of the first and second person singular are **-ais** and **-aist**. Note the similarity between the first and second persons singular. The stem of the other persons is **agoro-** with the **-n**, **-ch**, **-n** of the plural endings corresponding to **ni**, **chi**, **nhw**. The affirmative marker **fe/mi** is followed by the Soft Mutation:

> Fe **dd**arllenes i'r llyfr ddoe.      *I read the book yesterday.*

Some verbs such as **agor**, **darllen**, **eistedd** are their own stems. Most verbs, however form their stems by dropping the ending, e.g.:

| | | | |
|---|---|---|---|
| tal-u | *to pay* | Fe dales i | *I paid* |
| pryn-u | *to buy* | Fe brynes i | *I bought* |
| coll-i | *to lose* | Fe golles i | *I lost* |
| rhed-eg | *to run* | Fe redes i | *I ran* |
| clyw-ed | *to hear* | Fe glywes i | *I heard* |
| dihun-o | *to wake up* | Fe ddihunes i | *I woke up* |
| yf-ed | *to drink* | Fe yfes i | *I drank* |
| gwel-ed | *to see* | Fe weles i | *I saw* |
| cerdd-ed | *to walk* | Fe gerddes i | *I walked* |
| bwyt-a | *to eat* | Fe fytes i | *I ate* |

> Fe fytodd e frecwast da.      *He ate a good breakfast*

Note the Soft Mutation of **brecwast** after the pronoun **e**. A noun substituted for **e** in this type of construction will also cause Soft Mutation[1] e.g.:

> Fe fytodd Tom frecwast da.
> *Tom ate a good breakfast.*

So too with **hi**

> Fe brynodd hi got newydd.
> *She bought a new coat.*
> Fe brynodd Gwen got newydd.
> *Gwen bought a new coat.*

---

[1] The grammatical rule is that the direct object of the personal form of the verb will undergo Soft Mutation but the learner will probably find the above explanation easier in practice.

A few verbs develop an **i** between the stem and the ending, e.g. **Dal**, 'to catch, hold',—**Fe ddalies i; Meddwl**, 'to think',—**Fe feddylies i**, 'I thought'. In speech, the stem of **bwyta** is **byt-**:

Fe fytes i fe. *I ate it.*

Note the position of the pronoun (object) 'it' in this construction.

In questions in the past tense, the interrogative form drops the marker **Fe** but keeps the Mutation:

Dales i fe? *Did I pay him. (Lit. Paid I him?)*

Fytodd e'r bwyd i gyd? *Did he eat all the food?*

When the verb comes first in a question in the past tense, the affirmative answer is **Do**, 'Yes', and the negative answer **Naddo**, 'No', for *all* persons of the verb.

Dalodd e am y llyfr? Do. *Did he pay for the book? Yes.*

Agorodd hi'r drws i chi? Naddo, fe agores i'r drws 'yn hunan.

*Did she open the door for you? No, I opened the door myself.*

## 2. How to say 'I didn't, you didn't' etc.

The negative form of the verb was once preceded by the negative particle **Ni**, 'not', which was followed by the Soft Mutation of **g, b, d, ll, m, rh**. This **Ni** has disappeared in speech, leaving the mutation as the first negative marker and **ddim** as the second:

| | | |
|---|---|---|
| *Affirmative* | Fe fytes i | *I ate.* |
| *Question* | Fytes i? | *Did I eat?* |
| *Negative* | Fytes i ddim | *I didn't eat (anything).* |

If the verb is followed by a noun that is indefinite, the second negative marker is **ddim**:

Fytes i ddim bwyd. *I didn't eat **any** food.*

But when the word is definite, the marker is **mo** (from **ddim o**, 'nothing of'):

| | |
|---|---|
| Weles i mo'r ffilm. | *I didn't see **the** film.* |
| Weles i mo Gwen yno. | *I didn't see **Gwen** there.* |

When followed by a pronoun, **mo** has personal forms similar to those of **o** (See Lesson 11):

| | |
|---|---|
| Welodd e mono i. | *He didn't see me (Lit. He saw nothing of me).* |
| Weles i monoch chi. | *I didn't see you.* |
| Welon ni monyn nhw. | *We didn't see them.* |
| Weloch chi monyn nhw? | *Didn't you see them?* |

**Ni**, 'not', was unique in that it was followed by two mutations: the Soft Mutation, as we have seen already, of G, B, D, LL, M, Rh; and the Aspirate Mutation of C, P, T, which remains as the initial negative marker.

| | |
|---|---|
| Chlywes i ddim gair. | *I didn't hear a word.* |
| Thales i mo'r bil. | *I didn't pay the bill.* |
| Chlywodd e mo'r gloch. | *He didn't hear the bell.* |
| Chyrhaeddodd hi mo'r ysgol mewn pryd. | *She didn't arrive at the school in time.* |

There is a tendency in many dialects for C, P, T, on the grounds of analogy with G, B, D, LL, M, Rh, to undergo Soft Mutation rather than Aspirate Mutation in the negative e.g.:

| | |
|---|---|
| Glywes i neb. | *I heard no one.* |
| Brynes i mo'r llyfr. | *I didn't buy the book.* |

## 3. Prepositions

Certain verbs in English are followed by particular prepositions, e.g. a surgeon operates *on* a patient, one abides *by* a

promise. There are a number of verbs in Welsh which
behave in the same way e.g.:

| | | | |
|---|---|---|---|
| siarad am | *to talk about* | aros am | *to wait for* |
| talu am | *to pay for* | cofio am | *to remember* |
| edrych am | *to look for* | | *(about)* |
| clywed am | *to hear about* | | |

Fe dalodd Mrs Owen     *Mrs Owen paid seven pounds*
saith punt am het.        *for a hat.*

**Am** has personal forms, into which **-dan-** is inserted:

| | | |
|---|---|---|
| amdano i | *about/for me* | amdanon ni |
| amdanot ti | | amdanoch chi |
| amdano fe | | amdanyn nhw |
| amdani hi | | |

Roedden ni'n siarad amdani hi ddoe.
*We were talking about her yesterday.*
Fe anghofies i amdanyn nhw.
*I forgot (about) them.*

Fe glywes i lawer amdanoch chi cyn dod yma.
*I heard a lot about you before coming here.*

Another common verb + preposition phrase is **dweud
wrth**, 'to say to, to tell', which is often followed by another
preposition, **am**:

| | |
|---|---|
| Dwedwch wrth 'nhad am ddod. | *Tell father to come.* |
| Fe ddwedes i wrthi hi am ddod gyda ni. | *I told her to come with us.* |
| Fe ddwedon nhw wrthon ni am godi. | *They told us to get up.* |

The personal forms of **wrth**:

| | | |
|---|---|---|
| wrtho i | *to/by me* | wrthon ni |
| wrthot ti | | wrthoch chi |
| wrtho fe | | wrthyn nhw |
| wrthi hi | | |

| Mae rhywun yn curo wrth y drws! | *Someone is knocking at the door!* |
| Pwy sy'n curo wrtho fe? | *Who's knocking at it?* |

(**wrtho**, because **drws** is masculine.)

## 4. Complex prepositions

Complex prepositions are composed of more than one word, e.g. 'away from', 'in front of', 'instead of' etc. In Welsh, 'instead of' is translated as 'in place of', **yn lle**. Instead of me = in my place, **yn 'yn lle i**:

| yn 'yn lle i | *instead of me* |
| yn dy le di | *instead of you* |
| yn ei le fe | *instead of him* |
| yn ei lle hi | *instead of her* |
| yn ein lle ni | *instead of us* |
| yn eich lle chi | *instead of you* |
| yn eu lle nhw | *instead of them* |

Note the mutations caused by the possessive adjectives **'yn**, 'my', etc.

| Mae hi'n mynd yn ei le fe. | *She's going instead of him.* |

The conjugation of **o flaen** 'in front of', 'before':

| O 'mlaen i | |
| o dy flaen di | o'n blaen ni |
| o'i flaen e | o'ch blaen chi |
| o'i blaen hi | o'u blaen nhw. |

| Fe gododd e o'mlaen i. | *He got up before me.* |
| Gyrhaeddoch chi o'u blaen nhw? | *Did you arrive before them?* |
| Do, fe gyrhaeddes i o flaen pawb. | *Yes, I arrived before everybody.* |

Note that **o flaen** refers to space or time; **cyn**, on the other hand, refers to time only.

| | |
|---|---|
| cyn brecwast. | *before breakfast.* |
| o flaen y tân. | *in front of the fire.* |

## 5. Mutations of verbs after *pan*, 'when', *pwy* 'who', *beth* 'what', *faint* 'how many, how much'

These words are followed by the Soft Mutation (compare **Fe**):

| | |
|---|---|
| Fe weles i | *I saw* |
| Pwy weles i? | *Who(m) did I see?* |
| Faint welodd e? | *How many did he see/How much did he see?* |
| Pwy welodd y ddamwain? | *Who saw the accident?* |

Words which can be substituted for **pwy, beth, faint** will also cause mutation in this construction:

| | |
|---|---|
| Pwy weles i? | *Who(m) did I see?* |
| Gwen **weles** i. | *Gwen did I see,* i.e. *I saw Gwen.* |
| Gwen **welsoch** chi? | *Did you see Gwen?* |
| Ie, Gwen weles i. | *Yes, I saw Gwen.* |

*Note*
The answer to this question is not **Do**, because the verb does not come at the beginning of the sentence. The focus of the question is 'Gwen . . .?' and the non-verbal answer is therefore **Ie**. With **Beth . . . ?** 'What':

| | |
|---|---|
| Beth ddigwyddodd? | *What happened?* |
| Beth welsoch chi? | *What did you see?* |
| Ffilm welson ni. | *We saw a film.* |

With **faint?**, 'How much/many':

| | |
|---|---|
| Faint welsoch chi? | *How many did you see?* |
| Cant welson ni. | *We saw a hundred.* |

## 6. Agreement of adjectives

In French, Spanish etc. adjectives must agree with their nouns in number and gender. There are a few rare examples of this rule in spoken Welsh. The feminine form of **gwyn**, 'white', is **gwen** (compare the name **Gwen**, the feminine counterpart of **Gwyn**). As it appears after a feminine singular noun, the form of this adjective is almost invariably **wen**:

Mae het wen gyda fi.          *I have a white hat.*

**Melyn** has the feminine form **felen**:

Roedd e'n gwisgo tei   *He was wearing a yellow tie.*
felen.

Agreement of noun and adjective in the plural in spoken Welsh is rare except in the case of **arall—eraill**, 'other' (see Lesson 4.10):

bachgen arall          *another boy*
bechgyn eraill         *other boys*

and in such phrases as **mwyar duon**, 'blackberries'.

PATTERN PRACTICE EXERCISES

1. (*a*) Using the phrases given, say that you did the following yesterday morning.

   1. Dihuno am saith.          Fe . . . . . . . . . . . bore ddoe.
   2. Agor y ffenest.           Fe . . . . . . . . . . . bore ddoe.
   3. Codi o'r gwely.           Fe . . . . . . . . . . . . . . . . . . . .
   4. Ymolchi yn y stafell      Fe . . . . . . . . . . . . . . . . . . . .
      ymolchi.
   5. Bwyta brecwast.           Fe . . . . . . . . . . . . . . . . . . . .

   (*b*) Turn the following activities into the past tense, changing **heddiw** to **ddoe**.

   1. Mae Gwen yn gweld   Fe . . . . . . . . . . . . . . ddoe-
      ffilm heddiw.

2. Mae Tom yn cerdded Fe .....................
i'r dre heddiw.

3. Mae Aled yn prynu Fe .....................
car heddiw.

4. Mae Edward Jones yn Fe .....................
agor siop heddiw.

2. (a) Answer the following questions, in full, in the affirmative.
*Did you ...... him/it? Yes, I ...... him/it.*

1. Welsoch chi fe?          Do, fe ............... fe.
2. Glywsoch chi fe?         Do, fe .................
3. Daloch chi fe?           Do, .................
4. Golloch chi fe?          Do, .................
5. Fytoch chi fe?           Do, .................

(b) Now answer these in the negative.
*Did you ......? No, we didn't .......*

1. Redoch chi?              Naddo, .......... ddim.
2. Eisteddoch chi?          Naddo, .......... ddim.
3. Chwareuoch chi?          Naddo, .................
4. Ffonioch chi?            Naddo, .................
5. Symudoch chi?            Naddo, .................
6. Siaradoch chi?           Naddo, .................
7. Stopioch chi?            Naddo, .................

(c) *Have they ......? Yes, they ......(ed) last night.*

1. Ydyn nhw wedi pacio?     Ydyn, ......... neithiwr.
2. Ydyn nhw wedi cysgu?     Ydyn, ......... neithiwr.
3. Ydyn nhw wedi canu?      Ydyn, .................
4. Ydyn nhw wedi cych-      Ydyn, .................
wyn?
5. Ydyn nhw wedi gor-       Ydyn, .................
ffen?

(d) *Did they ... the ...? No, they didn't ...... it/them.*

1. Agoron nhw'r drws?       Naddo, ........ mono fe.
2. Agoron nhw'r ffenest?    Naddo, ............. hi.

3. Welon nhw'r bach-    Naddo, ................
gen?
4. Welon nhw'r ferch?    Naddo, ................
5. Ddringon nhw'r myn-    Naddo, ........... nhw.
yddoedd?
6. Fyton nhw'r afalau?    Naddo, ................

3. (a) *What did you say to ......? I didn't say anything to
him/her etc.*

   1. Beth ddwedoch chi wrth Tom?
     Ddwedes i ddim ................. fe.
   2. Beth ddwedoch chi wrth Gwen?
     Ddwedes i ddim ..................
   3. Beth ddwedoch chi wrth Mr a Mrs Owen?
     Ddwedes i ddim ..................
   4. Beth ddwedoch chi wrtho i?
     Ddwedes i ddim ..................
   5. Beth ddwedoch chi wrthyn nhw?
     Ddwedes i ddim ..................

  (b) *Are you talking about ......? Yes, we're talking about
him etc.*

   1. Ydych chi'n siarad am Aled?
     Ydyn, rydyn ni'n ............... fe.
   2. Ydych chi'n siarad am y tŷ?
     Ydyn, ..........................
   3. Ydych chi'n siarad am Gwen?
     Ydyn, ..........................
   4. Ydych chi'n siarad am y dre?
     Ydyn, ..........................
   5. Ydych chi'n siarad am y teulu?
     Ydyn, ..........................
   6. Ydych chi'n siarad am y ceir?
     Ydyn, ..........................

4. Ask for clarification, e.g. *I saw a car. What did you see?*

   1. Fe weles i gar.    Beth .............. chi?
   2. Fe brynes i gar.    Beth .............. chi?

3. Fe weles i Jac ddoe.         Pwy .............. chi?
4. Fe glywes i Gwen yn
   canu.                        .................... chi?
5. Fe brynes i ddigon o         Faint ............. chi?
   afalau.
6. Fe baciodd Aled              Faint .............. e?
   lawer o anrhegion.

5. *Do you want a black* .....? *No, a white* ..... *or a yellow* ....

1. Ydych chi eisiau het ddu?
   Nag ydw, het ..... neu het .........
2. ...............car du?
   Nag ydw, ...... neu ..............
3. ..............papur du?
   Nag ydw, ..........................
4. .............gwlân du?
   Nag ydw, ..........................
5. .............jwg ddu?
   Nag ydw, ..........................

6. Answer the following questions:

*Did they arrive before* (*Tom*)? *Yes, they arrived before* (*him*).
Gyrhaeddon nhw o flaen Tom? Do, fe gyrhaeddon nhw
o'i flaen e.

1. Gyrhacddon nhw o flaen Gwen?
   Do, ........................... hi.
2. ...............o'ch blaen chi?
   (Pl) ........................... ni.
3. .............o flaen Mr a Mrs Owen?
   ........................... nhw.
4. .............o dy flaen di?
   ........................... i.
5. .............o 'mlaen i?
   ........................... di.
6. .............o'n blaen ni?
   ........................... chi.

**GEIRFA 12**

| | | | |
|---|---|---|---|
| bargen (F) | *bargain* | naddo | *no (neg. answer to question in past tense)* |
| barn (F) | *opinion* | | |
| benthyg | *to borrow, the loan of* | | |
| brethyn (M) | *cloth* | od | *strange, odd* |
| bws (M) | *bus* | pan | *when* |
| bysian | | penderfynu | *to decide, resolve* |
| caffe (M) | *café* | | |
| cot -iau (F) | *coat* | poced-i (F) | *pocket* |
| croesi | *to cross* | prawf, | *proof, trial,* |
| cymaint | *as large, as many* | profion (M) | *test* |
| | | prysuro | *to hasten* |
| Cymru (F) | *Wales* | pwrs (M) | *purse* |
| cynnar | *early* | rhedeg | *to run, to flow* |
| chwilio (am) | *to search (for)* | sêl (F) | *sale* |
| dangos | *to show* | siwtio | *to suit* |
| diwedd (M) | *end* | smart | *smart* |
| diwethaf | *last* | talu | *to pay* |
| do | *yes* | tei-s (F) | *tie* |
| doe/ddoe | *yesterday* | tua | *towards* |
| dweud | *to say* | ychydig | *little, few* |
| eraill | *others* | PHRASES | |
| ffilm (F) | *film* | o'n blaen ni | *in front of us* |
| golchi | *to wash* | o'r diwedd | *at last* |
| gwaelod (M) | *bottom* | pob man | *everywhere* |
| gyrru | *to drive, send* | am dro | *for a walk, for a turn* |
| holl | *all, whole* | | |
| inne | *I too* | yn wir | *indeed* |
| llestri (Pl) | *crockery* | mewn pryd | *punctually* |
| llyfr-au (M) | *book* | i'r dim | *exactly* |
| mwyar duon (Pl) | *blackberries* | pâr o esgidiau | *a pair of shoes* |
| | | erbyn hynny | *by that time* |

YMDDIDDAN 12

*Mrs Owen and Mrs Rhys have met in town and are having lunch together.*

*Mrs Owen*   Rhaid i fi ddangos 'yn het newydd i i chi. Het wen ydy hi. Ydych chi'n ei hoffi hi?

*Mrs Rhys*   Mae hi'n eich siwtio chi i'r dim. Mae het wen bob amser yn edrych yn smart. Faint daloch chi amdani hi?

*Mrs Owen*   Dim ond pum punt dales i amdani hi.

*Mrs Rhys*   Roedd hi'n fargen dda am y pris 'na.

*Mrs Owen*   Oedd. Roeddwn i'n lwcus iawn. Roeddwn i eisiau het newydd i wisgo gyda'r got o frethyn Cymru brynes i'r wythnos diwetha. Pan agores i'r papur y bore 'ma, fe weles i fod sêl hetiau yn siop Lewis, ac fe brysures i olchi'r llestri a gwisgo. Fe ddalies i'r bws ar waelod y stryd am naw o'r gloch.

*Mrs Rhys*   Beth sy wedi digwydd i'ch car chi, 'te?

*Mrs Owen*   Fe basiodd Tom ei brawf gyrru ddoe, ac roedd e'n awyddus i fynd â Siân a Gwen ag Aled am dro i ben y Mynydd Du yn gynnar y bore 'ma.

*Mrs Rhys*   Dyna ble maen nhw wedi mynd! Fe gododd Aled a Gwen o'n blaen ni y bore 'ma, ond ddwedon nhw ddim wrthon ni ble roedden nhw'n mynd. Fe glywes i gar y tu allan i'r tŷ tua saith o'r gloch, ac fe godes i i edrych allan drwy'r ffenest. Ond erbyn hynny, roedd y car wedi mynd.

*Mrs Owen*   Pan ofynnodd Tom i fi neithiwr am fenthyg y car, doeddwn i ddim yn meddwl mynd i siopa heddiw. Ond pan weles i fod sêl hetiau ymlaen yn y dre 'ma, fe benderfynes i ddod i edrych am het newydd.

*Mrs Rhys*   Gyrhaeddoch chi mewn pryd i'r sêl?

*Mrs Owen*   O, do. A roedd 'na ddigon o ddewis. Weles i erioed gymaint o hetiau mewn un siop!

*Mrs Rhys*   Roeddech chi'n lwcus iawn.

*Mrs Owen*   Oeddwn. Roedd gormod o ddewis yna, yn wir. Roeddwn i'n hoffi llawer o'r hetiau eraill, ond o'r diwedd fe ddewises i hon.

*Mrs Rhys*  Fe ddewisoch chi'n dda iawn.

*Mrs Owen*  Do. Rwy wedi cael bargen, rwy'n meddwl. A dyna oedd barn Dora hefyd.

*Mrs Rhys*  Dora? Welsoch chi Dora yn y dre?

*Mrs Owen*  Do. Pan oeddwn i'n dod allan o'r siop, pwy weles i ond Ben a Dora yn croesi'r ffordd ata i.

*Mrs Rhys*  Wel, dyna beth od. Roeddwn inne yn y dre'n gynnar y bore 'ma hefyd, ond weles i monyn nhw.

*Mrs Owen*  Naddo? Wel, fe alwon ni mewn caffe am gwpaned o goffi, ond dim ond am ychydig funudau roedden nhw yno.

*Mrs Rhys*  Pam?

*Mrs Owen*  Wel, pan agorodd Dora ei bag, doedd ei phwrs hi ddim ynddo. Fe chwilion ni bob man amdano fe, ond doedd dim sôn amdano fe yn unman. O'r diwedd fe gofiodd Ben fod Dora wedi prynu pâr o esgidiau mewn siop yn y Stryd Fawr, ac wedi talu amdanyn nhw o'i phwrs.

*Mrs Rhys*  Beth ddigwyddodd wedyn?

*Mrs Owen*  Fe benderfynon nhw fynd nôl i'r siop i chwilio am y pwrs. A fe ffoniodd Dora 'nôl i'r caffe i ddweud wrtho i beth oedd wedi digwydd.

*Mrs Rhys*  Wel?

*Mrs Owen*  Ar ôl yr holl chwilio yn y caffe a'r siop, roedd y pwrs ym mhoced Ben!

CWESTIYNAU

1. Beth oedd lliw yr het brynodd Mrs Owen?
   Het wen brynodd hi.
2. Faint dalodd hi amdani hi?
   Dim ond pum punt.
3. Ble prynodd hi'r het?
   Yn siop Lewis yn y dre.
4. Beth oedd wedi digwydd i gar Mrs Owen?
   Roedd Tom wedi pasio ei brawf gyrru ac roedd e'n awyddus i fynd â Siân a Gwen ac Aled allan am dro.
5. Pryd cododd Gwen ac Aled?
   Fe godon nhw o flaen eu tad a'u mam.

6. Beth benderfynodd Mrs Owen neud pan ddarllenodd hi'r papur?
   Fe benderfynodd hi fynd i'r dre i edrych am het newydd.
7. Gyrhaeddodd hi mewn pryd?
   Do, fe gyrhaeddodd hi mewn digon o amser.
8. Welodd hi lawer o hetiau yn y siop?
   Do. Welodd hi erioed gymaint o hetiau mewn un siop.
9. Ddewisodd hi'n dda?
   Do. Roedd yr het yn fargen dda iawn.
10. Beth ddigwyddodd i bwrs Dora?
    Roedd e ym mhoced Ben.

TRANSLATION INTO WELSH

1. He ate all the food.
2. Did he pay for the food?
3. No. He didn't pay for it. (It was) *I* (who) paid for it.
4. You(Pl) go instead of me.
5. They got up before us this morning.
6. He asked me for the loan of a pound.
7. We called at a café for a cup of tea.
8. I looked everywhere for them.
9. Did you see Aled in the village? (Use **ti.**)
10. No, but I saw his sister.

# Lesson 13

## 1. More about the past

The number of 'irregular' verbs in Welsh is small compared with those in other languages. The most important are **bod**, 'to be', **mynd**, 'to go', **dod**, 'to come', **neud**, 'to do' and **cael**, 'to have', 'to receive', 'to be allowed to'.

### THE PAST OF THE VERB **bod** 'TO BE'

The verb 'to be' in English has no past tense corresponding for example to 'I taught', 'I walked' etc., and therefore the past tense of **bod** has to be translated as 'I was' or 'I have been' or sometimes 'I went':

| | | |
|---|---|---|
| Fe fues i | *I was, have been, went* | Fe fuon ni |
| Fe fuest ti | | Fe fuoch chi |
| Fe fuodd e | | Fe fuon nhw |
| Fe fuodd hi | | |

Fe fues i yng Nghaerdydd o ddydd Llun tan ddydd Gwener.
*I was in Cardiff from Monday to Friday.*

i.e. the state of 'being in Cardiff' is regarded as a completed period of time. Compare:

Fe arhos**es** i yng Nghaerdydd o ddydd Llun tan ddydd Gwener.
*I stayed in Cardiff from Monday to Friday.*

The interrogative of **bod** is formed by dropping the affirmative marker **Fe** (as with the regular verbs):

Fues i?          *Was I, did I go?*          Fuon ni?
Fuest ti                                     Fuoch chi?
Fuodd e?                                     Fuon nhw?
Fuodd hi?

Fuoch chi yn Aberystwyth ddoe?
*Did you go to/Were you in Aberystwyth yesterday?*

The negative follows the usual pattern:

Fues i ddim      *I didn't go, I wasn't*      Fuon ni ddim
Fuest ti ddim                                 Fuoch chi ddim
Fuodd e ddim                                  Fuon nhw ddim
Fuodd hi ddim

Fuoch chi yn Llandudno ddoe? Naddo, fues i ddim yn
    Llandudno ddoe.
*Did you go to/Were you in Llandudno yesterday? No, I didn't
    go to/wasn't in Llandudno yesterday.*

**Erioed**, 'ever', is frequently used with this tense:

Fuoch chi erioed yn Aberteifi?
*Have you ever been in (or to) Cardigan?*
Naddo, fues i erioed yn Aberteifi.
*No, I have never been in (or to) Cardigan.*
Fuodd Gwen erioed ar ben yr Wyddfa?
*Has Gwen ever been on the top of Snowdon?*
Naddo. Fuodd hi erioed yno.
*No. She's never been there.*

**Fe fues i** can be used as an auxiliary verb to form the past tense especially to denote 'keeping on doing something' without interruption, e.g.:

Fe fuoch chi'n siarad am amser hir.
*You spoke for a long time.*
Fe fuodd e'n byw yma am flynyddoedd.
*He lived here for years.*

(**Byw**, 'to live', has no endings and must form all its tenses with the aid of the verb 'to be'.[1]) Note the distinction between:

>Fe es i i'r dre ddoe.
>*I went to town yesterday.*

and

>Fe fues i'n mynd i'r dre ddoe.
>*I kept on going (back and forth) to town yesterday.*

This type of construction is quite often used in questions:

>Fuoch chi'n canu ddoe?
>*Did you sing yesterday?* (Lit. *Were you 'engaged in' singing yesterday?*)
>Fuodd e'n pregethu dydd Sul?
>*Did he preach on Sunday?*
>Beth fuoch chi'n neud?
>*What did you do?*
>Fe fuon ni'n casglu mwyar duon.
>*We collected blackberries.*

It is also used to express the idea of 'going and having something done':

>Fe fues i'n cael dant allan.
>*I went and had a tooth out.*
>Fe fues i'n gweld y meddyg.
>*I went and saw the doctor.*

THE PAST TENSE OF **mynd**, 'TO GO':

| | | | |
|---|---|---|---|
| Fe es i | *I went* | Fe aethon ni | *We went* |
| Fe est ti | *You went* | Fe aethoch chi | *You went* |
| Fe aeth e | *He went* | Fe aethon nhw | *They went* |
| Fe aeth hi | *She went* | | |

---

[1] So also must **marw**, 'to die': **Fe fuodd e farw ...** 'He died ...'. This is an idiomatic construction.

Note how the first and second person singular are identical with the *endings* of the regular verb in this tense. Note also that for the other persons the stem is **aeth**:

> Fe es i i'r gwely'n gynnar neithiwr.
> *I went to bed early last night.*
> Fe aethon ni i'r theatr nos Wener diwetha.
> *We went to the theatre last Friday night.*

The interrogative and negative follow the regular pattern.

> Est ti i weld y gêm dydd Sadwrn?
> *Did you* (Fam.) *go to see the game on Saturday?*
> Naddo. Es i ddim i weld y gêm.
> *No. I didn't go to see the game.*

THE PAST TENSE OF **dod** 'TO COME'

There is a close correspondence between the forms of this verb and those of **mynd**, as we have already seen in **Ewch!**, 'Go!', and **Dewch!**, 'Come!':

| | | | |
|---|---|---|---|
| Fe ddes i | *I came* | Fe ddaethon ni | *We came* |
| Fe ddest ti | *You came* | Fe ddaethoch chi | *You came* |
| Fe ddaeth e | *He came* | Fe ddaethon nhw | *They* |
| Fe ddaeth hi | *She came* | | *came* |

> Fe ddes i adre'n gynnar neithiwr.
> *I came home early last night.*

The interrogative and negative follow the regular pattern.

> Ddaethoch chi adre yn y car? Naddo. Fe ddaethon ni adre ar y bws
> *Did you come home in the car? No. We came home on the bus.*
> Ddaeth e ddim i'r dre gyda ni.
> *He didn't come to (the) town with us.*

THE PAST TENSE OF **neud**, 'TO DO', 'TO MAKE'
(The full form is **gwneud**):

| | | |
|---|---|---|
| Fe nes i | *I did, I made* | Fe 'naethon ni |
| Fe nest ti | *You did etc.* | Fe 'naethoch chi |
| Fe naeth e | | Fe 'naethon nhw |
| Fe naeth hi | | |

Fe 'nes i 'ngorau i berswadio Siôn i ddod.
*I did my best to persuade John to come.*

The interrogative and negative follow the established pattern:

Naethoch chi'ch gwaith? Do.
*Did you do your work? Yes.*
Naethon nhw ddim byd i helpu.
*They did nothing to help.*

(**Dim byd**, a contraction of **dim yn y byd**, means 'nothing in the world, absolutely nothing'.)

THE PAST TENSE OF **cael**, 'TO HAVE, TO RECEIVE' *or* 'TO BE ALLOWED TO'

This tense is slightly more irregular, especially in the plural, than the others:

| | | | |
|---|---|---|---|
| Fe ges i | *I got, I received* | Fe gawson ni | *We got, had* |
| Fe gest ti | | Fe gawsoch chi | |
| Fe gafodd e | | Fe gawson nhw | |
| Fe gafodd hi | | | |

Fe gawson ni ginio da neithiwr.
*We had a good dinner last night.*

*Note*

(i) **cael** before a noun means 'to get, to receive':

Fe gawson nhw lawer o arian ar ôl eu tad.
*They had a lot of money after their father* (Lit.).

(ii) **cael** before a verb means 'to be allowed to, to have permission to', 'may'.

Fe gawson nhw fynd i mewn am ddim.
*They were allowed to go in free of charge* (Lit. *for nothing*).
Fe ges i fynd adre'n gynnar.
*I was allowed to go home early.*

The interrogative or question form follows the usual pattern, i.e. the affirmative marker **fe** is dropped, but the mutation is retained:

> Gest ti ddigon? Do, yn wir. Fe ges i ormod!
> *Did you have enough? Yes, indeed. I had too much!*

A useful mnemonic:

> **Gaws**och chi **gaws**?        *Did you have cheese?*

In Lesson 12 we saw that the first negative marker of verbs beginning with the consonants **c**, **p** and **t** was the Aspirate Mutation (C/CH, P/PH, T/TH), e.g.:

> Chlywes i ddim          *I didn't hear*

This mutation will also affect **cael** in the past tense:

| | |
|---|---|
| Ches i ddim | *I didn't get, I wasn't allowed to* |
| Chest ti ddim | Chawson ni ddim |
| Chafodd e ddim | Chawsoch chi ddim |
| Chafodd hi ddim | Chawson nhw ddim |

> Ches i ddim mynd i mewn.
> *I wasn't allowed to go in.*
> Chawson nhw ddim bwyd am ddyddiau.
> *They didn't have food for days.*
> Chawson nhw mo'u tâl.
> *They didn't have their pay.*
> Chawson nhw mo'u talu.
> *They didn't have their paying,* i.e. *they weren't paid.*

(This 'passive' or impersonal construction is dealt with later in Lesson 19.)

Note the following examples of the Soft Mutation after the pronouns **Pwy . . .?** ('Who?'), **Beth . . .?** ('What?') and **Faint '. . .?** ('How many/much?'):

> Beth gawsoch chi i ginio?
> *What did you have for dinner?* (Lit. *to dinner*)

Pwy ddaeth â chi adre? Gwen ddaeth â ni.
*Who brought you home? Gwen brought us.*
Faint ddaeth i'r cyngerdd?
*How many came to the concert?*

But there is no mutation after **Pryd, Ble, Pam, Sut** (adverbs):

| | |
|---|---|
| Pryd daethoch chi'n ôl? | *When did you come back?* |
| Ddoe daethon ni'n ôl. | *Yesterday we came back.* |
| Sut daethoch chi yma? | *How did you come here?* |
| Mewn car daethon ni. | *We came **in a car**.* |
| Ble cawsoch chi fwyd? | *Where did you have food?* |
| Mewn caffe cawson ni fwyd. | *We had food **in a café**.* |
| Pam daethon nhw'n ôl? | *Why did they come back?* |
| Achos roedd hi'n bwrw glaw daethon nhw'n ôl. | *They came back **because it was raining**.* |

*Note*
(i) that the verb is not mutated when the answer is substituted for **Pryd**, **Ble**, **Pam** and **Sut**.
(ii) That in many areas, plural endings such as those of **cael**, i.e. **-son**, **-soch**, **-son** are used to denote the past tense in everyday speech and are more similar to the endings in literary Welsh. They present some difficulty, however, when they are added to stems ending in a cluster of consonants. It is easier to say **Fe ddathlon ni**, 'we celebrated', for example, than **Fe ddathlson ni**.

## 2. How to say 'I gave him a . . .' The indirect object

In the sentence 'I bought my mother a present' there are two 'objects' —what I bought, i.e. a present, and the person for whom I bought it, i.e. my mother. In Welsh, the former comes first:

Fe brynes i anrheg.
*I bought a present.*

and this is followed by **i 'Mam**, 'for my mother'.

> Fe brynes i anrheg i 'Mam.
> *I bought a present for my mother*
> or *I bought my mother a present.*

If **mam** is represented by a pronoun, the sentence would be

> Fe brynes i anrheg iddi hi.
> *I bought a present for her*
> or *I bought her a present*

Further examples:

> Fe roddes i arian iddo fe.
> *I gave money to him* or *I gave him money.*
> Fe ddysgodd hi Gymraeg i fi.
> *She taught me Welsh* (Lit. *She taught Welsh to me*).
> Fe ddarllenodd e stori iddyn nhw.
> *He read them a story* (Lit. *He read a story to them*).

In such constructions as these, a *person* and a *thing* are usually involved. Either may come first in English, but in Welsh, as in the other main Western European languages, the *thing* comes first, followed by the *person* or its pronoun equivalent:

> Rwy'n danfon llythyr iddyn nhw.
> *I'm sending them a letter.*

### 3. How to say 'as ... as'. The comparison of adjectives

In comparative constructions, 'as ... as' is translated by **mor** (followed by the Soft Mutation) ... **â** ...

> Mor hapus â'r dydd.
> *As happy as the day.*
> Mae e mor ddu â'r frân.
> *He is as black as the crow.*

Note that **mor** itself is never mutated. **Mor** can also be used as an intensifier—'so'.

> Maen nhw'n chwarae *They are playing so well.*
> **mor** dda.

Some of the most common adjectives have irregular comparisons:

| | | | | |
|---|---|---|---|---|
| da | *good* | cystal â | *as good as* | (mor dda â) |
| drwg | *bad* | cynddrwg â | *as bad as* | (mor ddrwg â) |
| mawr | *big* | cymaint â | *as big as* | (mor fawr â) |
| bach | *small* | cyn lleied â | *as small as* | (mor fach â) |

When **cyn**, 'as', is used instead of **mor**, the ending **-ed** is usually attached to the adjective. Both **mor** and **cyn** are followed by the Soft Mutation of all consonants except **ll** and **rh**.

> Dydy e ddim yn siarad cystal â'i frawd.
> *He doesn't speak as well as his brother.*
> Dydy hi ddim yn siarad cymaint â'i chwaer.
> *She doesn't talk as much as her sister.*

'As' followed by a personal form of the verb is **ag y** or **'r**.

> Doedd y prawf gyrru ddim cynddrwg ag 'roeddwn i'n meddwl.
> *The driving test was not as bad as I thought* (Lit. *was thinking*).
> Dydw i ddim mor gryf ag y bues i.
> *I'm not as strong as I was.*

## 4. More about prepositions

**Heb**, 'without', and **dros**, 'over', or 'on behalf of', are conjugated as follows:

| | |
|---|---|
| Hebddo i | *without me* |
| Hebddot ti | *you* (fam.) |
| Hebddo fe | *him* |
| Hebddi hi | *her* |

Hebddon ni     *without us*
Hebddoch chi        *you*
Hebddyn nhw       *them*

Dyma dy got di. Paid â mynd hebddi hi.
*Here's your coat. Don't go without it.*

Drosto i    *over me, for me*          i.e. *on my behalf*
Drostot ti          Droston ni
Drosto fe          Drostoch chi
Drosti hi           Drostyn nhw

Fe aeth y car drosto fe.     *The car went over him/it.*
Cer i'r siop drosto i.
*Go to the shop for me.*

## 5. How to say 'myself', 'yourself' etc.

As in English, **hunan**, 'self', has singular and plural forms:

'yn hunan    *myself*    ein hunain    *ourselves*
dy hunan    *yourself*    eich hunain    *yourselves*
ei hunan    *himself*    eu hunain    *themselves*
ei hunan    *herself*

Note the idiom **ar ei ben ei hunan**, 'by himself' (Lit. *on his own head*).

Mae e'n byw ar ei ben ei hunan.
*He lives by himself.*
Roedd hi yno ar ei phen ei hunan.
*She was there by herself.*

**Hunan** is sometimes used to denote exclusive possession.

Fe ddaeth yn ei gar ei hunan.
*He came in his own car.*
Mae e'n siŵr yn ei feddwl ei hunan ei fod e'n 'neud y peth iawn.
*He's sure in his own mind that he's doing the right thing.*

PATTERN PRACTICE EXERCISES

1. (*a*) *Have you ever been to London? Yes, I've been there many times.*
Fuoch chi erioed yn Llundain? Do, fe fues i yno lawer gwaith. (Lit. *many a time.*)

   1. Fuodd Tom erioed yn Llundain?
     Do ...............................

   2. Fuodd Mrs Rhys erioed yn Llundain?
     ................................

   3. Fuoch chi, Mr a Mrs Owen, erioed yn Llundain?
     ................................

(*b*) Now reply in the negative.
Naddo, fues i erioed yn Llundain etc.

(*c*) London is an expensive place! Everybody who goes there and stays for a month returns penniless!
*I went to London. I stayed for a month. I came back penniless.*
Fe es i Lundain. Fe arhoses yno am fis. Fe ddes i yn ôl heb geiniog! (Lit. *without a penny.*)

   1. Fe aeth Tom i Lundain.
     Fe .....................   ..............

   2. Fe aeth Gwen i Lundain.
     ....................   .............

   3. Fe aethon ni i Lundain.
     .....................   .............

   4. Fe aeth Mr a Mrs Owen i Lundain.
     ....................   .............

   5. Fe aethoch chi i Lundain.
     ....................   .............

(*d*) *How much money did you get? I had a lot of money.*

   1. Faint o arian gest ti?
     Fe ................. lawer o arian.
   2. Faint o arian gafodd Aled?
     ................................

3. Faint o arian gawson nhw?

......................................

4. ........... gafodd Mr a Mrs Owen?

......................................

5. ........... gawsoch chi?

......................................

2. (*I*) *want a chair. I haven't a chair to give* (*to*) (*you*).
   Rydw i eisiau cadair. Does dim cadair gyda fi i roi i ti.

   1. Mae Ann eisiau cadair.
      Does ........................... hi.
   2. Mae Barry eisiau cadair.
      Does ........................... fe.
   3. Rydyn ni eisiau cadair.
      Does ........................... chi.
   4. Maen nhw eisiau cadair.
      Does ........................... nhw.

3. *This is* ..... *Yes, but this is as* ..... *as it.*
   Mae'r tŷ 'ma yn fawr. Ydy, ond mae'r tŷ 'ma cymaint
   ag e.

   1. Mae'r car yn dda.
      Ydy, ond ........................
   2. Mae'r bag yn fach.
      Ydy, ond ........................
   3. Mae'r gwlân yn ddu.
      Ydy, ond ........... mor ...... ag e.
   4. Mae'r papur yn wyn.
      Ydy, ond ........................
   5. Mae'r coffi yn gryf.
      Ydy, ond ........................
   6. Mae'r bachgen yn hapus.
      Ydy, ond ........................

4. *I've come without* (*Tom*). *Go without* (*him*) *etc.*

   1. Rydw i wedi dod heb Tom.  Ewch hebddo fe.
   2. Rydw i wedi dod heb Gwen.  ................

3. Rydw i wedi dod heb y car.    ................
4. Rydw i wedi dod heb y bwyd.   ................
5. Rydw i wedi dod heb y plant.  ................

## GEIRFA 13

| | | | |
|---|---|---|---|
| aderyn, adar (M) | *bird* | gwir (M) | *truth* |
| arian (M) | *money* | gwres (M) | *heat* |
| blino | *tired* | gwrthod | *to refuse* |
| Caerdydd | *Cardiff* | gwyliau (Pl) | *holidays* |
| carafan (M/F) | *caravan* | hebddo | *without him/it* |
| cilfan (F) | *lay-by* | heibio | *by, past* |
| cyngerdd (M/F) | *concert* | henaint | *old age* |
| | | honno | *that one* (F) |
| cynddrwg | *as bad as* | lifft (F) | *lift* |
| cynnig cyn-igion (M) | *attempt, offer, proposition* | llynedd | *last year* |
| | | maes parcio | *car park* |
| cystal (â) | *as good, equal* | 'mod i | *that I* |
| cywrain | *skilful* | mwyn, er | *for the sake of* |
| dathlu | *to celebrate* | mwynhau | *to enjoy* |
| deffro | *to wake up* | nes | *nearer, until* |
| degfed | *tenth* | neuadd (F) | *hall* |
| digri | *funny, amusing* | nyth (M/F) | *nest* |
| | | ôl, ar | *behind* |
| dihareb (F) | *proverb* | olwyn-ion (F) | *wheel* |
| dihuno | *to wake up* | pêl-i (F) | *ball* |
| dinas-oedd (F) | *city* | perffaith | *perfect* |
| | | perswadio | *to persuade* |
| drwg | *bad* | pwyllgor -au (M) | *committee* |
| eleni | *this year* | | |
| ergyd-ion (M/F) | *blow, shot* | rhydd | *free, loose* |
| | | sedd-au (F) | *seat* |
| erioed | *ever, at all* | sgrech (F) | *scream, shriek* |
| ffwrdd, i | *away* | sioc (M/F) | *shock* |
| gêm-au (F) | *game* | stopio | *to stop* |
| glanio | *to land* | stori-ïau (F) | *story* |
| gweu | *to knit* | strôc (F) | *stroke* |
| | | syth | *straight* |

| | | | | |
|---|---|---|---|---|
| tacsi (M) | *taxi* | | twll (M) | *hole* |
| taith (F) | *journey* | | wyddoch chi? | *do you know?* |
| teithiau | | | ymyl-on | *edge, border* |
| tâl, taliadau | *payment* | | (M/F) | |
| (M) | | | ystwyth | *flexible,* |
| trafferth-ion | *trouble,* | | | *nimble, fit* |
| (F) | *bother* | | | |

### YMDDIDDAN 13

*Dr Rhys and Mr Owen have finished a game of golf and are on
their way back to the clubhouse in the evening.*

*Dr Rhys*   Wel, mae'n rhaid i fi ddweud nad ydw i ddim
mor ystwyth ag y bues i. Rydw i wedi blino'n lân heno.

*Mr Owen*   Mae'r hen ddihareb Gymraeg yn ddigon gwir.
'Henaint ni ddaw ei hunan'.

*Dr Rhys*   Ydy, mae hynny'n berffaith wir. Ond fe fwyn-
heues i'r gêm 'na. Fe ges i dipyn o drafferth gyda'r bêl
wrth y degfed twll 'na, ond fe rois i ergyd dda iddi wrth
ddod allan.

*Mr Owen*   Do. Fe roisoch chi ergyd mor dda iddi nes iddi
lanio yn syth yn y twll!

*Dr Rhys*   Do. Fe aeth hi'n syth i'r twll. Wnes i erioed strôc
gystal â honno o'r blaen. Hylo, dyma Aled a Gwen.
Gwen! Ble rydych chi wedi bod? Rwy heb eich gweld
chi[1] ers wythnosau.

*Mr Owen*   Fuoch chi yn y clwb?

*Gwen*   Naddo. Fe ddaethon ni i'r maes parcio, ond aethon
ni ddim i mewn i'r clwb. Gawsoch chi gêm dda?

*Mr Owen*   Fe gafodd Dr Rhys gêm dda, ond ches i ddim
gêm dda iawn heno.

*Dr Rhys*   Mae Aled yn edrych yn smart iawn heno. Ble
cest ti'r bwlofer 'na Aled? Phrynest ti mo honna mewn
siop.

*Aled*   Gwen naeth hon i fi.

*Dr Rhys*   Ble dysgoch chi weu mor gywrain, Gwen?

---

[1] (Lit.) *I am without your seeing*, i.e. *I haven't seen you* . . .

*Gwen*  Fe es i i ddosbarthiadau nos eleni a'r llynedd i ddysgu gweu, ond dyma'r tro cynta i fi weu dim mor fawr â pwlofer.

*Aled*  A rwy mor gynnes ag aderyn bach mewn nyth ynddi. Dere Gwen.

*Gwen*  O'r gore. Peidiwch ag anghofio'r car heno, Nhad!

*Dr Rhys*  Pam roedd Gwen yn sôn am eich car chi?

*Mr Owen*  Mae honno'n stori ddigri iawn. Bore dydd Sadwrn diwetha, fe es i i bwyllgor yng Nghaerdydd. Fe aeth y pwyllgor ymlaen ac ymlaen, ac fe ges i sioc pan weles i gloc neuadd y ddinas ar 'yn ffordd allan. Roedd hi'n chwarter wedi un! Fe ddaeth Edward Jones heibio, ac fe gynigiodd lifft i fi yn ei gar newydd.

*Dr Rhys*  Fe fuoch chi'n lwcus.

*Mr Owen*  Wel do . . . a naddo.

*Dr Rhys*  Naddo? Pam?

*Mr Owen*  Roeddwn i wedi dod hanner y ffordd adre cyn i fi gofio 'mod i wedi mynd i Gaerdydd yn ein car ni. Roeddwn i ar 'yn ffordd adre hebddo!

*Dr Rhys*  Fe gawsoch chi dipyn o sioc rwy'n siŵr.

*Mr Owen*  Do'n wir. Ches i erioed gymaint o sioc yn 'y mywyd.

*Dr Rhys*  Beth naethoch chi wedyn?

*Mr Owen*  Wel, roedd y car yng Nghaerdydd. Doeddwn i ddim eisiau mynd adre hebddo. Felly, fe ofynnes i i Edward Jones am stopio'r car, er mwyn i fi ddal bws yn ôl i Gaerdydd. Ond fe wrthododd.

*Dr Rhys*  Fe wrthododd?

*Mr Owen*  Do. Fe droiodd e'r car, ac fe aeth â fi'n ôl i Gaerdydd! Ac fe ddes i'n ôl adre yn 'y nghar i'n hunan.

*Dr Rhys*  Wyddoch chi fod rhywbeth tebyg wedi digwydd i fi? Ond nid car adawes i ar ôl, ond carafan!

*Mr Owen*  Carafan?

*Dr Rhys*  Ie. Ein carafan ni'n hunain.

*Mr Owen*  Sut digwyddodd hynny?

*Dr Rhys*  Roedd Megan a fi wedi mynd ar daith, un gwyliau haf, drwy ganol Cymru, ac wedi aros mewn cilfan ar ymyl y ffordd. Roedden ni'n edrych ymlaen at gyrraedd Aberystwyth yn gynnar yn y pnawn, ac fe arhoson ni i Megan neud pryd o fwyd. Fe es i allan o'r car, ac fe dynnes i'r garafan yn rhydd, er mwyn rhoi'r pwysau ar yr olwyn joci.

*Mr Owen*  Rydyn ni'n 'neud hynny hefyd bob amser. Beth ddigwyddodd wedyn?

*Dr Rhys*  Fe gawson ni bryd o fwyd go drwm ac fe aethon ni'n dau i gysgu. Pan ddihunon ni, roedd hi'n hanner awr wedi dau. I ffwrdd â ni allan i'r car, a dechrau ar ein taith. Pan oedden ni'n mynd i lawr i dre Aberystwyth fe roiodd Megan sgrech 'Y garafan! Rydyn ni wedi ei gadael hi ar ôl!'

CWESTIYNAU

1. Pam mae Mr Owen yn dweud nad yw e mor ystwyth nawr ag y buodd e?
   Achos mae e'n mynd (*getting*) yn hen.
2. Fwynheuon nhw'r gêm?
   Do, fe fwynheuodd y ddau'r gêm yn fawr iawn.
3. Gafodd Dr Rhys dipyn o drafferth gyda'r bêl?
   Do, ond fe roddodd e ergyd dda iddi i'w chael hi allan.
4. Fuodd Aled a Gwen yn y clwb?
   Naddo. Fe aethon nhw i'r maes parcio, ond aethon nhw ddim i mewn i'r clwb.
5. Ble dysgodd Gwen weu?
   Fe aeth hi i ddosbarthiadau nos.
6. Ddaeth Mr Owen nôl o Gaerdydd heb ei gar?
   Fe ddaeth yn ôl hebddo y tro cynta.
7. Sut daeth Mr Owen nôl o Gaerdydd, ynte?
   Fe ddaeth nôl yn ei gar ei hunan.
8. Beth adawodd Dr Rhys ar ôl?
   Fe adawodd e ei garafan ar ôl.
9. Ble roedden nhw wedi aros?
   Roedden nhw wedi aros mewn cilfan ar ymyl y ffordd.
10. Sut roedd Dr Rhys yn gwybod fod y garafan ar ôl? Fe roiodd Megan sgrech a dweud 'Y garafan! Rydyn ni wedi ei gadael hi ar ôl!'

TRANSLATION INTO WELSH

1. Have you ever been to America?
2. Yes. I went there six months ago, and I came back penniless.
3. She did her best to persuade me to come.
4. What did they do? They did nothing at all.
5. Give him food. I haven't any food to give him.
6. I went in the car to school, and I came home without it.
7. This is a fast car, but it's not as fast as Aled's car.
8. How did I go? I went in my own car.
9. Did he go without you (fam.)? Yes, he always goes without me.
10. Will you (fam.) go to the shop for me (on my behalf) and bring half a dozen eggs?

# Lesson 14

### 1. How to say 'I shall', 'you will' etc. (The simple or 'pure' future tense)

We have seen in Lesson 2 how the verb **mynd i**, 'going to', can be used to denote future time. A slightly more emphatic future can be expressed, by using the future tense of the verb **bod**, 'to be', either as a verb in its own right or as an auxiliary.

| | |
|---|---|
| Fe fydda i | *I shall be* |
| Fe fyddi di | *You* (fam.) *shall be* |
| Fe fydd e | *He will be* |
| Fe fydd hi | *She will be* |
| Fe fyddwn ni | *We shall be* |
| Fe fyddwch chi | *You will be* |
| Fe fyddan nhw | *They will be* |

Fe fydda i yno'n brydlon.
*I shall be there punctually.*
Fe fyddwn ni'n gorffen ein gwaith am chwech.
*We shall finish our work at six.*

Note that the future tense, like the past, has an affirmative marker **Fe**, followed by the Soft Mutation (**Fe + bydda = Fe fydda**)

### 2. How to ask questions regarding the future

The interrogative is formed as usual by omitting the affirmative marker but retaining the mutation:

Fyddwch chi'n barod am ddeuddeg?
*Will you be ready at twelve?*
Fyddan nhw'n chwarae ar ddydd Sadwrn?
*Will they be playing (on) Saturday?*

To answer questions in the future tense, the appropriate personal forms are used, i.e. 'Will you . . .?' will be answered by 'Yes-I-shall' (compare **ydych chi, oeddech chi . . . ?**) As these answers are *not* preceded by **Fe**, the *unmutated* form of the verb is used in an affirmative answer:

Fyddwch chi'n barod am ddeuddeg? Bydda.
*Will you be ready at twelve? Yes-I-shall-be.*
Fyddwch chi yno? Byddwn.
*Will you be there? Yes-we-shall-be.*

A response will follow a similar pattern:

'Fe fydd Siôn yn dod hefyd.' 'Bydd.'
*'John will be coming too.' 'Yes.'*

In a negative reply, the personal form is mutated after **Na**, 'no, not'.

'Fydd Aled yn chwarae dydd Sadwrn?' 'Na fydd.'
*'Will Aled be playing on Saturday?' 'No-he-will-not.'*
'Fyddwch chi yma yfory?' 'Na fyddwn.'
*'Will you be here tomorrow?' 'No-we-won't-be.'*

## 3. The negative

The negative is formed by omitting the affirmative marker, retaining the mutation and adding the second negative marker **ddim**:

Fydda i ddim yn hir.
*I shan't be long.*
Fydda i ddim yn mynd i siopa dydd Sadwrn.
*I shan't be going shopping on Saturday.*
Fydd Gwen ddim yn mynd chwaith.
*Gwen won't be going either.*

## 4. Other pre-verbal words

(*a*) **Pwy?, beth?, faint?** and **pan** (the conjugation 'when') will, like **Fe**, be followed by the Soft Mutation of the personal forms of the future tense of **bod** e.g.:

| | |
|---|---|
| Pwy fydd yn dod? | *Who will be coming?* |
| Beth fydd yn digwydd? | *What will happen?* |
| Faint fydd yn canu yn y côr? | *How many will be singing in the choir?* |
| Fe fyddwn ni'n mynd pan fydd y glaw yn peidio. | *We shall go when the rain stops.* |

Words that can be substituted for **Pwy? beth? faint?** will also cause Soft Mutation.

| | |
|---|---|
| Pwy fydd yn dod gyda ni? | *Who will be coming with us?* |
| Tom fydd yn dod gyda ni. | *Tom will be coming with us.* |
| Beth fydd yn y neuadd heno? | *What will be in the hall tonight?* |
| Drama fydd yn y neuadd heno. | *There'll be a **drama** in the hall tonight.* |
| Faint fydd yn chwarae? | *How many will be playing?* |
| Chwech fydd yn chwarae. | *Six will be playing.* |

(*b*) The interrogative adverbs **ble**, 'where', **sut**, 'how', **pryd**, 'when', **pam**, 'why', do not cause mutation (see Lesson 12):

| | |
|---|---|
| Ble byddwch chi heno? | *Where will you be tonight?* |
| Sut byddwch chi'n teithio? | *How will you travel?* |
| Pryd byddwch chi'n cyrraedd? | *When will you arrive?* |
| Pam byddwch chi'n dathlu? | *Why will you be celebrating?* |

## 5. Idiomatic usages

To express need or necessity in the future:

Fe fydd rhaid i fi fynd. *I shall have to go.*

With **eisiau**, 'to want':

Fe fyddwn ni eisiau deg *We'll want (need) ten pounds*
pwys o siwgwr. *of sugar.*

With **gyda** to show possession:

Fe fydd gyda ni ddigon o *We shall have plenty of time.*
amser.

**Fydd**, like **oedd** in the imperfect tense, can be substituted for **yw**, **oes**, **sy** and **mae**:

| | |
|---|---|
| Beth yw Tom? | *What is Tom?* |
| Beth fydd Tom? Meddyg fydd e. | *What will Tom be? He'll be a doctor.* |
| Oes bwyd ar y ford? | *Is there food on the table?* |
| Fydd bwyd ar y ford? | *Will there be food on the table?* |
| Pwy sy'n paratoi'r bwyd? | *Who's preparing the food?* |
| Pwy fydd yn paratoi'r bwyd? | *Who will be preparing the food?* |
| Pwy mae e'n weld? | *Who(m) does he see?* |
| Pwy fydd e'n weld yfory? | *Who(m) will he see tomorrow?* |

## 6. Interrogative tags

As in the other tenses, question tags may be added to statements.

Fe fyddwch chi'n dod, on' fyddwch chi? Bydda.
*You'll be coming, won't you?* *Yes-I-shall-be.*
Fydd Tom ddim yn dod, fydd e? Na fydd.
*Tom won't be coming, will he?* *No-he-will-not.*

### 7. How to say 'that I am', 'that he is' etc.

The conjunction **fod**, 'that', has already occurred in Lesson 6.

> Dydw i ddim yn siŵr   *I'm not sure that . . .*
> fod . . .

**Fod** in this construction is the 'fixed' mutation of **bod** and is used when it is followed by a noun. When it is followed by a pronoun, we have the 'pronoun object' construction, i.e. **bod** preceded by the possessive adjective and followed by the personal pronoun. This construction gives the person, but not the tense, so that **ei fod e** can mean 'that he was' as well as 'that he is':

| | |
|---|---|
| 'y mod i | *that I am/was* |
| dy fod di | *that you are/were* |
| ei fod e | *that he is/was* |
| ei bod hi | *that she is/was* |
| ein bod ni | *that we are/were* |
| eich bod chi | *that you are/were* |
| eu bod nhw | *that they are/were* |

> Ydych chi'n gwybod eu bod nhw'n dod heno?
> *Do you know that they're coming tonight?*
> Glywsoch chi ei fod e yma ddoe?
> *Did you hear that he was here yesterday?*

**Ei bod hi** often refers to the impersonal 'it' in statements such as:

> Ydych chi'n gwybod ei bod hi'n ddeg o'r gloch?
> *Do you know that it's ten o'clock?*

The future tense is expressed by the particle **y**, 'that', (frequently omitted, as in English) followed by the appropriate unmutated form of **bydd**.

> Mae'n debyg (y) byddan nhw yno.
> *It's likely (that) they'll be there.*

The negative 'I shall not, I shan't' presents no difficulty. 'That not' is **na** . . .

Fydda i ddim yno.    *I shan't be there.*
Rwyt ti'n gwybod **na**   *You know (that) I shan't be*
fydda i ddim yno.    *there.*

The construction is similar in the present and the imperfect tenses. (**Nad** is the form used before a vowel):

Dydy e ddim yn yfed.   *He doesn't drink.*
Rydw i'n siŵr nad ydy e   *I'm sure (that) he doesn't*
ddim yn yfed.     *drink.*
Doedd Mr Owen ddim   *Mr Owen wasn't there.*
yno.
Fe glywes nad oedd Mr   *I heard (that) Mr Owen*
Owen ddim yno.    *wasn't there.*

## 8. The 'present of habit'

**Fe fydda i** etc. has another function, that of denoting what is customary, habitual, or part of the normal routine of life.

Fe fydda i'n codi am chwech o'r gloch bob dydd.
*I get up every day at six o'clock.*

This tense is frequently used with the adverbs of time, **bob amser**, 'always', **weithiau**, 'sometimes', **yn amal**, 'frequently'.

Fe fydd e'n dod i'n gweld ni'n amal.
*He comes to see us often.*
Weithiau fe fydd e'n cysgu am oriau yn ei gadair wrth y tân.
*Sometimes he will sleep for hours in his chair by the fire.*

And in the negative with **byth**, 'never'.

Fydda i byth yn smocio pib.
*I never smoke a pipe.*

This use of **bydda i** etc. in this sense is, however, disappearing from ordinary everyday conversation.

PATTERN PRACTICE EXERCISES

1. (*a*) The clockwork people!
*I am getting up at seven today, and I shall get up at seven tomorrow.*
Rydw i'n codi am saith heddiw, a fe fydda i'n codi am saith yfory.

   1. Mae Tom yn codi am
      saith heddiw,        .......................
   2. Mae Gwen .........,    .......................
   3. Rydyn ni ..........,    .......................
   4. Rydych chi ........,    .......................
   5. Maen nhw .........,    .......................

  (*b*) *Will ....... be calling tomorrow? Yes ....... will be calling here tomorrow*
Fyddi di'n galw yfory? Bydda, fe fydda i'n galw yma yfory.

   1. Fydd Aled yn galw
      yfory?        .........................
   2. Fydd Siân yn galw
      yfory?        .........................
   3. Fydd Dr a Mrs Rhys
      yn galw yfory?     .........................
   4. Fyddwch chi'n galw
      yfory?        .........................
   5. Fyddan nhw'n galw
      yfory?        .........................

2. (*a*) *Will (you) want to (go)? Yes (I shall) have to (go).*
Fyddi di eisiau mynd adre yn gynnar? Bydda. Fe fydd rhaid i fi fynd adre'n gynnar.

   1. Fydd Gareth eisiau codi'n gynnar?
   .........................................
   2. Fydd Gwen eisiau gwisgo helmet?
   .....................................

3. Fydd y plant eisiau pacio?

..................................

4. Fyddwch chi eisiau cyrraedd am ddeg?

..................................

5. Fyddwn ni eisiau codi'n gynnar?

..................................

(b) *Is/Are* ......? *I think (that)* ...... *is/are.*
    Ydy'r siop ar agor?    *Is the shop open?*
    Rwy'n meddwl ei bod    *I think that it is.*
    hi.

  1. Ydy'r drws ar agor?    Rwy'n meddwl ....... e.
  2. Ydy'r siopau ar agor?    .................... nhw
  3. Ydw i'n iawn?    ..................... di.
  4. Wyt ti'n gwybod?    ..................... i.

3. *Do you* ......... *sometimes? No, I never* ........
Fyddi di'n smocio weithiau? Na fydda, fydda i byth yn
smocio.
*Do you smoke sometimes? No, I never smoke.*

  1. Fyddi di'n yfed gwin weithiau? Na fydda. Fydda i
    byth..........
  2. Fydd Siân yn gyrru'r car weithiau? Na fydd......
    ..................
  3. Fydd Aled yn codi am chwech weithiau? Na
    fydd..................
  4. Fyddwch chi'n gwisgo het weithiau? Na fydda, ...

GEIRFA 14

| | | | |
|---|---|---|---|
| addo | *to promise* | bwriad-au | *intention* |
| am | *about, at* | (M) | |
| amal | *frequent(ly)* | bwrw glaw | *to rain* |
| anorac (M) | *anorak* | bwyd-ydd | *food* |
| arfordir (M) | *coast* | (M) | |
| arglwydd-i | *lord* | byth | *ever* |
| (M) | | canu | *to sing, to* |
| arglwyddes-au | *lady* | | *play an* |
| (F) | | | *instrument* |

| | | | |
|---|---|---|---|
| capel-i (M) | *chapel* | meistres (F) | *mistress* |
| castell (M), cestyll | *castle* | Mêl (M) | *honey* |
| | | mis mêl | *honeymoon* |
| cenedl-aethol (F) | *nation(al)* | Môn | *Anglesey* |
| | | pensaer (M) | *architect* |
| côr (F) | *choir* | pib-au (F) | *pipe* |
| cyfle (M) | *opportunity* | pysgota | *to fish* |
| cyn | *before (time)* | pythefnos (M/F) | *fortnight* |
| diddordeb-au (M) | *interest* | serfis (F) | *service* |
| draw | *yonder* | smocio | *to smoke* |
| druan/truan | *wretch, poor chap* | teithio | *to travel* |
| | | torheulo | *to sunbathe* |
| eisoes | *already* | trefniadau | *arrangements* |
| eisteddfod-au (F) | *eisteddfod* | trefnu | *to arrange organise* |
| euraid | *golden* | yfed | *to drink* |
| gogledd (M) | *north* | yfory/fory | *tomorrow* |
| goror-au (M/F) | *boundary, border* | ynys-oedd (F) | *island* |
| gweinidog-ion (M) | *minister* | **PHRASES** | |
| | | Da boch chi | *goodbye* |
| hanes-ion (M) | *history, tale* | cyn bo hir | *before long* |
| hyd | *until* | Druan o Tom! | *Poor Tom!* |
| hyd (M) | *length* | | |

## YMDDIDDAN 14

*Mrs Owen, Gwen and Tom have just finished breakfast. Mrs Owen and Gwen are discussing arrangements for Gwen's wedding, and Tom is getting restless.*

*Tom*  Pa ddiwrnod ydy hi heddiw, Gwen?

*Gwen*  Dydd Llun oedd hi ddoe. Dydd Mercher fydd hi fory.

*Tom*  Dydd Mawrth yw hi heddi 'te.

*Gwen*  Da iawn! Wel ie, wrth gwrs.

*Tom*  Rydw i wedi addo mynd i lawr i'r clwb rygbi y bore 'ma i weld Pedr.

*Gwen* Wyt ti'n gwybod ei bod hi'n bwrw glaw?

*Tom* Ydw. Wyt ti ddim yn sylwi 'mod i'n gwisgo anorac?

*Gwen* Fyddi di'n ôl erbyn amser coffi?

*Tom* Na fydda.

*Gwen* Wel cofia dy fod di'n ôl erbyn hanner awr wedi deuddeg. Rydyn ni wedi addo mynd i'r dre y pnawn 'ma.

*Tom* Fydd dy gar di'n barod erbyn y pnawn 'ma?

*Gwen* Bydd. Fe fydd 'nhad yn galw yn y garej amdano ar ei ffordd adre amser cinio.

*Tom* Sut bydd e'n gallu 'neud hynny? Beth am ei gar e ei hunan?

*Gwen* Fe fydd e'n gadael ei gar ei hunan yn y garej am serfis, ac fe fydd e'n dod yn 'y nghar i adre.

*Tom* Rwy'n gweld. Rwy'n mynd nawr, ond fe fydda i nôl cyn bo hir. Da bo ti!

*Gwen* Cofia dy fod di'n ôl mewn pryd.

*Mrs Owen* Druan o Tom! Mae'n debyg ei fod e wedi blino ar yr holl siarad 'ma am y briodas.

*Gwen* Mae Tom yr un fath â phob dyn arall. Does gyda fe ddim diddordeb ym mhriodasau pobl eraill. Wel, rydw i eisiau mynd draw i dŷ Aled nawr. Da boch chi, mam . . .

*Later in Mrs Rhys' house:*

*Mrs Rhys* Wel, nawr 'te, gadewch i ni glywed am eich trefniadau chi. Fe fyddwch chi'n priodi ar ddydd Mawrth, Gorffennaf y deuddegfed, on' fyddwch chi?

*Siân* Dyna pryd y byddi di Aled yn cael dy wyliau bob haf.

*Aled* Ie. Fe fydda i'n cymryd tair wythnos y tro 'ma. Pythefnos ar ein mis mêl a wythnos wedyn i fynd i'r Eisteddfod.

*Mrs Rhys* Fe fyddwch chi'n priodi yn eich capel chi, wrth gwrs.

*Gwen* Byddwn. Rydyn ni wedi gweld Mr Huws y gweinidog eisoes, a mae popeth wedi ei drefnu.

*Siân* Sut byddwch chi'n teithio wedyn?

*Aled* Yn y car.

*Sian* I ble byddwch chi'n mynd?

*Gwen*   Fe fyddwn ni'n mynd i fyny drwy Bowys, a fe fyddwn ni'n aros yno am ychydig i weld y wlad.

*Aled*   A fe fyddwn ni'n mynd i fyny i'r Gogledd ac ar hyd yr arfordir i Ynys Môn. Rydyn ni'n bwriadu aros yno am ychydig ddyddiau.

*Gwen*   Fe fydd Aled yn cael cyfle i bysgota yn y môr, a fe fydda i'n gallu torheulo ar y traethau.

*Aled*   Byddi. Mae traethau Môn yn fendigedig:

> 'Ag euraid wyt bob goror
> Arglwyddes a meistres môr.'

*Gwen*   Ac ar y daith fe fyddwn ni'n dau'n gallu mynd i weld hen gestyll Cymru. Rydw i wedi darllen llawer eisoes am eu hanes nhw, a mae gyda Aled ddiddordeb mawr ynddyn nhw hefyd fel pensaer.

*Mrs Rhys*   A fe fyddwch chi'n ôl i'r Eisteddfod Genedlaethol erbyn y cynta o Awst?

*Aled*   Byddwn, fe fyddwn ni'n neud yn siŵr ein bod ni'n ôl erbyn yr Eisteddfod.

*Siân*   Fe fydd Tom a fi yno i'ch croesawu chi!

**CWESTIYNAU**

1. Pa ddiwrnod o'r wythnos yw hi yn yr ymddiddan?
   Dydd Mawrth yw hi.

2. Pwy sy wedi addo mynd i weld Pedr?
   Tom sy wedi addo mynd i'w weld e.

3. Pwy fydd yn galw am gar Gwen?
   Ei thad fydd yn galw amdano.

4. Pam mae Tom yn mynd i lawr i'r clwb rygbi?
   Mae e wedi blino ar yr holl siarad am y briodas.

5. Pryd fydd Gwen ac Aled yn priodi?
   Fe fyddan nhw'n priodi ar Orffennaf y deuddegfed.

6. Ble byddan nhw'n priodi?
   Fe fyddan nhw'n priodi yn y capel.

7. Sut byddan nhw'n mynd ar eu mis mêl?
   Fe fyddan nhw'n mynd yng nghar Aled.

8. Oes gyda Gwen ddiddordeb mewn cestyll?
   Oes, mae hi wedi darllen llawer amdanyn nhw.

9. Pryd byddan nhw nôl?
   Fe fyddan nhw'n ôl erbyn y cynta o Awst.
10. Pam byddan nhw'n ôl?
    Achos mae'r Eisteddfod Genedlaethol yn ystod yr wythnos gynta yn Awst.

### TRANSLATION INTO WELSH

1. Will you be ready at two o'clock this afternoon?
   No, I shan't.
2. Wait (fam.) for me. I shan't be long.
3. What will be happening in town tonight?
4. There will be a rugby game there tonight.
5. Who will be playing? Cardiff will be playing.
6. Do you (fam.) know that I'm playing in the team?
7. Yes, I heard yesterday that you were playing.
8. It seems that everybody from (the) town will be there.
9. Will you be there? No, I never look at rugby.
10. I shall be going to bed early tonight.

# Lesson 15

## 1. How to say 'I can', 'you can' etc. Modal verbs

**Gallu** 'to be able to' has personal forms in the present tense. In speech, the affirmative marker **Fe** (N. Wales, **Mi**) is used before the verb, as with the past tense. It is followed by the Soft Mutation (**Fe** + **galla** = **Fe alla**).

| | |
|---|---|
| Fe alla i | *I can, I'm able to* |
| Fe alli di | *You* (fam.) *can* |
| Fe all e | *He can* |
| Fe all hi | *She can* |
| Fe allwn ni | *We can* |
| Fe allwch chi | *You can* |
| Fe allan nhw | *They can* |

*Note*

In colloquial English 'can' is often confused with 'may'. 'Can Tom come?' means either 'Is Tom able to come' or 'is Tom allowed to come?'. Welsh distinguishes between the two meanings, using **gallu** for 'to be able' and **cael** for 'to be allowed to'.

| | |
|---|---|
| Fe alla i siarad Cymraeg. | *I can speak Welsh.* |
| Fe alla i ddeall Cymraeg. | *I can understand Welsh.* |
| Fe allwn ni ei weld e. | *We can see him.* |

Fe all hi ddweud wrthon ni beth yw hi o'r gloch.
*She can tell us what time it is.*

THE INTERROGATIVE

The affirmative marker **Fe** is omitted and the Soft Mutation becomes the sole marker of the question.

| | |
|---|---|
| Alla i . . .? | *Can I . . .?* |
| Alli di . . .? | *Can you . . .?* (fam.) |
| All e . . .? | *Can he . . .?* |
| All hi . . .? | *Can she . . .?* |
| Allwn ni . . .? | *Can we . . .?* |
| Allwch chi . . .? | *Can you . . .?* |
| Allan nhw . . .? | *Can they . . . ?* |

| | |
|---|---|
| Allwch chi ddod? | *Can you come?* |
| Allwch chi siarad Cym-raeg? | *Can you speak Welsh?* |
| Allan nhw dalu? | *Can they pay?* |
| Allwch chi feddwl am rywbeth arall? | *Can you think of anything else?* |

Personal forms of **gallu** in questions will be answered by the appropriate personal form. 'Can you? . . .' will be answered by 'Yes-I-can' or 'No-I-can't' etc. As with **Fyddwch chi? Bydda,** the answer form will not be mutated in the affirmative.

Allwch chi chwarae'r piano? Galla.
*Can you play the piano? Yes-I-can.*
Allwch chi ddweud beth yw hi o'r gloch? Galla. Mae'n chwarter wedi tri.
*Can you say what time it is? Yes, it is quarter past three.*

The negative reply, on the other hand, mutates after **Na.**

Allwch chi chwarae pêl droed? Na alla.
*Can you play football? No-I-can't.*

THE NEGATIVE 'I CAN'T . . .' ETC.

All e nofio? Na all.
*Can he swim? No-he-can't.*

The negative markers are the initial Soft Mutation and
**ddim**:

| Alla i ddim | *I can't* | Allwn ni ddim | *We can't* |
|---|---|---|---|
| Alli di ddim | *You can't* | Allwch chi ddim | *You can't* |
| All e ddim | *He can't* | Allan nhw ddim | *They can't* |
| All hi ddim | *She can't* | | |

Allan nhw ddim dod heno.
*They can't come tonight.*
All hi ddim agor drws y car.
*She can't open the door of the car.*
Alla i ddim chwarae'r ffidil.
*I can't play the violin ( fiddle).*

Examples after **Pwy, beth, faint** (followed by the Soft
Mutation):

Pwy all ddod gyda ni heno?
*Who can come with us tonight?*
Beth allwn ni neud?
*What can we do?*
Faint allwch chi weld?
*How many/much can you see?*

No mutation occurs after **Pryd, sut, ble**:

Pryd gallwch chi ddod?
*When can you come?*
Sut gallan nhw fyw heb weithio?
*How can they live without working?*
Ble galla i barcio'r car?
*Where can I park the car?*
Ble gall hi gysgu heno?
*Where can she sleep tonight?*

'Why can't . . .?' is **Pam na**[1]:

Pam na allwch chi ddod?
*Why can't you come?*

---

[1] **Na**, like the now obsolete negative particle **Ni** is followed by
the Aspirate Mutation of **c, p, t** and the Soft Mutation of **g, b, d;
ll, m, rh**.

Pam na allwch chi fynd i gysgu ar unwaith?
*Why can't you go to sleep at once?*

## THE NEGATIVE WITH **mo**

As in the case of the past tense, when the object of the
negative verb is a pronoun, i.e. is definite, **mo** is used as
the second negative marker:

Alla i mo'i weld e.  *I can't see him/it.*
Alla i mo'i neud e.  *I can't do it.*
Allwn ni mo'u clywed  *We can't hear them.*
nhw.

## 2. The verb 'cael'

As we have seen (in Lesson 13) **cael** has two distinct
meanings:

(*a*) 'to have', 'to get', 'to receive', if followed by a noun or
a pronoun; e.g.:

Mae Dr Rhys yn cael car newydd bob blwyddyn.
*Dr Rhys has a new car every year.*
Ydych chi wedi ei gael e?
*Have you got it?*

(*b*) 'To be allowed to', 'may', 'shall' when followed by a
verb:

Maen nhw'n cael aros.
*They are allowed to stay.*

## THE PERSONAL FORMS OF **cael**

The affirmative marker is **Fe** followed by the Soft Mutation
(**fe + ca = fe ga i**)

| | | |
|---|---|---|
| Fe ga i | *I shall get, be allowed to* | Fe gawn ni |
| (*or* Fe gaf fi) | | |
| Fe gei di | | Fe gewch chi |
| Fe gaiff e | | Fe gân nhw |
| Fe gaiff hi | | |

Fe gaiff hi goffi gyda ni.
*She'll have coffee with us.*
Fe ga i swper ar ôl mynd adre.
*I shall have supper after going home.*
'Fe gaiff e ddod gyda ni.' 'Fe gawn ni weld.'
'*He shall come with us.*' '*We shall see.*'

## THE INTERROGATIVE

The marker of the interrogative is the Soft Mutation only.

| | |
|---|---|
| Ga i? *May I have, may I?* | Gawn ni? |
| Gei di? | Gewch chi? |
| Gaiff e? | Gân nhw? |
| Gaiff hi? | |

| | |
|---|---|
| Ga i ddod i mewn? | *May I come in?* |
| Ga i eich helpu chi? | *May I help you?* |
| Gawn ni ddod gyda chi? | *May we come with you?* |
| Ga i ofyn rhywbeth i chi? | *May I ask you something?* |

The affirmative answer is the appropriate form of the verb, without the Mutation.

| | | | |
|---|---|---|---|
| Ga i? | *May I (have)?* | Cei (fam.) or | *Yes-you-may,* or |
| | | Cewch (polite or plural) | *Yes-you-may.* |
| Gaiff e? | *May he (have)?* | Caiff | *Yes-he-may.* |
| Gân nhw? | *May they (have)?* | Cân | *Yes-they-may.* |

## THE NEGATIVE

As we have already noticed, the negative marker of verbs beginning with **c**, **p** or **t** is the Aspirate Mutation. This also applies to answers in the negative:

Ga i ddod?
*May I come?*
Na chei *or* Na chewch.
*No-you-may-not.*

Gaiff Siôn ddod gyda chi?
*May John come with you?*
Na chaiff.
*No-he-may-not.*

Negative sentences will have the Aspirate Mutation and
**ddim** or **mo** as markers.

'Cha i ddim amser i fynd i'r dre. (*Indefinite*)
*I shan't have time to go to town.*
Mae e yn yr ysbyty ond 'cha i mo'i weld e. (*Definite*)
*He's in hospital but I shan't (won't be allowed to) see him. .*
Fe all chwarae pêl droed ond 'chaiff e ddim. (*Indefinite*)
*He can play football but he's not allowed to.*
'Chaiff e mo'r bêl allan o'r sgrym 'na! (*Definite*)
*He won't get the ball out of that scrum!*

## 3. More complex prepositions

**Yn erbyn**, 'against', 'by', has personal forms like **yn lle**,
'instead of':

yn 'yn erbyn i     *against me*
yn dy erbyn di     *against you*
yn ei erbyn e     *against him*
yn ei herbyn hi     *against her*
yn ein herbyn ni     *against us*
yn eich erbyn chi     *against you*
yn eu herbyn nhw     *against them*

Note that **ei** (F), **ein** and **eu** aspirate a following vowel.
There are dialects, however, in which the sound **h** is not
heard, and therefore this rule is not applied.

**Ar ôl** 'after' has similar personal forms:

ar 'yn ôl i    *after me*     ar ein hôl ni    *after us*
ar dy ôl di    *after you*     ar eich ôl chi    *after you*
ar ei ôl e    *after him*     ar eu hôl nhw    *after them*
ar ei hôl hi    *after her*

Rhedwch ar ei ôl e!       *Run after him!*

*Note*

'After me' is **ar 'yn ôl i**. But 'After I . . .' is **ar ôl i fi . . .**

> Ar ôl i fi fynd.          *After I go/went.*

'After' used as an adverb, 'afterwards' is **wedyn**.

> Galwch yma wedyn.          *Call here afterwards.*

## 4. Adjectives etc. before the noun

There are a few adjectives that come *before* the noun, e.g. **hen**, 'old', and **prif**, 'chief, head', as in **prifathro**, 'head-master'.

> Mae castell Dinas Brân yn hen gastell Cymreig.
> *Dinas Brân castle is an old Welsh castle.*

(Note the use of the adjective **Cymreig** for things that appertain to Wales.)

Most adjectives that come before the noun mutate it, e.g.:

> P'un ydy eich hoff **r**aglen chi?
> *Which is your favourite programme?*
> Mae rhyw **dd**yn wrth y drws.
> *There's some man at the door.*
> Rwy'n prynu ambell **l**yfr yn y siop weithiau.
> *I buy an occasional book in the shop sometimes.*
> Ga i fenthyg llyfr? Cewch, fe gewch fenthyg unrhyw **l**yfr.
> *May I borrow a book? Yes, you may borrow any book.*
> I ble mae'r holl **b**obl wedi mynd?
> *(To) where have all the people gone to?*
> Ble mae'ch stafell chi? Mae hi ar yr ail **l**awr.
> *Where is your room? It's on the second floor.*

**Unig** depends on its position for its meaning: *before* a noun it means 'only'.

> Dyma'r unig ffordd.
> *This is the only way.*

Dyma'r unig siop yn y pentre.
*This is the only shop in the village.*
Dyma'r unig botel o bop yn y siop.
*This is the only bottle of pop in the shop.*

Note that **unig** mutates the noun following it. *After* a noun it means 'lonely':

Mae Mr a Mrs Rhys yn byw mewn bwthyn unig ar ochr y mynydd.
*Mr and Mrs Rhys live in a lonely cottage on the side of the mountain.*

An axiom that gives both meanings:

Mae unig blentyn yn blentyn unig.
*An only child is a lonely child.*

**Pob**, 'every', and **sawl**, 'many a . . ., several', and **cystal**, 'as good as' do *not* cause mutation:

Mae pob llyfr yn ei le.
*Every book is in its place.*
Fe allwch chi weld sawl tre o ben y mynydd 'ma.
*You can see several (Lit. many a) towns from the top of this mountain.*
Dydy e ddim cystal dyn â'i dad.
*He's not as good a man as his father.*

**Rhai**, 'some' (countable, emphatic):

Rydyn ni wedi gadael **rhai** pethau ar ôl.
*We've left **some** things behind.*

**Peth**, 'some' (uncountable, emphatic):

Mae **peth** llaeth yn y jwg.
*There's **some** milk in the jug.*

## 5. 'once, twice' etc.

**Gwaith** has two meanings in Welsh: when it means 'work' it is masculine:

y gwaith dur.                   *the steel work(s).*
Mae'r gwaith yn galed.          *The work is hard.*

When it means 'time' it is feminine:

| | |
|---|---|
| un waith | *one time, once* |
| dwy waith | *two times, twice* |
| tair gwaith | *three times* |
| pedair gwaith *etc.* | |
| ambell waith | *occasionally* |
| weithiau | *sometimes* |
| | |
| Noswaith | *night time, evening* |
| Noswaith dda! | *Good evening!* |

*Note*

| | |
|---|---|
| Sawl gwaith | *Many times.* |
| Sawl gwaith? | *How many times?* |

PATTERN PRACTICE EXERCISES

1. (*a*) You are asked whether someone is able to do some-
thing. Answer in the affirmative:
*Can you pay? Yes, I can pay.*
Allwch chi dalu? Galla, fe alla i dalu.

   1. Allwch chi godi? ........................
   2. Allwch chi basio? ........................
   3. All Tom yrru car? ........................
   4. All Tom ferwi wyau? ........................
   5. All Tom chwarae
      rygbi? ........................
   6. Allan nhw ddod? ........................
   7. Allan nhw ddringo'r
      mynydd? ........................

   (*b*) Now answer the above questions in the negative.
   *Can you pay? No, I can't pay.*
   Allwch chi dalu? Na alla, alla i ddim talu. (Note
   that it is **ddim** which mutates this time, not the verb.)

2. (*a*) Ask if you may do the following (please):
   *Telephone: May I telephone, please?*
   Ffonio: Ga i ffonio, os gwelwch yn dda?

1. Aros heno: ......................?
2. Smocio pib (*a pipe*): ......................?
3. Chwarae gyda chi: ......................?
4. Agor y ffenest: ......................?
5. Cau'r ffenest: ......................?
6. Gyrru'r car: ......................?

(*b*) Answer the following requests favourably.
   May Tom come? Yes, he may come.
   Gaiff Tom ddod? Caiff, fe gaiff e ddod.

1. Gaiff Tom yrru? ......................
2. Gaiff Gwen ganu? ......................
3. Gawn ni smocio? ......................
4. Gân nhw ddewis? ......................

(*c*) Answer the following unfavourably.
   No (she) won't have time.
   Gaiff Siân fynd i'r pentre? Na chaiff. Chaiff hi ddim
   amser . . .
   Can (may) Siân go to the village? No, she won't have time.

1. Gaiff Tom nôl y coffi? ......................
2. Ga i chwarae golff? ......................
3. Ga i ddarllen y papur? ......................
4. Gawn ni ddringo'r
   wal? ......................
5. Gawn ni olchi'r llestri? ......................
6. Gân nhw fynd adre yn
   gynta (*first*) ......................

3. You are told to run after someone or something. Say you
   don't want to.
   Run after the bus! I don't want to run after it.
   Rhedwch ar ôl y bws. Dydw i ddim eisiau rhedeg ar ei
   ôl e.

1. Rhedwch ar ôl y bêl. Dydw i ddim ............
2. Rhedwch ar ôl Aled. ......................
3. Rhedwch ar ôl Siân. ......................
4. Rhedwch ar ôl y plant. ......................
5. Rhedwch ar ein hôl ni ......................

4. (a) *Is it a new . . .? No, an old (one) worse luck,* or *unfortunately.*

Car newydd yw e? Nage, hen gar, gwaetha'r modd.
*Is it a new car? No, an old car, worse luck.*

1. Tŷ newydd yw e?           Nage, . . . . . . . . . . . . . . . . .
2. Pib newydd yw hi?         Nage, . . . . . . . . . . . . . . . . .
3. Gwely newydd yw e?        . . . . . . . . . . . . . . . . . . . . . .
4. Beic newydd yw e?         . . . . . . . . . . . . . . . . . . . . . .
5. Model newydd yw e?        . . . . . . . . . . . . . . . . . . . . . .

(b) *Are there more . . . here? No, this is the only . . .*

Oes rhagor o fechgyn yma? Nag oes, dyma'r unig fachgen.
*Are there more boys here? No, this is the only boy.*

1. Oes rhagor o dai yma?         Nag oes, . . . . . . . . . .
2.            o geir yma?         . . . . . . . . . . . . . . . . .
3.            o ferched yma?      . . . . . . . . . . . . . . . . .
4.            o golegau yma?      . . . . . . . . . . . . . . . . .
5.            o ddynion yma?      . . . . . . . . . . . . . . . . .
6.            o boteli yma?       . . . . . . . . . . . . . . . . .

### GEIRFA 15

| | | | |
|---|---|---|---|
| ail | *second* | gorau | *best* |
| ambell | *occasional* | gwaetha'r | *worse luck,* |
| canolwr (M) | *centre (rugby)* | modd | *unfortun-* |
| capten (M) | *captain* | | *ately* |
| Cymreig | *concerned with* | llythyr -au | *letter* |
| | *Wales or* | (M) | |
| | *the Welsh* | meddyg-on | *doctor* |
| chwith | *left* | (M) | |
| dibynnu | *to depend* | nosi | *to become* |
| efallai | *perhaps* | | *night* |
| ennill | *to win* | ola(f) | *last* |
| estyn | *to reach, to* | para | *to continue* |
| | *stretch* | penwythnos | *weekend* |
| gallu | *to be able* | plygu | *to bend* |
| gelyn-ion (M) | *enemy* | sglodion (Pl) | *chips* |

| | | | |
|---|---|---|---|
| Swistir, Y (F) | *Switzerland* | therapi (M) | *therapy* |
| swper (M) | *supper* | tîm | *team* |
| tan | *until* | unig | *lonely, only* |
| tenis (M) | *tennis* | unrhyw | *any, same* |

### YMDDIDDAN 15

*Tom is working in the garden. Pedr, the captain of the village football team pauses by the garden gate.*

*Pedr*  Hylo, Tom. Sut mae? Ga i ddod i mewn?

*Tom*  Cei, wrth gwrs. Dere i eistedd ar y fainc 'ma. Sut mae'r tîm rygbi y dyddiau 'ma?

*Pedr*  Ein tîm rygbi ni ydy'r tîm gorau yn y wlad, Tom. Rydyn ni'n chwarae yn erbyn Pentrefelin ddydd Sadwrn nesa.

*Tom*  Ein hen elynion ni! Rydyn ni wedi chwarae yn eu herbyn nhw lawer gwaith..

*Pedr*  Ydyn. Rydyn ni wedi chwarae yn eu herbyn nhw yma ugain gwaith—unwaith bob blwyddyn ers pan mae ein clwb ni wedi dechrau. Eleni, mae'r clwb yn dathlu ei benblwydd yn ddau ddeg un oed (yn un ar hugain).

*Tom*  Mae'r gêm ddydd Sadwrn yn siŵr o fod yn gêm dda.

*Pedr*  Ydy. Mae hi'n gêm, bwysig iawn i ni ei hennill. Ac mae'n rhaid i ni ei hennill hi hefyd, ond . . .

*Tom*  Ond beth?

*Pedr*  Mae Gwilym Ifans y canolwr chwith yn priodi ddydd Sadwrn. All e ddim chwarae, ac mae Terry Davies, sy'n chwarae i'r ail dîm, yn yr ysbyty, wedi torri ei goes. All e ddim chwarae chwaith.

*Tom*  Twt, twt, mae e'n rhy ifanc i chwarae eto. Beth alli di neud, Pedr?

*Pedr*  Wel, mae'n rhaid i ni gael rhywun yn lle Gwilym. Tom! Rydw i'n gwybod beth allwn ni neud. Rwyt ti wedi bod yn chwarae i'r pentre cyn i ti fynd i'r coleg. Rwyt ti'n chwareuwr profiadol. Alli di chwarae ddydd Sadwrn?

*Tom*  Alla i chwarae? Fi?

*Pedr*   Ie, ti. Beth amdani, Tom? Dere, alli di ddim dweud
'Na'.

*Tom*   Rydw i'n ddigon parod i chwarae, os galla i. Ond
sut galla i, dyna'r broblem? Beth am yr hen ben-lin 'ma?
Dydy Dr Rhys ddim wedi dweud y galla i fynd yn ôl i'r
coleg eto. Mae e'n galw yma y pnawn 'ma i 'ngweld i.
Fe alla i ofyn iddo fe, ac os ca i ei ganiatâd e . . . Dyma
fe'n dod, ar y gair, ac mae Siân gyda fe. Hylo Dr Rhys.
Hylo, Siân.

*Dr Rhys*   Pnawn da, Tom. O, hylo, Pedr. Sut mae'r tîm?
Ydych chi'n barod am y gêm ddydd Sadwrn?

*Pedr*   Alla i ddim dweud, doctor. Does gyda ni ddim
canolwr chwith.

*Siân*   Na. Mae Gwilym yn priodi Mair ddydd Sadwrn.

*Dr Rhys*   Wel, beth amdana i? Rydw i wedi bod yn gapten
ar dîm y pentre 'ma yn 'yn amser! Fi oedd y capten
cynta. Alla i eich helpu chi mewn unrhyw ffordd?

*Pedr*   Gallwch. Fe allwch chi ein helpu ni. Ydy Tom wedi
gwella yn ddigon da i chwarae rygbi? All e chwarae
ddydd Sadwrn?

*Dr Rhys*   Tom? Wn i ddim, yn wir. Mae'r cyfan yn
dibynnu ar ei ben-lin e. Sut mae hi heddiw, Tom?

*Tom*   Mae hi'n gwella o ddydd i ddydd. Rydw i wedi
bod yn chwarae tenis gyda Gwen a Siân dros y penwy-
thnos.

*Dr Rhys*   Gadewch i fi weld. Allwch chi ei hestyn hi allan,
Tom? Hm. Da iawn. Nawr, plygwch hi. Estynnwch hi
allan eto. Dyna hi. Da iawn. Pryd rydych chi'n mynd
nesa i'r ysbyty i gael therapi?

*Tom*   Rydw i'n mynd yno fory, am y tro ola.

*Dr Rhys*   Wel, fe ga i air gyda Dr Benjamin. Mae hi'n
ddydd Mawrth heddiw, ac efallai cawn ni'r ben-lin
'na'n barod erbyn dydd Sadwrn. Rydw i'n gobeithio
hynny. Ond fe gawn ni weld. Os ydy'r ben-lin yn para
i wella, fe gaiff Tom chwarae ddydd Sadwrn.

*Siân*   Na chaiff, Dadi.

*Dr Rhys*   Na chaiff? Pam, os ca i ofyn? Fi ydy'r meddyg, a
fi sy'n penderfynu beth sy'n digwydd i Tom.

*Siân* Sut gall e chwarae? Rydyn ni'n dau wedi addo mynd
i briodas Mair a Gwilym ddydd Sadwrn!

*Tom* O, fe fydd popeth yn iawn. Mae priodas Mair a
Gwilym yn gynnar yn y bore. Maen nhw eisiau cyrraedd
y Swistir cyn iddi hi nosi. Mae hanner y tîm rygbi yn
mynd i'r briodas! Dydy'r gêm ddim yn dechrau tan
hanner awr wedi tri!

CWESTIYNAU

1. P'un yw'r tîm gorau yn y wlad, yn ôl Pedr?
   Tîm Pedr, wrth gwrs.
2. Yn erbyn pwy maen nhw'n chwarae?
   Yn erbyn Pentrefelin.
3. Faint o weithiau mae'r ddau dîm wedi chwarae gartre?
   Ugain o weithiau (*neu* Ugain gwaith).
4. Beth yw oed y clwb rygbi?
   Mae e'n ddau ddeg un oed (yn un ar hugain).
5. Pam nad yw Pedr yn siŵr fod ei dîm yn mynd i ennill?
   Achos na fydd Gwilym Ifans ddim yno.
6. Pam na all Gwilym fod yno?
   Achos fe fydd e'n priodi ddydd Sadwrn.
7. Pam na all Terry chwarae?
   Achos mae e wedi torri ei goes mewn damwain.
8. Beth all Pedr neud?
   Mae e'n gofyn i Tom am chwarae.
9. Pwy oedd capten cynta tîm rygbi'r pentre?
   Dr Rhys oedd y capten cynta.
10. Pwy sy'n penderfynu a ('whether') all Tom chwarae ai
    peidio?
    Dr Rhys sy'n penderfynu hynny.

TRANSLATION INTO WELSH

1. Can you (fam.) walk? Yes, I can walk a little.
2. They can understand Welsh but they can't speak it.
3. Can you (pol.) tell us (what is) the time, please?
4. Can you (pol.) help us, please? No, I can't help you. I
   can't get up.
5. When can you (pol.) come? I can't come tonight.

6. Can you (pol.) pay? No, I can't. I haven't any money.
7. We've had a good dinner today. Will we have as good a dinner tomorrow?
8. May I come in after you (pol.)? Yes, come at once.
9. They shan't beat us. They are not as good as we are. (translate—'as us')
10. May I borrow a book? This is the only book I've got.

# Lesson 16

**1. How to say what you are doing, thinking, etc.**

The sentence

> Mae Tom yn darllen llyfr.
> *Tom is reading a book.*

can be changed into

> Mae Tom yn ei ddarllen e.
> *Tom is reading it.*

if 'book' has already been referred to (see Lesson 9). If this sentence is turned into a question, the 'it' is omitted in English:

> *What is Tom reading?*

but is retained in Welsh:

> Beth mae Tom yn ei ddarllen?

The construction in Welsh omits the personal pronoun **e**. Similarly:

> Beth mae Tom yn ei glywed?
> *What does Tom hear?*
> Beth mae Tom yn ei fwyta?
> *What is Tom eating?*

In speech, **ei** is frequently elided, leaving only the Soft Mutation to denote its function:

> Beth mae Tom yn glywed?
> *What does Tom hear?*

Beth mae Aled yn feddwl?
*What does Aled think (or mean)?*

**Pwy**, 'who(m)', is also used in this construction:

Pwy mae Tom yn weld?
*Whom does Tom see?*
Pedr mae e'n weld.
*It's Peter he sees.*

If **mae** is used, the other personal forms will be preceded by their affirmative marker **R**:

Pwy rydych chi'n weld?          Dr Rhys rydw i'n weld.
*Who(m) do you see?*          *I see (I'm seeing) Dr Rhys.*
Beth rydych chi'n feddwl?
*What do you think (or mean)?*

In these sentences, the mutation of the verb, originally a 'contact' mutation after **ei**, 'his', has now become a 'function' mutation used after **yn** in emphatic structures.

Pwy mae Tom yn weld?
Ei dad mae e'n weld.
*He sees his father (Lit. His father he sees).*

The mutation of the verb after **yn** will occur when a noun which normally comes at the end of a statement is transferred to the beginning for the sake of emphasis (i.e. when the 'object' comes before the verb). For example;

Non-emphatic, or normal order:

Mae Aled **yn gweld** ei dad.
*Aled sees his father.*

Emphatic word-order:

Ei dad mae Aled **yn weld**.
*His father Aled sees.*

Non-emphatic:

Mae e'**n darllen** llyfrau.

Emphatic:

> Llyfrau mae e'**n ddarllen.**

This 'function' mutation will also occur after **wedi**;

Non-emphatic:

> Mae e **wedi colli** arian.
> *He has lost money.*

Emphatic:

> **Beth** mae e *wedi golli?*     *what* has he lost?
> **Arian** mae e *wedi golli.*     *Money he's lost.*

*Note*

In sentences beginning with **Pwy mae . . ./Beth mae . . .**
the verb usually undergoes Soft Mutation after **yn** and
**wedi**.

## 2. How to say 'I will, you shall', etc.

The simple future is expressed in Welsh by the use of **Fe
fydda i** etc. (See Lesson 14.1.):

> Fe fydd y trên yn cyrraedd am naw o'r gloch.
> *The train will be arriving at nine o'clock.*

Here the speaker is making an objective statement of fact;
the arrival of the train may, or may not, be a matter of
great interest to him. But if he were to say,

> '*If the train does not arrive at nine o'clock, I'll see the station-
> master.*'

he becomes involved, and makes a decision or statement of
intention—'I'll (i.e. will) see . . .' (not 'I shall be seeing').
In English the difference in meaning between these two
types or 'aspects' of the future denoted by the use of 'shall'
and 'will' has become somewhat blurred. This distinction
is, however, well marked in Welsh, which uses a special
tense to denote determination or intention regarding a
future action. This tense is used far more often in speech

than in writing, as it often expresses a spontaneous reaction to another person's command or comment:

| | |
|---|---|
| Eisteddwch fan 'ma. | Na, fe eistedda i fan 'na. |
| *Sit here.* | *No, I'll sit there.* |
| Rwy'n pacio. | Fe helpa i chi. |
| *I'm packing.* | *I'll help you.* |
| | |
| Alla i ddim symud y bocs ma. | Fe symuda i fe i chi. |
| *I can't move this box.* | *I'll move it for you.* |

This tense has endings similar to those of **gallu**:

| | |
|---|---|
| Fe ddarllen-a i | *I'll read* |
| Fe ddarllen-i di | *You'll read* |
| Fe ddarllen-iff e | *He'll read* |
| Fe ddarllen-iff hi | *She'll read* |
| Fe ddarllen-wn ni | *We'll read* |
| Fe ddarllen-wch chi | *You'll read* |
| Fe ddarllen-an nhw | *They'll read* |

Note the difference between the following sentences:

Fe fydda i'n darllen y papur 'ma heno.
*I shall be reading* (or *shall read*) *this paper tonight.*

which expresses 'pure' or simple future; and

Rydw i'n mynd i ddarllen y papur 'ma heno.
*I'm going to read this paper tonight.*

where the speaker has already made up his mind to read the paper; and,

Fe ddarllena i'r papur 'ma heno.
*I'll read this paper tonight.*

where the action is spontaneous, not planned or premeditated. This is not the simple future, but a future 'coloured' by intention or volition or promise. This future is expressed by means of an inflected ('with endings to denote person') tense in Welsh.

Note also the use of the affirmative marker **Fe** as with all other inflected tenses, (except, of course, **Rydw i** and **Roeddwn i**) and remember that, apart from the affirmative marker and the mutation that follows it, the second person plural is identical with the command form:

> Darllenwch! *Read!*

Remember too the influence of the form **caiff** (see Lesson 15.2) on the third person singular ending **-iff** (in N. Wales **-ith**).

### THE INTERROGATIVE

> Ddarllenwch chi hwn i fi?
> *Will you read this for me?*
> Symudiff Eifion y bocs?
> *Will Eifion move the box?*

The marker of the interrogative is, as with most other verbs, the Soft Mutation only.

### THE NEGATIVE

This is used to express conviction that something shall or will not happen. This type of sentence shows clearly the 'will' of the speaker, or the person referred to:

> Fyta i ddim rhagor o'r caws 'na.
> *I won't eat any more of that cheese.*
> Rediff hi ddim ar ôl y bws.
> *She won't run after the bus.*
> Edrychiff e ddim arno fe.
> *He won't look at it/him.*

**Ddim** is used as a second marker before an indefinite noun:

> Wrandewiff e ddim ar neb.
> *He won't listen to anyone.*

and **mo** before a definite noun or a pronoun:

> Welwch chi mono fe heno.
> *You won't see him tonight.*
> Ddarlleniff e mo'r llyfr 'na heno.
> *He won't read that book tonight.*
> Yfa i mo'r coffi 'na.
> *I won't drink that coffee.*

With **byth**, 'never',

> Weli di byth mono fe eto.
> *You'll never see him again.*

Verbs beginning with **c, p, t**, will undergo Aspirate Mutation as the first marker of the negative. (Compare **cael** in Lesson 12.2):

> Chysga i ddim winc heno.
> *I won't sleep a wink tonight.*
> Thaliff e'r un geiniog.
> *He won't pay a single penny.* (Lit. *the one penny.*)

**Pwy? Beth? Faint** (followed by the Soft Mutation):

> Pwy ddarlleniff y stori 'ma i ni?
> *Who will read this story for us?*
> Beth ddwediff eich tad a'ch mam?
> *What will your father and (your) mother say?*
> Faint brynwch chi?
> *How much will you buy?*

## 3. How to say '. . . who is . . .', '. . . who are . . .'

**Sy** is a distinctive form of **bod**, 'to be', which is used to express 'which/who/that/is/are'. It is a 'fixed' form and can refer to persons or inanimate objects, singular or plural.

> Mae'r dyn sy'n byw drws nesa yn gweithio yn yr ardd.
> *The man who lives next door is working in the garden.*
> Mae'r bws sy'n cario'r plant i'r ysgol yn hwyr y bore
> 'ma.
> *The bus that carries the children to school is late this morning.*

Mae'r dynion sy'n canu yn y côr yn gorffen yn gynnar heddiw.
*The men who are singing in the choir are finishing early today.*

The negative form in speech is **sy ddim**, 'who/which is/are *not*'.

Mae'r dynion sy ddim yn canu yn y côr yn gweithio ymlaen.
*The men who are not singing in the choir are working on.*

The counterpart of **sy** in the imperfect tense is **oedd**:

Mae'r gwaith glo oedd yn y pentre wedi cau.
*The colliery which was (or used to be) in the village has closed.*

Fe aeth pawb oedd ddim yn gallu cael gwaith i ffwrdd i Slough.
*Everybody who was not able to get work went away to Slough* (Lit.)

**Fydd** is used in this type of structure in the future tense.

Fe gaiff pawb fydd yn mynd i weld y gêm heno fynd i mewn am ddim.
*Everybody who will be going to see the game tonight will be allowed to go in free of charge* (Lit. *for nothing*).

PATTERN PRACTICE EXERCISES

How many sentences can you generate from this table?
Read them aloud, and then translate them.

| Pwy | rydw i | | gofio | |
| | rwyt ti | | gredu | |
| | | | weld | |
| Beth | mae e | 'n | glywed | |
| | rydyn ni | | hoffi | ? |
| Faint | rydych chi | wedi | ddeall | |
| | | | dalu | |
| | maen nhw | | gael | |

1. Emphasise *what* is being done, read etc. in the following, e.g.:

Mae Mr Rhys yn darllen llyfr. **Llyfr** mae e'n **ddarllen**.
*Mr Rhys is reading a book. It's a book that he's reading.*

 1. Mae Mr Owen yn gweld ffilm.
  Ffilm . . . . . . . . . . . . . . . . . . . . . . . . . . . .

 2. Mae Dr Rhys yn prynu bwthyn.
  Bwthyn . . . . . . . . . . . . . . . . . . . . . . . . . .

 3. Mae Aled yn caru Gwen.
  Gwen . . . . . . . . . . . . . . . . . . . . . . . . . . . .

 4. Mae Jane yn priodi Barry.
  . . . . . . . . . . . . . . . . . . . . . . . . . . . . . . . .

 5. Mae Tom wedi talu pum punt.
  . . . . . . . . . . . . . . . . . . . . . . . . . . . . . . . .

 6. Mae Glyn wedi bwyta afal.
  . . . . . . . . . . . . . . . . . . . . . . . . . . . . . . . .

2. Someone asks you when you will do something. Say you'll do it now.
Pryd darllenwch chi'r papur? Fe **dd**arllena i fe nawr.

 1. Pryd talwch chi Edward Jones.
  Fe . . . . . . . . . . . . . . . . . . . . . . . . nawr.

 2. Pryd gwelwch chi Dr Rhys?
  . . . . . . . . . . . . . . . . . . . . . . . . . . . . . . . .

 3. Pryd gorffennwch chi'r gwaith?
  . . . . . . . . . . . . . . . . . . . . . . . . . . . . . . . .

 4. Pryd prynwch chi'r car?
  . . . . . . . . . . . . . . . . . . . . . . . . . . . . . . . .

 5. Pryd codwch chi o'r gwely?
  . . . . . . . . . . . . . . . . . . . . . . . . . . . . . . . .

3. Combine the following sentences: e.g.:
Mae'r dyn yn byw drws nesa. Mae e'n dysgu hanes.
Mae'r dyn sy'n byw drws nesa yn dysgu hanes.
*The man who lives next door teaches history.*

 1. Mae'r wraig yn byw drws nesa. Mae hi'n athrawes.
 2. Mae'r bachgen yn byw drws nesa. Mae e'n chwarae rygbi.

3. Mae'r bobl yn byw drws nesa. Maen nhw'n cadw siop sglodion.
4. Mae'r ferch yn byw drws nesa. Mae hi'n canu drwy'r dydd.
5. Mae'r ardd o flaen y tŷ. Mae hi'n llawn o goed rhosynnau.

GEIRFA 16

| | | | |
|---|---|---|---|
| awyr (F) | air | lles (M) | benefit |
| bocs -ys (M) | box | llwch (M) | dust |
| bwthyn (M) | cottage | llyncu | to swallow |
| bythynnod | | mantais (F) | advantage |
| cadw | to keep | meddyg, | doctor |
| cartre | home | meddygon | |
| -fi (M) | | (M) | |
| clwyd -i (F) | gate | merlod (Pl) | ponies |
| cryf | strong | moel | bald, bare |
| cwm, cym- | valley | poeni | to worry, pain, |
| oedd (M) | | | tease |
| cynllun -iau | plan | pori | to graze |
| (M) | | rhaglen-ni (F) | programme |
| dafad, defaid | sheep | rhwng | between, |
| (F) | | | among |
| diddorol | interesting | saer maen | stonemason |
| dyn, dynion | man | (M) | |
| (M) | | saer coed (M) | carpenter |
| glo (M) | coal | siswrn, sis- | scissors |
| gorfodi | to compel | yrnau (M) | |
| gwerth -oedd | value | teledu (M) | television |
| (M) | | tip-iau (M) | tip |
| gwynt -oedd | wind | trên-au (M) | train |
| (M) | | wal-iau (F) | wall |
| heb | without | PHRASES | |
| hwyr | late | ar werth | for sale |
| iach | healthy | mae'n hen | it's high |
| iechyd (M) | health | bryd | time |

YMDDIDDAN 16

*Dr and Mrs Eifion Rhys are visiting his parents who live in a cottage on the mountainside.*

*Dr Rhys*   Hylo, mam. Hylo, 'nhad. Sut rydych chi'ch dau heno? Beth rydych chi'n ddarllen, 'nhad?

*Mr Rhys*   *Rhys Lewis* rydw i'n ddarllen. Dydw i byth yn blino ar ddarllen gwaith Daniel Owen.

*Dr Rhys*   A beth rydych chi'n neud, Mam? Edrych ar y teledu? Beth rydych chi'n feddwl am y rhaglen 'na?

*Mrs Rhys*   Mae hi'n ddiddorol iawn yn wir. A sut rwyt ti, Eifion, a sut rydych chi, Megan? Mae hi'n oer allan heno, ond ydy hi? Eisteddwch fan 'ma wrth y tân, Megan.

*Megan*   Na, fe eistedda i fan 'ma, diolch. Mae eich tân chi'n rhy boeth i fi! Ac fe eisteddiff Eifion wrth 'yn ochr i, ar ei hoff gadair.

*Dr Rhys*   O'r gorau. Diolch, Megan. Mae hi *yn* boeth 'ma. Fe agora i dipyn ar y ffenest 'ma, os ca i. Dyna ni, mae tipyn o awyr iach yn neud lles i bawb.

*Megan*   A sut rydych chi'ch dau?

*Mrs Rhys*   Wel, rydyn ni'n weddol iawn. Dydw i ddim yn teimlo'n gryf iawn, ac mae'r hen lwch glo 'na yn poeni Ben o hyd.

*Dr Rhys*   Mae'n hen bryd i chi symud oddi yma, a dod i lawr i'r pentre i fyw. Dyna pam rydyn ni wedi galw yma heno. Mae'r bwthyn bach 'na drws nesa i ni ar werth, a fe fydd e'n eich siwtio chi i'r dim. Fe ofynna i i Jac Bithel, y saer maen, i roi clwyd yn y wal sy rhwng y ddau dŷ. Wedyn, fe allwch chi ddod aton ni, a ni ddod atoch chi, heb orfod mynd allan i'r ffordd fawr. Fydd dim rhaid i chi gerdded drwy'r gwynt a'r glaw i siopa wedyn. Fe all Megan neu fi ei neud e yn eich lle chi, os bydd eisiau. Beth rydych chi'n feddwl am y syniad, Nhad?

*Mr Rhys*   Aros di funud nawr, 'machgen i. Rhaid i ni gael amser i feddwl am y cynllun 'ma. Os symudwn ni 'na . . .

*Dr Rhys*   *Os* symudwch chi! *Pan* symudwch chi, rydych chi'n feddwl. Meddyliwch am y manteision. Os edrych-

wch chi allan drwy'r ffenest 'na, beth rydych chi'n weld?
Dim ond tipiau glo a mynydd moel. A pwy rydych chi'n
weld? Neb, ond ambell ddyn neu wraig, a'r defaid a'r
merlod sy'n pori ar y mynydd.

*Megan*   I lawr yn y cwm gyda ni fe welwch chi goed a
ffermydd a phobol. Fe welliff eich iechyd chi'ch dau
hefyd.

*Mr Rhys*   Wel, does un lle yn well na'r mynyddoedd 'ma
yn y gwanwyn a'r haf, a'r hydref hefyd . . .

*Mrs Rhys*   Nag oes, ond mae hi'n oer iawn yma yn y gaea.
A dydy siopa ddim yn hawdd heb gar, a heb fws yn dod
heibio 'nawr.

*Dr Rhys*   Mae'n rhaid i chi symud gyda'r oes. Dewch i lawr
i'r pentre i weld eich cartre newydd chi—y bwthyn drws
nesa i ni!

**CWESTIYNAU**

1. Beth mae Mr Ben Rhys yn ddarllen?
   *Rhys Lewis* mae e'n ddarllen.
2. Beth mae Mrs Rhys yn 'neud?
   Edrych ar y teledu mae hi.
3. Beth mae hi'n feddwl am y rhaglen?
   Mae hi'n rhaglen ddiddorol iawn.
4. Ydy Megan yn eistedd wrth y tân?
   Nag ydy, mae'r tân yn rhy boeth iddi hi.
5. Beth am Dr Rhys?
   Mae e'n eistedd yn ei hoff gadair.
6. Beth mae Dr Rhys yn ddweud am awyr iach?
   Mae e'n dweud fod awyr iach yn lles i bawb.
7. Ydy Mr a Mrs Rhys yn iach?
   Nag ydyn. Dydyn nhw ddim yn iach iawn.
8. Ydyn nhw'n hoffi byw ar y mynydd?
   Ydyn, yn y gwanwyn a'r haf a'r hydref, ond mae hi'n
   oer yno yn y gaea, a mae'r ffordd yn bell i'r pentre.
9. Ydyn nhw'n gallu mynd i'r pentre yn hawdd?
   Nag ydyn. Heb gar a heb fws, dydy siopa ddim yn
   hawdd.

10. Beth maen nhw'n neud yn y diwedd?
    Maen nhw'n mynd i lawr i'r pentre i weld y bwthyn.

TRANSLATION INTO WELSH

(Use **chi** forms throughout.)

1. What are you having for supper tonight?
2. Who are you playing?
3. Why don't you play tomorrow? Because my brother is getting married, and I have to go to the wedding.
4. Is he playing? If not, they're hoping his brother will play.
5. When will you get up? I'll get up at six o'clock.
6. We'll never see her again.
7. How much will you give (to) me for this car?
8. The woman who lives next door to us is very fond of talking.
9. The man who came to the door was looking for you.
10. How will you open the door? I'll borrow a key.

# Lesson 17

### 1. How to say 'I will', 'you shall' etc. The decision aspect (continued)

We have seen in the previous chapter how decision, or the involvement of the speaker with the future, is expressed in Welsh. Most verbs are regular in this tense, but some of the most common ones are not.

**Mynd,** 'to go':

| | | | |
|---|---|---|---|
| Fe â i | *I'll go* | Fe awn ni | *We'll go* |
| Fe ei di | *You'll go* | Fe ewch chi | *You'll go* |
| Fe aiff e | *He'll go* | Fe ân nhw | *They'll go* |
| Fe aiff hi | *She'll go* | | |

For ease of pronunciation, the **f** is frequently restored to the first person singular: **Fe af i.**

Fe af i adre nawr.      *I'll go home now.*

The interrogative is formed by omitting the marker **Fe**:

Ei di i nôl petrol i fi? Af.
*Will you* (fam.) *go and* (*to*) *fetch petrol for me? Yes-I'll-go.*
Aiff Siôn i'r siop drosto i? Na aiff.
*Will John go to the shop for me* (Lit. *on my behalf*)? *No-he-will-not.*

The negative is formed as with the regular verbs:

Aiff e ddim adre cyn iddo orffen ei waith.
*He won't go home before he finishes his work.*

Ân nhw ddim i'r gwaith heddiw. Maen nhw wedi
blino gormod.
*They won't go to work today. They are too tired* (Lit. *tired
too much*).

**Dod**, 'to come':

| | |
|---|---|
| Fe ddof i | *I'll come* |
| Fe ddoi di | *You'll come* |
| Fe ddaw e | *He'll come* |
| Fe ddaw hi | *She'll come* |
| Fe ddown ni | *We'll come* |
| Fe ddewch chi | *You'll come* |
| Fe ddôn nhw | *They'll come* |

Fe ddo i gyda chi.
*I'll come with you.*
Fe ddaw Gwen yn ôl cyn bo hir.
*Gwen will come back before long.*

*Note*
 (i) that the second person plural is the same as the com-
mand form.
(ii) the unusual third person singular, **Fe ddaw.**

INTERROGATIVE AND NEGATIVE

Ddewch chi gyda ni yn y car? Down.
*Will you come with us in the car? Yes-we'll-come.*
Ddaw e ddim yn ôl heno.
*He won't come back tonight.*
Ddo i ddim i mewn nawr. Fe ddo i i'ch gweld chi fory.
*I won't come in now. I'll come and (to) see you tomorrow.*
Mae hi wedi mynd allan. Ddaw hi ddim yn ôl am
dipyn.
*She's gone out. She won't be back for a while.*

**Dod â**, 'to bring':

Fe ddo i â chi. Fe ddaw Aled â'r bechgyn eraill.
*I'll bring you. Aled will bring the other boys.*

Fe ddaw Gwen â chwpaned o de i ni nawr.
*Gwen will bring us a cup of tea now.*

**Neud,** 'to do, to make':

| | | |
|---|---|---|
| Fe na i | *I'll make, do* | Fe nawn ni |
| Fe nei di | | Fe newch chi |
| Fe naiff e | | Fe nân nhw |
| Fe naiff hi | | |

Fe na i gwpaned o de i chi nawr.
*I'll make you a cup of tea now.*
Fe na i 'ngorau i'ch helpu chi.
*I'll do my best to help you.*
Fe naiff Tom y gwaith caled i gyd.
*Tom will do all the hard work.*

Interrogative and negative of 'to do, make'.

Newch chi le i ni eistedd, os gwelwch yn dda?
*Will you make room for us to sit, please?*
Beth na i?
*What shall I do?*
Nân nhw ddim i helpu neb.
*They'll do nothing to help anyone* (Lit. *no one*).

In the affirmative reply, the elided **gw-** of **gwneud** is restored in the first person to avoid confusion between **'na,** 'I will do', and **Na,** 'no'.

'Nei di e? Gwna.
*Will you do it? Yes I will do.*

In the negative there is no confusion:

'Nei di e? Na 'na i.
*Will you do it? No, I will not (do).*

**Pwy**, **beth** and **faint**; these are frequently used with this aspect:

Pwy ddaw gyda fi?
*Who'll come with me?*

Beth 'naiff Siôn, tybed?
*What will John do, I wonder?*
Faint o lwyau pren 'naiff e mewn diwrnod?
*How many wooden spoons will he make in a day?*
Faint ddaw i'r sioe yr wythnos 'ma?
*How many will come to the show this week?*

**Ble**, **sut**, **pryd** do not mutate the following verb:

Ble ei di? *or* Ble'r ei di?
*Where will you go?*
Sut ei di adre heno?
*How will you go home tonight?*
Pryd dewch chi i'n gweld ni?
*When will you come to see us?*

**Os**, 'if', and **pan**, 'when': note the use of these conjunctions with this tense:

Fe awn ni pan ddaw'r meddyg.
*We'll go when the doctor comes.*
Pan ddaw'r haf, fe awn ni i lan y môr.
*When the summer comes, we'll go to the seaside.*
Pan ewch chi i'r siop, gofynnwch am Mr Edward
   Jones.
*When you go to the shop, ask for Mr Edward Jones.*
Os dewch chi, fe ddown ni hefyd.
*If you come, we'll come too.*
Os ewch chi i'r Eisteddfod Genedlaethol, fe glywch chi
   ganu da.
*If you go to the National Eisteddfod, you'll hear good singing.*
Os awn ni'n gynnar, fe gawn ni seddau da.
*If we go early, we'll get good seats.*

**Os na (d)** ,'if . . . not', (**na** is followed by two mutations)
(See **Pam na** Lesson 15, footnote.)

Os na chewch chi sedd, dewch adre.
*If you don't get a seat, come home.*
Os na ddaw e cyn bo hir, fe golliff e'r trên.
*If he doesn't come before long, he'll miss the train.*

'Chewch chi ddim sedd os na(d) ewch chi'n gynnar.
*You won't have a seat if you don't go early.*

(**d** is attached to **na** before a vowel.)

**Pam na**(**d**), 'why . . . not':

Pam na ddewch chi gyda ni?
*Why don't you come with us?*
Pam nad ewch chi mewn tacsi?
*Why don't you go by (in a) taxi?*

## 2. How to say 'bigger, taller' etc. Comparison of adjectives and adverbs (continued)

The comparative of the adjective may be formed, as in English, either by adding the ending **-ach**, e.g. **hir**, 'long', **hirach**, 'longer'; **tal**, 'tall', **talach**, 'taller'; *or* by using the comparative of '**mawr**', i.e. **mwy**, 'more', as an auxiliary, e.g. **prydferth**, 'beautiful', **mwy prydferth**, 'more beautiful'; a third method is to use comparative forms derived from other sources—the so-called 'irregular' comparatives, e.g. **da**, 'good', **gwell**, 'better'; **drwg**, 'bad', **gwaeth**, 'worse'.

COMPARISON BY ADDING **-ach** (ENGLISH '-ER')

Mae hi'n oer heddiw ond roedd hi'n oerach ddoe.
*It's cold today but it was colder yesterday.*
Mae 'mrawd chwe blynedd yn henach na fi.
*My brother is six years older than me.*

*Note*
(i) the Soft Mutation of the adjective after **yn**.

Mae Aled yn dal, ond mae Tom yn dalach nag e.
*Aled is tall, but Tom is taller than him.*

(ii) in comparative constructions, 'than' is **na** (**nag** before a vowel).

Mae'r car 'ma'n gyflymach na 'nghar i.
*This car is faster than my car.*

COMPARISON BY USING **mwy**, OR **yn fwy ... na**, 'MORE ...
THAN'

**Mwy** is used with adjectives of two or more syllables.

> Mae cadair yn fwy cyfforddus na mainc.
> *A chair is more comfortable than a bench.*

Note that **mwy**, although it is an adjective, does not mutate
the word that follows.

> Mae dysgu Ffrangeg yn fwy anodd na dysgu Cymraeg.
> *Learning French is more difficult than learning Welsh.*

Some adjectives can be compared in both ways:

> Rwy'n hapusach nawr nag y bues i erioed.
> Rwy'n fwy hapus nawr nag y bues i erioed.
> *I'm happier now than I've ever been.*

Note that **Na**, 'than', is followed by the Aspirate Mutation
of C/Ch, P/Ph, T/Th, e.g. **yn gochach na thân**, 'redder
than fire'.

'IRREGULAR' COMPARISON

| | |
|---|---|
| **Mawr** | Mae Ffrainc yn wlad fawr ond mae Rwsia **yn fwy na hi**. |
| | *France is a big country but Russia is bigger than it* (Lit. *her*). |
| **Bach** | Mae Cymru **yn llai na** Lloegr. |
| | *Wales is smaller than England.* |
| **Da, drwg** | Roeddwn i'n teimlo**'n well** ddoe, ond rydw i'n teimlo**'n waeth** heddiw (adv.). |
| | *I was feeling better yesterday, but I feel worse today.* |
| **Uchel** | Mae'r Wyddfa **yn uwch na** Chader Idris. |
| | *Snowdon is higher than Cader Idris.* |
| **Isel** | Mae'r afon **yn is** heddiw ar ôl y tywydd poeth. |
| | *The river is lower today after the hot weather.* |
| **Agos** | Dewch **yn nes** at y tân (adv.). |
| | *Come nearer the fire.* |
| **Cynnar** | Rhaid i chi godi**'n gynt** yn y bore (adv.). |
| | *You must get up earlier in the morning.* |

### 3. How to say 'The biggest, tallest' etc. (The superlative)

*(a)* Adjectives that add **-a(f)**, '-est':

Tom ydy'r tala yn y teulu.
*Tom is the tallest in the family.*
Gwen ydy'r ferch hardda yn y byd, yn ôl Aled.
*Gwen is the most beautiful girl in the world, according to Aled.*
Ddoe oedd y diwrnod oera ers misoedd.
*Yesterday was the coldest day for months.*
Gorffennaf ydy'r mis poetha yn y flwyddyn.
*July is the hottest month in the year.*
P'un ydy'r ffordd gyflyma i . . .?
*Which is the quickest way to . . .?*

*Note*
 (i) That the weak **-f** is lost in the superlative ending.
 (ii) That the superlative phrase is usually the 'complement' in the sentence, i.e. **Gorffennaf** and **mis poetha** are the same, and therefore, in the present tense, **ydy** must be used (See Lesson 6).

*(b)* By using **mwy a(f)**, 'most':

Hon ydy'r gadair fwya cyfforddus yn y tŷ.
*This is the most comfortable chair in the house.*
Llyn y Bala ydy'r llyn mwya prydferth yng Nghymru.
*Bala lake is the most beautiful lake in Wales.*
Aled ydy'r dyn mwya golygus yn y byd, yn ôl Gwen.
*Aled is the most handsome man in the world, according to Gwen.*

*(c)* 'Irregular' comparison:

**Mawr** Caerdydd yw'r ddinas **fwya** yng Nghymru.
*Cardiff is the biggest city in Wales.*
**Bach** Tyddewi yw'r ddinas **leia** yng Nghymru.
*St David's is the smallest city in Wales.*

**Da**      P'un ydy'r ffordd **orau** i Aberystwyth?
          *Which is the best road to Aberystwyth?*

**Drwg**   Dyma'r gaea **gwaetha** ers blynyddoedd.
          *This is the worst winter for years.*

**Uchel**  Yr Wyddfa yw'r mynydd **ucha** yng Nghymru.
          *Snowdon is the highest mountain in Wales.*

**Agos**   Lloegr yw'r wlad **agosa/nesa** at Gymru.
          *England is the country nearest (next) to Wales.*

## 4. How to express ownership

**Biau**, 'to own, who owns' may be used by itself:

> Pwy biau hwn?
> *Who owns this? or Whose is this?*

But in colloquial speech, **sy** is usually inserted between **Pwy** and **biau**:

> Pwy sy biau hwn?
> *Who owns/Whose is this?*
> Pwy sy biau'r ffarm 'na? Dr Rhys sy biau hi.
> *Who owns that farm? Dr Rhys owns it.*
> Chi sy biau'r car 'ma? Ie, fi sy biau fe.
> *Do you own this car? Yes, I own it.*
>   or *Is this car yours? Yes, it is mine.*

In the past tense:

> Pwy oedd biau'r gwaith glo 'na?
> *Who owned (was owning) that colliery?*

(**oedd** to describe a continuous action.)

> Y Bwrdd Glo oedd biau fe.
> *The Coal Board owned it.*

In the future tense:

> Nhw fydd biau'r tŷ ar ôl iddyn nhw orffen talu'r morgaets.
> *They will own the house after they have finished paying the mortgage.*

## 5. Idioms with *gyda*

Mae'n dda gyda fi.
*I'm pleased, glad.*
Mae'n dda gyda fi weld eich bod chi'n mwynhau byw
    yma.
*I'm glad to see that you enjoy living here.*
Mae'n flin gyda fi *or* Mae'n ddrwg gyda fi.
*I'm sorry.*
Mae'n ddrwg gyda fi glywed am eich damwain chi.
*I'm sorry to hear about your accident.*
Mae'n gas gyda fi.
*I dislike, I hate.*
Mae'n gas gyda fi weld tipiau glo ar ochrau'r myn-
    yddoedd.
*I hate to see coal tips on the sides of the mountains.*
Mae'n gas gyda fi blant.
*I hate children.*
Mae'n well gyda fi.
*I prefer* (Lit. *It is better with me*).
Mae'n well gyda fi gerdded y mynyddoedd na
    gorwedd ar y traeth.
*I prefer walking (on) the mountains to lying on the beach* (Lit.
    *than lying . . .*).

## 6. How to say 'this one, that one', etc.

**Hwn** and **hon** are respectively masculine and feminine
demonstrative pronouns meaning 'this one' (See Lesson 6.3).

Pa lyfr? Hwn?
*What book? This one?*
Pa gadair? Hon?
*Which chair? This one?*
Cadair pwy ydy hon?
*Whose chair is this?*
Cadair Gwen ydy hi.
*It's Gwen's chair.*

Note that **Pwy** in this position means 'of who(m)', i.e. whose.

> Llyfr pwy yw hwn?
> *Whose book is this?*
> Llytfr Aled ydy e.
> *It's Aled's book.*

The plural demonstrative pronoun, 'these', is **y rhain**:

> Pa gwpanau? Y rhain? Ie.
> *What cups? These? Yes.*

### 7. How to say 'that' and 'those'

**Hwnna** (referring to things that are masculine) 'that', and **honna** (referring to things that are feminine):

> Pa gwpwrdd? Hwnna? Ie.
> *Which cupboard? That one? Yes.*
> Pa afon? Honna? Ie.
> *Which river? That one? Yes.*

The plural form is **y rheina**, 'those' (from **y rhai yna**).

> Pa garpedi? Y rhain? Nage, y rheina.
> *What carpets? These? No, those.*

(In S. Wales, **pa**, 'what, which', is replaced in speech by **pwy**, e.g. **Pwy lyfr?**, 'what book?'; **Pwy iaith?**, 'What language?')

**Hyn**, 'this', is used mainly to refer to a circumstance or an idea, e.g.:

> Mae hyn yn beth od.
> *This is an odd thing/this is odd.*
> Mae hyn yn gyfrinach.
> *This is a secret.*
> Beth yw hyn?
> *What's (all) this?*

**Hynny,** 'that', like **hyn**, refers to a circumstance or idea, e.g.:

> Mae hynny'n newydd i mi.
> *That's new/news to me.*
> Dydy/Dyw hynny ddim yn iawn.
> *That's not right.*

PATTERN PRACTICE EXERCISES

1. You are asked to do something *now*. But you decide to do it tomorrow.
   *Are you coming now? No, I'll come tomorrow.*
   Ydych chi'n dod nawr? Na, fe ddo i fory.

| | |
|---|---|
| 1. Ydych chi'n mynd nawr? | Na, fe ................ |
| 2. Ydych chi'n gweithio nawr? | Na, .................... |
| 3. Ydych chi'n darllen nawr? | ...................... |
| 4. Ydych chi'n talu nawr? | ...................... |
| 5. Ydych chi'n dechrau nawr? | ...................... |
| 6. Ydych chi'n pacio nawr? | ...................... |

2. (*a*) You are arguing with a friend:

> *My ...... is ...... But my ...... is ..... -er.*
> *My car is old. But my car is older.*
> Mae 'nghar i'n hen. Ond mae 'nghar i'n henach.

| | |
|---|---|
| 1. Mae 'ngwraig i'n ifanc. | Ond.................... |
| 2. Mae 'n llaw i'n oer. | Ond .................... |
| 3. Mae 'nghar i'n gyflym. | Ond .................... |
| 4. Mae 'nheulu i'n hapus. | Ond .................... |

(*b*) Using **mwy** (no mutation to follow):

Mae 'nghadair i'n gyfforddus. Ond mae 'nghadair i'n fwy cyfforddus.

1. Mae 'nheulu i'n bry-     Ond .................
   sur.
2. Mae 'mrawd i'n gared     Ond .................
   -ig.
3. Mae 'n chwaer i'n        Ond .................
   lwcus.
4. Mae 'nghar i'n new-      Ond .................
   ydd.

3. *This is the . . . -est . . . in the country.*
   *Pretty. This is the prettiest girl in the country.*
   **Hardd.** Dyma'r ferch hardda yn y wlad.

   1. Uchel.    Dyma'r coed ............... yn y wlad.
   2. Cyflym.   Dyma'r car .........................
   3. Da.       Dyma'r lle .........................
   4. Mawr.     Dyma'r adeilad ......................
   5. Bach.     Dyma'r pentre .......................
   6. Isel.     Dyma'r cwm .........................

4. Someone tells you he's got something. But that's yours!
   *I've got a black cat. But that's my cat!*
   Mae cath ddu gyda fi. Ond 'y nghath i ydy honna!

   1. Mae ci gwyn gyda fi.      Ond .................
   2. Mae car coch gyda fi.     Ond .................
   3. Mae potel fawr gyda fi.   Ond .................
   4. Mae gwely cyfforddus      Ond .................
      gyda fi.
   5. Mae basged fawr gyda      Ond .................
      fi.

5. *Can you come tonight? No, I prefer to come tomorrow.*
   Allwch chi ddod heno? Na, mae'n well gyda fi ddod yfory.

   1. All Tom ddod heno?
      Na, ..................................

2. All Gwen ddod heno?
   Na, ...............................
3. Allan nhw ddod heno?
   Na ...............................
4. Alli di a dy frawd ddod heno?
   Na ...............................

GEIRFA 17

| | | | |
|---|---|---|---|
| adeilad-au (M) | *building* | hwylus | *convenient, easy* |
| agos | *near* | hyll | *ugly* |
| allwedd-i (F) | *key* | isel | *low, depressed* |
| caled | *hard* | llai | *smaller, less* |
| canolog | *central* | lleia | *smallest, least* |
| carped-i (M) | *carpet* | Lloegr (F) | *England* |
| cas | *hateful, nasty* | marw | *to die* |
| clwyd-i (F) | *gate* | moderneiddio | *to modernise* |
| cyflwr, cy-flyrau (M) | *condition* | morgaets (M) | *mortgage* |
| | | mwy | *more, bigger* |
| cyfrinach-au (F) | *secret* | mwya | *most, biggest* |
| | | neidio | *to jump* |
| cynllun-iau (M) | *plan, plot, scheme* | posibiliadau (Pl) | *possibilities* |
| dodrefn (Pl) | *furniture* | prydferth | *beautiful, handsome* |
| dwster (M) | *duster* | | |
| Ffrangeg (M/F) | *French* | Rwsia (F) | *Russia* |
| | | rhannu | *to share, divide* |
| golygus | *handsome* | | |
| grisiau (Pl) | *stairs* | sinc (M) | *sink* |
| groser-s (M) | *grocer* | stydi (F) | *study* |
| gwaeth | *worse* | tal | *tall* |
| gwerth-oedd (M) | *worth, value* | to, toeau (M) | *roof* |
| | | uchel | *high, loud* |
| ar werth | *for sale* | uned (F) | *unit* |
| gwres (M) | *heat, warmth* | uwch | *higher* |
| gwres canolog | *central heating* | | |

YMDDIDDAN 17

*Siân has just come home to Tŷ Mawr. Her brother, Aled, who is an architect, is working in his father's study.*

*Siân*    Mam? 'Nhad?

*Aled*    Hylo. Siân . . .?

*Siân*    Ble rwyt ti, Aled?

*Aled*    Rydw i yma yn y stydi.

*Siân*    Beth rwyt ti'n neud?

*Aled*    Rydw i'n edrych ar gynllun y Bwthyn drws nesa.

*Siân*    Pam? Wyt *ti*'n meddwl ei brynu fe?

*Aled*    Nag ydw . . . Ond mae 'Nhad a Mam wedi mynd i fyny i Dynygraig i dreio perswadio Tad-cu a Mam-gu i symud i lawr i'r Bwthyn i fyw.

*Siân*    Ond mae e'n hen ac yn fach iawn. On'd ydy hi'n od fod y tŷ mwya a'r tŷ lleia yn y pentre drws nesa i'w gilydd?

*Aled*    Ydy. Y Tŷ Mawr a'r Bwthyn Bach! Rydw i wedi bod i mewn yn y Bwthyn y pnawn yma i edrych ar y posibiliadau. Fe alla i neud lle cyfforddus iawn i 'nhadcu a mamgu yno.

*Siân*    Ond mae'r tŷ yn henach nag unrhyw adeilad arall yn y pentre. Fe ddaw'r cyfan i lawr cyn bo hir!

*Aled*    Na ddaw. Mae ei waliau a'i do mewn cyflwr da iawn. Dyna'r peth mwya pwysig. Mae e'n well na llawer o dai yn y pentre 'ma.

*Siân*    Pwy sy biau'r Bwthyn nawr?

*Aled*    Mr Jones, y groser, sy biau'r lle nawr.

*Siân*    Wel, ie, wrth gwrs. Ei dad a'i fam oedd yn byw yno cyn iddyn nhw farw.

*Aled*    Ddoi di gyda fi i weld y lle?

*Siân*    Dof, wrth gwrs. Pryd rwyt ti'n mynd?

*Aled*    Wel, mae 'nhad a mam yn gobeithio dod â 'nhad-cu a mam-gu i lawr i'w weld e heno. Fe awn ni'n dau i mewn o'u blaen nhw i agor y drysau a'r ffenestri, er mwyn cael tipyn o awyr iach i mewn i'r lle.

*Siân*    Oes dodrefn yno?

*Aled*  Oes. Mae rhai cadeiriau a lluniau yno; ac mae carpedi ar lawr rhai o'r stafelloedd.

*Siân*  Gwell i fi fynd â dwster i dynnu llwch. Mae'n gas gyda mam-gu weld llwch ar ddodrefn.

*Aled*  O'r gorau. Fe awn ni dros wal yr ardd, os wyt ti'n ddigon ystwyth i neidio.

*Siân*  Fe neidia i'n uwch na ti, 'machgen i, fe gei di weld. Dere 'mlaen.

*Aled*  Hwp! Rwyt ti'n iawn. Mae'r wal 'ma'n mynd yn uwch bob dydd, neu fi sy'n mynd yn drymach. Dyma'r allweddi. Dere, brysia. Rydw i'n clywed sŵn car yn stopio y tu allan i'r glwyd. Cer di i mewn i'r stafell wely, ac fe â i i mewn i'r gegin. Agor y drysau a'r ffenestri.

*Dr Rhys*  Wel, fel gwelwch chi, mae'r bwthyn 'ma'n hen, a mae e'n llai na Hafod y Graig. Ond fe allwn ni ei wella fe, a'i neud yn dŷ modern. Mae Aled a fi wedi bod yma'n edrych ar y posibiliadau. Mae Aled yn meddwl gall e neud tŷ cyfforddus iawn i chi yma.

*Aled*  Hylo! Dewch i mewn i'r gegin i weld y lle 'ma yn gynta. Fe symudwn ni'r hen le tân hyll 'na, a rhoi gwres canolog yn ei le fe. Fe rown ni uned sinc i mewn o flaen y ffenest, ac fe all mam-gu gadw llygad ar 'nhad-cu yn gweithio yn yr ardd. Fe nawn ni'r ffenest yn fwy er mwyn i chi gael rhagor o olau, a . . .

*Mam-gu*  Hanner munud, nawr, Aled bach, dydyn ni ddim wedi penderfynu symud eto. Mae'r bwthyn 'ma dipyn yn llai na Hafod y graig. Ble aiff ein dodrefn ni?

*Aled*  Fe rannwn ni'r stafell 'ma'n ddwy ran, gyda chwpwrdd a silffoedd. Does dim eisiau cymaint o ddodrefn mewn stafell fodern, a . . .

*Megan*  Gan bwyll, Aled. Paid â siarad cymaint. Rwyt ti cynddrwg â dy dad.

*Siân*  Mae e'n waeth na 'nhad . . .

*Aled*  Dyma stafell wely gyfforddus i chi fan 'ma. A mae stafell lai wrth ei hochor hi . . .

*Siân*  Fe ddaw hon yn stafell 'molchi hwylus i chi.

*Aled*  Pwy sy'n siarad nawr? . . . Y cyfan ar un llawr. Llai

o waith glanhau i mam-gu a dim grisiau i 'nhad-cu eu
dringo i fynd i'r gwely yn y nos.

*Mamgu*  Wel, mae hwn yn syniad da iawn.

*Tadcu*  Ydy'r tŷ 'ma ar werth, neu ar rent?

*Dr Rhys*  Rydw i wedi prynu'r bwthyn 'ma oddi wrth
Edward Jones y pnawn 'ma. Mae hyn wedi bod yn
gyfrinach rhwng Aled a fi. Mae Aled yn mynd i fodern-
eiddio'r bwthyn, a . . .

*Aled*  A'r cyfan rydyn ni eisiau 'nawr ydy cymdogion da
fel 'nhadcu a mamgu yn byw drws nesa i ni!

CWESTIYNAU

1. Ydy tad a mam Siân yn y tŷ pan ddaw hi i mewn?
   Nag ydyn. Aled yn unig sy yno.
2. Pam nad yw Siân yn hoff o'r bwthyn?
   Am ei fod e'n rhy hen ac yn rhy fach.
3. Beth mae Aled yn ddweud am y bwthyn?
   Mae e'n dweud ei fod e mewn gwell cyflwr na llawer o
   dai eraill yn y pentre.
4. Ddwedodd e rywbeth arall?
   Do. Fe ddwedodd galle fe ('he could') neud tŷ cyffor-
   ddus i'w dad-cu a'i fam-gu ohono.
5. Pwy oedd yn byw yn y bwthyn ddiwetha?
   Mam a thad Mr Edward Jones oedd yn byw yno.
6. Sut mae Siân ac Aled yn mynd i'r bwthyn?
   Maen nhw'n neidio dros wal yr ardd.
7. Ydy Aled cynddrwg â'i dad am siarad?
   Mae e'n waeth, yn ôl Siân.
8. Beth yw manteision y bwthyn?
   Llai o waith glanhau i Mrs Rhys a llai o waith dringo
   i Mr Rhys.
9. Ydyn nhw'n hoffi'r syniad?
   Ydyn. Mae'n nhw'n meddwl ei fod e'n syniad da iawn.
10. Ydy Siân yn gwybod am gynlluniau Aled a'i dad?
    Nag ydy. Maen nhw wedi cadw'r peth yn gyfrinach.

TRANSLATION INTO WELSH

1. Can we do it? What do you think?
2. Pay him now. No. I'll pay him tomorrow.
3. I'll take you home in the car. Do you own this car?
4. Are you helping him today? Yes, and we'll help him tomorrow, too.
5. When the winter comes, we'll climb the highest mountain.
6. We haven't arrived yet. We'll never arrive!
7. Will you wait for them? I'm sorry, I can't wait.
8. If you go now, you'll get the best tickets for the game.
9. When he comes in, I'll make supper for (use **i-**) him.
10. If you (fam.) eat any more you won't sleep tonight!

# Lesson 18

## 1. How to say 'I had . . .' (past perfect tense)

We have already seen how **oedd** combines with **yn** to form the past progressive (or imperfect) tense (Lesson 11). **Oedd** can also combine with **wedi** to form the past perfect tense, 'I had . . .':

> Roedd e wedi cyrraedd yn rhy gynnar.
> *He had arrived too early.*
> Roeddwn i wedi mynd â'r car i'r dre.
> *I had taken the car to (the) town.*
> Roedd hi wedi darllen amdano yn y papur.
> *She had read about it in the paper.*

## 2. How to say 'I shall have . . .' etc. (future perfect)

This tense denotes the completion of an action or event at some point of time (*a*) in the present, (*b*) in the future.

(*a*) Fe fyddan nhw wedi cyrraedd cyn hyn.
> *They will have arrived before this.*

(*b*) Os na ddaw e cyn bo hir, fe fyddwn ni wedi gorffen y gwaith i gyd.
> *If he doesn't come before long we shall have finished all the work.*

## 3. Tense revision: progressive and perfective forms

(*a*) PROGRESSIVE

This denotes that the reference is to a continuous event, not complete in itself, e.g. *I am walking.*

(i) Present progressive: **Rydw i + YN**

> Rydw i'n cerdded.
> *I am walking.*

(ii) Past progressive: **Roeddwn i + YN** (The 'imperfect')

> Roeddwn i'n cerdded.
> *I was walking.*

(iii) Future progressive: **Fe fydda i + YN**

> Fe fydda i'n cerdded.
> *I shall be walking.*

Observe that the preposition **YN** is the constant indicator of the progressive.

(*b*) PERFECTIVE

This denotes that the event is *complete*, in a 'perfect' state. The indicator of the perfective is not **yn** but **wedi**.

(i) Present perfect: **Rydw i + wedi**

> Rydw i wedi cerdded.
> *I have walked.*

(ii) Past perfect: **Roeddwn i + wedi** (The 'pluperfect')

> Roeddwn i wedi cerdded.
> *I had walked.*

(iii) Perfect: **Fe fydda i + wedi**

> Fe fydda i wedi cerdded.
> *I shall have walked.*

The above forms can be combined by the inclusion of **bod**, corresponding to 'been' in English, using both **yn** and **wedi** to form progressive tenses.

Present perfect progressive: **Rydw i wedi bod yn**, 'I have been'.

> Rydw i wedi bod yn cerdded.
> *I have been walking.*

Past perfect progressive: **Roeddwn i wedi bod yn**, 'I had been'.

> Roeddwn i wedi bod yn cerdded.
> *I had been walking.*

Future perfect progressive: **Fe fydda i wedi bod yn**, 'I shall have been'.

> Fe fydda i wedi bod yn cerdded.
> *I shall have been walking.*

### 4. Idiomatic use of prepositions

(*a*) **Ar**, 'on', followed by the Soft Mutation. (For personal forms, see Lesson 11).

(i) Before a verb, 'about to, on the point of':

> Roeddwn i ar fynd i'r gwely pan ddaeth Siân i mewn.
> *I was about to go to bed when Siân came in.*

(ii) **Ar**, 'to owe':

> Mae ar Aled ddwy bunt i fi.   *Aled owes me two pounds.*
> Mae arno fe ddwy bunt i fi.   *He owes me two pounds.*

(iii) **Ar** is sometimes used to describe a state of health or mind, usually unpleasant.

> Mae annwyd arna i.   *There is a cold on me, i.e. I have a cold.*
> Mae peswch arno fe.   *There is a cough on him, i.e. He's got a cough.*
> Mae syched arna i.   *There's a thirst on me, i.e. I'm thirsty.*
> Mae ofn arna i.   *I'm afraid.*
> Mae hiraeth arna i.   *I'm nostalgic.*

(**Mae eisiau arno i**, 'there is a need on me', i.e. 'I want', can, as we have seen, be expressed by **Rydw i eisiau**. The former is the more idiomatic.)

| | |
|---|---|
| Beth sy'n bod? | *What's the matter?* |
| Beth sy'n bod arnoch chi? | *What's the matter on you, i.e.* *What's wrong with you?* |
| Does dim yn bod arna i. | *There's nothing wrong (the matter) with me.* |

(iv) **Ar** follows certain verbs, e.g.:

| | | | |
|---|---|---|---|
| gwrando ar | *to listen to* | sylwi ar | *to notice* |
| edrych ar | *to look at* | cael gwared ar | *to get rid of* |
| galw ar | *to call* | | |

(v) **Ar** is also found in idiomatic expressions, e.g.:

| | | | |
|---|---|---|---|
| Ar agor | *open* | ar wahân | *separate(ly), apart* |
| ar gau | *shut* | ar lafar | *in speech* |
| ar glo | *locked* | ar gael | *extant, available* |
| ar goll | *lost* | ar ben | *finished* |
| ar dân | *on fire* | ar fai | *at fault* |
| ar frys | *in a hurry* | ar werth | *for sale* |

and also in such phrases as

| | |
|---|---|
| Mae'n brysur arno i. | *I'm busy.* |
| Mae'n braf arnoch chi. | *It's nice for you, you're lucky.* |
| Mae ar ben arno fe. | *He's finished, it's all up with him.* |

## (b) **Am**

(i) To express intention or wish, 'He wants to . . .' etc.

| | |
|---|---|
| Mae Tom am fod yn feddyg. | *Tom wants to be a doctor.* |
| Maen nhw am briodi yn yr eglwys. | *They want to get married in church.* |

**Am i** is used before a noun (usually a name) or a pronoun:

| | |
|---|---|
| Rydw i am i Siôn ddod. | *I want John to come.* |
| Rydw i am iddo fe ddod. | *I want him to come.* |

(ii) To denote time 'at . . .':

| | |
|---|---|
| am ddau o'r gloch. | *at two o'clock.* |
| am ddeg munud i dri. | *at ten (minutes) to three.* |

(iii) To denote a period of time 'for':

> Am faint o amser rydych chi'n bwriadu aros? Am fis.
> *For how much time do you intend staying? For a month.*

(iv) in conjunction with some verbs, e.g.:

| | | | |
|---|---|---|---|
| talu am | *to pay for* | cofio am | *to remember about* |
| aros am | *to wait for* | anghofio am | *to forget about* |
| siarad am | } *to talk about* | gofyn am | *to ask for* |
| sôn am | | edrych am | *to look for* |

It appears as a second preposition in some verbal phrases, e.g.:

> Diolch **i** chi **am** bopeth rydych chi wedi neud.
> *Thank you for everything you've done.*
> Gofynnwch **i** Sion **am** alw yma.
> *Ask John to call here.*
> Dwedwch **wrth** Aled **am** aros am funud.
> *Tell Aled to wait for a minute.*

(c) **Newydd**, 'newly', 'just'.

Used to express time immediately before the present, or before a point of time in the past. It is followed by the Soft Mutation.

> Rydw i newydd orffen fy ngwaith.
> *I have just finished my work.*
> Roeddwn i newydd godi pan gyrhaeddon nhw.
> *I had just got up when they arrived.*
> Mae'r bws newydd fynd.
> *The bus has just gone.*

(d) **Wrth**

(i) Can be used to indicate what is or was in progress at any given moment (Compare the French '*en train de*'):

> Rydw i wrthi'n gweu par o fenyg i Aled.
> *I am (busy) making a pair of gloves for Aled.*

Roedd e wrthi'n darllen y papur pan alwes i.
*He was (busy) reading the paper when I called.*

Compare colloquial English 'He's at it again', **mae e wrthi eto**. (This expression often has a derogatory meaning in English, but this is seldom so in Welsh.)

Ydych chi wedi gorffen? Nag ydw, rydw i wrthi o hyd.
*Have you finished? No, I'm still at it.*

(ii) **Wrth** before a verb-noun means 'while, when, as'. It is followed by the Soft Mutation.

Fe glywes i'r ffôn yn canu wrth ddod i mewn i'r tŷ.
*I heard the phone ringing as I came into the house.*

**Wrth**, like **cyn** and **wedi** can be followed by the personal forms of **i** to denote person.

Fe syrthiodd e wrth iddo groesi'r ffordd.
*He fell as he crossed the road.*

(iii) **Wrth** follows certain verbs, e.g.:

| | | | |
|---|---|---|---|
| dweud wrth | *to tell* (*to*) | achwyn wrth | *to complain to* |
| curo wrth | *to knock at* | | |

(*s*) **I** (Followed by the Soft Mutation)

(i) As a direct imperative, e.g. 'you are *to* come':

Rydych chi i ddod ar unwaith.
*You are to come at once.*

(ii) After an indefinite noun to denote possession:

Mae Siôn yn fab i Edward Jones.
*John is a son of Edward Jones.*

This implies that Edward Jones has more than one son, and that John is one of them. Compare:

Mab Edward Jones yw Siôn.
*John is Edward Jones' son.*

(iii) With nouns to form complex prepositions and adverbs, e.g.:

i lawr    (from **llawr**, 'floor') *down(wards)*
i fyny    (from **mynydd**, 'mountain') *up(wards)*
i ffwrdd (from **ffordd**, 'way') *away*
i maes    (from **maes**, 'meadow, field') *out(wards)*

Note also the complex cluster of prepositions **i mewn i**, 'into'.

Dewch i mewn i'r tŷ.
*Come into the house.*

(**Mewn** as an independent preposition means 'in a' and is found in front of indefinite nouns: **mewn cae**, 'in a field'.)

(iv) Before the Indirect Object (see Lesson 13):

Rhowch y llyfr i Siôn.
*Give the book to John* or *Give John the book.*

(v) Used as a preposition after certain verbs, e.g.:

diolch i   *to thank*     rhoi i    *to give (to)*
gofyn i   *to ask*       gadael i  *to allow*
byw i     *to live for*
Diolch i chi!          *Thank you!*
Gofynnwch iddo fe.    *Ask him.*
Gadewch iddo fe fynd.   *Let him go.*

(vi) With adjectives and nouns in idiomatic phrases, e.g.:

Mae e'n debyg i'w dad.   *He's like (unto) his father.*
Mae hi'n debyg i law.   *It's like rain., i.e. It looks like rain.*

(For the 'impersonal' it see Lesson 3.3.)

## 5. How to say 'together'

gyda'n gilydd[1]   *'us' together*
gyda'ch gilydd   *'you' together*

---

[1] **Gilydd** is an old word, not extant in speech except in this construction, meaning 'each other, fellow'. **Gyda'n gilydd** literally means 'with our fellow(s)', i.e. 'together', and **gyda'i gilydd**, 'each with *his* fellow'.

gyda'i gilydd     '*they*' *together*
Gadewch i ni fynd gyda'n gilydd.
*Let's go together.*
Maen nhw bob amser gyda'i gilydd.
*They are always together.*
Dechreuwch gyda'ch gilydd.
*Start together.*

PATTERN PRACTICE EXERCISES

1. Asking questions about what has happened:

Oeddet ti wedi bod yno o'r blaen? Na, doeddwn i erioed
   wedi bod yno.
*Had you been there before? No, I had never been there.*

   1. Oedd Tom wedi bod yno o'r blaen?
      Na, ...............................
   2. Oedd Gwen wedi cysgu yno o'r blaen?
      Na, ................................
   3. Oeddech chi wedi gweld y lle o'r blaen?
      ...................................
   4. Oedden nhw wedi cael bwyd yno o'r blaen?
      ...................................

2. Pryd byddwch chi wedi gorffen? Fe fydda i wedi gorffen
   erbyn deg.
*When will you have finished? I shall have finished by ten.*

   1. Pryd bydd Gareth wedi gorffen?
      Fe ...................... erbyn deg.
   2. Pryd bydd Siân wedi gorffen?
      Fe ...............................
   3. Pryd bydd y plant wedi gorffen?
      Fe ...............................
   4. Pryd byddwch chi wedi gorffen?
      Fe ...............................
   5. Pryd byddan nhw wedi gorffen?
      Fe ...............................

3. Say that you've just done the following, e.g.:
darllen y llyfr: Rydw i newydd **dd**arllen y llyfr.

   1. dod i mewn:       Rydw i ....................
   2. golchi'r llestri:    Rydw i ....................
   3. cael brecwast:     Rydw i ....................
   4. codi o'r gwely:     Rydw i ....................
   5. gorffen 'y ngwaith: Rydw i ....................
   6. deffro:            Rydw i ....................

4. Gwen is suffering from a number of ailments etc. Say what they are from the list given, e.g. annwyd: Mae annwyd ar Gwen. *Gwen has a cold.*

   1. peswch:   Mae ................................
   2. syched:   Mae ................................
   3. ofn:       Mae ................................
   4. hiraeth:  Mae ................................

5. Gofynnwch i Elwyn am lyfr. Na, gofynnwch **chi** iddo fe. *Ask Elwyn for a book. No, **you** ask him.*

   1. Gofynnwch i Nesta am stamp.
      Na, gofynnwch **chi** ...................
   2. Gofynnwch i'r plant am rif eu ffôn nhw.
      Na, ............................
   3. Gofynnwch iddyn nhw am ddod.
      Na, ............................
   4. Gofynnwch i Tom am ganu.
      Na, ............................

6. Pwy sy'n talu am y llyfr? *Fi* sy'n talu amdano fe. *Who's paying for the book. **I'm** paying for it.*

   1. Pwy sy'n talu am y car?
      Fi ...................................
   2. Pwy sy'n talu am y gadair?
      Fi ...................................
   3. Pwy sy'n talu am y ffenest?
      Fi ...................................

4. Pwy sy'n talu am y tocynnau?
   Fi . . . . . . . . . . . . . . . . . . . . . . . . . . . . . . .
5. Pwy sy'n talu am y plant?
   Fi . . . . . . . . . . . . . . . . . . . . . . . . . . . . . . .

GEIRFA 18

| | | | |
|---|---|---|---|
| achwyn | *to complain* | galwad (F) | *a call* |
| aelod-au (M) | *member* | glöwr, glowyr (M) | *miner, collier* |
| amheus | *doubtful* | gofal-on (M) | *anxiety, charge* |
| am fod | *because* | golff (M) | *golf* |
| anadl (M/F) | *breath* | gorchymyn (M) | *command* |
| annwyd, anwydau (M) | *a cold* | gorffwys | *to rest* |
| anodd | *difficult* | gwared | *to rid* |
| bach | *dear, little* | gweithiwr, gweithwyr (M) | *worker* |
| balch | *proud* | | |
| bath-au (M) | *bath* | hiraeth (M) | *longing, nostalgia* |
| (a) bod, fod | *(and) that* | | |
| brân, brain (F) | *crow* | hwylus | *well, convenient* |
| bwgan brain (M) | *scarecrow* | | |
| bwriadu | *(to) intend* | locwm (M) | *locum* |
| cadeirydd-ion (M) | *chairman* | llathen-ni (F) | *yard* |
| | | llwyddo | *to succeed* |
| caets-ys (M) | *cage* | maes (F) | *field* |
| camgymeriad-au (M) | *mistake* | man-nau (F/M) | *place* |
| carreg, cerrig (F) | *stone* | maneg, menyg (F) | *glove* |
| cloddio | *to dig* | math-au | *sort, kind* |
| clust-iau (F) | *ear* | milltir-oedd (F) | *mile* |
| cripian | *to creep* | | |
| crys-au (M) | *shirt* | mynnu | *to insist* |
| cwymp (M) | *fall* | nifer-oedd (M) | *number* |
| cyhyd (â) | *as/so long (as)* | niwed, niweidiau (M) | *harm* |
| defnyddio | *to use* | | |
| euog | *guilty* | | |

| | | | |
|---|---|---|---|
| ofn-au (M) | *fear, terror* | swyddfa, | *office* |
| ofnadwy | *terrible,* | swyddfeydd | |
| | *awful* | (F) | |
| olaf | *last* | syched (M) | *thirst* |
| pendant | *definite* | sylwi | *to notice* |
| peryglus | *dangerous* | tram (F) | *tram* |
| peswch (M) | *cough* | trugaredd (F) | *mercy* |
| plan -iau (M) | *plan* | trydydd | *third* |
| plisman (M) | *policeman* | twnel -i (M) | *tunnel* |
| poen (M) | *pain* | tybed | *I wonder* |
| pwll (M) | *pit, pool* | tymheredd | *temperature* |
| rheolwr (M) | *manager* | (M) | |
| rhuthro | *to rush* | ymhell | *far* |
| rhyw | *some* | ystod, yn | *during* |
| rhywsut | *somehow* | dan ddaear | *underground* |
| sbwylio | *to spoil* | arswyd y byd! | *heavens above!* |
| sgrifennydd, | *secretary* | | *Saints* |
| sgrifenydd- | | | *alive!* |
| ion | | drwy | *mercifully* |
| sgwrsio | *to chat* | drugaredd | *(Lit.* |
| sibrwd | *to whisper* | | *through* |
| siwt -iau (F) | *suit* | | *mercy)* |

YMDDIDDAN 18

*It's past midnight. Siân, Gwen, Aled and Tom are in the lounge in Dr Rhys' house. Mrs Rhys has gone to bed with a cold. Dr Rhys has gone to the Golf Club dinner.*

*Gwen*  Beth gawn ni neud? Gawn ni ddawnsio?

*Aled*  O na! Rydw i wedi blino gormod. Gadewch i ni eistedd a sgwrsio.

*Tom*  Ble mae dy dad heno, Aled? Mae e allan yn hwyr.

*Aled*  Ydy. Mae e wedi mynd i ginio'r clwb golff. Maen nhw wedi ei 'neud e'n gadeirydd, ac mae e'n mynd i siarad heno.

*Siân*  Fe fuodd e a Mam yn y dre bore 'ma. Roedd 'nhad am brynu siwt newydd a chrys newydd i fynd i'r cinio.

*Aled*  Pwy sy'n locwm, 'te, Siân?

*Siân* Doctor Lewis. Fe addawodd e gymryd gofal o'r practis tan hanner nos heno.

*Aled* Wel, os daw galwad nawr, fe fydd yn rhaid i Tom a ti fynd allan, achos mae hi'n un o'r gloch eisoes!

*Tom* Pam nad wyt ti wedi mynd i'r cinio 'te, Aled? Rwyt ti'n aelod o'r clwb, wyt ti ddim?

*Aled* Ydw, ydw. Ond maen nhw'n galw am blaniau'r stad dai newydd, ac fe fues i wrthi drwy'r dydd. Roedd hi wedi wyth pan orffennes i yn y swyddfa. On'd ydy hi'n braf ar y meddygon 'ma, yn gallu mynd a dod fel y mynnon nhw! Rwyt ti wedi dewis y job iawn, Tom. Mae bywyd doctor yn fêl i gyd!

*Gwen* Paid ti â gwrando arno fe, Tom. Tynnu dy goes di mae e. Does neb yn gwybod beth all ddigwydd mewn diwrnod, cofia.

*Tom* Beth sy'n bod ar dy fam, Siân?

*Siân* Mae hi yn y gwely. Dydy hi ddim yn hwylus. Mae annwyd trwm arni, ac mae arna i ofn fod ei thymheredd hi'n codi. Roedd hi'n edrych ymlaen at fynd i'r cinio gyda 'nhad. Roedd e'n edrych mor smart yn ei ddillad newydd! Pam mae e cyhyd, tybed?

*Aled* Mae sŵn car y tu allan. Ond nid ein car ni ydy e. Car pwy all e fod, tybed? Fe af i i'r ffenest i weld. Arswyd y byd! Tom, dere allan gyda fi. Siân! Mae 'nhad wedi cael damwain. Mae Dr Lewis yn ei helpu fe allan o'r car . . .

*Dr Lewis* Roeddwn i am fynd â'ch tad i'r ysbyty, ond fe wrthododd yn bendant.

*Siân* 'Nhad bach, beth sy wedi digwydd i chi? Ydych chi wedi cael llawer o niwed?

*Dr Rhys* Nag ydw, drwy drugaredd. Ond rwy'n wlyb . . ac yn teimlo'n euog.

*Siân* Yn euog? O beth?

*Dr Rhys* Yn euog o sbwylio siwt newydd a chrys newydd! Edrych arna i! Welest ti erioed ddyn yn debycach i fwgan brain?

*Tom* Ond beth ddigwyddodd i chi, Dr Rhys?

*Dr Rhys* Fe eistedda i fan 'ma nawr am funud i orffwys, a

fe ddweda i wrthoch chi. Roeddwn i newydd godi i
siarad yn y cinio pan ddaeth Jones y plisman i mewn, a
sibrwd yng nghlust John Evans, rheolwr y gwaith glo.
Pan oedd John ar fynd allan, fe gydiais i ynddo, a gofyn
iddo beth oedd yn bod. Fe ddwedodd wrtho i fod cwymp
yn y gwaith glo, a bod nifer o ddynion dan y cwymp.
Fe ddwedes wrth Charlie Edwards am gario ymlaen yn
'yn lle i.

*Aled*    Mae digon i ddweud gyda Charlie.

*Dr Rhys*    Oes. Fe ruthres i allan ar ôl John, a fe gyrhaeddon
ni ben y pwll gyda'n gilydd. Roedd Doctor Lewis wedi
cyrraedd o'n blaen ni.

*Dr Lewis*    Cymerwch anadl nawr. Mae'n rhaid i chi fynd
i dynnu'r dillad 'na oddi arnoch chi, a chael bath a
gorffwys. Dyna orchymyn oddi wrth eich meddyg
*chi*!

*Dr Rhys*    O'r gorau, Lewis. Ble mae dy fam, Siân?

*Siân*    Mae hi yn y gwely. Dydy hi ddim yn hwylus. Mae
annwyd trwm arni, ac fe rois i dabled cysgu iddi. Ga i
ofalu amdanoch chi?

*Dr Rhys*    Diolch, Siân fach. Dere gyda fi i'r stafell ymol-
chi . . .

*Aled*    Beth ddigwyddodd wedyn, Dr Lewis?

*Dr Lewis*    Fe aeth John Ifans â ni i lawr i waelod y pwll
yn y caets.

*Tom*    Oedd y cwymp ymhell o waelod y pwll?

*Dr Lewis*    Oedd, tua tri chwarter milltir. Roedden ni'n
gallu mynd mewn tram y rhan fwya o'r ffordd, ond fe
fu'n rhaid i ni gripian y can' llath ola. Roedd llwch tew
ym mhob man.

*Gwen*    Oedd arnoch chi ofn?

*Dr Lewis*    Nag oedd, o leia . . . dim llawer! Roeddwn i'n
falch ofnadwy fod eich tad gyda ni, Aled. Mae e wedi cael
llawer mwy o brofiad dan ddaear na fi.

*Aled*    Roedd 'nhad-cu yn löwr, ac fe fuodd 'nhad yn
gweithio gyda fe yn ystod gwyliau coleg.

*Gwen*    Faint o ddynion oedd dan y cwymp?

*Dr Lewis*    Tri. Roedd y gweithwyr eraill wedi cael dau

allan a roedden nhw'n cloddio am y trydydd pan gyr-
haeddon ni.

*Tom*   Oedd e'n fyw?

*Dr Lewis*   Oedd. Ond roedd e mewn poen mawr, ag roedd
hi'n anodd mynd ato fe. O'r diwedd fe lwyddodd eich
tad i gyrraedd ato fe drwy ryw fath o dwnel rhwng y
cerrig, a rhoi chwistrelliad iddo fe; a rywsut fe lwyddon
ni i dynnu'r dyn allan.

*Gwen*   Ga i neud cwpaned o goffi i chi, Dr Lewis? Rwy'n
siŵr fod syched arnoch chi.

*Dr Lewis*   Diolch, Gwen. Oes, mae syched mawr arno i.
Dydw i ddim wedi cael gwared ar y llwch glo na eto!

*Aled*   Pwy oedd dan y cwymp?

*Dr Lewis*   Gareth Pritchard, o Dynymaes. Mae e'n fab i
John Prichard, sgrifennydd y tîm rygbi. Ga i ddefnyddio'ch
ffôn chi, Aled? Fe fydd Gareth wedi cyrraedd yr ysbyty
erbyn hyn. Rydw i am wybod sut mae e.

*Tom*   Gafodd e lawer o niwed? Mae Gareth yn chwarae i
dîm y pentre.

*Dr Lewis*   Do, mae arna i ofn. Chwaraeiff e ddim rhagor o
rygbi y tymor 'ma, a mae'n amheus gyda fi a aiff e'n
ôl i'r pwll glo eto. Fe all e ddiolch i'ch tad ei fod e'n fyw.

*Gwen*   Druan o Gareth. A druan o Dr Rhys hefyd—a'i siwt
newydd!

*Tom*   Pwy ddwedodd fod bywyd meddyg yn fêl i gyd?


CWESTIYNAU

1. Pam roedd Dr Rhys yn mynd i ginio'r clwb golff?
   Achos roedden nhw wedi ei neud e'n gadeirydd.
2. Pwy oedd yn gofalu am y practis?
   Dr Lewis oedd yn gofalu amdano.
3. Pam roedd Aled yn dweud fod bywyd doctor yn fêl i
   gyd?
   Am fod (*because*) doctor yn gallu mynd a dod fel y
   mynno.
4. Beth oedd yn bod ar Mrs Rhys?
   Roedd annwyd trwm arni.

5. Pam nad aeth Aled i'r cinio?
   Achos roedd e'n gweithio'n hwyr.
6. Pryd daeth y newydd fod cwymp wedi digwydd?
   Pan oedd Dr Rhys newydd godi i siarad.
7. Pwy oedd yn gofalu am Dr Rhys ar ôl iddo ddod adre?
   Siân oedd yn gofalu amdano fe.
8. Sut roedd Dr Rhys wedi cael profiad o fod dan ddaear?
   Roedd e wedi bod yn gweithio yno gyda'i dad yn ystod
   gwyliau'r coleg.
9. Oedd y gweithwyr wedi cael dynion allan cyn i'r
   doctoriaid gyrraedd?
   Oedden. Roedden nhw wedi cael dau ddyn allan, ac
   roedden nhw'n cloddio am y trydydd.
10. Pam nad yw bywyd doctor yn fêl i gyd?
    Mae'n rhaid iddo fod yn barod i weithio bob awr o'r
    dydd, a gweithio mewn lleoedd peryglus, weithiau.

### TRANSLATION INTO WELSH

1. We had arrived too late to buy tickets.
2. We'll have gone home by that time.
3. I was walking along the road when I saw that the
   church was on fire.
4. They were about to go to bed when we called.
5. What's the matter with Glyn? He's nostalgic.
6. I'm afraid that the little dog is lost.
7. Thank Dr Rhys for everything he's done.
8. She's very much like her mother, isn't she?
9. Let's go together.
10. Let's celebrate the New Year!
    Very well.

# Lesson 19

### 1. How to say 'I would, I could' etc.

In Welsh, the conditional 'would' has the same terminations as **oedd**, with the addition of **-e** (from **-ai**) in the third person singular.

| | |
|---|---|
| Fe hoff**wn** i | *I would like* |
| Fe hoff**et** ti | *You would like* |
| Fe hoff**e** fe | *He would like* |
| Fe hoff**e** hi | *She would like* |
| Fe hoff**en** ni | *We would like* |
| Fe hoff**ech** chi | *You would like* |
| Fe hoff**en** nhw | *They would like* |

Hoffech chi ddod?
*Would you like to come?*
Ble hoffech chi fynd?
*Where would you like to go?*
Beth hoffech chi gael?
*What would you like to have?*
Fe hoffwn i gael cwpaned o de, os gwelwch yn dda.
*I'd like to have a cup of tea, please.*
Fe hoffwn i ofyn cwestiwn i chi.
*I'd like to ask you a question.*

The inflected form of **gallu,** 'to be able', is used to translate 'could':

| UNMUTATED AFFIRMATIVE FORM | | MUTATED FORM (after **fe** etc.) |
|---|---|---|
| Gall**wn** i | *I could* | Fe allwn i |
| Gall**et** ti | *You could* | Fe allet ti |

| | | |
|---|---|---|
| Gall**e** fe | *He could* | Fe all**e** fe |
| Gall**e** hi | *She could* | Fe all**e** hi |
| Gall**en** ni | *We could* | Fe all**en** ni |
| Gall**ech** chi | *You could* | Fe all**ech** chi |
| Gall**en** nhw | *They could* | Fe all**en** nhw |

Interrogative: Allwn i? *Could I? etc.*

Negative:     Allwn i ddim. *I couldn't*

Allwn i ddim troi'r olwyn.
*I couldn't turn the wheel.*

Further examples:

Beth arall allwn i 'neud?
*What else could I do?*
Fe allet ti fod wedi galw am help.
*You could have called* (Lit. *could have been calling*) *for help.*

Note the differences between the following sentences:

**Fe alla i** siarad Cymraeg.
*I **can** speak Welsh.*
**Allwn i** byth chwarae'r gitâr!
*I **could** never play the guitar!*
Fe **all** unrhyw un 'neud camgymeriadau.
*Anyone **can** make mistakes.*
Fe **alle** unrhyw un ateb y cwestiwn 'na.
*Anyone **could** answer that question.*

## 2. Reported speech

In reported speech, **y**, 'that', referring to future action, and **a**, 'whether', are often omitted, as in English ('You said (that) you . . .', 'I asked whether he could/could he . . .?') Note also that in reported speech the verb takes a different form from the one used in the original utterance:

Fe alla i ddod.
*I can come.*

Fe ddwedodd e (y) galle fe ddod.
*He said that he could come.*

Note that **y** is *not* followed by a mutation:

Fe alla i fynd gyda nhw.
*I can go with them.*
Fe ddwedodd e (y) galle fe fynd gyda nhw.
*He said he could go with them.*

But **a**, 'whether', causes Soft Mutation:

Alla i ddod?
*Can I come?*
Gofynnodd (a) alle fe ddod.
*He asked whether he could/could he come.*

### 3. The verb *bod*, 'to be': conditional, 'I would be'

In colloquial speech, the imperfect tense of **Bod (Byddwn i, byddit ti** etc.) has been supplanted by the pluperfect **buaswn**, contracted to **baswn**: 'I would'.

| UNMUTATED FORM | | MUTATED FORM |
|---|---|---|
| Baswn i | *I would* | Fe faswn i |
| Baset ti | *You would* | Fe faset ti |
| Base fe | *He would* | Fe fase fe |
| Base hi | *She would* | Fe fase hi |
| Basen ni | *We would* | Fe fasen ni |
| Basech chi | *You would* | Fe fasech chi |
| Basen nhw | *They would* | Fe fasen nhw |

This inflected form is used quite frequently with **pe**, the form of 'if' used with the imperfect or pluperfect tenses. **Pe** is *not* followed by a mutation.

Pe basech chi'n gwrando arna i, fasech chi ddim yn neud camgymeriadau.
*If you listened to me, you wouldn't make mistakes.*
Fe fasen ni'n hapus pe basech chi'n gallu dod.
*We would be glad if you were able to come.*

In rapid colloquial speech, the phrase **pe baswn i** etc. is reduced to its ending **-swn i** etc.

| | | | |
|---|---|---|---|
| 'Swn i | *if I were* | 'Sen ni | *if we were* |
| 'Set ti | *if you were* | 'Sech chi | *if you were* |
| 'Se fe | *if he were* | 'Sen nhw | *if they were* |
| 'Se hi | *if she were* | | |

Se fe 'ma, 'swn i ddim wedi chwarae.
*If he were here, I wouldn't have played.*

The full forms are used in answers and responses:

Sech chi'n gwybod. Baswn.
*You would know. Yes, I would.*

## 4. How to say 'I ought' etc. Defective verbs, etc.

'I ought' has the endings of the imperfect tense. The verb has no infinitive form.

| | | | |
|---|---|---|---|
| Fe ddylwn i | *I ought* | Fe ddylen ni | *We ought* |
| Fe ddylet ti | *You ought* | Fe ddylech chi | *You ought* |
| Fe ddyle fe | *He ought* | Fe ddylen nhw | *They ought* |
| Fe ddyle hi | *She ought* | | |

Interrogative: Ddylwn i? *Ought I?*
Negative: Ddylwn i ddim. *I oughtn't, I shouldn't.*

Fe ddylwn i smocio llai.
*I ought to smoke less.*
Ddylet ti ddim yfed cyn gyrru.
*You shouldn't (oughtn't to) drink before driving.*
Pwy ddyle fynd?
*Who ought to go?*
Beth ddylen ni neud?
*What ought we to do?*
Pam dylwn **i** fynd?
*Why should **I** go?*
Pwy arall alle fynd?
*Who else could go?*

This verb has also a past perfect form which, with its interpolated **-s-**, has the same meaning in colloquial Welsh as the form with the endings of the imperfect.

> Fe ddyl(s)wn i fynd.
> *I ought to go.*

The auxiliary **fod wedi** is used to form the past perfect tense.

> Fe ddyl(s)wn i fod wedi ei dalu fe.
> *I should (ought to) have paid him.*
> Fe ddyl(s)ech chi fod wedi gofyn iddo ble roedd e'n mynd.
> *You ought to have asked him where he was going.*

### 5. How to say 'I said' etc. Defective verbs (continued)

In rapid conversational exchanges the verb **dweud** or **dywedyd**, 'to say', is rather formal. A more informal word is the 'defective' verb **meddwn i** etc. which, like **dylwn i**, has no infinitive. Its use is restricted in speech mostly to the past tense; it has no interrogative or negative forms, and is not preceded by **Fe** or **Mi**. Like **dweud** it is followed by the preposition **wrth**, 'to'.

> 'Rwy'n mynd,' medde fe wrtho i un bore.
> *'I'm going,' said he to me one morning.*
> 'Paid â mynd heb dy fag,' meddwn i wrtho fe.
> *'Don't go without your bag,' said I to him.*

| | | | |
|---|---|---|---|
| Meddwn i | *I said* | Medden ni | *We said* |
| Meddet ti | *You said* | Meddech chi | *You said* |
| Medde fe | *He said* | Medden nhw | *They said* |
| Medde hi | *She said* | | |

The form **ebe**, 'said', is more compact still. It relies for its meaning and tense on the context and the pronoun that follows it:

> Ebe fi, *said I*    Ebe ti, *you said* etc.

*Note*

Both these verbs are usually used *after* direct speech.

## 6. How to say 'I am seen' etc. The passive voice

In English, the passive voice is expressed by the use of the verb 'to be' together with the past participle of the main verb, e.g. 'I am being paid'. Its equivalent in Welsh, called the 'non-personal', is expressed by using the verb **cael**, 'to have', as an auxiliary, followed by a construction similar to that of the Pronoun Object (see Lesson 9). Note the similarity between these sentences:

> Rydw i'n cael fy nhâl.
> *I'm having my pay.*
> Rydw i'n cael fy nhalu.
> *I'm having my paying, i.e. I'm being paid.*

Similarly:

> Rydw i'n cael fy ngweld.
> *I am being seen.*
> Mae'r tŷ yn cael ei godi.
> *The house is being built.*
> Mae e'n cael ei godi.
> *It/He is being raised or built.*

In the past tense (using the past tense of **cael**):

> Fe gafodd y tŷ ei godi.
> *The house was built.*
> Fe ges i 'ngeni.
> *I was born.*

The past tense of 'to be born'.

| | |
|---|---|
| Fe ges i 'ngeni. | *I was born (I had my birth).* |
| Fe gest ti dy eni. | *You were born.* |
| Fe gafodd e ei eni. | *He was born.* |
| Fe gafodd hi ei geni. | *She was born.* |
| Fe gawson ni ein geni. | *We were born.* |

Fe gawsoch chi eich geni.  *You were born.*
Fe gawson nhw eu geni.  *They were born.*

Fe gafodd Crist ei eni ym Methlehem.
*Christ was born in Bethlehem.*
Fe gafodd e ei godi yn Nasareth.
*He was raised, brought up, in Nazareth.*
Fe ges i 'nghodi yn y wlad.
*I was brought up in the country.*

Ble cawsoch chi'ch geni?  *Where were you born?*
Pryd cawsoch chi'ch geni?  *When were you born?*

**Gan** or **gyda** is used to translate 'by' in this construction:

Mae e'n cael ei godi **gan** ei nain.
*He is being brought up **by** his grandmother.*

In the present perfect, **yn** is changed to **wedi**.

Mae e'n cael ei ddal.
*He is being caught, he is caught.*
Mae e wedi cael ei ddal.
*He has been caught.*

**Cael** in the present perfect may be omitted:

Mae e wedi ei ddal.
*He has been caught.*
Mae e wedi ei ladd.
*He has been killed.*
Maen nhw wedi eu talu.
*They have been paid.*
Mae'r tŷ wedi ei ddodrefnu'n dda.
*The house has been well furnished.*

This construction is used when describing the material of
which an object is made, or where it is made:

Mae'r tegan wedi ei neud o bren.
*The toy is made of wood.*

Mae caws wedi ei neud o laeth.
*Cheese is made of milk.*
O beth mae hwn wedi ei neud?
*Of what is this made?*
O blastig mae e wedi ei neud
*It's made of plastic.*

**Wedi ei neud (o)** is frequently used as an adjectival phrase:

Cwpwrdd wedi ei neud o dderw.
*A cupboard made of oak, an oak cupboard.*
Tegan wedi ei neud yn Hong Kong.
*A toy made in Hong Kong.*
Brethyn wedi ei neud yng Nghymru.
*Cloth made in Wales.*

A more formal method of expressing the passive, much favoured in the non-personal style of news bulletin composition, is to add the endings **-ir** (present and future), **-id** (imperfect) and **-wyd** (past) to the stem of the verb:

Agorir y ffordd newydd gan Ysgrifennydd Cymru.
*The new road will be opened by the Secretary for Wales.*
Fe welir llawer o bobl yn gyrru i lan y môr.
*Many people are seen driving to the seaside.*
Lladdwyd dau fachgen mewn damwain ar fynydd Tryfan ddoe.
*Two boys were killed in an accident on Tryfan mountain yesterday.*
Cadwyd ef yn y ddalfa.
*He was kept in custody.*

In Welsh conversation, it is more natural to use the personal form of the verb, where possible, rather than the impersonal; to say 'they are building a house' rather than 'a house is being built', **maen nhw'n codi tŷ**, rather than **Mae tŷ'n cael ei godi** or **Codir tŷ**. The French, the Germans and the Spaniards tend to do the same.

### 7. How to say 'Me too' etc.

Welsh has a set of 'conjunctive' pronouns meaning 'I too', 'I also', 'I, on the other hand' etc. and often followed by **hefyd**:

> Rydw i'n mynd adre. Rydw inne'n mynd hefyd. A finne.
> *I'm going home. I'm going home too. And me too.*
> Beth am Gwen? Mae hithe'n mynd adre.
> *What about Gwen? She too is going home.*

Conjunctive pronouns:

| | | | |
|---|---|---|---|
| finne, inne | *I/me too* | ninne | *we/us too* |
| tithe | *You too* | chithe | *you too* |
| ynte | *He/him too* | nhwythe | *they too* |
| hithe | *She/her too* | | |

Most of these pronouns are compounds of the simple pronouns. **Ynte** (or **yntau**) is an exception:

> Mae ynte'n dod hefyd.
> *He too is coming (also).*
> Fe welwyd ynte hefyd.
> *He too was seen.*

PATTERN PRACTICE EXERCISES

1. Hoffet ti ddod gyda ni? Hoffwn, ond does dim amser gyda fi.

    *Would you like to come with us? Yes, but I haven't got time.*

    1. Hoffe Tom ddod gyda ni? ........................
    2. Hoffech chi ddod gyda ni? ........................
    3. Hoffen nhw fynd i'r dre? ........................
    4. Hoffe'r plant fynd i'r dre? ........................

2. Allet ti ei helpu fe? Gallwn, fe allwn i ei helpu fe.
*Could you help him? Yes, I could help him.*

    1. Alle Gwen ei helpu fe? .......... hi ..........
    2. Alle Aled ei helpu fe? .......... fe ..........
    3. Allech chi ei helpu fe? .......... ni ..........
    4. Allen nhw ei helpu fe? .......... nhw ........

3. Ydy Siân yn dod? Gofynnwch iddi hi ydy hi'n dod.
*Is Siân coming? Ask her is she coming.*

    1. Ydy Tom yn mynd?
    Gofynnwch .........................
    2. Ydyn nhw'n mynd?
    Gofynnwch .........................
    3. Ydy Mr a Mrs Owen yn gwybod?
    .................................
    4. Ydy Gwen yn chwarae golff?
    .................................

4. Fe ddwedes i y gallwn i **dd**od.
*I said (that) I could come.*
Say that you said you could do the actions listed:

    1. Galw:     Fe .........................
    2. Canu:    Fe .........................
    3. Trïo:      Fe .........................
    4. Gyrru:   Fe .........................
    5. Dechrau: Fe .........................
    6. Clywed:  Fe .........................

5. Ydy Edward Jones yn dod? Mae Aled yn dweud *ei fod e'n* dod.
*Is Edward Jones coming? Aled says that he's coming.*

    1. Ydy Mrs Jones yn dod?
    Mae Aled yn dweud ...............
    2. Ydy Mrs Jones yn gwybod?
    Mae ...........................
    3. Ydy'r plant yn gwybod?
    Mae ...........................

4. Oedd Edward Jones yn cysgu?
   Mae . . . . . . . . . . . . . . . . . . . . . . . . . . . . . . . .
5. Oedd yr athrawon yno?
   Mae . . . . . . . . . . . . . . . . . . . . . . . . . . . . . . . .
6. Oedd Mrs Owen yn siopa?
   Mae . . . . . . . . . . . . . . . . . . . . . . . . . . . . . . . .

6. Pe base fe yma, faswn i ddim wedi mynd.
   *If he'd been here, I wouldn't have gone.*
   Now say that what is listed below would not have happened either.

   1. (hi-wedi cwympo) Pe
      base fe yma,         . . . . . . . . . . . . . . . . . . . . . . .
   2. (nhw-wedi ein curo ni)  . . . . . . . . . . . . . . . . . . . . . . .
   3. (Jac-wedi prynu'r car)   . . . . . . . . . . . . . . . . . . . . . . .
   4. (chi-wedi colli)         . . . . . . . . . . . . . . . . . . . . . . .
   5. (plant-wedi   dringo'r
      mynydd)              . . . . . . . . . . . . . . . . . . . . . . .

7. Mae'r ffilm yn cael ei dangos yn y sinema.
   *The film is being shown in the cinema.*
   Say that it is being shown in the places listed below:

   1. yr ysgol            Mae'r ffilm . . . . . . . . . . . . .
   2. y dre               . . . . . . . . . . . . . . . . . . . . . . .
   3. ar y teledu         . . . . . . . . . . . . . . . . . . . . . . .
   4. yn y capel          . . . . . . . . . . . . . . . . . . . . . . .
   5. yn y neuadd        . . . . . . . . . . . . . . . . . . . . . . .

8. Fe gafodd y tŷ ei godi ym mil naw saith un.
   *The house was built in nineteen seventy-one.*
   Say that the places listed were built at a certain date:

   1. y capel ei godi: 1880   . . . . . . . . . . . . . . . . . . . . . . .
   2. yr eglwys ei chodi: 1250 . . . . . . . . . . . . . . . . . . . . . . .
   3. y neuadd  ei  chodi:
      1899              . . . . . . . . . . . . . . . . . . . . . . .
   4. y  sinema  ei  chodi:
      1922             . . . . . . . . . . . . . . . . . . . . . . .

9. Pryd cest ti dy eni? Fe ges i 'ngeni ym mil naw cant a deg.
   *When were you born? I was born in nineteen ten.*
   Ask when the following were born and reply with the dates given:

   1. Pryd cafodd Aled ...? Ym (1958) .............
   2. Pryd cafodd Siân ...? Ym (1960) .............
   3. Pryd ces i .........? Ym (1962) .............
   4. Pryd cawson nhw ...? Ym (1932) .............

10. Rwy'n mynd i'r gwely. Rwy inne'n mynd i'r gwely hefyd.
    *I'm going to bed. I'm going to bed too.*
    Someone says that they are doing something. Say that you are doing it too:

    1. Rwy'n brysio adre.        Rwy ..................
    2. Rwy'n byw yng Ngwynedd.   ......................
    3. Rwy'n dod o Lundain.      ......................
    4. Rwy'n gweithio yn y tŷ    ......................
    5. Rwy'n mynd am dro i'r parc ......................

GEIRFA 19

| | | | |
|---|---|---|---|
| adnewyddu | *to renew* | echdoe | *the day before* |
| balch | *glad, proud* | | *yesterday* |
| bodlon | *willing* | geni | *to be born* |
| cornel -i | *corner* | gitâr (M) | *guitar* |
| (F/M) | | golwg (F) | *sight* |
| credu | *to believe* | gwario | *to spend* |
| cysurus | *cosy* | gwellt | *straw* |
| cytuno | *to agree* | holi | *to enquire* |
| dalfa (F) | *jail* | lawnt (F) | *lawn* |
| derwen (F) | *oak* | lladd | *to kill* |
| disgrifio | *to describe* | llall, y | *the other* |
| dodrefnu | *to furnish* | y lleill | *the others* |

| | | | | |
|---|---|---|---|---|
| mat -iau (M) | *mat* | | tegan -au (M) | *toy* |
| mochyn, | *pig* | | tir -oedd (M) | *land* |
| moch (M) | | | tithau | *you too* |
| para | *to last* | | twlc, tylcau | *sty* |
| pella | *furthest* | | (M) | |
| penigamp | *excellent,* | | tywyllu | *to get dark* |
| | *first rate* | | ynghylch | *about* |
| perth -i (F) | *hedge* | | | |
| perygl-on (M) | *danger* | | PHRASES | |
| peryglus | *dangerous* | | | |
| pîn (M) | *pine* | | o gwmpas | *around* |
| plasty (M) | *mansion* | | wrth fy modd | *I'm pleased,* |
| pren (M) | *wood, tree* | | | *contented* |
| prydferthwch | *beauty* | | ar gyfer | *intended for* |
| pydru | *to rot* | | o'r gore | *very well, OK* |
| rhagorol | *excellent* | | neu beidio | *or not* |
| rhentu | *to rent* | | eich pedwar | *the four of you* |
| sgwâr -au | *square* | | da i ddim | *good for* |
| (M) | | | | *nothing* |
| | | | yn y man | *soon* |

## YMDDIDDAN 19

*In Dr Rhys' house, some of the family are awaiting the arrival of the others before going over to the cottage to discuss its renovation.*

*Aled*  Ble mae 'nhad? Fe ddyle fe fod adre erbyn hyn.

*Mrs Rhys*  Fe ddaw e cyn bo hir. Mae dy dad yn cadw at ei air bob amser.

*Gwen*  Dyma Siân a Tom yn dod.

*Aled*  A mae 'nhad-cu a mam-gu gyda nhw yn y car.

*Gwen*  Ydyn. Mae Tom wrth ei fodd yn gyrru car nawr ar ôl iddo basio'i brawf gyrru.

*Mrs Rhys*  Fe fydd e eisiau cael ei gar ei hunan, yn y man, fe gewch chi weld. A! dyma chi. Dewch i mewn eich pedwar. Eisteddwch. Hoffech chi gael cwpaned o de? Mae'r tegell wedi berwi. A sut rydych chi'ch dau?

*Mrs Rhys*  Dipyn allan o wynt ar ôl y daith gyflym 'na i lawr o'r Hafod! Ddes i erioed i lawr yn gyflymach yn 'y mywyd! Roedden ni i lawr yn y pentre cyn i fi gael 'yn anadl.

*Gwen* Tom! Ddylet ti ddim gyrru mor gyflym. Mae'r ffordd 'na i lawr o'r mynydd yn rhy serth.

*Tom* Twt, lol. Does dim traffig arni'r amser 'ma o'r dydd, a rwy'n siŵr fod Mr a Mrs Rhys wedi mwynhau'r daith.

*Mr Rhys* Bob munud ohoni Tom. Mae Tom yn gyrru'n ddigon gofalus, chware teg iddo.

*Siân* Dyma 'nhad. Hylo, 'nhad. Ble buoch chi?

*Dr Rhys* Fe alwes i yn nhŷ Jac Bithel, y saer maen, ar 'yn ffordd. Fe ddyle fe fod yma gyda ni ymhen awr.

*Mr Rhys* Wyddost ti, Siân, fod 'nhadcu i, dy hen, hen dad-cu di, yn gweithio yn y bwthyn 'na, pan gafodd e ei godi?

*Siân* Beth yw oed y bwthyn 'na 'te? Ydy e'n henach na chi?

*Mr Rhys* O, ydy. Fe ges i 'ngeni ym mil wyth cant naw deg, a roedd y bwthyn 'na'n hanner can mlwydd oed y pryd hynny. Nawr dwed di pryd codwyd y bwthyn.

*Siân* Fe gafodd e'i godi ym mil wyth cant pedwar deg, felly.

*Mr Rhys* Do, do. A dy hen, hen dadcu di oedd y saer.

*Aled* Fe ddylech chi fod yn falch ohono. Mae'r gwaith coed wedi para'n dda iawn . . . .

*Dr Rhys* O'r gore 'te. Gawn ni fynd draw i'r bwthyn? Pwy sy'n dod gyda ni? Rydych chi, mam a 'nhad yn dod wrth gwrs. Beth amdanoch chi, Megan? Fasech chi'n hoffi dod neu beidio?

*Megan* Wrth gwrs. Fe ddo i'n gwmni i mam-gu.

*Siân* A finne hefyd. Ag rwy'n siŵr dy fod tithe, Gwen, am ddod hefyd, on'd wyt ti?

*Gwen* Ydw, wrth gwrs. A beth am Tom?

*Siân* Mae'n rhaid iddo ynte ddod hefyd. Mae e wedi addo helpu yn yr ardd.

*Dr Rhys* O'r gore. Fe awn ni i gyd gyda'n gilydd . . . Dyma ni. Dewch i mewn, bawb.

*Aled* Mae gyda fi well syniad, 'nhad. Beth pe basen ni'n rhannu yn dri pwyllgor bach? Mam a mam-gu a Gwen i fynd i'r gegin i weld beth hoffe mam-gu gael yno . . .

*Mr Rhys*  Ac fe aiff Siân a Tom a finne i weld yr ardd.

*Aled*  O'r gore. Fe aiff 'nhad a finne i edrych o gwmpas yr adeilad i weld beth sy eisiau ei newid . . .

*Mr Rhys*  Wel, yn wir, mae'r ardd 'ma'n un fawr. Mae gormod o dir yma i fi.

*Tom*  Oes. Mae yma ormod o ardd i ddau. Fe allech chi rentu darn ohoni.

*Siân*  Mae gwell syniad gyda fi, Tom. Neithiwr, roedd Aled a fi'n siarad am wneud lawnt i chwarae tenis yn ein gardd ni, ond doedd dim digon o le. Pe basen (*if we*) ni'n tynnu rhan o'r berth rhwng Tŷ Mawr a'r bwthyn i lawr, fe fase gyda ni ddigon o le i neud lawnt.

*Tom*  Fe fase'n rhaid tynnu'r hen dwlc mochyn 'na i lawr hefyd.

*Mr Rhys*  Base. Ond dyw e dda i ddim fel mae e'n awr . . .

*Dr Rhys*  Wel, yn wir, Aled, mae'r rhain yn gynlluniau rhagorol. Rwy'n eu hoffi nhw'n fawr.

*Aled*  Wel, mae llawer yn dibynnu wrth gwrs ar faint fyddwch chi'n fodlon gwario. Ond rwy'n meddwl y gallen ni newid golwg y lle 'ma, a'i neud e'n dŷ cysurus heb wario gormod o arian.

*Dr Rhys*  Fe ddylen ni ddechrau ar unwaith, er mwyn cael y lle'n barod cyn y gaea. Rhaid i ni fynd ati ar unwaith.

*Aled*  Rydw i wrthi'n holi ynghylch y defnyddiau yn barod. Fe ges i air gyda Jac Bithel echdoe, a mae e'n barod i ddechrau ar y gwaith yr wythnos nesa. Ble mae e, tybed? Ydych chi'n meddwl dylwn i ei ffonio fe?

*Dr Rhys*  Na, gad iddo fe fod. Fe ddaw e yn ei amser da ei hunan. Mae e'n weithiwr penigamp, unwaith dechreuiff e.

*Aled*  Wel, os ydych chi'n fodlon ar y cynlluniau 'ma, fe awn ni i'r gegin i weld beth mae'r gwragedd yn feddwl. Wel, beth hoffech chi weld yn digwydd yma? Beth rydych chi'n feddwl am y cynlluniau?

*Mrs Rhys*  Maen nhw'n ardderchog. Fe fydd y lle 'ma fel plasty bach. Fe fydda i wrth fy modd yma, rwy'n siŵr.

*Aled*  Wel, dyna ddau bwyllgor yn cytuno. Ble mae'r lleill? A, dyma nhw. Beth am yr ardd 'na, 'nhad-cu?

*Mr Rhys*  Fe allwch chi gael darn mawr ohoni ar gyfer y
lawnt i chwarae tenis. Mae'n rhaid torri'r hen goed pîn
'ma i lawr. Maen nhw'n tywyllu'r tŷ.

*Aled*  Ydyn. Ond rwy'n credu dylen ni gadw'r dderwen
yn y cornel pella. Fe fase sgwâr y pentre yn wag hebddi.

*Dr Rhys*  Base. Mae hi'n rhan o brydferthwch y pentre.

*Siân*  Beth am y to gwellt sy ar y bwthyn, Aled? Oes dim
peryg iddo fynd ar dân?

*Aled*  Nag oes. Gyda gwres canolog drwy'r tŷ, fydd dim
llawer o beryg tân. Ond fe fydd rhaid ei adnewyddu fe
wrth gwrs. Mae peth ohono wedi pydru.

*Megan*  Wyt ti'n cofio i ti, Aled, pan oeddet ti'n fachgen
bach, ddisgrifio'r lle 'ma fel 'Tŷ â mat ar ei ben?'?

CWESTIYNAU

1. Sut mae Tom yn teimlo ar ôl y prawf gyrru?
   Mae e wrth ei fodd yn gyrru'r car.
2. Beth fydd e eisiau nesa, tybed?
   Fe fydd e eisiau cael ei gar ei hunan nesa.
3. Gawson nhw daith gyflym i lawr o Hafod y Graig?
   Do. Roedd Tom yn gyrru fel y gwynt.
4. Pwy oedd y saer pan gafodd y bwthyn ei godi?
   Tad-cu Mr Rhys, hen dad-cu Dr Rhys, a hen, hen dad-
   cu Siân ac Aled.
5. Beth oedd oed y bwthyn pan gafodd Mr Rhys ei eni?
   Roedd e'n hanner can mlwydd oed y pryd hwnnw.
6. Pam dylen nhw fod yn falch ohono?
   Am fod y gwaith coed wedi para mor dda.
7. Allan nhw gael y bwthyn yn barod erbyn y gaea?
   Gallan. Dim ond iddyn nhw fynd ati ar unwaith.
8. Sut weithiwr yw Jac Bithel?
   Mae e'n weithiwr penigamp, unwaith dechreuiff e.
9. Oes digon o le yng ngardd Tŷ Mawr i neud lawnt
   chwarae tenis?
   Nag oes. Ond fe fydde digon o le pe basen nhw'n
   tynnu'r berth i lawr.
10. Pam na ddylen nhw dorri'r hen dderwen i lawr?
    Am ei bod hi'n rhan o brydferthwch y pentre.

TRANSLATION INTO WELSH

1. 'Would you like to have a cup of coffee? The milk has been boiled.' 'Very well, thank you.'
2. 'You shouldn't drive so quickly. There's snow on the road.'
3. 'Ask Siân whether she's coming or not.'
4. 'The doctor has been called out.'
5. 'What has this been made of?' 'It's been made of pine wood.'
6. 'Barry Edwards is an excellent teacher, isn't he?'
7. 'Would you like to listen to the record?' 'I'd like to, but I can't stay now.'
8. 'I ought to go now, but I want to cut the lawn first.'
9. 'Has the car been washed?' 'Yes, I washed it myself.'
10. 'I live in Cardiff. Do you live in Cardiff too?'

# Lesson 20

## 1. How to say 'I know' etc.

There are two verbs in Welsh which correspond to 'to know' in English. **Gwybod** means to know facts, or, with **sut**, to know how to (Compare French, *'savoir'*). **Adnabod** and its contracted form **nabod** mean 'to know people and places' (Compare French *'connaître'*).

Both have inflected forms that are used in conversation.

The present tense of **Gwybod**:

| | | | |
|---|---|---|---|
| Fe wn i | *I know* | Fe wyddon ni | *We know* |
| Fe wyddost ti | *You know* | Fe wyddoch chi | *You know* |
| Fe ŵyr e | *He knows* | Fe wyddan nhw | *They* |
| Fe ŵyr hi | *She knows* | | *know* |

Fe ŵyr e'n ddigon da ar ba ochr i'r bara mae'r menyn.
*He knows well enough on which side of the bread the butter is,*
   i.e. *on which side his bread is buttered.*

Fe wn i ei fod e'n byw yn y ty 'na.
*I know that he lives in that house.*

Wn i ddim.   *I don't know* (Negative).

**Fe wn i** and **Rydw i'n gwybod** have the same meaning. It is very rare to find inflected and periphrastic forms of the verb in Welsh which are equivalent.

The past tense of **Gwybod**:

| | | | |
|---|---|---|---|
| Fe wyddwn i | *I knew* | Fe wydden ni | *We knew* |
| Fe wyddet ti | *You knew* | Fe wyddech chi | *You knew* |
| Fe wydde fe | *He knew* | Fe wydden nhw | *They knew* |
| Fe wydde hi | *She knew* | | |

Fe wyddwn i ar hyd yr amser ei fod e yno.
   Wyddech chi ddim?
*or* Roeddwn i 'n gwybod . . .
   Oeddech chi ddim yn gwybod?
*I knew all the time that he was there.*
   *Didn't you know?*

Sut gwyddet **ti**? Wyddwn i mo hynny.
*How did you know? I didn't know that.*

Note that these forms are those of the past progressive tense, as 'knowing' is regarded as continuous. The simple past tense of **gwybod** meant 'to realise' and has now been supplanted by the verb **sylweddoli**.

**Adnabod,** or **nabod** has the following inflected tenses in speech:

(*a*) PAST TENSE

| | |
|---|---|
| Fe nabyddes i | *I recognised* |
| Fe nabyddest ti | *You recognised* |
| Fe nabyddodd e | *He recognised* |
| Fe nabyddodd hi | *She recognised* |
| Fe nabyddon ni | *We recognised* |
| Fe nabyddoch chi | *You recognised* |
| Fe nabyddon nhw | *They recognised* |

Fe nabyddes i fe ar unwaith, a fe nabyddodd e fi.
*I recognised him at once, and he recognised me.*

Interrogative: Nabyddodd e chi?   *Did he recognise you?*

Negative:   Nabyddodd e mono i o gwbl.   *He didn't recognise me at all.*

(*b*) THE 'DECISION' FUTURE

In Lessons 6 and 7 we saw how certain actions can be 'coloured' by the will or wishes of the speaker. In this tense also, **nabod** has the stem **nabydd-**, with the regular endings **-a, -i, -iff; -wn, -wch, -an**:

Fe nabydda i   *I'll recognise etc.*   Fe nabyddwn ni
Fe nabyddi di                           Fe nabyddwch chi
Fe nabyddiff e                          Fe nabyddan nhw
Fe nabyddiff hi

Fe nabyddwch chi e wrth ei wallt coch.
*You'll recognise him by his red hair.*

Interrogative: Sut nabydda i e?   *How will I recognise him?*

Negative:   Nabydda i byth mono fe ynghanol yr holl
            bobl 'na.
            *I'll never recognise him amongst all those people.*

(*c*) CONDITIONAL AND SUBJUNCTIVE

Affirmative: Fe nabyddwn i, -et ti, -e fe, -e hi; -en ni, -ech chi, -en nhw.

Fe nabyddwn i e ar unwaith wrth ei lais.
*I'd know him at once by his voice.*

Interrogative: Nabyddech chi hi?
               *Would you recognise her?*

Negative:   Nabydden ni byth moni hi.
            *We would never recognise her.*

## 2. More about 'who, which, that . . .' (the relative pronoun)

In the present tense 'who is' etc. is translated by the 'relative' form **sy** (See Lesson 7):

Mae'r ferch sy'n canu yn byw drws nesa i ni.
*The girl who is singing lives next door to us.*

Fi (sy) biau'r car sy o flaen y tŷ.
*I own the car which is in front of the house.*
or *The car in front of the house is mine.*

In the imperfect ('was, were') tense, **oedd** is substituted for **sy**:

Mae'r car oedd o flaen y tŷ wedi mynd.
*The car which was in front of the house has gone.*
Beth ddigwyddodd i'r goeden oedd ar y sgwâr?
*What happened to the tree (which was) on the square?*

In the future tense **fydd** is used. (This mutated form of **bydd** is due to the relative pronoun **a**, 'who, which', that has now disappeared from speech, leaving only the Soft Mutation as its 'marker'.)

Mae'r bws fydd yn mynd â ni i'r dre wedi cyrraedd y sgwâr.
*The bus that will be taking us to town has arrived at the square.*

This relative construction is most commonly found in conjunction with **Pwy?**, 'Who?', (the interrogative) and **Beth?**

Pwy fydd yma ymhen can mlynedd?
*Who will be here in a hundred years?*
(Title of a popular Welsh song.)
Beth fydd yn digwydd i'r bwthyn?
*What will happen to the cottage?*

In the past tense the verb in the relative ('who') clause will undergo Soft Mutation, e.g.:

Mae'r bachgen (a) welson ni yn byw yn y pentre.
*The boy (whom) we saw lives in the village.*
Pa lythyr? Y llythyr (a) ddaeth gyda'r post ddoe.
*What letter? The letter that came with the post yesterday.*

This old relative pronoun **a** has now disappeared from conversational Welsh leaving the Soft Mutation only as a marker of a relative clause.

## 3. The use of neud as an auxiliary verb

Some of the tenses of **(gw)neud**, the present tense in particular, are used as auxiliary verbs:

> Newch chi ei helpu hi?
> *Will you help her?*

Note that **newch chi** here corresponds to 'will you' in English.

> Newch chi agor y drws i fi, os gwelwch yn dda?
> *Will you open the door for me, please?*
> Newch chi siarad yn fwy ara, os gwelwch yn dda?
> *Will you speak more slowly, please?*

The brusqueness of a command or request can be scaled downwards by the use of this form: **Helpwch fi!**, 'Help me!' **Helpwch chi fi?**, 'Will you help me?' **Newch chi'n helpu i?**, 'Will you help me?'. The request **'Newch chi'n helpu i, os gwelwch chi'n dda'** is almost irresistible!

This form of request has the additional advantage of being easily answered. **Newch chi? Gwna** (Lit. *I will do*), whereas **Helpwch chi fi? Helpa** would be regarded as rather academic. This use of **Gwna** has extended to other verbs:

> Ei di? Gwna.
> *Will you go? Yes-I-will.*
> Ddarlleni di'r llythyr 'ma i fi? Gwna.
> *Will you read this letter for me/to me? Yes-I-will.*
> Arhoswch chi yma gyda ni? Gwna, â phleser (*or* gyda phleser).
> *Will you stay here with us? Yes, with pleasure.*

Personal forms of **gwneud** can be used when it is necessary to emphasise a verb, e.g.:

> Mynd naiff e, fe gewch chi weld.
> *Go he will, you shall see.*
> Colli naiff y tîm heddiw, rwy'n siŵr.
> *The team will lose today, I'm sure.*

## 4. How to say 'first, second, third' etc.

**Cynta**, 'first', comes after its noun:

Dydd Sul yw'r dydd cynta o'r wythnos.
*Sunday is the first day of the week.*

It will undergo Soft Mutation if the noun is feminine singular:

Fe fydd y gêm gynta o'r tymor ddydd Sadwrn.
*The first game of the season will be on Saturday.*

As we have seen in Lesson 15, **ail**, 'second', comes *before* its noun and will cause Soft Mutation:

Mae llawer o deuluoedd heddiw yn prynu ail gar.
*Many families today buy a second car.*
Mae siop lyfrau ail-law yn y Stryd Fawr.
*There is a second-hand bookshop in the High Street.*

The other ordinals also come before their noun, and will mutate feminine nouns, while they themselves undergo mutation after **y**:

y drydedd wythnos        *the third week*
y bedwaredd flwyddyn     *the fourth year*
y bumed waith            *the fifth time*

Note the feminine forms of **pedwerydd**, 'fourth', and **trydydd**, 'third', in the above sentences. The remainder of the ordinals up to 'tenth' have no feminine forms: **chweched**, 'sixth', **seithfed**, 'seventh', **wythfed**, 'eighth', **nawfed**, 'ninth', **degfed**, 'tenth'.

Dydd Sadwrn, y degfed o Orffennaf.
*Saturday, the tenth of July.*
Am y degfed tro!
*For the tenth time!*

### 5. 'That' with emphatic constructions

We have seen how a sentence such as

'Rydw i'n mynd allan i siopa,' ebe Gwen.
*'I'm going out shopping,' said Gwen.*

can be turned into Indirect Speech by the use of **fod** or **bod**:

Fe ddwedodd Gwen ei bod hi'n mynd allan i siopa.
*Gwen said that she was going out shopping.*

If, however, the sentence in Direct Speech does not follow the normal pattern of verb + subject, i.e. is 'emphatic', the link word is **mai** (in N. Wales) or **taw** (in S. Wales), 'that':

'Fi sy'n mynd i siopa,' ebe Gwen.
*'It is I who is going shopping,' said Gwen.* (Lit.)
Fe ddwedodd Gwen mai/taw **hi** oedd yn mynd i siopa.
*Gwen said that **she** was going shopping.*

| | |
|---|---|
| Ti sy'n iawn. | Rwy'n gwybod mai ti sy'n iawn. |
| *You are right.* | *I know that **you** are right.* |
| Fe yw'r tala. | Rwy'n siŵr taw **fe** yw'r tala. |
| *He is the tallest.* | *I'm sure that **he** is the tallest.* |
| Caerdydd yw prif ddinas Cymru. | Mae pawb yn gwybod mai **Caerdydd** yw prif ddinas Cymru. |
| *Cardiff is the capital of Wales.* | *Everybody knows that **Cardiff** is the capital of Wales.* |
| Dr Rhys brynodd y bwthyn. | Mae'n debyg mai **Dr Rhys** brynodd y bwthyn. |
| *Dr Rhys bought the cottage.* | *It seems that **Dr Rhys** bought the cottage.* |
| Dydd Sul oedd hi. | Fe anghofies i mai **dydd Sul** oedd hi. |
| *It was Sunday.* | *I forgot that it was **Sunday**.* |

Fe sy'n dod.       Efallai taw **fe** sy'n dod.
*It's he who's coming.*       *Perhaps it's **he** who's coming.*
Beic Siân yw hwn?       Rwy'n credu mai e.
*Is this Siân's bicycle?*       *I believe (that) it is.*

## 6. Gobeithio

This is used in a general sense (Cf. German *hoffentlich*) for
'I hope, we hope, one hopes that' etc.

> Gobeithio bydd y tywydd yn braf.
> *I hope that the weather will be fine.*
> Gobeithio eich bod chi'n well.
> *I hope that you are better.*
> Gobeithio byddwch chi'n gallu dod.
> *I hope that you will be able to come.*
> Gobeithio mai tywydd braf gawn ni.
> *I hope we'll have fine weather.*

PATTERN PRACTICE EXERCISES

1. Wn i ddim ble rydw i.
   *I don't know where I am.*
   Say that the persons mentioned below don't know where
   they are etc.

   1. ble mae e:       ....... e ddim ble mae e.
   2. pwy yw e:       ......................
   3. pam rydych chi wedi
      dod?       ......... chi .........?
   4. ble mae hi'n mynd:       ......... hi ...........
   5. beth maen nhw eisiau:       ......... nhw .........

2. Joining sentences.

   Dyma'r tŷ. Fe gododd 'nhadcu e.
   *This is the house. My grandfather built it.*
   Dyma'r tŷ gododd 'nhadcu.
   *This is the house my grandfather built.*

Join these sentences in the same way:

   1. Dyma'r tîm. Enillodd y tîm y gêm.
   2. ....... bachgen. Fe ddaeth e â'r newyddion i ni.
   3. ....... llyfr. Fe ddewises i'r llyfr.
   4. ....... mynydd. Fe ddringon ni'r mynydd.
   5. ....... ffarm. Fe brynon ni'r ffram.

3. Newch chi alw'r meddyg?
*Will you call the doctor?*
Ask *will you do* the following:

   1. ffonio'r meddyg.      ....................... ?
   2. teipio'r llythyr       ....................... ?
   3. gyrru'r car          ....................... ?
   4. prynu coffi a chaws   ....................... ?
   5. gorffen y gwaith     ....................... ?

4. (a) *What month of the year is . . .?*
     *What month of the year is (the month of) March?*
     Pa fis o'r flwyddyn yw mis Mai?
     Mis Mawrth yw'r trydydd mis.
     Pa fisoedd o'r flwyddyn yw'r rhain?

     1. Mis Ionawr?   2. Mis Awst?   3. Mis Rhagfyr?   4.
     Mis Mehefin   5. Mis Chwefror?

   (b) Pa dymor o'r flwyddyn? *What season of the year?*
     Pa dymor o'r flwyddyn yw:

     1. yr haf?   2. y gwanwyn?   3. y gaea(f)?   4. yr
     hydref?

5. You are reporting what someone has said.

*'Aled is driving the car,'* she said.
'Aled sy'n gyrru'r car,' medde hi.
*She said that it was Aled who was driving the car.*
Fe ddwedodd hi mai Aled oedd yn gyrru'r car.

Report what she said:

   1. 'Siân sy'n eistedd yn y car,' medde hi.
   2. 'Dr Rhys brynodd y bwthyn,' medde hi.

3. 'Eric biau'r car,' medde hi.
4. 'Annwyd sy ar Mrs Owen,' ebe hi.
5. 'Glas oedd lliw y car,' ebe hi.

GEIRFA 20

| | | | |
|---|---|---|---|
| ail law | *second-hand* | Morgannwg | *Glamorgan* |
| arfer | *to be accustomed to; custom* | ots | *odds* |
| | | parodi -ïau (M) | *parody* |
| bys -edd (M) | *finger* | parsel -i (M) | *parcel* |
| coch | *red* | pedwerydd | *fourth* |
| colli | *to lose* | perchennog -ion (M) | *owner* |
| criced | *cricket* | | |
| cwrdd (â) | *to meet* | pleser (M) | *pleasure* |
| Cymraes | *Welshwoman* | prynu gan | *to buy from* |
| cynilo | *to save* | pumed | *fifth* |
| de, dde | *south, right side* | rhesymol | *reasonable* |
| | | rhybudd (M) | *warning* |
| drwgdybio | *to suspect* | rhybuddio | *to warn* |
| dyfynnu | *to quote* | safbwynt (M) | *standpoint* |
| efalle | *perhaps* | setlo | *to settle* |
| esgusodi | *to excuse* | sir -oedd (F) | *county* |
| galwyn -i (M/F) | *gallon* | sgôr (M) | *score* |
| | | sylweddoli | *to realise* |
| gwallt (M) | *hair* | tanc -iau (M) | *tank* |
| gwastraffu | *to waste* | PHRASES | |
| haeddu | *to deserve* | yn llygad ei le | *'spot on', dead right* |
| llais (M) | *voice* | | |
| llythyr -on (M) | *letter* | o leia | *at least* |
| | | torri syched | *to quench thirst* |
| mai | *that* | | |

YMDDIDDAN 20

*Siân and Tom are returning home in Gwen's car (borrowed for the occasion) after watching a county cricket match. They are discussing the day's play.*

*Siân*  Rwyt ti'n dweud mai'r gêm sy'n bwysig, nid y sgôr. Wel, dydw i ddim yn deall llawer am griced, ond . . .

*Tom* Dyna ti wedi rhoi dy fys ar y broblem. Os wyt ti'n edrych ar gêm griced rhwng Morgannwg a rhyw sir yn Lloegr o safbwynt Cymraes, y sgôr sy'n bwysig. Ond pe baset ti'n deall criced, ac yn chware criced, fe faset ti'n gallu mwynhau gêm er ei mwyn ei hun.

*Siân* Wyt ti ddim yn hoffi gweld Morgannwg yn ennill, 'te?

*Tom* Wrth gwrs 'mod i. Ond y peth sy'n bwysig yw fod y tîm yn chware'n dda, ac yn *haeddu* ennill. Dyna sy'n rhoi pleser i fi. A! dyma garej yn ymyl y ffordd. Mae syched mawr ar y car 'ma.

*Siân* A mae syched mawr arno inne hefyd—am gwpaned o de. Mae 'na gaffe wrth ymyl y garej.

*Tom* O'r gore. Fe dorrwn ein syched ni'n tri yma.

*Siân* Wnei di agor y drws i fi?

*Tom* Gwna, wrth gwrs. Roeddwn i wedi anghofio mai dim ond o'r tu allan mae'r drws 'ma'n agor. Mae'n hen bryd i Gwen brynu car arall.

*Siân* Gwen, yn wir! Wyddost ti, pe baset ti wedi cynilo dy arian . . .

*Tom* Gwn, fe wn i hynny'n iawn. Paid *ti* â dechrau achwyn arno i eto. Mae mam a Gwen yn neud digon o hynny. A mae peth arian gyda fi yn y banc. Mae car neu ddau ar werth yn y garej 'ma. Cer di i fewn i'r caffe. Fe ddo i ar dy ôl di. Efalle galla i weld car bach fan 'ma.

*Siân* Wyt ti'n nabod dyn y garej?

*Tom* Nag ydw. Pam?

*Siân* Dydy 'nhad nag Aled byth yn prynu car oddi wrth neb os nad ydyn nhw yn ei nabod e.

*Tom* Twt, lol. Beth yw'r ots, os yw'r car yn iawn.

*Siân* Wel, dyna fi wedi dy rybuddio di. Paid â bod yn hir.

*Tom* Beth ŵyr merched am brynu car! A! Pnawn da. Newch chi roi tri galwyn o betrol yn y tanc, os gwelwch yn dda? Welsoch chi'r criced ar y teledu y pnawn 'ma?

*Dyn* Naddo. Does gyda fi ddim amynedd at y gêmau 'ma. Gwastraff ar amser. Criced a rygbi, pah!

*Tom* 'The man that hath no *rugby* in his soul
Is fit for treasons, stratagems . . .'

*Dyn*　Beth ddwedoch chi?

*Tom*　O, dim byd. Dim ond dyfynnu Shakespeare. Ydy'r ceir 'ma ar werth?

*Dyn*　Ydyn. A mae pob un yn fargen dda.

*Tom*　Beth am y car 'ma. Faint yw ei oed e?

*Dyn*　Dim ond tair blwydd oed ydy hwn. Bargen dda. Dim ond un perchennog. Dyn yn gweithio mewn banc. Ugain mil o filltiroedd yn unig. Bargen dda.

*Tom*　Dim ond ugain mil? Mae ei bris e'n ddigon rhesymol.

*Dyn*　Wel, dewch i mewn i'r swyddfa i setlo.

*Siân*　Tom! Tom! Dere 'ma. Edrych pwy sy 'ma. Rhaid i ti ddod ar unwaith!

*Tom*　Esgusodwch fi. Mae'n rhaid i fi fynd i weld beth mae Siân eisiau.

*Siân*　Mae Eric ag Ann yma, Tom.

*Eric*　Wel, Tom! Sut wyt ti ers blynyddoedd? Ann, dyma fy hen ffrind ysgol i. Tom oedd capten y tîm rygbi a finne'n gapten y tîm criced. Pwy fase'n meddwl . . .

*Siân*　Wel, roedd hi'n bleser eich cwrdd chi unwaith eto. Hei, ble'r ydych chi'ch dau yn mynd?

*Tom*　Rwy'n mynd i ddangos y car bach 'na i Eric. Rydyn ni wedi bod yn siarad amdano . . . Wel, beth rwyt ti'n feddwl amdano?

*Eric*　Wel, mae e'n edrych yn iawn, ond . . . Hylo. Gad i fi weld. Nei di'n helpu i i godi'r sedd gefn 'ma?

*Tom*　Pam?

*Eric*　Fe gei di weld mewn munud . . . Wel, rwyt ti'n lwcus.

*Tom*　Ydw i? Ydw i'n cael bargen?

*Eric*　Wyddost ti ble rwy'n gweithio?

*Tom*　Gwn. Mewn banc. Rwyt ti newydd ddweud hynny wrtho i. Nid ti oedd . . .?

*Eric*　Ie. Fi oedd biau'r car 'na unwaith. Ac rwyt ti'n lwcus ein bod ni wedi cwrdd â'n gilydd yn y caffe 'na. Yn y car 'ma ces i ddamwain ddwy flynedd yn ôl. Fe ddwedodd y dyn 'na wrthot ti mai dim ond tair blwydd oed ydy'r car 'ma. Wel, fe fuodd e gyda fi am bedair blynedd, a fi oedd y pedwerydd neu'r pumed perchennog,

o leia. Nid y cynta. A pheth arall, rwy'n siŵr mai can
mil, nid ugain mil, ddylai fod ar y cloc 'na.

*Tom* Dyna beth od. Roeddwn i'n drwgdybio'r dyn 'na
pan siarades i ag e gynta.

*Eric* Pam?

*Tom* Doedd e ddim yn hoffi criced na rygbi. Wyt ti'n
cofio'r parodi 'na naethon ni ar Shakespeare
'The man that hath no *rugby* in his soul'?

*Eric* Ydw—'Is fit for treasons, stratagems and spoils.'

*Tom* Wel, roedd yr hen Shakes yn llygad ei le!

CWESTIYNAU

1. Ydy Tom yn hoffi gweld Morgannwg yn ennill gêm
   griced?
   Ydy. Ond y peth pwysig i Tom yw eu bod nhw'n
   haeddu ennill.

2. Pam mae'n rhaid i Tom agor y drws i Siân ddod allan?
   Achos mai dim ond o'r tu allan mae'r drws yn agor.

3. Pam mae Mrs Owen a Gwen yn achwyn ar Tom?
   Achos mae e'n gwastraffu ei arian.

4. Pam mae Siân yn rhybuddio Tom?
   Achos nad yw ei thad na'i brawd yn prynu car gan neb
   os nad ydyn nhw'n ei nabod e.

5. Pam nad oes gan ddyn y garej ddim amynedd at griced
   a rygbi?
   Mae e'n credu mai gwastraff amser ydyn nhw.

6. Pwy oedd cyn-berchennog y car, yn ôl dyn y garej?
   Fe ddywedodd e mai dyn yn gweithio mewn banc oedd
   e.

7. Pwy welodd Tom yn y caffe?
   Ei hen ffrind o ddyddiau ysgol, Eric.

8. Eric oedd biau'r car 'na unwaith?
   Ie. Fe fuodd e gyda fe am bedair blynedd.

9. Oedd Tom yn credu ei fod e wedi cael bargen?
   Oedd, ond fe achubodd Eric e rhag gwneud ffŵl
   ohono'i hun.

10. Faint o filltiroedd ddylai fod ar y cloc?
    Can mil, o leia.

**TRANSLATION INTO WELSH**

1. If I'd known she was here, I wouldn't have come.
2. How did you recognise her?
3. I recognised her by her red hair.
4. The oak tree that was on the square has been cut down.
5. Who will be chairman of the golf club next year, do you (fam.) know? I don't know.
6. Will you (using **neud**) pack this bag for me please?
7. He's having his birthday (on) Saturday, the ninth of January.
8. Gwen said that *she* owned the car.
9. Everybody knows that Snowdon is the highest mountain in Wales.
10. It seems that his father and mother will be Dr Rhys' neighbours.

# Lesson 21

## 1. How to say 'in which, on which' etc.

In translating this type of expression, there is a close parallel between spoken Welsh and colloquial English. Both transfer the preposition ('in', 'on' etc.) to the end of the sentence. Note the following:

> Dyma'r gadair. Mae Gwen yn eistedd arni hi.
> *This is the chair. Gwen is sitting on it.*

Deleting the full stop, we get

> Dyma'r gadair mae Gwen yn eistedd arni hi.
> *This is the chair Gwen is sitting on (it).*

The main difference is that the Welsh version retains the personal form of the preposition **ar -arni hi** (the feminine form, because it refers to **cadair** which is feminine). Sentences in Welsh do not end in simple prepositions such as **ar, yn, at** etc.; they must have personal forms (See Lesson 11.3).

Note these further examples:

> Dyma'r gwely rydw i'n cysgu ynddo (fe).
> *This is the bed I sleep in (it).*
> or *This is the bed in which I sleep.*
> Dyma'r llyfr roeddwn i'n edrych amdano.
> *This is the book I was looking for (it).*
> Ei dad e yw'r dyn maen nhw'n siarad amdano.
> *His father is the man they are talking about (him).*

This type of structure can be found in the middle of a sentence as well as at the end, e.g.:

Roedd y bws .......... yn hwyr.
*The bus .......... was late.*
Roedd y bws des i ynddo fe yn hwyr.
*The bus I came in was late.*

(Note that the verb in this construction appears in its un-mutated form.) If the noun referred to is masculine, the personal form of the preposition is masculine: **bws ... ynddo fe**; if the noun is plural the form of the preposition will be plural, e.g.:

Mae'r caeau roedden ni'n arfer chwarae **arnyn nhw** yn stadau tai nawr.
*The fields which we used to play on are housing estates now.*

The construction 'in which' can often be replaced by 'where':

Y tŷ rwy'n byw ynddo. *or* Y tŷ lle rwy'n byw.
*The house I live in (it). or The house where I live.*

A number of prepositions have no personal endings, but are followed by the appropriate pronouns, e.g.:

Mae'r plant roedden ni'n arfer chwarae **gyda nhw** wedi tyfu i fyny nawr.
*The children we used to play with (them) have grown up now.*
Mae'r tîm rydyn ni'n chwarae **yn eu herbyn nhw** yn dîm da.
*The team we are playing against (them) are a good team.*

## 2. How to say 'As you wish', 'as you want'

A few verbs have subjunctive forms in spoken Welsh. Here are the personal forms of **mynnu**, 'to want, to wish, to insist', after **fel (y)**, 'as':

| | | | |
|---|---|---|---|
| fel mynno i | *as I wish* | fel mynnon ni | *as we wish* |
| mynnot ti | *as you wish* | mynnoch chi | *as you wish* |
| mynno fe/hi | *as he/she wishes* | mynnon nhw | *as they wish* |

Fe gaiff hi neud fel y mynno hi.
*She shall do as she likes.*
Fe na i fel y mynno i.
*I'll do as I like.*
Newch fel y mynnoch chi.
*Do as you like.*

Other phrases in which subjunctive forms appear are: **Da boch chi!** (Lit. 'Well may you be') 'Goodbye!'; and **Cyn bo hir**, 'before long'.

### 3. Time and number

Although the method of counting in tens has come into general use, especially in arithmetic, time is still expressed by the traditional numbers. Here is the time at five minute intervals from two o'clock:

2.0  dau o'r gloch
2.5  pum munud wedi dau

(Note that **wedi** does not cause mutation.)

2.10 deg munud wedi dau
2.15 chwarter wedi dau
2.20 ugain munud wedi dau
2.25 pum munud ar hugain wedi dau
2.30 hanner awr wedi dau

(Note that Welsh inserts **awr**, 'half an *hour* past two'.)

2.35 pum munud ar hugain i dri

(Note the usual 'contact' mutation after **i**, and the aspiration (h) of **ugain**.)

2.40 ugain munud i dri
2.45 chwarter i dri
2.50 deg munud i dri
2.55 pum munud i dri
3.0 tri o'r gloch

*Note*

The Soft Mutation after **i**, 'to', is in frequent use in expressions of time: **i ddau, i dri, i bedwar, i bump; i ddeg, i ddeuddeg**. So too after **am**, 'at': **am ddau, am dri, am bedwar, am bump; am ddeg, am ddeuddeg**.

| | |
|---|---|
| Am ddeg munud i ddeuddeg | *At ten to twelve* |
| Am chwarter i chwech | *At a quarter to six* |

(Note that the symbol **ch** is indivisible in speech and *never* mutates.)

The traditional method of counting (in twenties, not tens),[1] is as follows:

| | |
|---|---|
| 11 un-ar-ddeg | 17 dau-ar-bymtheg |
| 12 deuddeg | 18 tri-ar-bymtheg (*or* |
| 13 tri-ar-ddeg | deunaw—2 × 9) |
| 14 pedwar-ar-ddeg | 19 pedwar-ar-bymtheg |
| 15 pymtheg | 20 ugain |
| 16 un-ar-bymtheg | |

The number 18 can be expressed in Welsh in three different ways: **un deg wyth** (the decimal method, based on ten); **tri-ar-bymtheg** (based on fifteen); and **deunaw** (based on **naw**, 'nine'). What a language for mathematicians!

21 un ar hugain
22 dau ar hugain
*etc. and:*

30 deg ar hugain
31 un ar ddeg ar hugain
35 pymtheg ar hugain
40 deugain (dau ugain—*two twenties*)
60 trigain (*from* tri ugain)
80 pedwar ugain

---

[1] Called the 'vingesimal' system, from the French *vingt*, 'twenty'.

(Compare the French *quatre vingts*, 'four twenties', due to a Celtic sub-stratum in the French system of numeration.)

90 deg a phedwar ugain (*'quatre vingts dix'*)
99 pedwar ar bymtheg a phedwar ugain
  i.e. $4 + 15 + 4(20) = 99$
100 cant

| | |
|---|---|
| *First* | cynta |
| *Second* | ail |
| *Third* | trydydd/trydedd |
| *Fourth* | pedwerydd/pedwaredd |
| *Fifth* | pumed |
| *Sixth* | chweched |
| *Seventh* | seithfed |
| *Eighth* | wythfed |
| *Ninth* | nawfed |
| *Tenth* | degfed |
| *Eleventh* | unfed ar ddeg |
| *Twelfth* | deuddegfed |
| *Thirteenth* | trydydd/trydded ar ddeg |
| *Thirty-fifth* | pymthegfed ar hugain |
| *Ninety-ninth* | pedwerydd/pedwaredd ar bymtheg a phedwar ugain |

## 4. 'There' (out of sight)

The word **yno** is used in Welsh to denote a place which is not visible in space or in time e.g.:

Roedd Syr Rhys ap Thomas **yno** pan goronwyd Harri Tudur ar faes Bosworth.
*Sir Rhys ap Thomas was **there** when Harry Tudor was crowned on Bosworth field.*

Contrast the use of **yna**, 'there', 'that place' which may be indicated by pointing the finger.

Roedden nhw yna.
*They were there, i.e. in that very spot.*

## 5. 'Mine', 'yours', 'hers' etc.

'Mine', **'yn un i** (Lit. 'my one'):

> 'Yn un i yw hwnna.
> *That one is mine.*

'Yours' (familiar form), **dy un di**, or **d'un di**:

> Ble mae d'un di?
> *Where is yours?*

If what is possessed is plural in number, **rhai**, 'ones', is used instead of **un**.

> Ble mae dy rai di?
> *Where are yours?*

| | | | |
|---|---|---|---|
| (Mae) | ei un e<br>ei rai e | *his* | *(is)*<br>*(are)* |

| | | | |
|---|---|---|---|
| (Mae) | ei un hi<br>ei rhai hi | *hers* | *(is)*<br>*(are)* |

> Ble mae eu hetiau nhw?
> Mae ei un e ar y ford a mae ei un hi ar y gwely.
> *His is on the table and hers is on the bed.*

| | | | |
|---|---|---|---|
| (Mae) | ein un ni<br>ein rhai ni | *ours* | *(is)*<br>*(are)* |

| | | | |
|---|---|---|---|
| (Mae) | eich un chi<br>eich rhai chi | *yours* | *(is)*<br>*(are)* |

| | | | |
|---|---|---|---|
| (Mae) | eu un nhw<br>eu rhai nhw | *theirs* | *(is)*<br>*(are)* |

> Ble mae'r plant? Mae ein rhai ni yn y gwely. Mae eich rhai chi'n edrych ar y teledu; a mae eu rhai nhw wedi mynd i'r sinema i weld y ffilm.
> *Where are the children? Ours are in (the) bed. Yours are looking at the television; and theirs have gone to the cinema to see the film.*

## 6. How to say 'each'

Note the following:

> Dwy geiniog yr un.
> *Two pence each* (Lit. *the one*).
> Mae'r tocynnau yn ddwy bunt yr un.
> *The tickets are two pounds each.*
> Mae'r wyau yn ddeg ceiniog yr un.
> *The eggs are ten pence each.*

## 7. How to say 'a kilo', 'a litre' etc.

Welsh uses **y** or **yr**, the definite article (as in French etc.) where English uses 'a', e.g.:

> deg ceiniog **y** kilo
> *ten pence a kilo*  (French *le kilo*)
> punt **y** botel
> *a pound a bottle* (Spanish *Cien pesetas la botella*)
> deg punt **yr** wythnos
> *ten pounds a week*
> ddwywaith **y** dydd
> *twice a day*

## 8. Sut

**Sut** has two meanings: 'How', as in **Sut rydych chi?**, 'How are you?', and 'What kind of?', as in **Sut le yw Caerdydd?**, 'What kind of a place is Cardiff?'

> Sut liw yw'ch cot chi?
> *What (kind of) colour is your coat?*

Note that **Sut**, 'How' is not followed by a mutation, while **Sut**, 'What kind of' *is* followed by the Soft Mutation. **Sut** is an exception to the rule that the answer may be substituted for the interrogative word in the sentence pattern. The question **Sut . . .?** precedes the noun, but elicits an adjective, which usually comes *after* the noun, e.g.:

> Sut liw?    *What colour?*
> Lliw coch   *Red colour*

**Sut** is pronounced as **shwd/shwt** in S. Wales:

Shwd ŷch chi? *How are you?*

PATTERN PRACTICE EXERCISES

1. Dyma'r gadair eisteddes i arni.
   *This is the chair I sat on.*

   Complete the following, using the personal form of the word in brackets:

   1. (yn)   Dyma'r car enilles i'r ras .......... ddoe.
   2. (yn)   Dyma'r ardd gweithies i ................
   3. (at)   Dyma'r doctor es i ...................
   4. (drwy) Dyma'r afon cerddes i ................
   5. (heb)  Dyma'r parsel es i ...................
   6. (dan)  Dyma'r goeden eisteddes i .............
   7. (i)    Dyma'r ferch rhoddes i'r parsel ...........
   8. (at)   Dydy'r bobl sgrifennes i .......... ddim wedi ateb eto.

2. 'Pryd mae'r tren yn cyrraedd Caerdydd?' 'Am .......
   ...................,'
   *'When does the train arrive in Cardiff?'* '*At* ...............'
   Give the times in full as follows, using **am** (not forgetting the mutation which follows it).

   (1) at 7.55  (2) at 9.35  (3) at 12.00  (4) at 3.10  (5) at 9.50.

3. Turn these numbers into the 'decimal' system, e.g.

   pymtheg ar hugain: tri deg pump.

   1. dau ar bymtheg
   2. pump ar hugain
   3. deg a deugain
   4. deuddeg a thrigain
   5. deunaw a phedwar ugain

4. Agree that the objects mentioned *do* belong to their owners, e.g.:

Car Jac ydy hwn? Ie, ei un e ydy hwnna.
*Is this Jack's car? Yes that's his.*

1. Het Gwen ydy hon?    Ie, ......................
2. Eich bwthyn chi ydy   Ie, ......................
   hwn?
3. Eich cath chi ydy hon?  Ie, ......................
4. Eich plant chi ydy    Ie, ......................
   rhain?
5. Eu bagiau nhw ydy    Ie, ......................
   rhain?

### GEIRFA 21

| | | | |
|---|---|---|---|
| adrodd | *say, recite* | eglwys -i (F) | *church* |
| arafu | *slow down* | fflachio | *to flash* |
| arwydd -ion (M) | *sign* | gan fod | *since* |
| | | gan na | *since . . . not* |
| bardd, beirdd (M) | *poet* | glas | *blue* |
| | | gwastraffus | *wasteful* |
| bonet -i (M/F) | *bonnet* | gwesty (M) | *hotel* |
| bron | *almost* | gynnau | *a short time ago* |
| coron -au (F) | *crown* | | |
| crefft -au (F) | *craft* | gynt | *formerly,* |
| coroni | *to crown* | heddlu (M) | *the police* |
| cwnstabl (M) | *constable* | hytrach, yn | *rather* |
| cyflymu | *to hasten, increase speed* | ill dau | *both of them* |
| | | llwyfan -nau (M) | *stage, platform* |
| Cymreig | *Welsh (belonging to, or made in Wales)* | llwyth -i (M) | *load* |
| | | llwyth -au (M) | *tribe* |
| | | llyn -noedd (M) | *lake* |
| cynnyrch (M) | *produce* | | |
| chwant bwyd | *hungry* | ofnus | *afraid* |
| dig (wrth) | *angry (with)* | pedwarawd -au (M) | *quartet* |
| dilyn | *to follow* | | |

| | | | |
|---|---|---|---|
| peiriant, (M) | *engine* | | |
| peiriannau | *machine* | | |
| prif gwnstabl | *chief constable* | | |
| rhuban -au (M) | *ribbon* | | |
| rhyfel -oedd (M) | *war* | | |
| siopwr (M) siopwyr | *shopkeeper* | | |
| soned -au (F) | *sonnet* | | |
| synnu | *to wonder, be amazed* | | |
| temtio | *to tempt* | | |
| uwch | *higher* | | |
| wyneb -au (M) | *face* | | |

**PHRASES**

| | |
|---|---|
| arfer bod | *accustomed to be* |
| ymhob man | *everywhere* |
| popeth yn iawn | *everything's all right* |
| o fewn | *within* |
| siŵr o fod | *sure to be* |
| ffwrdd â ni | *away we go* |
| dipyn | *a bit* |
| yfflon rhacs | *smithereens, in bits and pieces* |

## YMDDIDDAN 21

*Gwen and Aled are on the last week of their honeymoon in North Wales. Aled has taken his car to a garage to be repaired, and has arranged to meet Gwen, who has been shopping, by the church. Much to Gwen's surprise, Aled drives up in another car, a roadster.*

*Gwen*  Wel Aled! Ble rwyt ti wedi bod? A beth ar y ddaear ydy'r car 'na sy gyda ti?

*Aled*  Dring i mewn yma, ac fe ddweda i wrthot ti. Rwyt ti'n cofio nad oeddwn i ddim yn hoffi'r sŵn 'na oedd yn dod o beiriant ein car ni, on'd wyt ti? Wel, fe es i ag e i garej yn y pentre. Garej y Brodyr Jones. Pwy oedd yno'n gwerthu petrol ond Bryn Jones, oedd yn arfer bod yn yr un dosbarth â fi yn yr ysgol.

*Gwen*  Brawd Nia a Nesta? Wel, beth mae e'n neud i fyny yma?

*Aled*  Roedd Tom Jones, brawd eu tad, wedi symud i fyny yma yn ystod y rhyfel, ac wedi agor garej. Roedd diddordeb mawr gyda Bryn, a Goronwy ei frawd, mewn ceir, ac fe berswadiodd Tom nhw i ddod i fyny yma ato fe, gan nad oedd dim teulu gyda fe i'w helpu fe. Ag yn hytrach na mynd i weithio i'r gwaith glo, fe ddaethon nhw i fyny yma i'r Gogledd.

*Gwen* Wel, wel. A dyma lle maen nhw! Wyt ti'n eu cofio nhw, ill pedwar, yn canu yn y pedwarawd 'na yn eisteddfod yr ysgol? Fe dynnon nhw'r lle i lawr!

*Aled* Do. Dwy ddim yn meddwl anghofiff neb y pedwarawd 'na byth. A mae eu diddordeb nhw mewn canu yn para'n gryf o hyd. Maen nhw'n dod i lawr i'r De i'r Eisteddfod yr wythnos nesa.

*Gwen* Fe ga i gyfle i'w gweld nhw yno felly. Ond sut rwyt ti wedi cael y car 'ma?

*Aled* Gad i fi orffen y stori. Wedi sgwrsio dipyn am yr hen amser, fe ofynnes i iddyn nhw am edrych ar y car. Fe ddylset ti weld eu wynebau nhw pan agores i'r bonet! Roedden nhw'n synnu ein bod ni wedi gallu dod mor bell â hyn. Mae'r peiriant yn yfflon rhacs!

*Gwen* O diar. Fe fydd yn rhaid i ni fynd adre ar y trên, 'te.

*Aled* O, na fydd. Dyma'r cynllun. Fe weithiff Bryn ar y car, a'i gael yn barod iddyn nhw ddod i lawr ynddo fe i'r eisteddfod. Rydyn ni'n cael benthyg y car 'ma—un o geir y garej—ac fe rown ni e'n ôl i Bryn yn yr Eisteddfod, a chael ein un ni yn ôl yn ei le.

*Gwen* Wel, wir, maen nhw'n garedig iawn, on'd ydyn nhw?

*Aled* Ydyn. Maen nhw'n garedig dros ben. Roedden nhw eisiau i ni alw i de. Mae'r tŷ lle maen nhw'n byw draw fan 'na wrth yr eglwys, ond gan fod tipyn o daith o'n blaen ni, fe drefnes iddyn nhw ein cwrdd ni yn yr Eisteddfod. Wyt ti'n barod i gychwyn?

*Gwen* Ydw. Wel, yn wir, mae hwn dipyn yn llai na dy gar di.

*Aled* Ein car *ni* rwyt ti'n feddwl. Ydy, mae e'n llai, ond mae e'n gallu mynd fel y gwynt. Gwrando di ar sŵn y peiriant 'ma . . . I ffwrdd â ni, 'te. Ble buest *ti*'r pnawn 'ma?

*Gwen* Yn siopa. Fe gwrddes inne â hen ffrind hefyd. Nid ffrind i fi, ond ffrind i 'nhad. Mae e'n cadw siop yng nghanol y pentre. Mae'r byd 'ma'n fach, on'd yw e?

*Aled* Yn ôl maint y bag 'na, fe brynest ti hanner ei siop e!

*Gwen* Roedd e'n cadw llawer o gynnyrch crefftau Cymreig yn ei siop, a gan ei fod e'n hen ffrind i'r teulu fe brynes i lwyth o anrhegion i fynd nôl gartre.

*Aled* Dyma wraig fach wastraffus! Yn gwario'n harian ni i gyd ar ein mis mêl!

*Gwen* Pe base digon o arian gyda fi, a digon o le, fe faswn i wedi prynu llawer rhagor. Roedd John Davies, y siopwr, yn dweud fod prisiau'n mynd i fyny eto. Wyddost ti faint dales i am bwys o afalau?

*Aled* Na wn i.

*Gwen* Hanner can' ceiniog bron. Maen nhw'n ddeuddeg ceiniog yr un! Ond mae'n rhaid i ni gael bwyd. Wyt ti ddim yn ddig wrtho i, wyt ti?

*Aled* Nag ydw, wrth gwrs. Ti ŵyr orau beth i'w brynu. Gwna di fel mynnot ti â'r arian cadw tŷ. Beth am stopio wrth y llyn 'ma i gael picnic. Mae chwant bwyd arna i.

*Gwen* O'r gorau. Mae chwant bwyd arna inne hefyd ar ôl cario'r bag trwm 'na . . .

*Aled* Wel, roedd y picnic bach 'na'n ardderchog, on'd oedd e?

*Gwen* Oedd, yn wir. Wel, gwell i ni frysio ymlaen, 'te, er mwyn cyrraedd ein gwesty cyn nos.

*Aled* Ffwrdd â ni, 'te . . .

*Gwen* Aled, rwyt ti'n cael dy demtio i fynd yn rhy gyflym yn y car 'ma. Welest ti mo'r arwydd tri deg milltir 'na yn y pentre aethon ni drwyddo fe gynnau?

*Aled* Naddo i. On'd yw hi'n braf teithio fel hyn, heb do uwch ein pennau ni, a gweld y perthi a'r caeau yn rhuthro heibio fel rhubanau?

*Gwen* Fe nawn ni fardd ohonot ti eto.

*Aled* Dim diolch. Mae un bardd yn fy nheulu i'n ddigon. Adrodd y soned 'na sgrifenest ti i'r . . . Mawredd annwyl, mae 'na gar heddlu yn dod ar ein hôl ni!

*Gwen* Mae e siŵr o fod wedi ein dilyn ni o'r pentre diwetha 'na!

*Aled* Mae e dipyn o ffordd ar ôl eto, ac mae'r car bach 'ma rydyn ni'n teithio ynddo fe yn gallu mynd ddwywaith yn gyflymach nag e. Fe gyflyma i nawr i weld beth fydd yn digwydd.

*Gwen*   Maen *nhw*'n cyflymu hefyd. O Aled! Arafa. Paid â mynd mor gyflym.

*Aled*   Paid â bod mor ofnus. Edrych ar y map. Ble'r ydyn ni?

*Gwen*   Mae 'na groesffordd o fewn milltir o'n blaenau ni ... Dyma ni'n dod ati. Aled! Stopia! Mae car heddlu arall yna, ac mae ei olau glas e'n fflachio!

*Aled*   Wel, rydyn ni wedi cael ein dal. Rhaid i ni stopio nawr.

*Plisman*   Esgusodwch fi, syr. Chi ydy Mr Aled Rhys?

*Aled*   Ie. Ond ... ond sut gwyddech chi hynny?

*Plisman*   A dyma Mrs Gwen Rhys—Miss Gwen Owen gynt?

*Gwen*   Ie. Mae'n flin gyda ni ...

*Plisman*   Popeth yn iawn, Mrs Rhys. Mae'r prif gwnstabl eisiau cael gair â chi.

*Gwen*   Y Prif Gwnstabl! O diar, beth rydw i wedi neud? A ninne ar ein mis mêl! Ble mae'r prif gwnstabl?

*Plisman*   Ar y ffôn yn 'y nghar i, fan 'ma. Dyma fe i chi.

*Gwen*   Hylo? ... Ie ... Beth! ... O, wn i ddim sut mae diolch i chi. O, Aled. Maen nhw wedi bod yn chwilio amdanon ni ymhob man!

*Aled*   Pam? Oes rhywbeth mawr wedi digwydd?

*Gwen*   Oes, Aled, oes. Rydw i i fod ar y llwyfan yn yr Eisteddfod Genedlaethol ddydd Mawrth i gael fy nghoroni!

**CWESTIYNAU**

1. Beth oedd Bryn Jones a'i frawd yn neud yn y gogledd?
   Fe ddaethon nhw i fyny i helpu eu hewyrth Tom yn y garej, a doedden nhw ddim eisiau mynd nôl i'r de i weithio yn y gwaith glo.
2. Sut ddyn oedd Bryn?
   Roedd gyda fe ddiddordeb mewn canu ac mewn ceir.
3. Ble caiff Gwen gyfle i weld y brodyr a'u chwiorydd?
   Yn yr Eisteddfod Genedlaethol.

4. Pryd mae honno'n cael ei chynnal?
   Yn ystod yr wythnos gynta yn Awst bob blwyddyn.
5. Pam roedd Bryn a Goronwy yn synnu at gar Aled?
   Roedd ei beiriant e'n yfflon rhacs!
6. Sut wraig oedd Gwen, yn ôl Aled?
   Gwraig fach wastraffus, yn gwario eu harian i gyd ar
   eu mis mêl!
7. Pwy oedd y bardd yn y teulu?
   Gwen. Roedd hi wedi sgrifennu llawer o farddoniaeth
   (poetry).
8. Pam nad oedd Aled yn stopio ar ôl gweld car yr heddlu?
   Am fod y car roedd e'n teithio ynddo yn gallu mynd
   yn gyflymach.
9. Sut roedd yr heddlu'n gwybod pwy oedd Aled a Gwen?
   Roedden nhw wedi bod yn chwilio amdanyn nhw
   ymhob man.
10. Pam roedd y Prif Gwnstabl yn ffonio Gwen?
    I ddweud wrthi fod yn rhaid iddi fod yn yr Eisteddfod
    Genedlaethol ar ddydd y Coroni.

TRANSLATE INTO WELSH

1. The train we came in (it) was half an hour late.
2. It came in at ten to three instead of twenty past two.
3. Were you there when the accident happened?
4. That's the car Eric had the accident in (it).
5. The house where they live is on the square.
6. Is that your car? No, the red one is mine.
7. How much are the books? They are five pounds each.
8. How much do you pay (to) the hotel? Twenty pounds
   a week.
9. What kind of a place is Aberystwyth? It is a fine place
   for holidays in the summer.
10. Do you speak Welsh? Of course I do. I've learnt to
    speak it from this book.

# Suggestions for Further Study

1. Listen and watch as many Radio and Television programmes as you can. Turn your aerials in the direction of BBC Wales and HTV.

2. Join a **Dysgwyr** (Learners') Society if there is one in your area. If you have an acquaintance who can speak Welsh, ask him or her to assist you. If you can get to the Royal National Eisteddfod of Wales (held in the first whole week in August every year) go to the Dysgwyr pavilion and frequent it as often as you can.

3. Write to the Director of Education in your county and ask if there are any Learners' Evening Classes or Crash Courses you can attend. The Registrars of the University Colleges can provide you with information regarding vacation courses and extramural classes.

4. Your local librarian will advise you regarding course books for learning Welsh, which may also be purchased from a Welsh bookshop if there is one in your area. The Welsh Books Council, Queen's Square, Aberystwyth will supply you with catalogues of Welsh books, and they run a very efficient provision service.

5. The Welsh League of Youth, Heol Llanbadarn, Aberystwyth run camp and residential courses as well as publishing monthly magazines for young learners, which can also be useful for older students.

6. The Faculty of Education of the University College of Wales, Aberystwyth, has published excellent books on the subject, including *Cwrs Cymraeg Llafar* Books I and II, and *Cwrs Carlam Cymraeg* (A Crash Course in Welsh) Books I and II, both series by Dan L. James. The National Language Unit, Glamorgan Polytechnical College, Trefforest, Pontypridd, Mid Glamorgan (Director: Eric Evans) publishes audio-visual courses for schools and adults. *Dewch i Ddysgu Cymraeg* (Come and Learn Welsh) is a course for adults, and consists of two books, with accompanying tapes and film strips.

7. Dictionaries: *Geiriadur Dysgwyr* is an excellent dictionary for learners and has a graded vocabulary. The standard dictionary is *Y Geiriadur Mawr*; it has a smaller version, *Y Geiriadur Newydd* which the student might find useful. There is also a good English–Welsh, Welsh–English Dictionary published by Collins, and available in most good English bookshops.

8. Bilingual books—Welsh on one side of the page with an English translation on the opposite one—are published annually by the University of Wales Press. A new translation of the New Testament into Welsh has recently been published, and students acquainted with the English text might be interested in comparing the two. The style of Welsh used is, of course, more akin to literary Welsh, the Welsh taught in the precursor of this volume, *Teach Yourself Welsh*.

9. There are two Welsh weekly newspapers that have a national circulation—the more popular *Y Cymro*, and the more erudite *Y Faner*.

10. The best way to learn a language is to live amongst the people who speak it and use it as a natural everyday medium of communication and culture. If you do not live in Wales, or live in an anglicised area, why not spend your holidays in the parts of Wales that are Welsh-speaking? The Welsh Tourist Board will help you find accommodation, and you

will be able to use and implement your knowledge of Welsh while at the same time enjoying its unrivalled scenery and the traditional hospitality of the Welsh people.

> Pa wlad wedi'r siarad sydd
> Mor lân a Chymru lonydd?

'What country, when all's said and done, is as lovely as tranquil Wales?'

# Appendix 1: Regional Differences

There are two main areas of dialect in Wales, generally referred to as 'North' and 'South', separated by a broad 'band' rather than a line, running through Mid Wales. The following are the main differences:

1. Use of individual words. Here are a few of the most common.

| South Wales | North Wales | English |
|---|---|---|
| allwedd | agoriad | *key* |
| bant | i ffwrdd | *away* |
| bord | bwrdd | *table* |
| cer | dos | *go!* |
| dere | tyrd | *come!* |
| dou | dau | *two* |
| fe, e | fo, o | *he, him* |
| gallu | medru | *to be able* |
| gyda, 'da | efo | *with* |
| idd i/u | i'w | *to his/her/their* |
| llefen | crio | *to cry* |
| mam-gu | nain | *grandmother* |
| mas | allan | *out* |
| menyw | dynes | *woman* |
| merch | geneth | *girl* |
| moyn | eisiau | *to want* |
| nawr | rwan | *now* |
| pert | del | *pretty* |
| shwd | sut | *how, what kind of* |
| tad-cu | taid | *grandfather* |
| taw | mai | *that it is/was* |

2. The chief phonetic difference is the pronunciation of **u**. In S. Wales this is pronounced '*ee*', but in N. Wales, especially in Gwynedd, it is produced further back in the mouth. In S. Wales, the endings **-ai** and **-au** are pronounced as **-e**, as in **llyfre** for **llyfrau**, **gore** for **gorau**, **hoffe** for **hoffai** etc. In Gwynedd there is a tendency to turn **-au** and **-ai** into **-a**, e.g. **llyfra** for **llyfrau**, **bydda** for **byddai** etc. S. Wales dialects turn the diphthong **ae** into **a** (long '*ah*' sound), e.g. **ca** for **cae** (*field*) and **ma** for **mae**; and the diphthong **oe** into **o** (long) as in **ô'dd** for **oedd** and **ô's** for **oes**.

3. In N. Wales a modified form of the construction with **gan** denoting possession is used. **Gan**, like a number of other simple prepositions in Welsh, has personal forms, and for that reason it has been set aside in this book in favour of **gyda**, which has none. Here are the forms of **gan** used in speech in N. Wales:

| | |
|---|---|
| Mae plant gen i. | *I have children.* |
| Oes plant gen ti? | *Have you* (fam.) *any children?* |
| Mae car gynno fo. | *He has a car.* |
| Does dim car gynni hi. | *She hasn't a car.* |
| Mae gardd fawr gynnon ni. | *We have a big garden.* |
| Oes gynnoch chi gi? | *Have you a dog?* |
| Mae gynnyn nhw ddigon o arian. | *They have enough money.* |

Note that as with **gyda**, the object possessed can come before or after **gan**.

4. N. Wales speech uses the verb **ddaru** (from **darfod**) to express the past tense:

| | |
|---|---|
| (Mi) ddaru i mi fynd: | *I went* (S. Wales: Fe es i) |
| (Mi) ddaru i ti fynd: | *You went* |
| (Mi) ddaru iddo fo fynd: | *He went* (S. Wales: Fe aeth e, Fe ath e) |

| | |
|---|---|
| mi ddaru iddi hi fynd: | *She went* |
| i ni fynd: | *We went* |
| i chi fynd: | *You went* |
| iddyn nhw fynd: | *They went* |

This is a very useful construction, and makes it possible to express all the tenses which are concerned with time only—present, past and future—by means of auxiliary verbs.

These differences should not cause the learner any great difficulty. Most languages have some dialectic differences and quite a number of people (especially school children) are bilingual within their own language, using the form or dialect which is most appropriate to the situation. Ease of communication and contact between N. Wales and S. Wales have made the dialects mutually accepted and understood.

# Appendix 2: How to translate 'have'

The word 'have' in English has four distinct meanings. These have to be differentiated when translating into Welsh (and other languages too):

1. 'To have', i.e. 'to possess', translated into Welsh by using **gyda**:

> *I have a dog.*
> Mae ci gyda fi (*or* (N. Wales) Mae ci gen i).
> *They have a lot of money.*
> Mae llawer o arian gyda nhw.
> *or* Mae gyda nhw lawer o arian.

2. 'To have', i.e. 'to get, to receive'. In Welsh, **cael**:

> Rydw i'n cael brecwast bob bore.
> *I have breakfast every morning.*
> Fe gawson nhw gaws i swper.
> *They had cheese for supper.*

3. 'To have' used as an auxiliary verb, e.g. 'I have gone', 'he has been caught'.

> *He has gone home* (present perfect tense).
> Mae e wedi mynd adre.
> *They have run away.*
> Maen nhw wedi rhedeg i ffwrdd.

The 'have been' of the passive, or impersonal forms in Welsh is **wedi cael**:

> *They have been caught* (present passive).
> Maen nhw wedi cael eu dal.

4. 'To have *to*', i.e. 'compelled to', e.g. 'I have to', 'I *must*';
in Welsh the idiom with **rhaid** is used:

> *I have to (I must) go.*
> Rhaid i fi fynd.
> *He had to leave* (past).
> Roedd rhaid iddo adael.
> *She will have to go* (future).
> Fe fydd rhaid iddi hi fynd.

# Appendix 3: Gender

Nouns in Welsh are either masculine or feminine, e.g. **ci**, **y ci**, 'the dog', is masculine, **cadair**, **y gadair**, 'the chair', is feminine. Learn the gender of a new noun by putting the article before it, as most feminine singular nouns will mutate after **y** or **'r**. If a noun cannot mutate, e.g. **ffenest**, 'window', its gender can be memorised by putting a common adjective after it, e.g. **ffenest fawr**, 'a big window', **stafell fach**, 'a small room'.

NOUNS THAT ARE MASCULINE

(i) The names of male beings, e.g. **ewyrth'** 'uncle', **saer**, 'carpenter'.

(ii) The points of the compass; the seasons; the months of the year; the days of the week and the more popular Church festivals—**y Nadolig**, 'Christmas', **y Pasg**, 'Easter' etc.

(iii) Aspects of the weather (**y tywydd**) are generally masculine: **Gwynt**, 'wind', **glaw**, 'rain', **cesair**, 'hail', **eira**, 'snow', **iâ**, 'ice', **rhew**, 'frost', **oerni**, 'cold', **gwres**, 'heat'.

(iv) The 'sun', **haul**, and 'day', **dydd** *or* **diwrnod**, are masculine, but 'night', **nos**, 'moon', **lleuad** *or* **lloer**, and 'star', **seren** are feminine.

(v) Food and liquid refreshment are masculine: **bara**, **caws**, **menyn**, **cig**; **dŵr**, **te**, **coffi**, **llaeth**, **cwrw**, 'beer', **gwin**, 'wine' (and other liquids e.g. 'petrol', **olew**, 'oil').

(vi) Metals, materials and fuels are masculine, e.g. **aur**, 'gold', **arian**, 'silver' (or 'money'), **haearn**, 'iron'; **gwlân**, 'wool', **brethyn**, 'cloth'; **glo**, 'coal', **trydan**, 'electricity', **nwy**, 'gas', etc.

(vii) Vehicles, e.g. **car, bws, trên, cwch**, 'boat', are masculine (but **llong**, 'ship', **awyren**, 'aeroplane' and **lori** are feminine).

(viii) Verb-nouns are usually masculine, e.g. **canu da**, 'good singing'.

(ix) The liquid measures **peint, chwart, galwyn** are masculine.

NOUNS THAT ARE FEMININE

(i) Money is feminine: **ceiniog**, 'penny', and **punt**, 'pound', e.g. **ceiniog, y geiniog, dwy geiniog**, '2p'; **punt, y bunt, dwy bunt**, '£2'.

(ii) Linear measurement: **modfedd**, 'inch', **llathen**, 'yard', **milltir**, 'mile'.

(iii) Vegetables and trees, e.g. **taten**, 'potato'; **derwen**, 'oak'.

(iv) Most popular musical instruments are feminine, e.g. **organ, ffidil, telyn, y delyn**, 'harp'; but **piano** is masculine in S. Wales.

(v) Highways and byways, e.g. **heol, ffordd** 'road', **traffordd**, 'motorway', **rheilffordd**, 'railway', **pont**, 'bridge', **stryd**, 'street' and **taith, y daith**, 'journey'; but **llwybr** is masculine, as in **llwybr cyhoeddus**, 'public path', and so is **pafin** or **palmant**, 'pavement'.

(vi) Modes of entertainment, e.g. **cyngerdd**, 'concert', **noson lawen** (a popular concert in which everyone joins in), **eisteddfod, sinema, opera, drama** (together with **theatr**, 'theatre', and **neuadd**, 'hall'), **ffilm, dawns**, 'dance', **ffair**, 'fair', **gŵyl**, 'festival', **cân**, 'song', **stori**, 'story', **rhaglen**, 'programme', **nofel**, 'novel'. Some examples of **gwers**, 'lesson', **darlith**, 'lecture' and even **pregeth**, 'sermon', have been known to have provided 'entertainment'! But **radio** and **teledu**, 'television', are masculine.

FURTHER OBSERVATIONS

Parts of the body are fairly evenly distributed, e.g. **tafod**, 'tongue', is masculine, but **ceg**, 'mouth', is feminine. **Llygad**, 'eye', **clust**, 'ear' and **troed**, 'foot', are masculine in some dialects and feminine in others. And so, naturally, is **cusan**, 'kiss'.

In the matter of clothing, **cap**, **crys**, 'shirt', **trowsus**, 'trousers', and **botwm**, 'button', are masculine, and **het**, 'hat', **ffrog**, 'frock', **sgert**, 'skirt' and **gwisg**, 'dress', are feminine, and so too are **hosan**, 'stocking', **esgid**, 'boot' or 'shoe'. Cutlery is feminine—**cyllell**, 'knife', **fforc**, **llwy**, 'spoon' and so is **soser**; but **plât**, 'plate', and **cwpan**, 'cup', are masculine.

**Mynydd**, 'mountain', **bryn**, 'hill', **cwm** and **dyffryn**, 'valley', are masculine, but **afon**, 'river', and **nant**, 'stream', or 'brook' are feminine.

Time oscillates regularly. **Awr**, 'hour', is feminine; **dydd** or **diwrnod**, 'day', is masculine. **Wythnos**, 'week', is feminine, **mis**, 'month', is masculine, and **blwyddyn** (**y flwyddyn**), 'year' is feminine. (**Eiliad**, 'second', and **munud**, 'minute', may be either masculine or feminine according to dialect.)

Words ending with the following are generally masculine:

| | | | |
|---|---|---|---|
| -der | -iad | -yn | -yn |
| -ydd | -wr | -ydd | -wch |

Words with the following endings are usually feminine:

-fa and -fan      -eg      -aeth
-en (except for **bachgen**, 'boy', **halen**, 'salt', **angen**, 'need' and **capten**, 'captain', **pren**, 'wood' and **pen**, 'head').

# Appendix 4: Complete Table of Mutations

| Initial *or* Radical | Soft (Voiced) | Nasal | Aspirate (*or* Fricative) |
|---|---|---|---|
| C | G | Ngh | Ch |
| P | B | Mh | Ph |
| T | D | Nh | Th |
| G | — | Ng | None |
| B | F | M | |
| D | Dd | N | |
| M | F | None | None |
| Ll | L | | |
| Rh | R | | |

Examples after possessive adjectives 'his', 'my', 'her':

| | His ... (SM) | My ... (NM) | Her ... (AM) |
|---|---|---|---|
| car (*car*) | ei gar e | 'y nghar i | ei char hi |
| pen (*head*) | ei ben e | 'y mhen i | ei phen hi |
| teulu (*family*) | ei deulu e | 'y nheulu i | ei theulu hi |
| gardd (*garden*) | ei ardd e | 'y ngardd i | ei gardd hi |
| bag (*bag*) | ei fag e | 'y mag i | ei bag hi |
| desg (*desk*) | ei ddesg e | 'y nesg i | ei desg hi |
| mam (*mother*) | ei fam e | 'y mam i | ei mam hi |
| llaw (*hand*) | ei law e | 'yn llaw i | ei llaw hi |
| rhestr (*list*) | ei restr e | 'yn rhestr i | ei rhestr hi |

(SM = Soft Mutation    NM = Nasal Mutation
AM = Aspirate Mutation.)

# Appendix 5: The Mutation System

There are three broad areas in which mutation applies, all of which overlap to such an extent that it seems impossible to draw a firm line of demarcation between them. These areas are (1) 'gender' mutations involving the feminine singular noun; (2) 'contact' or 'liaison' mutations caused by the effect of certain words on others; and (3) 'function' or 'structure' mutations which occur because of the particular function of a word or phrase in the grammatical structure of a sentence.

In the following classification, the word 'mutation' refers to the Soft Mutation unless otherwise stated.

## 1. Gender mutation

(*a*) A feminine singular noun will mutate after the definite article **y, yr** or **'r** ('the'), e.g.: **merch**, 'girl', **y ferch**, 'the girl', **cadair**, 'chair', **y gadair**, 'the chair', **yr ardd**, 'the garden'.

(*b*) A similar mutation occurs after **un**, 'one', e.g. **un ferch**, 'one chair', **un gadair**, 'one chair', **ceiniog**, 'a penny', **un geiniog**, 'one penny'.

Words beginning with **ll** and **rh** are exceptions to both (*a*) and (*b*) in North Wales: **llaw**, 'hand', **y llaw**, **un llaw**; **rhaw**, 'a spade', **y rhaw**, **un rhaw**.

(*c*) A feminine singular noun will mutate a following adjective or noun functioning as an adjective, e.g.

| | | | |
|---|---|---|---|
| **mawr** | '*big*' | **y ferch fawr** | '*the big girl*' |
| **pert** | '*pretty*' | **y ferch bert** | '*the pretty girl*' |
| **llawen** | '*happy*' | **y ferch lawen** | '*the happy girl*' |

**Noson lawen** (Lit. 'a happy evening') is the name given to a typical Welsh 'get-together'.

Note that **ll** and **rh** are not exceptions to this rule. But there are a few exceptions, e.g. **noson braf**, 'a fine evening/night', **nos da**, 'good night' and **wythnos diwetha**, 'last week'.

(**Braf** is a word borrowed from English 'brave' and is impervious to mutation. The combination of **s** and **dd** as in **nos dda** has turned to **sd**.)

The converse of the above rules will be useful to a student. If a noun mutates after **y**, **yr** or **'r**, or after **un**, and/or if it mutates a following word, it is feminine singular. The place name **Penybontfawr**, for example, provides two clues to the gender of **pont**, 'bridge'—**y bont** and **bont fawr**; **pont** is therefore obviously feminine.

## 2. Contact (or liaison) mutations

AFTER POSSESSIVE ADJECTIVES 'MY', 'HIS', 'HER' ETC.

(i) **Fy**, **'y** or **'yn**, 'my', 'me', causes Nasal Mutation:

> 'y nghar i ydy hwnna.      *That's my car.*
> Mae e'n 'y ngweld i bob dydd.      *He sees me every day.*

(ii) **Ei**, 'his, him', and **dy**, 'your, you', are followed by the Soft Mutation, e.g.

> ei blant e      *his children*
> dy deulu di      *your (fam.) family*

> Dydy hi ddim yn ei ddeall e. Ydy hi yn dy ddeall di?
> *She doesn't understand him. Does she understand you?*

(iii) **Ei**, 'her', causes Aspirate Mutation (C/CH, P/PH, T/TH), e.g. **car**, 'car', **ei char hi**, 'her car', **plant**, 'children', **ei phlant hi, teulu,** 'family', **ei theulu hi,** 'her family':

> Rydw i'n ei chlywed hi'n canu o'r pen arall i'r stryd.
> *I hear her singing from the other end of the street.*

**PRONOUNS**

(i) Personal pronouns, e.g. **fi, fe, chi** etc. mutate words that follow, e.g.:

> Fe weles **i dd**amwain.        *I saw an accident.*
> Rhaid iddo **fe f**ynd.        *He must go.*

(This **fe** is also the **fe** of the affirmative marker and both forms cause the same mutation.)

> Nei **di d**e?        *Will you make tea?*
> Fe hoffe **hi dd**od.        *She'd like to come.*
> Fe gawn **ni g**offi.        *We'll have coffee.*
> Mae arnoch **chi b**unt i fi.        *You owe me a pound.*
> Mae gyda **nhw** ardd fawr.        *They have a large garden.*

(Exception: **pwy,** e.g. Welest ti pwy oedd e?
                    *Did you see who he was?*)

(ii) Interrogative pronouns, together with **pan, pa. Pwy?,** 'Who?', 'Whom?':

> Pwy **dd**aeth â'r plant.
> *Who brought the children?*
> Pwy weloch (or welsoch) chi?
> *Who(m) did you see?*

**Beth?,** 'What?':

> Beth weloch chi?
> *What did you see?*
> Beth **dd**igwyddodd?
> *What happened?*

**Faint?,** 'How much, how many?':

> Faint **d**aloch chi?
> *How much did you pay?*
> Faint **dd**aeth?
> *How many came?*

Note that **faint** does not mutate a following *adjective*:

> Faint gwell wyt ti?   *How much better (off) are you?*

**Pa,** 'what':   Pa ddiwrnod ydy hi heddiw?
> *What day is it today?*

> I ba goleg mae e'n mynd?   (*To*) *what college does he go*
> (*to*)?

A number of interrogative expressions have been formed by combining **pa** with nouns, e.g.:

> pa + lle > pa le > p'le > ble: *what place, where?*
> pa + peth > pa beth > beth: *what thing, what . . .?*
> pa + maint > pa faint > faint: *what size, how much/*
> *many?*

**Ble, beth** and **faint** are now 'fixed' mutated forms and cannot undergo further mutation, e.g. **i ble,** 'to where, where to?', **i beth?,** 'what for?'

In S. Wales speech, **pwy** has supplanted **pa:**

> Pwy lyfr?                 *What book?*
> O bwy sir rydych chi'n   *From what county do you come?*
> dod?

PREPOSITIONS

(i) The following prepositions are followed by the Soft Mutation:

**am**   am ddau o'r gloch      *at two o'clock*
>        am geiniog neu ddwy    *for a penny or two*
>        Rydw i am fynd         *I want to go, I'd like to go*

(But note—**am byth**, 'for ever', where **byth** withstands
mutation: **Cymru am byth**, 'Wales for ever'.)

**ar**      ar ben y mynydd        *on top of the mountain*

Note also place names such as Pontardawe, Lit. *The bridge on
the Tawe* (river), *Pontarddulais* (Dulais), *Pontargothi* (Cothi)
etc.

**at**     at ddrws y tŷ          *to the door of the house*
**dros**   dros ben y to          *over the rooftop*
           dros ben               *extra, over, very*
**drwy**   Fe aethon nhw drwy ganol y dre.
           *They went through the middle of the town.*
           Fe ddaeth ymlaen drwy waith caled
           *He came on through (by) hard work.*
**gan**    Fe ges i'r llyfr 'ma gan frawd 'nhad.
           *I had this book from my father's brother.*
**i**      Rwy'n mynd i gael cinio.
           *I'm going to have dinner.*
           Rwy'n mynd i Gaerdydd.
           *I'm going to Cardiff.*
**wrth**   Fe gwrddwn ni wrth glwyd yr eglwys.
           *We'll meet by the gate of the church.*
           Fe gwrddes i â Gareth wrth ddod nôl.
           *I met Gareth while coming back (when I came back).*
**o**      O Gaergybi i Gaerdydd.
           *From Holyhead to Cardiff (the Welsh equivalent of 'from
           Land's End to John o' Groats').*
**hyd**    Fe aeth yr eisteddfod ymlaen hyd ddau o'r gloch
           yn y bore.
           *The eisteddfod went on until two o'clock in the morning.*
**heb**    Fe ddes i nôl o Lundain heb geiniog yn 'y mhoced.
           *I came back from London without a penny in my pocket.*
           Rydw i heb godi eto.
           *I haven't got up yet Lit. I'm without getting up.*
**dan**    Fe gawson ni bicnic dan goed yr ardd.
           *We had a picnic under the trees of the garden.*

(ii) **Yn**, 'in', is followed by the Nasal Mutation:

> Maen nhw'n byw yng nghanol y dre.
> *They live in the middle of the town.*

> Caerdydd; yng Nghaerdydd   *in Cardiff.*

(There is a tendency in many areas to use the Soft Mutation rather than the Nasal after **yn** e.g.: **yn Gaerdydd**, **yn Gaer** (*Chester*) **yn Gaernarfon** etc., and even not to mutate T and D at all, e.g. **yn Tonypandy**, **yn Dowlais**.)

(iii) The Aspirate Mutation which formerly occurred after **â**, 'with', **gyda**, 'together with' and **tua**, 'towards', and which is still observed in written Welsh, is generally omitted in speech:

> â chyllell *or* â cyllell               *with a knife*
> gyda chyfaill *or* gyda cyfaill      *with a friend*
> tua Chaerdydd *or* tua Caerdydd   *towards Cardiff*

The Aspirate Mutation after **a**, 'and', also tends to disappear, except in phrases such as **bara 'chaws**, 'bread (and) cheese'.

**Dyma**, 'HERE'S'; **Dyna**, 'THERE'S'; **Dacw**, 'THERE'S' (YONDER)

> Dyma fachgen deallus.     *Here's an intelligent boy.*
> Dyna waith da.             *That's good work.*
> Dacw dŷ Mr Rhys, i fyny ar y mynydd.
> *There's Mr Rhys' house, up on the mountain.*

**Yma**, 'here', **yna**, 'there' and **acw**, 'yonder', are frequently followed by mutation, and can be included in this category. They often appear in their abbreviated form **'ma, 'na**:

> Mae 'na lyfrau yn y cwpwrdd.
> *There are books in the cupboard.*
> Roedd 'na ddyn o'r enw John Jones yn byw yma.
> *There was a man of the name of (i.e. called) John Jones living here.*

**Acw** is often used idiomatically for 'our house':

> Mae acw ddigon o lyfrau. Dewch acw i de.
> *There are enough books in our house. Come to our house to tea.*

## NUMBERS

We have already seen how **un** mutates a feminine (but not a masculine) noun. **Dau**, 'two', before a masculine noun and **dwy**, 'two' before a feminine noun both cause mutation.

| | | |
|---|---|---|
| bachgen | dau fachgen | merch dwy ferch |
| cant (100) | dau gant | ceiniog dwy geiniog (2p) |

The ordinal **ail**, 'second', mutates both genders, e.g. **yr ail fachgen**, 'the second boy', **yr ail ferch**, 'the second girl', **yr ail ganrif ar bymtheg**, 'the seventeenth century'. The feminine forms of the ordinals are **y drydedd**, **y bedwaredd**, etc., e.g.

> y drydedd ganrif          *the third century*
> y bedwaredd ganrif ar bymtheg   *the nineteenth century*

Note the mutation of the feminine forms of the ordinals after 'the'. The masculine numeral **tri**, 'three', and the numeral **chwe** will cause Aspirate Mutation, but in speech this is mainly reserved for **cant** and **ceiniog**:

> tri chant     *three hundred*
> chwe chant    *six hundred*
> chwe cheiniog   *six pence*

## SOME INTENSIFIERS

| | | |
|---|---|---|
| **rhy** | Mae hwn yn **rhy** fawr. | *This is **too** big.* |
| **lled** | Mae'r trowsus yn **lled** hir. | *The trousers are **rather** long.* |
| **go** | **Go** dda! | *Quite good!* |
| **pur** | Mae e'n **bur** wael heddiw. | *He's **quite** ill today.* |
| **mor** | Rydych chi **mor** garedig! | *You're **so** kind!* |

MISCELLANEOUS WORDS

**(i) neu,** 'or';

| | |
|---|---|
| Te neu goffi? | *Tea or coffee?* |
| Gwyn neu ddu? | *White or black?* |
| Canu neu ddawnsio? | *Singing or dancing?* |

**(ii) Pan,** 'when' (*not* the interrogative):

Pan ddaeth e adre, fe aeth e yn syth i'r gwely.
*When he came home, he went straight to bed.*

**(iii) Mor,** 'as', and **cyn,** 'as' (used in comparison);

Mae e bron mor dal â'i dad.
*He is almost as tall as his father.*
Roedd ei hwyneb hi cyn wynned â'r galchen.
*Her face was as white as (the) limestone.*

*Exception:* words beginning with **ll** and **rh:**

Roedd hi mor llawen â'r gog.
*She was as happy as the cuckoo.*

The simile **cyn rhated â dŵr,** 'as cheap as water', has now unfortunately become outmoded!

**(iv) Dau** and **dwy** after **y:** Both **dau** and **dwy** are mutated after **y,** 'the' (or **'r**):

Y ddau frawd a'r ddwy chwaer
*The two brothers and the two sisters*
Roedd y ddau ohonyn nhw yno.
*Both (Lit. the two) of them were there.*

**(v)** The 'fixed' mutation of **dde,** 'right' (side):

o'r dde i'r chwith          *from right to left*

**(vi)** Mutation after **sy,** 'which is' (for **sy'n**):

| | |
|---|---|
| P'un sy orau? | *Which is best?* |
| P'un sy orau gyda chi? | *Which do you prefer?* |

(vii) **Nos . . .**, '. . . night': **Nos** mutates the 'nights' of the week: **Nos Lun**, 'Monday night', **Nos Fawrth**, 'Tuesday night', **Nos Fercher**, 'Wednesday night', **Nos Wener**, 'Friday night'. This is the remnant of an older system of mutation which has no parallel in modern Welsh.

## 3. Function or 'structural' mutations

(*a*) Nouns and adjectives after the 'link' word **yn**:

> Mae Gareth yn fachgen tal.
> *Gareth is a tall boy* (noun).
> Mae Gareth yn dal.
> *Gareth is tall* (adjective).

and also the **yn** which turns an adjective into an adverbial expression:

> Fe redodd e'n gyflym.
> *He ran quickly.*
> Rwy'n gobeithio'n fawr y daw e.
> *I hope very much that he will come.*

*Exceptions:* words beginning with **ll** and **rh**:

> Mae hon yn rhaglen dda.
> *This is a good programme.*
> Mae e'n llenor da.
> *He is a good man-of-letters/literature.*

In colloquial speech, these 'exceptions' are made to conform to the general rule, e.g.

> Mae e'n lenor da

(*b*) The affirmative markers **Fe** or **Mi** (N. Wales): these were once pronouns (see Section 2, 'pronouns', above).

> Fe brynes i ddau lyfr.          (*from* **prynu** '*to buy*')
> *I bought two books.*              (*past tense*)
> Fe bryna i un arall yfory.
> *I'll buy another one tomorrow.*        ('*decision*' *future*)

Fe allwn i fynd yn eich lle chi.
*I could go instead of you.* (*conditional*)
Fe fydda i adre yfory.
*I shall be home tomorrow.* (*simple future*)

(*c*) The interrogative marker: the Soft Mutation is the sole interrogative marker in spoken Welsh:

Welest ti fe? Naddo. (*from* **gweld** '*to see*')
*Did you see him? No.*
Gawsoch chi fwyd? (*from* **cael** '*to have*')
*Did you have/Have you had food?*
Allwch chi ddod heno? (*from* **gallu** '*to be able*')
*Can you come tonight?*

(*d*) The negative marker: the Soft Mutation is the first marker of the negative with verbs beginning with **g, b, d; ll, m, rh.**

Weles i mono fe.
*I didn't see him/it.*
Alla i mo'ch talu chi heddiw.
*I can't pay you today.*
Ddaeth e ddim? Naddo, ddaeth neb
(*from* **dod** '*to come*')
*Didn't he come? No, no one came.*
Fwynheuodd neb y trip. (*from* **mwynhau** '*to enjoy*')
*No one enjoyed the trip.*

Verbs beginning with **c, p, t,** take the Aspirate Mutation (C/CH, P/PH, T/TH):

Chlywes i neb. (*from* **clywed** '*to hear*')
*I heard no one. I didn't hear anybody.*
Chysges i ddim winc. (*from* **cysgu** '*to sleep*')
*I didn't sleep a wink.*
Phariff e ddim. (*from* **para-** '*to last*')
*It/he won't last.*
Thalodd e ddim. (*from* **talu** '*to pay*')
*He didn't pay.*

There is a marked tendency in colloquial speech for this mutation to be replaced by the Soft Mutation, by analogy with words beginning with **g, b, d** etc.

> Glywes i neb.  *I heard no one* etc.

(*e*) Expressions of time, place and manner.

**Time:** Some words have a 'fixed' mutation, e.g. **ddoe** (from **doe**), 'yesterday', and **gynt** (from **cynt**), 'formerly, *née*'; and expressions of time, especially those containing **yn ôl**, 'ago', e.g.:

> Ddwy flynedd yn ôl, fe ddaethon nhw i fyw yma.
> *Two years ago, they came to live here.*
> Roedd e yma ddwy funud yn ôl.
> *He was here two minutes ago.*

(It may be argued, of course, that the latter is a mutation after **yma**—it could well be.) So too:

| | |
|---|---|
| dri mis yn ôl | *three months ago* |
| bythefnos yn ôl | *a fortnight ago* |
| ddydd ar ôl dydd | *day after day* |
| lawer gwaith | *many times* |
| bob dydd | *every day* |
| bob tro | *every time* |
| bob bore | *every morning* |

**Place:** expressions of place like the 'fixed' mutation of **gartre**, 'at home', from **cartre**, 'home':

> Rydyn ni'n byw **dd**wy filltir o'r dre.
> *We live two miles from the town.*

**Manner:** in phrases such as

| | |
|---|---|
| law yn llaw | *hand in hand* |
| fraich ym mraich | *arm in arm* |

(*f*) As a mode of address (The Vocative Case in Latin):

> Dewch i mewn, **b**awb.
> *Come in, everybody.*

Bore da, blant.
*Good morning, children.*

This mutation may be due to a hypothetical **O**! (**O blant**, 'O children') or a hypothetical **Chi!**, 'You' (as in) **Chi blant**, 'You children'. So too:

Foneddigion a boneddigesau!     (*from* **Boneddigion**)
*Gentlemen and Ladies!*          (Note the order in Welsh)
Gyfeillion, Rufeinwyr, Gyd-wladwyr!
                                 (**Cyfeillion**, '*friends*')
*Friends, Romans, countrymen!*
Frodyr a chwiorydd!              (**Brodyr**, '*brothers*')
*Brothers* (or *brethren*) *and sisters!*

(*g*) Most adjectives which precede nouns cause Soft Mutation:

| | |
|---|---|
| hen ŵr | *an old man* |
| hen gastell | *an old castle* |
| hen gastell mawr | *a big old castle* |
| hen, hen gastell | *an old, old castle*, or *a very old castle* |

Other words that are followed by mutation are **holl**, 'all', **ychydig**, 'a little', **ambell**, 'an occasional', **rhyw**, 'some (thing)', **unrhyw**, 'any' e.g.:

Edrychwch ar yr holl waith sy gyda fi i neud.
*Look at all the work I have to do.*
Mae e'n mynd allan ambell dro/waith.
*He goes out occasionally.*

(*h*) 'Who': The relative pronoun. The mutation is the marker of the relative pronoun **a**, 'who', which is generally omitted in speech:

Fe weles i'r dyn (a) **dd**aeth i mewn.
*I saw the man **who** came in.*
Dyna'r dyn (a) weles i'n dod allan o'r banc.
*That's the man* (*whom*) *I saw coming out of the bank.*

This mutation is also found in emphatic constructions:

> Pwy ddaeth i mewn? Aled a Gwen (a) ddaeth i mewn.
> *Who came in? (It was) Aled and Gwen (who) came in.*

(*i*) Nouns, which can be substituted for the pronouns in Section 2 'Pronouns' (i) and (ii) above will be followed by the Soft Mutation.

| | |
|---|---|
| Fe weles i **dd**amwain. | Fe welodd Tom **dd**amwain. |
| *I saw an accident.* | *Tom saw an accident.* |
| Rhaid iddo fe **f**ynd. | Rhaid i'r dyn **f**ynd. |
| *He must go.* | *The man must go.* |
| Naiff hi **d**e? | Naiff Gwen **d**e? |
| *Will she make tea?* | *Will Gwen make tea?* |
| Fe hoffe hi **dd**od. | Fe hoffe Megan **dd**od. |
| *She'd like to come.* | *Megan would like to come.* |
| Mae arno fe **b**unt i fi. | Mae ar Tom **b**unt i fi. |
| *He owes me a pound.* | *Tom owes me a pound.* |
| Mae gyda nhw **ar**dd fawr. | Mae gyda'r bobl drws nesa ardd fawr. |
| *They have a large garden.* | *The people next door have a large garden.* |
| Pwy **dd**aeth â'r plant? | Ann **dd**aeth â'r plant. |
| *Who brought the children?* | *Ann brought the children.* |
| Beth **w**eloch chi? | Damwain **w**elon ni. |
| *What did you see?* | *We saw an accident.* |

As a *general* rule, nouns will mutate verbs that follow them.

## Examples of words that never undergo mutation

There are some words whose initial letters never mutate in speech:

(*a*) Words that have already been mutated, e.g. **gyda**, 'with', **gan**, 'with', **dros**, 'over', **drwy**, 'through', **dan**, 'under'; **ble**, 'where' and **beth**, 'what'; **gilydd**, as in **ei gilydd**, 'each other'.

(*b*) Words borrowed from English, especially those beginning with **g**, e.g. **gêm**, 'game', **golff**, 'golf':

> Beth am gêm o golff?
> *What about a game of golf?*

(*c*) Place- and personal names that are not Welsh or have no Welsh versions, e.g. **i** Birmingham, but **i Gaergrawnt**, 'to Cambridge'.

(*d*) Miscellaneous words such as **mor**, 'as, so', and **mae**, 'he, she, it is'; **pan**, 'when':

> Fe es i pan ddaeth e.     *I went when he came.*

**The following do *not* cause mutation:**

1. **Y** and **'r** before masculine and plural nouns; **un** before a masculine noun; masculine and plural nouns before adjectives.

2. The interrogatives **ble**, **pryd**, **pam** and **sut** (before a verb).

3. **Llawer**, 'many' (**llawer mam**, 'many a mother'); **digon**, 'enough' (**digon gwir**, 'true enough'); **pob**, 'every' (**pob dyn**, 'every man'); **sawl**, '(how) many a' (**sawl poteled o laeth?** 'How many a bottle, i.e. bottles, of milk?'); **peth**, 'some quantity of' (**peth llaeth**, 'some milk').

4. Prepositions such as **cyn**, 'before' (**cyn cinio**, 'before dinner'); **ar ôl**, **wedi**, 'after' (**ar ôl/wedi cinio**, 'after dinner'); **rhwng**, 'between' (**rhwng te a swper**, 'between tea and supper'); **mewn**, 'in a . . .' (**mewn munud**, 'in a minute'); **fel**, 'like' (**fel tân**, 'like fire'). And conjunctions such as **os** and **pe**, 'if':

> Os dewch chi.           *If you come.*
> Pe basech chi yma.      *If you were (had been) here.*

5. Words in possessive constructions, e.g. **cap bachgen**, 'a boy's cap', **plant cymydog**, 'a neighbour's children'.

6. *Comparative* forms of adjectives before nouns, e.g. **gwell dyn**, 'a better man'; **cystal gwraig**, 'as good/so good a wife'.

7. The numbers **tair**, **pedair** (feminine) and all numbers beyond **chwech**, e.g. **naw cant**, 'nine hundred' (except before **blwydd**, see Lesson 10).

8. Words following the infinitive or 'verb-noun', e.g. **hoffi coffi**, 'to like coffee'.

*Exceptions:* adverbials such as **fwya**, **leia**, **orau**, e.g.:

> Beth wyt ti'n hoffi fwya? leia? orau?
> *What do you like most? least? best?*

9. Verbs following **rhaid** in impersonal constructions, e.g. **rhaid mynd**, 'one must go'.

10. Verbs following **yn** and **wedi**: **yn canu**, 'singing', **wedi bwyta**, 'having eaten'.

*Exception:* **yn** and **wedi** in emphatic sentences (See Lesson 16).

11. There is no mutation after **Mae**, **oes** and **dim**, e.g.:

> Mae car o flaen y tŷ.
> *There is a car in front of the house.*
> Oes plant gyda chi?
> *Have you (any) children?*

Note well the difference between these two sentences:

> Fe alla i **weld** y tŷ ffarm.
> *I can see the farm-house.*
> Alla i **ddim gweld** y tŷ ffarm.
> *I can't see the farm-house.*

12. The indefinite subject of a verb is not mutated, e.g.:

> Fe redodd **b**achgen i mewn i'r ystafell.
> *A boy ran into the room.*

Note the difference between these sentences:

> Fe gododd gwraig i siarad.
> *A woman got up to speak.*
> Fe gododd **y** wraig i siarad.
> ***The** woman got up to speak.*

In the latter, **gwraig** mutates to **wraig** after the definite article **y,** which causes mutation of feminine singular nouns.

13. The more literary impersonal forms ending in **-ir, -id** and **-wyd** do not mutate the word that follows, e.g.:

> Fe welir llawer o bobl ar lan y môr yn yr haf.
> *Many people are seen at the seaside in (the) summer.*
> Fe ddaliwyd lladron yn dwyn arian o'r banc.
> *Thieves were caught stealing money from the bank.*

14. The possessive (or 'first genitive') pronouns and 'object pronouns', **ein . . . (ni),** 'our', 'us', with nouns, e.g.: **ein plant ni,** 'our children'; **eich . . . (chi),** 'Your', 'you', e.g. **eich tŷ chi,** 'your house'; and **eu car nhw,** 'their car'.
   With verbs:

> Maen nhw'n ein gweld ni bob dydd.
> *They see us every day.*
> Dydw i ddim yn eich deall chi.
> *I don't understand you.*
> Ydych chi'n eu clywed nhw?
> *Do you hear them?*

# Key to Conversations 1–21

*Mrs Owen*   Good morning, Aled.

*Aled*   Good morning, Mrs Owen. Is Tom home from the hospital?

*Mrs Owen*   Yes-he-is, Aled. He's here in the house now Come in.

*Aled*   Thanks, Mrs Owen. Is Gwen home too?

*Mrs Owen*   No she isn't. She's out this morning.

*Aled*   Where is she?

*Mrs Owen*   She and Mr Owen are in (the) town. Gwen is shopping. (*She calls*) Tom! Where are you?

*Tom*   I'm here in the kitchen. I'm reading the paper.

*Mrs Owen*   Aled is here.

*Tom*   Hello, Aled. Come into this room. How are you?

*Aled*   I'm very well, thanks. And how are you, Tom? How's the knee?

*Tom*   Oh, it's getting on very well, thanks.

*Aled*   Well, you're looking very well.

*Tom*   Am I?

*Aled*   Yes, indeed. When are you thinking of going back to (the) College, Tom?

*Tom*   I'm going back this term, I hope.
   (*Mrs Owen comes in with a tray.*)

*Mrs Owen*   Do you like coffee, Aled?

*Aled*   Oh, yes (I do), Mrs Owen. I like coffee very much.

**CONVERSATION 2**

*Tom*   Gwen! Gwen! Where's that girl? Mam, where is Gwen?

*Mrs Owen*   She's in bed, sleeping, after the dance last night.

*Tom*   In (the) bed? This time of the morning? Gwen! We're going out into the country this afternoon.

*Gwen*   What for?

*Tom*   To have a picnic with Aled and Siân. Are you coming with us?

*Gwen*   Yes (I am). Where are Aled and Siân now?

*Tom*   They're shopping in the village.

*Gwen*   Are they coming here to dinner?

*Tom*   No (they're not); but they're coming here after dinner to pack the food.

*Gwen*   Are we going in the car?

*Tom*   Yes, yes, we are.

*Gwen*   Very well. I'm coming down now.

*Tom*   Mother, where's the picnic basket?

*Mrs Owen*   The big basket or the little basket?

*Tom*   I want the big basket today.

*Mrs Owen*   It's in the cupboard in the scullery.

*Tom*   I want the big bag too—to carry the food.

*Mrs Owen*   The big bag and the small bag are on the shelf by the door in the scullery.

*Tom*   Thanks, mother. One big bag and one big basket . . . Now then, what about the bread and the butter and the cheese—Caerphilly cheese—and the tea and the milk and the . . . Oh, and the big knife to cut the bread and butter. Do we want (any) more?

*Mrs Owen*   Gwen is coming now, Tom. She knows where they are. Leave the packing to . . .

*Gwen*   Leave everything to Gwen. Tom, you go out into the garden to read or go back to bed to sleep. Leave everything to me!

CONVERSATION 3

*Tom*  Oh! I feel sleepy after eating that big dinner. I'm not very anxious to go out this afternoon.

*Gwen*  Oh come, Tom. The weather is lovely and the sun is warm. I'm looking forward to that picnic on the Black Mountain(s).

*Tom*  Yes, it's wonderful today. But this chair is very comfortable too.

*Gwen*  Yes, yes. It's too comfortable. Come. Get up Tom. It's one o'clock and Aled always arrives punctually. The bell is ringing in the house (Lit.). Here they are now. Go and (to) open the door, Tom.

*Aled*  Hello, how's everybody here? You look very comfortable. How's the knee, Tom? Is it better?

*Tom*  Yes, but it isn't right yet. It's weak, but I can walk all right.

*Mr Owen*  How's the family, Aled?

*Aled*  Everybody's well (healthy) thank you, Mr Owen.

*Mrs Owen*  Come. Sit down. Coffee, Siân? Aled?

*Siân*  Thanks, Mrs Owen. You're very kind.

*Mrs Owen*  Oh, Gwen, this coffee is cold. The water in the kettle is hot, and the milk in the little jug is warm. Pass them to me, please. There we are . . .

*Siân*  Thank you very much Mrs Owen.

*Tom*  Well, it's very quiet here. Everybody looks very happy. What about having the picnic in the garden under the trees, instead of on the Black Mountain(s)?

CONVERSATION 4

*Tom*  Is there (any) cheese here, Mother?

*Mrs Owen*  No (there isn't).

*Tom*  Are there (any) biscuits here?

*Mrs Owen*  No, there's no more biscuits but there's cake here. And there's no bread or fruit here. I'm going down to the village to Edward Jones' shop this afternoon to buy food. We haven't enough food in the house. The cupboard is empty. Where's that list? Ah, here it is. I want cheese,

bacon, coffee, peas, potatoes, and eggs and apples. That's
the lot, I think. Where's the trolley?

*Gwen*   Here it is, Mum. I'm coming with you to help (to)
pull the trolley. A full trolley is so heavy.

*Mrs Owen*   Thank you very much, Gwen.

*In Edward Jones' shop*

*Mrs Owen*   Good morning, Edward Jones. It's fine today.

*Edward Jones*   Yes, indeed, Mary. It's very fine. Good after-
noon Gwen.

*Mrs Owen*   Where's the list? Oh, here it is. Half a kilo of
Caerphilly cheese, please.

*Edward Jones*   Half a kilo of Caerphilly cheese. Anything
else?

*Mrs Owen*   A quarter of a kilo of bacon and a dozen eggs.

*Edward Jones*   A quarter of a kilo of bacon and a dozen eggs.
Anything else?

*Mrs Owen*   A kilo of potatoes.

*Gwen*   Is a kilo of potatoes enough, Mum?

*Mrs Owen*   No it isn't Gwen. You're right. Two kilos of
potatoes.

*Edward Jones*   Very well. Two kilos of potatoes. Anything
else?

*Mrs Owen*   A loaf of bread, two jars of coffee, a tin of peas,
a bottle of milk.

*Edward Jones*   A loaf of bread, two bottles of coffee, a tin of
peas, a bottle of milk. Anything else? Butter? Tea?

*Mrs Owen*   No, we've got plenty of tea and plenty of butter
in the house, thanks. That's the lot, now. Do you want
anything, Gwen?

*Gwen*   Yes (I do), Mum. Wool. Half a kilo of white wool.

*Mrs Owen*   Wool? What for?

*Gwen*   To make a pullover for Aled.

*Mrs Owen*   Oh! I see now. That's why 'a full trolley is so
heavy'!

CONVERSATION 5

*Mrs Owen*  Are you ready, Emrys? It's past eight. There's no time to read the paper this morning.

*Mr Owen*  No (there isn't) indeed. I want to be in (the) school early today. It's Monday morning and the traffic is heavy on the road every Monday morning.

*Mrs Owen*  Yes (it is). We must hurry. But Tom is out in the garden, and Gwen is in (the) bed, and I must prepare breakfast for her.

*Mr Owen*  I must call Gwen, then. She wants to go shopping early this morning. Gwen! Gwen! It's time to get up. It's past eight o'clock, and it's a fine day. Get up at once.

*Gwen*  I have got up, and washed and dressed. I'm ready for breakfast. But where's Tom? Has he woken up yet? Oh, he's a lazy creature.

*Tom (coming in from the garden)*  Oh, no I'm not indeed. I'm not as lazy as some people. I've got up since six o'clock this morning, and have been out in the garden cutting roses for the house (Lit.). Mother is very fond of roses.

*Mr Owen*  Well, indeed, Tom, you've been a very busy lad today. Have you had breakfast?

*Tom*  Yes, thanks. But what about Gwen? Has she had breakfast yet?

*Mrs Owen*  No. Not yet, but I'm making breakfast for her now.

*Tom*  Has the post come?

*Mr Owen*  No. It hasn't come yet.

*Mrs Owen*  There you are, Gwen. Your breakfast is ready. We must hurry now, and go. It's half past eight.

*Gwen*  Tom and I must hurry too.

*Mr Owen*  Why?

*Gwen*  Because it's Siân's birthday on Wednesday and we must go to (the) town to buy a present for her.

*Mr Owen*  We're going to be a very busy family today!

CONVERSATION 6

*Mr Owen* Well, now then, let's see. What's the date today, Ann?

*Ann* The first day of May. I'm sorry, Mr Owen, I haven't turned the page of the calendar from the month of April to the month of May.

*Mr Owen* That's all right, Ann. That's it. And you're going to (the) hospital at the end of the month?

*Ann* Yes. On the first of June. But I feel very uncomfortable. No one has made an application for my post yet. What about Mrs Owen? Is it possible for her to come here from my father's school for a day or two in the week?

*Mr Owen* Well, the thing isn't impossible, but it's unfair to (on) your father. And I am not sure that my wife welcomes the idea of moving from school to school. No, someone is sure to come from somewhere.

*(The phone bell rings.)*

*Ann* Hello. The Welsh Comprehensive School . . . Hold on, please. Mr Owen, Mrs Jane Edwards wants to speak to you.

*Mr Owen* Jane Edwards? Who is she?

*Ann* She's Barry Edwards' wife.

*Mr Owen* Barry Edwards' wife? Who's he?

*Ann* Mr Owen! Don't you know your staff?

*Mr Owen* Oh! I remember who he is now. But what is he?

*Ann* He's a woodwork teacher.

*Mr Owen* Yes, of course. He's a new teacher.

*Ann* Yes, yes. He's a new teacher.

*Mr Owen* Good morning, Mrs Edwards.

*Jane* Good morning, Mr Owen. I hear that you've got a vacancy for a secretary instead of Mrs Ann Morgan.

*Mr Owen* Yes, Mrs Edwards.

*Jane* I want to make an application for her post. Is it possible for me to come to the school sometime?

*Mr Owen* Hold on please. Ann! Where's my diary? Oh, here it is on my chair here. Mrs Edwards, is it possible for you to come here tomorrow afternoon at two?

*Jane*   Yes. My children are in the nursery school on Tuesday afternoon.

*Mr Owen*   Thank you very much, Mrs Edwards. Good morning.

*Jane*   Thank you, Mr Owen. Good morning.

*Ann*   You must remember who Mrs Edwards' husband is tomorrow!

**CONVERSATION 7**

*Ann*   Who's there? Come in!

*Jane*   It's me. I'm Mrs Jane Edwards. I want to see Mr Owen the headmaster, please.

*Ann*   Come in Mrs Edwards. How are you? I'm Ann Morgan, Ann to everybody on the staff—and to the children too. Sit down for a minute or two. Mr Owen is on the phone. You've arrived in time—the kettle is boiling. Tea or coffee, Mrs Edwards?

*Jane*   Jane is my name, Ann. Tea, please.

*Ann*   Do you take sugar and milk, Jane?

*Jane*   Milk, please, Ann, but no sugar . . . Thanks.

*Ann*   Your husband, Barry, teaches here, doesn't he?

*Jane*   Yes, he's (been) here since the beginning of the term.

*Ann*   Is he happy here?

*Jane*   Yes, but he doesn't know many of the staff yet.

*Ann*   It's he who teaches Gareth, my brother, woodwork, and metal work to Siân, my sister. Do you know any of the staff?

*Jane*   Yes, I know two or three . . . and you, now.

*Ann*   That's three or four! Come here to the window. It's playtime, and some of the teachers are out on the yard. That's Mr Davies, who teaches Latin, and that's Mrs Evans who teaches English.

*Jane*   Who teaches Biology here? My children are very fond of that teacher.

*Ann*   I'm pleased to hear that. It's Susan, my sister who teaches Biology here, and it's her friend, Ben, who teaches Physics.

*Jane*   I've heard our children, and Barry too, talk about

both (the two). It's Ben who takes Barry to school. He lives next door to us. We are very lucky in our neighbours.

*Ann* They are coming to our dinner and dance next Friday night. Come with them and you'll get to know everybody afterwards.

CONVERSATION 8

*Gwen* Well, it's cold enough in these streets.

*Tom* Yes. It isn't like the month of May, but the weather is going to improve, according to the news.

*Gwen* I hope so (that) indeed. Let's go into this café for a cup of coffee first. My feet are cold.

*Tom* This one is closed. But there's a café the other side of the street.

*Gwen* Let's go on. I know of a good café in the middle of the town. There's good coffee there always.

*Tom* Very well . . .

*Gwen* Well it's lovely and warm here.

*Tom* Two coffees, please. A black coffee for me and a café au lait for my sister.

*Gwen* What day does Siân have her birthday, Tom?

*Tom* May the twenty-first. There are three birthdays in Siân's family in (the month of) May—her father and her grandfather and Siân herself.

*Gwen* What are you going to buy for her?

*Tom* I don't know yet. I must see what's in the shops. Have you any ideas?

*Gwen* I'm thinking of buying a record or two of Welsh pop singing for her. She has a good collection of records.

*Tom* Yes. She's very fond of her collection of records . . . Have you finished your coffee? Let's go then. Here comes the waiter. How much is the coffee, please?

*Waiter* Thirty-five pence.

*Tom* Here's a pound note. Have you any change?

*Waiter* Yes. I have plenty of change. Here it is. Forty, fifty, sixty, seventy, eighty, ninety, a pound. Thank you very much. Good morning.

*Tom* Thanks. Good morning . . .

*Gwen*  Well, there's plenty of shops and plenty of choice. What about going into this one, Tom?

*Tom*  OK. Let's see what's in this shop.

*Gwen*  What do you want, Tom? Something to put on her feet, or around her waist or on her head?

*Tom*  I know what to put round her waist! What about a pair of sandals to wear at the seaside in the summer?

*Gwen*  A good idea. What about these?

*Tom*  Excellent. They are the same colour as her eyes.

*Gwen*  Siân has a summer frock the same colour as these. She is going to be very proud of these, I'm sure.

CONVERSATION 9

*Tom*  Look Gwen! That young lad is going past too quickly!

*Gwen*  He's sure to have an accident. Oh! He's fallen from his bike. He's lying on his back by the side of the road.

*Tom*  Yes. We must stop and help him. Come out, Gwen.

*Gwen*  What luck! Here's Doctor Rhys, Siân's father, in the car behind us. We must stop him. He knows what to do. Doctor Rhys!

*Dr Rhys*  Yes, Gwen? Hello Tom. What's happened here?

*Gwen*  Oh! Doctor Rhys, this boy's fallen from his bike.

*Dr Rhys*  Let me see him. We'll have to lift the bike from his leg first.

*Tom*  Let me help you.

*Dr Rhys*  Thanks Tom. Now, don't move him. Do you know him Tom?

*Tom*  No. I've seen him before, but I don't know him.

*Dr Rhys*  What's your name, my lad?

*Terry*  Terry Davies, sir.

*Dr Rhys*  And where do you live?

*Terry*  In Felin Fach (The Little Mill).

*Dr Rhys*  Ah, I know you now. Are you Harry Davies' son?

*Terry*  Yes, Doctor.

*Dr Rhys*   Well, you'll have to go into hospital. Gwen, there's a telephone in that garage down the road. They know me there. Ask them to phone the hospital and call the ambulance at once, please.

*Gwen*   Very well, Dr Rhys.

*Tom*   What's happened to him, doctor?

*Dr Rhys*   Well, he's broken his right leg under his knee, but it's only a simple fracture. His back is all right and his head too. He's wearing a helmet, you see, and that helmet has saved his life.

CONVERSATION 10

*Mr Owen*   What is your name, please?

*Jane*   Jane Edwards.

*Mr Owen*   Is that your full name?

*Jane*   Yes, that's my full name. Just Jane.

*Mr Owen*   How old are you? (Lit. What's your age?)

*Jane*   Thirty-five. I'm thirty-five today.

*Mr Owen*   Happy birthday, Mrs Edwards.

*Jane*   Thank you very much.

*Mr Owen*   You're Mr Barry Edwards' wife, aren't you?

*Jane*   Yes. We've been married (since) for thirteen years.

*Mr Owen*   Have you (any) children?

*Jane*   Yes. Four. There are two in this school.

*Mr Owen*   Of course! Eleri and Dafydd (David). What about the other two?

*Jane*   They are in the Welsh nursery school, Felin Fach.

*Mr Owen*   How old are they?

*Jane*   Euros is four years old.

*Mr Owen*   And the girl?

*Jane*   Mair is three years old today.

*Mr Owen*   Well, well! The mother and the daughter having their birthday the same day. Is there going to be a party?

*Jane*   Yes. Mair has been looking forward to her birthday party for weeks.

*Mr Owen*   Well, I mustn't keep you too long.

*Jane*   Oh, it's all right. Ben Jones' mother is coming in to help us.

*Mr Owen*   Our Ben Jones' mother?

*Jane*   Yes. The family live next door to us. They are very kind neighbours.

*Mr Owen*   Yes (they are). We've known them well for years. So you live in the Felin Fach housing estate? Well, let me ask you another question or two. What about your experience as a secretary?

*Jane*   I've done a business course in a college for three years, and have had the H.N.D. certificate—before I married Barry (Lit.). I can type and write short-hand.

*Mr Owen*   Can you do that in Welsh and English?

*Jane*   Yes. I am an Englishwoman, from Coventry, but I've learnt Welsh, and I've passed O Level, in (the) night class.

*Mr Owen*   Your parents are English then. Can they speak Welsh?

*Jane*   Not a word. But Mair teaches some words to her grandfather, and he tries to speak a little bit of Welsh to her.

*Mr Owen*   Well, you speak Welsh very well. That's all now, Mrs Edwards.

*Jane*   Thank you very much. Good afternoon, Mr Owen.

*Mr Owen*   One other word, Mrs Edwards, before you go. I've got a birthday present for you.

*Jane*   For me?

*Mr Owen*   Yes. For you. You start here next Monday as secretary.

CONVERSATION 11

*Aled*   Gwen! Gwen! Where are you? Wait for me!

*Gwen*   Here I am. Up here on the stile. Come, you're getting (going) too fat. You're not getting enough exercise.

*Aled*   It's easy enough for you to talk. You do enough physical exercise all day and every day. This path is very steep.

*Gwen*   You spend too much of your time in the car. You must walk more in order to bring (pull) your weight down. Come. Climb up here to me on the stile. Give me your hand. There you are. This stile is a lovely place to sit on (it).

*Aled*   Yes, it's lovely here. No sound no . . .

*Gwen*   Only the sound of your heart beating.

*Aled*   Do you know why it's beating?

*Gwen*   Yes, of course. You've been climbing and you . . .

*Aled*   Don't tease (me)! Gwen, I love you. You know that, don't you?

*Gwen*   Yes, and I know something else too.

*Aled*   What?

*Gwen*   I love you too. I'm the happiest girl in all the world tonight.

*Aled*   Gwen. You are the most beautiful girl in all the world too. I love you, every part of you . . . your nose, your lips, your eyes . . . Looking at you is like heaven on earth to me . . .

*Gwen*   We must start up the mountain before it gets too dark. Give me your hand . . .

*Gwen and Aled and Mrs Rhys (his grandmother) are coming out into the garden, which overlooks the valley.*

*Mrs Rhys*   Come and sit on this bench. I sit on it for a few minutes every night before going to bed.

*Aled*   How old were you getting married, Gran?

*Mrs Rhys*   I was eighteen getting married and your grandfather was twenty.

*Aled*   You were young! Since when had you known each other (Lit.)?

*Mrs Rhys*   Since we were little children. Your grandfather's father and mother lived in Garth, the farm next to us, and we children used to go to school together. I remember your grandfather giving me his hand to help me over that stile hundreds of times.

*Aled*   Catching hold of his hand was nothing new to you then!

*Mrs Rhys*   No (it wasn't). We've walked hand in hand for eighty years now. I hope that you two shall live to do the same (thing).

*Gwen*   Thanks, Gran. Were you happy in (the) school?

*Mrs Rhys*   Yes and no. All of us were very happy while going to school and while coming back in the company of the other children. But (the) school in those days was not the same as (the) school today. There was no fire in the school in the winter, and if we got wet in the rain on the way to school in the morning, we were wet all (the) day.

*Aled*   What about the teachers? Weren't they looking after you?

*Mrs Rhys*   They were people from town, and they didn't have much patience with us. They always spoke English, and we didn't understand them, because we didn't speak English at home, nor heard English anywhere but in school.

*Gwen*   But things have changed by this (time).

*Mrs Rhys*   Yes, and changed for the better too, I must say.

*Aled*   The schools are warm in the winter now . . .

CONVERSATION 12

*Mrs Owen*   I must show you my new hat. It's a white hat. Do you like it?

*Mrs Rhys*   It suits you perfectly. A white hat always looks smart. How much did you pay for it?

*Mrs Owen*   I only paid five pounds for it.

*Mrs Rhys*   It was a good bargain at that price.

*Mrs Owen*   Yes (it was). I was very lucky. I wanted a new hat to wear with the coat of Welsh tapestry (Lit. material) that I bought last week. When I opened the paper this morning, I saw that there was a hat sale in Lewis' shop, and I hurried to wash the dishes and get dressed. I caught the bus at the bottom of the street at nine o'clock.

*Mrs Rhys*   What's happened to your car, then?

*Mrs Owen*   Tom passed his driving test yesterday, and he was anxious to take Siân and Gwen and Aled for a trip to the top of the Black Mountain early this morning.

*Mrs Rhys*   That's where they've gone! Gwen and Aled got up before us this morning, but they didn't tell us where they were going. I heard a car outside the house at about seven o'clock, and I got up to look out through the window. But by that time, the car had gone.

*Mrs Owen* When Tom asked me last night for the loan of the car, I wasn't thinking of going shopping today. But when I saw that there was a hat sale on in this town, I decided to come to look for a new hat.

*Mrs Rhys* Did you arrive in time for the sale?

*Mrs Owen* Oh, yes. And there was plenty of choice. I never saw so many hats in one shop!

*Mrs Rhys* You were very lucky.

*Mrs Owen* Yes, I was. There was too much choice there, indeed. I liked many of the other hats, but at last I chose this one.

*Mrs Rhys* You chose very well.

*Mrs Owen* Yes. I've had a bargain, I think. And that was Dora's opinion too.

*Mrs Rhys* Dora? Did you see Dora in (the) town?

*Mrs Owen* Yes. When I was coming out of the shop, who did I see but Ben and Dora crossing the road towards me.

*Mrs Rhys* Well that's an odd thing. I too was in town early this morning, but I didn't see them.

*Mrs Owen* No? Well, we called in a café for a cup of coffee, but they were only there for a few minutes.

*Mrs Rhys* Why?

*Mrs Owen* Well, when Dora opened her bag, her purse wasn't in it. We searched everywhere for it, but there was no sign of it anywhere. At last, Ben remembered that Dora had bought a pair of shoes in a shop in the High Street, and had paid for them out of her purse.

*Mrs Rhys* What happened afterwards?

*Mrs Owen* They decided to go back to the shop to look for the purse. And Dora phoned back to the café to tell me what had happened.

*Mrs Rhys* Well?

*Mrs Owen* After all the searching in the café and the shop, the purse was in Ben's pocket!

CONVERSATION 13

*Dr Rhys*   Well, I must say that I'm not as fit as I used to be. I'm very tired tonight.

*Mr Owen*   The old Welsh proverb is true enough: 'Old age doesn't come by itself.'

*Dr Rhys*   Yes, that's perfectly true. But I enjoyed that game. I had a bit of trouble with the ball by that tenth hole, but I gave it a good drive to come out.

*Mr Owen*   Yes. You hit it so well that it landed straight in the hole.

*Dr Rhys*   Yes. It went straight into the hole. I never made such a good stroke as that before. Hello, here's Aled and Gwen. Gwen! Where have you been? I haven't seen you for weeks.

*Mr Owen*   Did you go to the club?

*Gwen*   No. We came to the car park, but we didn't go into the club. Did you have a good game?

*Mr Owen*   Dr Rhys had a good game, but I didn't have a very good game tonight.

*Dr Rhys*   Aled looks very smart tonight. Where did you get that pullover, Aled? You didn't buy that in a shop.

*Aled*   Gwen made this for me.

*Dr Rhys*   Where did you learn to knit so skilfully, Gwen?

*Gwen*   I went to evening classes this year and (the) last year to learn to knit, but this is the first time I've knitted anything as big as a pullover.

*Aled*   And I'm as warm as a little bird in a nest in it. Come on, Gwen.

*Gwen*   Very well. Don't forget the car tonight, Dad . . .

*Dr Rhys*   Why did Gwen mention your car?

*Mr Owen*   That's a very funny tale. Last Saturday morning, I went to a committee in Cardiff. The committee went on and on, and I had a shock when I saw the city hall clock on my way out. It was a quarter past one. Edward Jones came by and he offered me a lift in his new car.

*Dr Rhys*   You were lucky.

*Mr Owen*   Well, yes . . . and no.

*Dr Rhys*   No? Why?

*Mr Owen*   I had come half way home before I remembered that I had gone to Cardiff in our car! I was on my way home without it!

*Dr Rhys*   You had quite a shock, I'm sure.

*Mr Owen*   Yes indeed. I've never had such a shock in my life!

*Dr Rhys*   What did you do then?

*Mr Owen*   Well, the car was in Cardiff. I didn't want to go home without it. So I asked Edward Jones to stop the car, so that I could catch a bus back to Cardiff. But he refused.

*Dr Rhys*   He refused!

*Mr Owen*   Yes. He turned the car (round) and he took me back to Cardiff. And I came back home in my own car.

*Dr Rhys*   Do you know that something similar has happened to me? But it wasn't a car I left behind, but a caravan!

*Mr Owen*   A caravan?

*Dr Rhys*   Yes. Our own caravan.

*Mr Owen*   How did that happen?

*Dr Rhys*   Megan and I had gone on a trip, one summer holiday(s), through mid-Wales, and had stopped in a lay-by at the side of the road. We were looking forward to reaching Aberystwyth early in the afternoon, and we stopped for Megan to make a meal. I went out of the car, and I released the caravan in order to put the weight on the jockey wheel.

*Mr Owen*   We always do that too. What happened afterwards?

*Dr Rhys*   We had rather a heavy meal and both of us went to sleep. When we woke up, it was half past two. Out we went into the car, and (we) started on our journey. When we were going down into the town of Aberystwyth, Megan gave a yell, 'The caravan! We've left it behind!'

**CONVERSATION 14**

*Tom*  What day is it today, Gwen?

*Gwen*  It was Monday yesterday, it will be Wednesday to-morrow.

*Tom*  It's Tuesday today, then.

*Gwen*  Very good! Well, yes, of course.

*Tom*  I've promised to go down to the rugby club this morning to see Pedr (Peter).

*Gwen*  Do you know it's raining?

*Tom*  Yes. Don't you notice that I'm wearing an anorak?

*Gwen*  Will you be back by coffee-time?

*Tom*  No (I shan't).

*Gwen*  Well, remember that you're back by half past twelve. We've promised to go to town this afternoon.

*Tom*  Will your car be ready by this afternoon?

*Gwen*  Yes (it will be). Dad will call in the garage for it on his way home dinner time.

*Tom*  How will he be able to do that? What about his own car?

*Gwen*  He'll be leaving his own car in the garage for a service and he'll be coming home in my car.

*Tom*  I see. I'm going now, but I'll be back before long. Goodbye. Remember (that you are) to be back in time.

*Mrs Owen*  Poor Tom! It seems that he's tired of all this talk about the wedding.

*Gwen*  Tom's the same as every other man. He hasn't got any interest in other people's weddings. Well, I want to go over to Aled's house now. Goodbye, Mam . . .

*Mrs Rhys*  Well, now then, let's hear about your arrangements. You'll be getting married on Tuesday, July the twelfth, won't you?

*Siân*  That's when you, Aled, have your holidays every summer.

*Aled*  Yes. I shall be taking three weeks this time. A fort-night on our honeymoon and a week afterwards to go to the Eisteddfod.

*Mrs Rhys* You'll be getting married in your chapel, of course.

*Gwen* Yes (we shall). We have already seen Mr Hughes the minister and everything has been arranged.

*Siân* How will you travel afterwards?

*Aled* In the car.

*Siân* Where will you be going?

*Gwen* We'll be going up through Powys, and we shall stay there for a while to see the country(side).

*Aled* And we'll be going up to the North and along the coast to the island of Anglesey. We intend staying there for a few days.

*Gwen* Aled will have an opportunity to fish in the sea, and I'll be able to sunbathe on the beaches.

*Aled* You will. The beaches of Anglesey are marvellous.

> 'And golden thou art on every side
> The lady and the mistress of the sea.'

*Gwen* On the journey both of us will be able to go and (to) see the old castles of Wales. I've read a lot about their history already, and Aled has a great interest in them too as an architect.

*Mrs Rhys* And you will be back for the National Eisteddfod by the first of August?

*Aled* We'll make sure that we are back by the Eisteddfod.

*Siân* Tom and I will be there to welcome you!

### CONVERSATION 15

*Pedr* Hello, Tom. How goes it? May I come in?

*Tom* Yes (you can) of course. Come and sit on this bench. How's the rugby team these days?

*Pedr* Our rugby team is the best team in the country, Tom. We're playing against Pentrefelin next Saturday.

*Tom* Our old enemies! We've played against them many times.

*Pedr* Yes (we have). We've played against them here twenty times—once a year since our club (has started). This year the club celebrates its twenty-first birthday.

*Tom* The game on Saturday is sure to be a good game.

*Pedr*   Yes. It's an important game for us to win. And we must win it too, but . . .

*Tom*   But what?

*Pedr*   Gwilym Evans the left centre is getting married (on) Saturday. He can't play, and Terry Davies, who plays for the second team, is in hospital, having broken his leg. He can't play either.

*Tom*   Tut, tut, he's too young to play yet. What can you do, Pedr?

*Pedr*   Well, we must get someone instead of Gwilym. Tom! I know what we can do! You've been playing for the village, before you went to college. You're an experienced player. Can you play on Saturday?

*Tom*   Can *I* play? *Me?*

*Pedr*   Yes. You. What about it, Tom? You can't say no.

*Tom*   I'm quite prepared to play, if I can. But how can I? That's the problem. What about this old knee? Dr Rhys hasn't said that I can go back to College yet. He's calling this afternoon to see me. I can ask him, and if I have his permission . . . Here he is (coming) and Siân is with him. Hello, Doctor Rhys. Hello, Siân!

*Dr Rhys*   Good afternoon, Tom. Oh, hello, Pedr. How's the team? Are you ready for the big game on Saturday?

*Pedr*   I can't say doctor. We haven't a left centre.

*Siân*   No. Gwilym is getting married to Mair on Saturday.

*Dr Rhys*   Well, what about me? I've been captain of this village team in my time! I was the first captain. Can I help you in any way?

*Pedr*   Yes (you can). You *can* help us. Has Tom improved enough to play rugby? Can he play on Saturday?

*Dr Rhys*   Tom? I don't know, indeed. Everything depends on his knee. How is it today, Tom?

*Tom*   It's getting better from day to day. I've been playing tennis with Gwen and Siân over the weekend.

*Dr Rhys*   Let me see. Can you stretch it out, Tom? Hm. Very good. Now bend it. Stretch it out again. That's it. Very good. When do you go next to hospital to have therapy?

*Tom*  I'm going there tomorrow, for the last time.

*Dr Rhys*  Well, I'll have a word with Dr Benjamin. It's Tuesday today, and perhaps we'll get that knee ready by Saturday. I hope so. But we shall see. If the knee continues to improve, Tom shall play on Saturday.

*Siân*  No (he shan't), Daddy.

*Dr Rhys*  No, he shan't? Why, if I may ask? *I*'m the doctor, and *I* decide what happens to Tom.

*Siân*  How can he play? We've both promised to go to Gwilym and Mair's wedding on Saturday.

*Tom*  Oh, everything will be all right. Gwilym and Mair's wedding is early in the morning. They want to reach Switzerland before it gets dark. Half the rugby team is going to the wedding. The game doesn't start until half past three!

CONVERSATION 16

*Dr Rhys*  Hello, Mam. Hello, Dad. How are you both (two) tonight? What are you reading, Dad?

*Mr Rhys*  (It's) *Rhys Lewis* I'm reading. I never tire of reading Daniel Owen's work.

*Dr Rhys*  And what are you doing, mother? Looking at the television. What do you think of that programme?

*Mrs Rhys*  It's very interesting indeed. And how are you, Eifion, and how are you Megan? It's cold out tonight, isn't it? Sit here by the fire, Megan.

*Megan*  No, I'll sit here, thanks. Your fire is too hot for me! And Eifion will sit by my side, on his favourite chair.

*Dr Rhys*  Very well. Thank you, Megan. It *is* hot here. I'll open the window a bit, if I may. There, a bit of fresh air is good for everybody.

*Megan*  And how are you both?

*Mrs Rhys*  Well, we're pretty fair. I don't feel very strong and that old coal dust is still troubling Ben.

*Dr Rhys*  It's high (old) time for you to move from here, and come down to the village to live. That's why we've called here tonight. That little cottage next door to us is for sale, and it'll suit you perfectly. I'll ask Jack Bithel, the stonemason, to put a gate in the wall (which is) between the two houses. Then you can visit us and we can visit you without having to go out into the main road. You won't have to walk through the wind and the rain to shop then. Megan or I can do it instead of you if it's necessary. What do you think of the idea, Dad?

*Mr Rhys*  You wait a minute now, my lad. We must have time to think about this plan. If we move there . . .

*Dr Rhys*  *If* you move! *When* you move, you mean. Think of the advantages. If you look out through that window, what do you see? Nothing but coal tips and a bare mountain. And who do you see? No one except an occasional man or woman, and sheep and ponies that graze on the mountain.

*Megan*  Down in the valley with us you'll see trees and farms and people. And the health of both of you will improve too.

*Mr Rhys*  Well, there's no place better than these mountains in the spring and the summer, and the autumn too . . .

*Mrs Rhys*  No (there isn't), but it's very cold here in the winter. And shopping isn't easy without a car, and without a bus passing, now.

*Dr Rhys*  You must move with the times. Come down to the village to see your new home—the cottage next door to us!

CONVERSATION 17

*Siân*  Mam? . . . Dad?

*Aled*  Hello, Siân . . .?

*Siân*  Where are you, Aled?

*Aled*  I'm here in the study.

*Siân*  What are you doing?

*Aled*  I'm looking at the plan of the cottage next door.

*Siân*  Why? Are *you* thinking of buying it?

*Aled*  No (I'm not) . . . But Mam and Dad have gone up to Tynygraig to try to persuade Granpa and Gran to move down to the cottage to live.

*Siân*  But it's old and very small. Isn't it odd that the big-

gest house and the smallest house in the village are next
door to each other?

*Aled*  Yes. The Great (big) House and the little Cottage!
I've been inside the Cottage this afternoon to look at the
possibilities. I can make a very comfortable place for
Granpa and Gran there.

*Siân*  But the house is older than any other building in the
village. The lot will come down before long!

*Aled*  No (it won't). Its walls and its roof are in a very good
condition. That's the most important thing. It's better
than many houses in this village.

*Siân*  Who owns the Cottage now?

*Aled*  Mr Jones the grocer owns the place now.

*Siân*  Well, yes of course. His mother and father lived there
before they died.

*Aled*  Will you come with me to see the place?

*Siân*  Yes (I'll come), of course. When are you going?

*Aled*  Well, Dad and Mam are hoping to bring Granpa and
Gran down to see it tonight. We two will go in before
them to open the doors and the windows in order to let
(get) a bit of fresh air into the place.

*Siân*  Is there furniture there?

*Aled*  Yes. There are some chairs and pictures there, and
there are carpets on the floor of some of the rooms.

*Siân*  I'd better take a duster to move the dust. Gran hates
to see dust on furniture.

*Aled*  O.K. We'll go over the garden wall, if you are nimble
enough to jump.

*Siân*  I'll jump higher than you, my lad, you shall see.
Come on.

*Aled*  Hup! You're right. That wall is getting (going)
higher every day, or I'm getting heavier. Here are the
keys. Come, hurry. I hear the sound of the car stopping
outside the gate. You go into the bedroom and I'll go into
the kitchen. Open the doors and the windows.

*Dr Rhys*  Well . . . as you see, this cottage is old and it's
smaller than 'Hafod y Graig'. But we can improve it and
make it into a modern house. Aled and I have been here

looking at the possibilities. Aled thinks he can make you a very comfortable house here.

*Aled*　Hello! Come into the kitchen to see this place first. We'll move that ugly old fireplace and put central heating instead of it. We'll put a sink unit in in front of the window, and Gran can keep an eye on Granpa working in the garden. We'll make the window bigger so that you can have more light, and . . .

*Gran*　Half a minute, now, Aled my dear, we haven't decided to move yet. This cottage is much smaller than 'Hafod y Graig'. Where will our furniture go?

*Aled*　We'll divide this room into two parts, with a cupboard and shelves. There's no need for so much furniture in a modern room, and . . .

*Megan*　Not so fast, Aled. Don't talk so much. You're as bad as your father.

*Siân*　He's worse than Dad . . .

*Aled*　Here's a comfortable bedroom for you here. And there's a smaller room by the side of it . . .

*Siân*　This will make (become) a handy bathroom for you.

*Aled*　Who's talking now? Everything on one floor. Less cleaning work for Gran, and no stairs for Granpa to climb to go to bed in the night.

*Gran*　Well, this is a very good idea.

*Granpa*　Is this house for sale or for rent?

*Dr Rhys*　I've bought this cottage from Edward Jones this afternoon. This has been a secret between Aled and me. Aled is going to modernise the cottage, and . . .

*Aled*　And all we want now are good neighbours like Granpa and Gran living next door to us!

CONVERSATION 18

*Gwen*　What shall we do? Shall we dance?

*Aled*　Oh no! I'm too tired. Let's sit and talk.

*Tom*　Where's your father tonight, Aled? He's out late.

*Aled*　Yes he is. He's gone to the golf club dinner. They've made him chairman, and he's going to speak tonight.

*Siân* He and Mam went to town this morning. Dad wanted to buy a new suit and a new shirt to go to the dinner.

*Aled* Who's locum then, Siân?

*Siân* Doctor Lewis. He promised to look after the practice until midnight tonight.

*Aled* Well, if a call comes now, Tom and you will have to go out, because it's one o'clock already.

*Tom* Why haven't you gone to the dinner, then, Aled? You're a member of the club, aren't you?

*Aled* Yes, yes. But they're calling for the plans of the new housing estate, and I've been at it all day. It was past eight when I finished in the office. Isn't it grand for these doctors, able to go and come as they wish! You've chosen the right job, Tom. A doctor's life is all honey!

*Gwen* Don't you listen to him, Tom. He's pulling your leg. No one can say what will happen in a day, remember.

*Tom* What's the matter with your mother, Siân?

*Siân* She's in bed. She's not well. She's got a heavy cold, and I'm afraid her temperature is rising. She was looking forward to going to the dinner with Dad. He looked (was looking) so smart in his new clothes. Why is he so long, I wonder?

*Aled* There's the sound of a car outside. But it isn't our car. Whose car can it be, I wonder. I'll go to the window and (to) see. Great heavens! Tom, come out with me. Siân! Dad's had an accident. Dr Lewis is helping him out of the car . . .

*Dr Lewis* I wanted to take your father to hospital, but he flatly refused.

*Siân* Dad dear, what's happened to you? Are you hurt very much? (Have you had much harm?)

*Dr Rhys* Mercifully no. But I'm wet . . . and feeling guilty.

*Siân* Guilty? Guilty of what?

*Dr Rhys* Guilty of spoiling a new suit and a new shirt! Look at me! Did you ever see a man more like a scarecrow?

*Tom* But what happened to you, Doctor Rhys?

*Dr Rhys* I'll sit here now for a minute to rest, and I'll tell

you. I had just got up to speak in the dinner when Jones
the policeman came in, and whispered in the ear of John
Evans, the colliery manager. When John was about to go
out, I caught hold of him and asked what was the matter.
He told me that there was a (roof) fall in the mine; that
there were a number of men under the fall. I told Charlie
Edwards to carry on instead of me (in my place).

*Aled*  Charles has plenty to say.

*Dr Rhys*  Yes. I rushed out after John, and we reached the
pit-head together. Dr Lewis had arrived before us.

*Dr Lewis*  Take a breath now. You must go and (to) take
those clothes off (Lit. from on you), and have a bath and
rest. That's an order from *your* doctor!

*Dr Rhys*  Very well, Lewis. Where's your mother, Siân?

*Siân*  She's in bed. She's not well. She's got a heavy cold,
and I gave her a sleeping tablet. May *I* look after you?

*Dr Rhys*  Thank you, Siân, my dear. Come with me to the
bathroom . . .

*Aled*  What happened afterwards, Doctor Lewis?

*Dr Lewis*  John Evans took us down to the bottom of the pit
in the cage.

*Tom*  Was the fall far from the bottom of the pit?

*Dr Lewis*  Yes, about three-quarters of a mile. We were able
to go in a tram most of the way but we had to creep the
last hundred yards. There was thick dust everywhere.

*Gwen*  Were you afraid?

*Dr Lewis*  No, at least not much! I was very glad that your
father was with us, Aled. He's had much more experience
underground than I've had.

*Aled*  Granpa was a collier, and my father worked with him
during college holidays.

*Gwen*  How many men were under the fall?

*Dr Lewis*  Three. The other workers had had two out and
they were digging for the third when we arrived.

*Tom*  Was he alive?

*Dr Lewis*  Yes. But he was in great pain, and it was difficult
to get at him. At last your father succeeded in getting to
him through some kind of a tunnel between the stones,

and to give him an injection; and somehow we managed to pull the man out.

*Gwen* May I make you a cup of coffee, Doctor Lewis? I'm sure that you are thirsty.

*Dr Lewis* Thanks, Gwen. Yes, I'm very thirsty. I haven't got rid of that coal dust yet!

*Aled* Who was under the fall?

*Dr Lewis* Gareth Prichard from Tynymaes. He's a son of John Prichard, the secretary of the rugby team. May I use your phone, Aled? Gareth will have reached the hospital by now (this). I want to know how he is.

*Tom* Was he injured very much (Lit. Did he have much harm)? Gareth plays for the village team.

*Dr Lewis* Yes, I'm afraid. He won't play any more rugby this season, and I'm doubtful whether he'll go back to the coal pit again. He can thank your father that he's alive.

*Gwen* Poor Gareth. And poor Dr Rhys too—and his new suit.

*Tom* Who said that a doctor's life is all honey?

CONVERSATION 19

*Aled* Where's Dad? He ought to be here by now.

*Mrs Rhys* He'll come before long. Your father always keeps (to) his word.

*Gwen* Here's Siân and Tom coming.

*Aled* And Granpa and Gran are with them in the car.

*Gwen* Yes (they are). Tom is delighted driving the car now after he's passed his driving test (Lit.).

*Mrs Rhys* He'll want to have his own car soon, you shall see. Ah! Here you are. Come in, the four of you. Sit down. Would you like to have a cup of tea? The kettle has boiled. And how are you both?

*Mrs Rhys* Rather breathless (out of breath) after that fast journey down from Hafod! I never came down faster in my life! We were down in the village before I had my breath.

*Gwen* Tom! You shouldn't drive so quickly. That road down from the mountain is too steep.

*Tom* Tut, nonsense. There's no traffic on it this time of day, and I'm sure that Mr and Mrs Rhys have enjoyed the journey.

*Mr Rhys* Every minute of it Tom. Tom drives carefully enough, fair play to him.

*Siân* Here's Dad. Hello, Dad. Where have you been?

*Dr Rhys* I called in at Jack Bithel the mason's house, on my way. He ought to be here with us within an hour.

*Mr Rhys* Did you know, Siân, that my grandfather, your great-great-grandfather worked on that cottage when it was built?

*Siân* How old is (What is the age of) this cottage then? Is it older than you?

*Mr Rhys* Oh, yes. I was born in eighteen ninety, and this cottage was fifty years old then. Now, you say when the cottage was built.

*Siân* It was built in eighteen forty, then.

*Mr Rhys* Yes, yes. And your great-great-grandfather was the carpenter.

*Aled* You ought to be proud of him. The woodwork has lasted very well . . .

*Dr Rhys* Very well then. Shall we go over to the cottage? Who's coming with us? You, Mam and Dad, are coming, of course. What about you, Megan? Would you like to come or not?

*Megan* Of course. I'll come as company for Gran.

*Siân* And me too. And I'm sure that you want to come too, don't you, Gwen?

*Gwen* Yes, of course. And what about Tom?

*Siân* He must come too. He's promised to help in the garden.

*Dr Rhys* Very well. We'll all go together. Here we are. Come in everybody.

*Aled* I've got a better idea, Dad. What if we were to divide into three small committees? Mam and Gran and Gwen to go into the kitchen to see what Gran would like to have there . . .

*Mr Rhys* And Siân and Tom and I will go and see the garden.

*Aled* OK. Dad and I will go and look round the building to see what needs to be changed . . .

*Mr Rhys* Well, indeed, this garden is a big one. There's too much land here for me.

*Tom* Yes. There's too much garden here for two. You could rent part of it.

*Siân* I've got a better idea, Tom. Last night Aled and I were talking about making a lawn to play tennis in our garden, but there wasn't enough room. If we were to take part of the hedge between Great House and the cottage down, we'd have enough room to make a lawn.

*Tom* It would be necessary to take that old pigsty down too.

*Mr Rhys* Yes (it would). But it's good for nothing as it is now . . .

*Dr Rhys* Well, indeed, Aled, these are excellent plans. I like them very much.

*Aled* Well, a lot depends on how much you will be willing to spend. But I think that we could change the look of this place, and make it a cosy house without spending too much money.

*Dr Rhys* We ought to start at once in order to get the place ready before the winter. We must set about it at once.

*Aled* I'm (at it) making enquiries about the materials now (already). I had a word with Jack Bithel the day before yesterday, and he's ready to start on the work next week. Where is he, I wonder? Do you think I ought to phone him?

*Dr Rhys* No, let him be. He'll come in his own good time. He's an excellent worker, once he starts.

*Aled* Well, if you're satisfied with (on) these plans, we'll go to the kitchen to see what the women think. Well, what would you like to see happening here? What do you think of the plans?

*Mrs Rhys* They're wonderful. This place will be like a small mansion. I shall be well pleased here, I'm sure.

*Aled*   Well, there's two committees agreed. Where are the others? Ah, here they are. What about that garden, Granpa?

*Mr Rhys*   You can have a big part of it for the lawn to play tennis. It will be necessary to cut these old pine trees down. They darken the house.

*Aled*   Yes (they do). But I think we ought to keep the oak in the far corner. The village square would be empty without it.

*Dr Rhys*   Yes (It would be). It's part of the beauty of the village.

*Siân*   What about the thatched roof that's on the cottage, Aled? Is there no danger that it will catch (go on) fire?

*Aled*   No (there isn't). With central heating throughout the house, there will not be much danger of fire. But it will be necessary to renovate it, of course. Some of it has rotted (away).

*Megan*   Do you remember how (that) you, Aled, when you were a little boy, described this place as 'a house with a mat on its head'?

CONVERSATION 20

*Siân*   You say that it is the game that's important, not the score. Well, I don't understand much about cricket, but . . .

*Tom*   There, you've put your finger on the problem. If you are looking at a cricket match between Glamorgan and any English county from the standpoint of a Welsh-woman, it's the score that's important. But if you understood cricket, and played cricket, you would be able to enjoy a game for its own sake.

*Siân*   Don't you like to see Glamorgan win, then?

*Tom*   Of course I do. But the important thing is that the team plays well and *deserves* to win. That's what gives me pleasure. Ah! Here's a garage by the side of the road. This car is very thirsty.

*Siân*   And I'm very thirsty too—for a cup of tea. There's a café at the side of the garage.

*Tom* OK. We'll quench the thirst of the three of us here.

*Siân* Will you open the door for me?

*Tom* Yes (I will do) of course. I had forgotten that it's only on the outside that this door opens. It's high time for Gwen to buy another car.

*Siân* Gwen indeed! You know, if you'd saved your money . . .

*Tom* Yes, I know that well enough. Don't *you* start complaining about (on) me again. Mam and Gwen do enough of that. And I've got some money in the bank. There's a car or two for sale in this garage. You go into the café. I'll come after you. Perhaps I'll see a little car here.

*Siân* Do you know the garage man?

*Tom* No. Why?

*Siân* Dad nor Aled never buy a car from anyone unless they know him (Lit.).

*Tom* Tut, nonsense. What's the odds, if the car is right?

*Siân* Well, I've warned you. Don't be long.

*Tom* What do women know about buying a car? Ah, good afternoon! Will you put three gallons of petrol in the tank, please? Did you see the cricket on television this afternoon?

*Man* No. I've got no patience with these games. They're a waste of time. Cricket and rugby, pah!

*Tom* 'The man that hath no rugby in his soul
Is fit for treasons, stratagems . . .'

*Man* What did you say?

*Tom* O, nothing. Only quoting Shakespeare. Are these cars for sale?

*Man* Yes. And every one a good bargain.

*Tom* What about this car. How old is it?

*Man* This is only three years old. A good bargain. Only one owner. Man working in a bank. Twenty thousand miles only. A good bargain.

*Tom* Only twenty thousand miles? Its price is reasonable enough.

*Man* Well, come into the office to settle.

*Siân*  Tom! Tom! Come here! Look who's here. You must come at once.

*Tom*  Excuse me. I must go and see what Siân wants.

*Siân*  Eric and Ann are here, Tom.

*Eric*  Well, Tom, how are you? It's years since I saw you last. Ann, this is my old school friend. Tom was the captain of the rugby team and I was the captain of the cricket team. Who'd think . . . ?

*Siân*  Well, it was a pleasure to meet you once again. Hey, where are you two going?

*Tom*  I'm going to show Eric that little car. We've been talking about it . . . Well, what do you think of it?

*Eric*  Well, it looks all right, but . . . Hello . . . Let me see. Will you help me (to) lift that back seat?

*Tom*  Why?

*Eric*  You shall see in a minute . . . Well, you're lucky!

*Tom*  Am I? Am I having a bargain? (Lit.)

*Eric*  Do you know where I work?

*Tom*  Yes (I know). In a bank. You've just told me that. You weren't . . . ?

*Eric*  Yes. It was I who owned that car once. And you've been lucky that we met one another in that café. It was in this car that I had an accident two years ago. That man told you that this car is only three years old. Well, it was with me for four years, and I was the fourth or fifth owner at least. Not the first. And another thing. I'm sure that it's a hundred thousand, and not twenty thousand that ought to be on that clock.

*Tom*  That's odd. I suspected that man when I talked to him first (of all).

*Eric*  Why?

*Tom*  He didn't like cricket or rugby. Do you remember that parody we made on Shakespeare, 'The man that hath no rugby in his soul?'

*Eric*  Yes. 'Is fit for treasons, stratagems and spoils.'

*Tom*  Well, the old Shakes hit the nail on the head!

**CONVERSATION 21**

*Gwen* Well, Aled! Where have you been? And what on earth is that car you've got?

*Aled* Climb in here, and I'll tell you. You remember that I didn't like that sound that was coming from the engine of our car, don't you? Well, I took it to a garage in the village. The Jones Brothers' garage. Who was there selling petrol but Bryn Jones who used to be in the same class as me in school.

*Gwen* Nia and Nesta's brother? Well, what is he doing up here?

*Aled* Tom Jones, their father's brother, had moved up here during the war, and had opened a garage. Bryn and Goronwy his brother had a great interest in cars, and Tom persuaded them to come up here to him, since he had no family to help him. And rather than go to work in the colliery, they came up here to the North.

*Gwen* Well, well. And this is where they are! Do you remember them, the four of them, singing in that quartet in the school eisteddfod? They brought the house (place) down!

*Aled* Yes. I don't think anyone will ever forget that quartet. And their interest in singing is (continues) still strong. They are coming down to the South to the Eisteddfod next week.

*Gwen* I'll have a chance to see them then. But how have you had this car? (Lit.)

*Aled* Let me finish the story. After chatting for a while about old times, I asked them to look at the car. You ought to have seen their faces when I opened the bonnet! They were amazed that we had been able to come as far as this. The engine is in smithereens!

*Gwen* Oh dear. We'll have to go home on the train, then.

*Aled* Oh no. This is the plan. Bryn will work on the car, and have it ready for them to come down in it to the Eisteddfod. We're having the loan of this car—one of the garage cars—and we'll give it back to Bryn at the Eisteddfod, and (we'll) have ours back instead of it.

*Gwen*  Well, indeed, they are very kind, aren't they?

*Aled*  Yes. They are exceptionally kind. They wanted us to call to tea. The house where they live is over there by the church, but since there's quite a journey before us, I arranged for them to meet us in the Eisteddfod. Are you ready to start?

*Gwen*  Yes. Well, indeed, this is a good bit smaller than your car.

*Aled*  *Our* car, you mean. Yes, it is smaller, but it can go like the wind. Listen to the sound of this engine . . . Away we go, then. Where have *you* been this afternoon?

*Gwen*  Shopping. I too met with an old friend. Not a friend of mine, but a friend of my father's. He keeps a shop in the middle of the village. It's a small world, isn't it?

*Aled*  According to the size of that bag, you bought half his shop!

*Gwen*  He kept a lot of Welsh craft products in his shop, and since he was an old friend of the family, I bought a load of presents to take back home.

*Aled*  What a little spendthrift wife! Squandering all our money on our honeymoon!

*Gwen*  If I had enough money, and enough room, I would have bought much more. John Davies, the shopkeeper was saying that prices are going up again. Do you know how much I paid for a pound of apples?

*Aled*  No I don't (know).

*Gwen*  Almost fifty pence. They are twelve pence each. But we must have food. You are not angry with me are you?

*Aled*  No, of course not. You know best what to buy. You do as you wish with the housekeeping money . . . What about stopping by this lake to have a picnic. I'm hungry.

*Gwen*  Very well. I'm hungry too after carrying that heavy bag . . .

*Aled*  Well, that little picnic was marvellous, wasn't it?

*Gwen*  Yes (it was) indeed. Well, we'd better hurry on, then, in order to arrive at our hotel before night(fall).

*Aled*  Away we go, then . . .

*Gwen*  Aled, you are being tempted to go too quickly in this car. Didn't you see that thirty mile sign in the village we went through just now?

*Aled*  No, I didn't. Isn't it glorious to travel like this, without a roof over our heads, and to see the hedges and the fields rushing past like ribbons?

*Gwen*  We'll make a poet of you yet.

*Aled*  No thanks. One poet in my family is enough. Say (recite) that sonnet you wrote to the . . . Good heavens, there's a police car coming after us.

*Gwen*  It must have (it's sure to have) followed us from that last village.

*Aled*  It's a good way behind yet, and this little car in which we're travelling can go twice as fast (as it). I'll increase speed now to see what will happen.

*Gwen*  *They* are accelerating too. Oh, Aled! Slow down. Don't go so fast.

*Aled*  Don't be so frightened. Look at the map. Where are we?

*Gwen*  There's a crossroads within a mile in front of us . . . We're approaching it. Aled! Stop! There's another police car there, and its blue light is flashing!

*Aled*  Well, we've been caught. We must stop now.

*Policeman*  Excuse me, sir. You are Mr Aled Rhys?

*Aled*  Yes . . . but . . . but how did you know that?

*Policeman*  And this is Mrs Gwen Rhys—formerly Miss Gwen Owen.

*Gwen*  Yes. We're very sorry.

*Policeman*  Everything is all right, Mrs Rhys. The Chief Constable wants to have a word with you.

*Gwen*  The Chief Constable! Oh dear, what have I done? And (with) us on our honeymoon! Where is the Chief Constable?

*Policeman*  On the phone in my car, here. Here he is (for you).

*Gwen* Hello? . . . Yes . . . What! Oh, I don't know how to thank you . . . Oh. Aled. They've been looking for us everywhere.

*Aled* Why? Has anything extraordinary happened?

*Gwen* Yes, Aled, yes! I'm to be on the platform in the National Eisteddfod on Tuesday to be crowned![1]

---

[1] To be 'crowned' at the National Eisteddfod is one of the highest honours a Welsh poet (or poetess) can receive.

# Key to the Exercises

**LESSON 1**

**Ex. 1**
1. Mae hi yma.
2. Mae e yma.
3. Mae hi yma.
4. Mae e yma.
5. Mae e yma.
6. Mae hi yma.

**Ex. 2**
1. Ydw. Rydw i'n hoffi'r coffi 'ma.
2. Ydw. Rydw i'n hoffi'r tŷ 'ma.
3. Ydw. Rydw i'n hoffi'r coleg 'ma.
4. Ydw. Rydw i'n hoffi'r gegin 'ma.
5. Ydw. Rydw i'n hoffi'r papur 'ma.
6. Ydw. Rydw i'n hoffi'r dre 'ma.
7. Ydw. Rydw i'n hoffi'r ysbytŷ 'ma.

**Ex. 3**
1. Mae hi yn y dre.
2. Mae e gartre.
3. Mae e yn y dre.
4. Mae hi yn y tŷ.
5. Mae e yn y gegin.

## Translation into Welsh
1. Ydŷ Tom yn siopa yn y dre?
   Nag ydŷ. Mae e'n darllen yn y gegin.
2. Ydŷ Gwen yn darllen yn y gegin?
   Nag ydŷ. Mae hi'n siopa yn y dre.
3. Ydŷch chi'n hoffi darllen, Mrs Owen?
   Ydw. Rydw in' hoffi darllen yn fawr iawn.
4. Sut rydŷch chi?
   Rydw i'n dda iawn, diolch.

5. Rydych chi'n edrych yn dda iawn.
   Ydw i? Rydw i'n gwella yn dda iawn nawr.
6. Pryd rydych chi'n meddwl mynd i'r dre?
   Rydw i'n mynd i'r dre y bore 'ma, gobeithio.
7. Dewch i mewn i'r tŷ. Dewch i mewn i'r gegin, hefyd.
8. Sut mae Tom y tymor 'ma?
9. Mae Aled yn meddwl mynd i'r ysbytyy bore 'ma.
10. Ydy Mrs Owen yn hoffi siopa hefyd? Ydy. Mae hi'n
    hoffi siopa yn fawr iawn, rydw i'n meddwl.

**LESSON 2**

**Ex. 1**

1. Mae e yn y stafell.       2. Mae e ar y gwely.
3. Mae e yn y tŷ.            4. Mae e yn y gegin.
5. Mae hi wrth y tŷ.         6. Mae hi yn y gegin.
7. Mae hi yn yr ardd.

**Ex. 2**

1. Mae un fasged ar y gwely.   2. Mae un coleg yn y dre.
3. Mae un gwely yn y stafell.   4. Mae un ysbyty yn y dre.
5. Mae un bag yn y gegin        6. Mae un ddawns yn y dre.

**Ex. 3**

1. Ydych chi'n hoffi'r coffi 'ma?
2. Ydych chi'n hoffi'r papur 'ma?
3. Ydych chi'n hoffi'r fasged 'ma?
4. Ydych chi'n hoffi'r tŷ 'ma?
5. Ydych chi'n hoffi'r bag 'ma?
6. Ydych chi'n hoffi'r ddawns 'ma?

**Ex. 4**

1. Nag ydw. Dydw i ddim eisiau mynd i'r dre.
2. Nag ydw. Dydw i ddim eisiau siopa.
3. Nag ydw. Dydw i ddim eisiau mynd i gysgu.
4. Nag ydw. Dydw i ddim eisiau rhagor.
5. Nag ydw. Dydw i ddim eisiau mynd allan.
6. Nag ydw. Dydw i ddim eisiau darllen.

**Translation into Welsh**

1. Ydyn ni'n mynd i'r wlad?
2. Nag ydyn. Rydyn ni'n mynd i'r dre i siopa.

3. Ydŷ Aled a Siân ŷn dod i'r tŷ?
4. Ydŷn. Maen nhw'n dod i bacio'r fasged a'r bag.
5. Ble mae'r fasged bicnic?
6. Mae hi yn yr ardd, rydw i'n meddwl.
7. Beth am y te a'r llaeth?
8. Maen nhw yn y fasged bicnic yn y gegin fach.
9. Mae Siân yn mŷnd i dorri'r bara menŷn.
10. Mae Tom yn mŷnd i'r gwelŷ i gysgu y pnawn 'ma. Mae e'n mŷnd i wella.

## LESSON 3

### Ex. 1
1. ond dydŷ Tom ddim.
2. ond dydŷch chi ddim.
3. ond dydŷn nhw ddim.
4. ond dydŷ hi ddim.
5. ond dydw i ddim.

### Ex. 2
1. Ydŷ, mae e'n oer iawn.
2. Ydŷ mae e'n wan iawn.
3. Ydŷ mae e'n hyfrŷd iawn.
4. Ydŷ, mae e'n ddu iawn.
5. Ydŷ, mae e'n gynnes iawn.

### Ex. 3
1. Mae hi'n dawel yma.
2. Mae hi'n fendigedig yma.
3. Mae hi'n gynnes yma.
4. Mae hi'n boeth yma.
5. Mae hi'n braf yma.

### Ex. 4
1. Rydw i'n rhŷ gynnes.
2. Rydw i'n rhŷ dawel.
3. Rydw i'n rhŷ boeth.
4. Rydw i'n rhŷ gyfforddus.
5. Rydw i'n rhŷ garedig.

## Translation into Welsh
1. Rydw i eisiau gwŷbod.
2. Ydŷch chi eisiau gwŷbod.
3. Mae hi'n awyddus iawn i fŷnd i'r Mynŷdd Du.
4. Rydw i'n eistedd yn gyfforddus iawn yn y gadair 'ma, diolch.
5. Ydŷ e'n awyddus i ddod gyda ni? Nag ydŷ.
6. Dydŷ hi ddim yn edrŷch yn rhŷ dda, ydŷ hi?
7. Dydw i ddim yn gynnes iawn. Mae hi'n oer yn y stafell 'ma.

8. Mae'r haul yn hyfryd yn yr ardd heddiw.
9. Rydw i'n teimlo'n gysglyd iawn. Rydw i eisiau mynd i'r gwely nawr.
10. Diolch yn fawr iawn i chi. Rydych chi'n rhy garedig.

LESSON 4

**Ex. 1(a)**
1. Oes, mae gwely yn y stafell.  2. Oes, mae coffi yn y jwg.
3. Oes, mae ysbyty yn y dre.  4. Oes, mae dawns yn y dre.
5. Oes, mae llaeth yn y cwpwrdd.

**(b)**
1. Nag oes, does dim ysbyty ar y Mynydd Du.
2. Nag oes, does dim coleg yn Llangollen.
3. Nag oes, does dim llaeth y y tegell.
4. Nag oes, does dim dawns yn yr ardd.
5. Nag oes, does dim gwely yn y gegin.

**Ex. 2**
1. Mae gormod o laeth yma.  2. Mae gormod o goed yma.
3. Mae gormod o fwyd yma.  4. Mae gormod o ddŵr yma.
5. Mae gormod o bapur yma.

**Ex. 3**
1. Mae digon o goed ar y mynydd.
2. Mae digon o gaws yn y siop.
3. Mae digon o ddŵr yn y tap.
4. Mae digon o fwyd yn y gegin.
5. Mae digon o fara yn y fasged.

**Ex. 4**
1. Mae car gyda fi hefyd.  2. Mae radio gyda fi hefyd.
3. Mae ci gyda fi hefyd.  4. Mae bag gyda fi hefyd.
5. Mae tŷ gyda fi hefyd.

**Ex. 5**
1. mae digon o betrol gyda ni.
2. mae digon o laeth gyda ni.
3. mae digon o ddŵr gyda ni.
4. mae digon o goffi gyda ni.
5. Mae digon o de gyda ni.

**Ex. 6**
1. rydw i'n dod o Landudno.  2. rydw i'n dod o Bwllheli.
3. rydw i'n dod o Lundain.   4. rydw i'n dod o Fangor.

**Ex. 7**
1. Mae'r afalau i gꞩd . . .    2. Mae'r wyau i gꞩd . . .
3. Mae'r poteli i gꞩd . . .    4. Mae'r papurau i gꞩd . . .
5. Mae'r basgedi i gꞩd . . .

**Ex. 8**
1. Dau gar.                    2. dwꞩ gadair.
3. dau bapur.                  4. dwꞩ botel.
5. dau dŷ.                     6. dau fag.
7. dwꞩ fasged.

**Ex. 9**
1. un car arall.
2. ond rydw i eisiau un gadair arall.
3. Oes, ond rydw i eisiau un ci arall.
4. Oes, ond rydw i eisiau un fasged arall.
5. Oes, ond rydw i eisiau un ferch arall.

**Translation into Welsh**
1. Oes bisgedi yn y cwpwrdd?
2. Oes petrol gyda chi yn y car? Oes, mae digon gyda fi, diolch.
3. Oes amser i brynu papur? Nag oes.
4. Mae hi mor hyfrꞩd yn yr ardd yn y pnawn.
5. Dydw i ddim yn hoffi'r un 'ma. Rydw i eisiau un arall.
6. Does dim digon o amser gyda fe i ddarllen y papur heddiw.
7. Does dim stafell gyfforddus iawn gyda nhw. Mae hi'n oer ac yn wag.
8. Oes poteli gwag gyda chi? Oes, mae digon gyda fi.
9. Oes pꞩs gyda chi yn yr ardd? Oes, rydw i'n hoff iawn o bꞩs.
10. Mae digon o afalau ar y coed. Oes.

LESSON 5

**Ex. 1(a)**
1. Mae e wedi pacio.
2. Mae e wedi cael brecwast.

3. Mae e wedi darllen y papur.
4. Mae e wedi codi o'r gwelꝑ.
5. Mae e wedi siopa yn y dre.
   **(b)**
1. Rydw i wedi cael coffi.      2. Rydw i wedi edrꝑch ar y
3. Rydw i wedi torri              papur.
   rhosynnau.                   4. Rydw i wedi gwella.
   **(c)**
1. Nag ydꝑ, dydꝑ e ddim wedi codi eto.
2. Nag ydꝑ, dydꝑ e ddim wedi cysgu eto.
3. Nag ydꝑ, dydꝑ e ddim wedi cyrraedd eto.
4. Nag ydꝑ, dydꝑ e ddim wedi deffro eto.

**Ex. 2**
   1. Rydw i'n Gymraes.          2. Rydꝑn ni'n Gymry.
   3. Rydw i'n Saesnes.          4. Rydꝑn ni'n Saeson.
   5. Rydw i'n Albanwr.          6. Rydw i'n Wꝑddel.
   7. Rydw i'n Ffrancwr.         8. Rydw i'n Sbaenwr.
   9. Rydw i'n Eidalwr.         10. Rydw i'n Almaenwr.
  11. Rydw i'n Americanwr.

**Ex. 3 (a)**
1. Pam mae rhaid iddo fe godi yn y bore?
2. Pam mae rhaid iddo fe gysgu'n dawel?
3. Pam mae rhaid iddi hi gyrraedd yn brydlon?
4. Pam mae rhaid iddi hi fꝑnd i'r dre?
5. Pam mae rhaid iddi hi neud brecwast?
   **(b)**
1. Ond mae rhaid iddo fe fynd.
2. Ond mae rhaid iddo fe godi.
3. Ond mae rhaid iddo fe ddeffro.
4. Ond mae rhaid iddo fe ddarllen.
5. Ond mae rhaid iddi hi ganu.
6. Ond mae rhaid iddi hi fwꝑta rhagor.
7. Ond mae rhaid iddꝑn nhw dorri coed.

**Ex. 4**
1. Nag ydꝑ, ond mae car Mr Owen yma.
2. Nag ydꝑ, ond mae ci Mr Owen yma.
3. Nag ydꝑ, ond mae papur Mr Owen yma.
4. Nag ydꝑ, ond mae coffi Mr Owen yma.

5. Nag ydy, ond mae teuhu Mr Owen yma.
6. Nag ydy, ond mae merch Mr Owen yma.

**Ex. 5 (a)**
1. Nag ydy, mae hi'n ddau o'r gloch.
2. Nag ydy, mae hi'n dri o'r gloch.
3. Nag ydy, mae hi'n bedwar o'r gloch.
4. Nag ydy, mae hi'n ddeg o'r gloch.
5. Nag ydy, mae hi'n ddeuddeg o'r gloch.
   **(b)**
1. Nag ydw, rydw i'n dod nos Lun.
2. Nag ydw, rydw i'n dod nos Fawrth.
3. Nag ydw, rydw i'n dod nos Fercher.
4. Nag ydw, rydw i'n dod nos Wener.
   **(c)**
1. Nag ydy, mae e'n cyrraedd nos Fawrth.
2. Nag ydy, mae hi'n canu nos Fercher.
3. Nag ydy, mae e'n darllen y Radio Times nos Iau.
4. Nag ydy, mae hi'n siopa nos Wener.

**Translation into Welsh**
1. Mae hi wedi codi ac wedi ymolchi ac wedi gwisgo.
2. Rydyn ni'n barod i frecwast.
3. Mae rhaid i ni alw yn y tŷ.
4. Dydy Tom ddim mor ddiog â rhai pobl.
5. Ydych chi wedi codi eto? Ydw.
6. Ydy e wedi codi eto? Mae hi'n ddeuddeg o'r gloch.
7. Rhaid i ni fynd i'r Mynydd Du.
8. Mae pen blwydd Gwen dydd Mercher. Rhaid i fi brynu anrheg iddi hi.
9. Mae car Aled yn dod i ddrws y tŷ am chwarter i bump.

LESSON 6

**Ex. 1 (a)**
1. Cymro yw Aled.
2. Cymro ydw i.
3. Cymraes ydw i.
4. Sais ydy/yw Mr Arbuthnot.
5. Saesnes ydy/yw Miss Greeves.

6. Gwɥddel ydɥ/ɥw Mícheâl Mac Craith.
7. Albanwr ydɥ/ɥw Ian Fraser.
8. Sbaenwr ydɥ/ɥw Juan Pérez.
   **(b)**
1. Ie, Mr Owen ydɥ e.  2. Ie, Tom ydɥ e.
3. Ie, Gwen ydɥ hi.  4. Ie, Mr a Mrs Owen ydɥn nhw.
   **(c)**
1. Cymro ɥw e.  2. Cymraes ɥw hi.
3. Gwɥddel ɥw e.  4. Albanwr ɥw e.
5. Sbaenwr ɥw e.

**Translation into Welsh**
   1. Rydɥn ni yn stafell y prifathro ar y diwrnod cynta o Fai.
   2. Prɥd rydɥch chi'n mɥnd i'r ysbytɥ?
   3. Does neb wedi neud cais am ei swɥdd hi eto.
   4. Dydɥ 'ngwraig i ddim yn croesawu'r syniad o symud tɥ̂.
   5. Mae rhɥwbeth yn siŵr o ddod o rɥwle.
   6. Mae cloch yr ysgol yn canu.
   7. Pwy ydɥ/ɥw Jane Edwards? Gwraig John Edwards ydɥ hi? Nage.
   8. Beth ɥw Barry Edwards? Athro gwaith coed ɥw e?
   9. Mr Owen ɥw prifathro'r ysgol? Ie.
   10. Pwy ɥw Ann? 'Y ngwraig i ɥw hi.

LESSON 7
**Ex. 1**
1. Dyma fe.  2. Dyma fe.
3. Dyma hi.  4. Dyma hi.
5. Dyma hi.  6. Dyma fe.
7. Dyma hi.

**Ex. 2 (a)**
1. Pwy sɥ'n deffro'n gynnar?  2. Pwy sɥ'n siarad yn gynta?
3. Pwy sɥ'n garedig?  4. Pwy sɥ'n gynnes iawn?
5. Pwy sɥ'n boeth?  6. Pwy sy yn yr ardd?
7. Pwy sɥ ar y mynɥdd?  8. Pwy sɥ gartre?
   **(b)**
1. Beth sɥ'n cario'r bag?  2. Beth sɥ'n agor y drws?
3. Beth sɥ'n teimlo'n boeth?  4. Beth sɥ'n dawel iawn
5. Beth sɥ'n hoff o fisgedi?  heddiw?

6. Beth sŷ'n saith mis oed?     7. Beth sŷ dan y ford?
8. Beth sŷ wrth y drws?

**Ex. 3**

1. Gwen sŷ wedi agor drws y tŷ.
2. Aled sŷ'n cario'r bagiau.
3. Mr Owen sŷ'n symud y car.
4. Ann sŷ'n nabod y staff.
5. Fi sŷ yma (*or* 'ma).
6. Nhw sŷ yna (*or* 'na).

**Translation into Welsh**

1. Gareth sŷ wrth y drws.
2. Dyna 'mrecwast i a dyna 'mhapur i hefŷd.
3. Mae'r tegell yn berwi i de.
4. Siwgwr, os gwelwch yn dda, ond dim llaeth.
5. Mae e'n dysgu yma ers dechrau'r mis.
6. Dydw i ddim yn nabod llawer o'r staff eto.
7. Dyna dri neu bedwar mis.
8. Dyna ffordd i neud te!
9. Mae e eisiau mynd allan. Dyna pam mae e'n brysio.
10. 'Pwy sŷ'n cysgu yn 'y ngwelŷ i?' 'Fi, Goldilocs'.

**LESSON 8**

**Ex. 1 (a)**

1. Ie, ei choffi hi ydŷ e.          2. Ie, ei thŷ hi ydŷ e.
3. Ie, ei phapur hi ydŷ e.       4. Ie, ei the hi ydŷ e.
5. Ie, ei gwelŷ hi ydŷ e.        6. Ie, ei brawd hi ydŷ e.

   **(b)**

1. Mae ei theulu hi'n brysur iawn.
2. Mae ei chadair hi'n gyfforddus iawn.
3. Mae ei thad hi'n garedig iawn.
4. Mae ei basged hi'n drwm iawn.
5. Mae ei char hi'n fach iawn.
6. Mae ei mam hi'n hapus iawn.

**Ex. 2**

1. Mae e'n bŷw ym Mhontypridd.
2. Mae e'n bŷw ym Mhowŷs.
3. Mae hi'n bŷw yn Nyfed.

4. Mae e'n byw yng Ngwent.
5. Mae e'n byw ym Morgannwg.
6. Maen nhw yng Nghymru.

**Ex. 3**

1. Pedwar deg dau.          2. Pum deg naw.
3. Wyth deg un.             4. Dau gant tri deg chwech.
5. Chwe chant a saith.      6. Un fil pum cant chwe deg un.

**Ex. 4**

1. Maen nhw'n byw yn yr un tŷ.
2. Maen nhw'n hoffi'r un bwyd.
3. Maen nhw'n mynd i'r un ysgol.
4. Maen nhw'n cysgu yn yr un gwely.
5. Maen nhw'n dysgu yn yr un coleg.

**Ex. 5**

1. Beic a char.            2. Fforc a chyllell.
3. Menyn a chaws.          4. Radio Times a phapur.
5. Gwlad a thre.           6. Bwyta a chysgu.

**Ex. 6 (a)**

1. Mae'ch teulu chi yn y dre.   2. Mae'ch car chi yn y dre.
3. Mae'ch brawd chi yn y dre.   4. Mae'ch merch chi yn y dre.
5. Mae'ch tad (chi) yn y dre.

   **(b)**

1. Mae'n teulu ni yn y dre.   2. Mae'n tŷ ni yn y dre.
3. Mae'n coleg ni yn y dre.   4. Mae'n caffe ni yn y dre.
5. Mae'n siop ni yn y dre.    6. Mae'n car ni yn y dre.

## Translation into Welsh

1. Mae papur punt ym mhoced Tom.
2. Ble mae car Gwen? Mae ei char hi yn y pentre.
3. Mae ei thad wedi mynd i nôl ei thad-cu.
4. Mae Tom yn torri'r rhosynnau yng nghornel yr ardd.
5. Faint ydy'r te? Naw deg naw ceiniog, os gwelwch yn dda.
6. Mae ei theulu hi'n byw ym Mhontypridd nawr.
7. Rydw i'n byw yng Nghaerdydd ers dechrau mis Hydref.
8. Mae hanner kilo o gig moch ym masged Gwen.
9. Mae hi wedi dodi ei sandalau am (*or* ar) ei thraed.
10. Mae ei ffrog haf hi yr un lliw â'i llygaid hi.

**LESSON 9**

**Ex. 1**

1. Mae ei gar e yn y garej.
2. Mae ei frecwast e ar y ford.
3. Mae ei dad-cu e yn yr ardd.
4. Mae ei goffi e yn y fflasg.
5. Mae ei bwlofer e ar y gwelу.
6. Mae ei fwуd e ar y ford.
7. Mae ei ddillad e yn y bag.
8. Mae ei drowsus e ar y gwelу.

**Ex. 2 (a)**

1. Ydw, rydw i'n ei nabod e'n dda.
2. Ydw, rydw i'n ei nabod hi'n dda.
3. Ydw, rydw i'n ei nabod e'n dda.
4. Ydw, rydw i'n ei nabod hi'n dda.
5. Ydw, rydw i'n eu nabod nhw'n dda.
6. Ydw, rydw i'n eich nabod chi'n dda.
7. Ydw, rydw i'n eu nabod nhw'n dda.

**(b)**

1. Ydw, rydw i'n ei gofio fe.
2. Ydw, rydw i'n ei chofio hi.
3. Ydw, rydw i'n eu cofio nhw i gyd.
4. Ydw, rydw i'n eich cofio chi.
5. Ydw, rydw i'n eich cofio chi.

**(c)**

1. Ydw, rydw i'n ei glywed e.
2. Ydw, rydw i'n ei chlywed hi.
3. Ydw, rydw i'n eu clywed nhw.
4. Ydw, rydw i'n eich clywed chi.
5. Ydw, rydw i'n eich clywed chi.

**(d)**

1. Nag ydw, dydw i ddim wedi ei weld e.
2. Nag ydw, dydw i ddim wedi ei gweld hi.
3. Nag ydw, dydw i ddim wedi eu gweld nhw.
4. Nag ydw, dydw i ddim wedi eu gweld nhw.
5. Nag ydw, dydw i ddim wedi eich gweld chi.
6. Nag ydw, dydw i ddim wedi eich gweld chi.

**Ex. 3 (a)**

1. gadewch iddo fe bacio.
2. gadewch iddyn nhw yrru.
3. gadewch i fi weld.
4. gadewch iddyn nhw weld.

**(b)**

1. gofynnwch iddo fe.
2. gofynnwch iddyn nhw.
3. Ydw, gofynnwch i fi.
4. Ydyn, gofynnwch iddyn nhw.
5. Ydy, gofynnwch iddo fe.

**Ex. 4 (a)**

1. peidiwch â brysio.
2. Na, peidiwch â bwyta.
3. Na, peidiwch â dod.
4. Na, peidiwch â mynd.
5. Na, peidiwch ag agor y drws. (*or* Peidiwch â'i agor e.)

**(b)**

1. Na, peidiwch a'i agor e.
2. Na, peidiwch â'i brynu e.
3. Na, peidiwch â'i yrru e.
4. Na, peidiwch â'i stopio fe.
5. Na, peidiwch â'i phrynu hi.
6. Na, peidiwch â'i thorri hi.
7. Na, peidiwch â'i (h)agor hi.

## Translation into Welsh

1. Ydych chi'n ei nabod e?
2. Ydy hi'n ei hoffi fe?
3. Mae Gwen yn mynd i'w ffonio nhw y pnawn 'ma.
4. Mae Dr Rhys yn nabod ei dad a'i fam e.
5. Rydw i'n mynd i ofyn iddo fe ffonio'r doctor.
6. Mae'r cloc 'na'n 'y nihuno i bob bore.
7. Gadewch i fi'ch helpu chi i godi'r bag.
8. Maen nhw'n eu bwyta nhw gartre.
9. Mae hi'n dod i 'ngweld i am ddau o'r gloch.
10. Mae'r helmet 'na wedi achub 'y mywyd i.

LESSON 10

**Ex. 1**

1. on'd ydy e?
2. on'd ydyn nhw?
3. on'd ydych chi?
4. on'd ydw i?
5. on'd ydyn nhw?
6. on'd ydy hi?
7. on'd ydy hi?

**Ex. 2**

1. Mae ei fag e ar y ford, ond mae ei bag hi ar y cwpwrdd.
2. Mae ei bapur e ar y ford ond mae ei phapur hi ar y cwpwrdd.
3. Mae ei de fe ar y ford ond mae ei the hi ar y cwpwrdd.
4. Mae ei waith e ar y ford ond mae ei gwaith hi ar y cwpwrdd.
5. Mae ei ddeg ceiniog e ar y ford ohd mae ei deg ceiniog hi ar y cwpwrdd.
6. Mae ei laeth e ar y ford ond mae ei llaeth hi ar y cwpwrdd.
7. Mae ei fap e ar y ford ond mae ei map hi ar y cwpwrdd.

**Ex. 3**

1. Mae 'nheulu i yn y pentre ond mae ei deulu e yn y dre.
2. Mae 'mhlant i yn y pentre ond mae ei blant e yn y dre.
3. Mae 'ngwraig i yn y pentre ond mae ei wraig e yn y dre.
4. Mae 'mrawd i yn y pentre ond mae ei frawd e yn y dre.
5. Mae 'mab i yn y pentre ond mae ei fab e yn yn dre.

**Ex. 4**

1. Mae'r clociau i gɥd yn dda.
2. Mae'r ysgolion i gɥd yn dda.
3. Mae'r bwydɥdd i gɥd yn dda.
4. Mae'r lleoedd i gɥd yn dda.
5. Mae'r ceir i gɥd yn dda.
6. Mae'r nyrsɥs i gɥd yn dda.

**Translation into Welsh**

1. Mae hi'n braf heddiw, on'd ydɥ hi?
2. Gofynnwch i Gwen am goffi.
3. Ydɥ hi'n 'y nghofio i?
4. Ydɥ'r plant yn dawel yn yr ysgol?
5. Beth ydɥ oed Nesta? Mae hi'n ddeg mlwɥdd oed.
6. Ydɥ Barry Edwards yn eich dysgu chi?
7. Rydw i'n talu chwe cheiniog am wɥ nawr.
8. Mae'r ddau fachgen 'ma a'r ddwɥ ferch 'ma yn rhɥ ddiog i godi.
9. Faint o ffenestri sɥ yn y tŷ?
10. Rydɥn ni'n gorffen ein gwaith cɥn i ni fɥnd adre.

**LESSON 11**

**Ex. 1 (a)**
1. O'r gore, wyt ti'n cysgu?
2. O'r gore, pryd rwyt ti'n dechrau?
3. O'r gore, wyt ti'n pasio'r ysgol?
4. O'r gore, wyt ti wedi priodi?
   **(b)**
1. Ble mae dy dad (di)?    2. Beth ydy di gwestiwn di?
3. Beth yw dy oed di?      4. Ble mae dy blant di, nawr?
5. Pwy yw dy ffrindiau di?
   **(c)**
1. Dydw i ddim yn dy ddeall di.
2. Dydw i ddim yn dy glywed di.
3. Dydw i ddim yn dy gredu di.
4. Dydw i ddim yn dy garu di.

**Ex. 2**
1. Rydw i'n hoff ohoni hi hefyd.
2. Rydw i'n hoff ohoni hi hefyd.
3. Rydw i'n hoff ohono fe hefyd.
4. Rydw i'n hoff ohonyn nhw hefyd.
5. Rydw i'n hoff ohono fe hefyd.

**Ex. 3**
1. Oeddwn. Roeddwn i yn y ddawns neithiwr.
2. Oedd. Roedd Gwen (*or* hi) yno.
3. Oedd. Roedd llawer ohonon ni yno.
4. Oedd. Roedd hi'n braf.  5. Oedden. Roedden nhw yno.

**Ex. 4 (a)**
1. Oedd petrol yn y car?
2. Pwy oedd meddyg y pentre?
3. Beth oedd yn cysgu ar ymyl y ffordd?
4. Het Mrs Owen oedd hi?
   **(b)**
1. on'd oedd e? Oedd. Roedd e yma ddoe.
2. on'd oeddech chi? Oeddwn. Roeddwn i yn yr ysgol yr un pryd â chi.
3. on'd oedden nhw? Oedden. Roedden nhw'n chwarae'n dda.

4. on'd oedd e? Oedd. Roedd e'n gyrru'r car yn dda.
5. on'd oeddwn i? Oeddech. Roeddech chi'n iawn.

## Translation into Welsh
1. Oedd llawer ohonyn nhw yno?
2. Ble mae dy frawd a dy chwaer?
3. Dydw i ddim yn eu deall nhw.
4. Rydw i'n hoff iawn ohonyn nhw.
5. Doeddech chi ddim yn y dre ddoe, oeddech chi?
6. Dewch gyda fi i dŷ Aled.
7. Dyma gar cyfforddus. Eisteddwch ynddo fe.
8. Oedd dŵr yn y tanc?
9. Rydw i'n mynd i aros gartre i ofalu am y plant.
10. Dydw i ddim wedi gweld llawer ohonoch chi ers misoedd.

### LESSON 12

**Ex. 1 (a)**
1. Fe ddihunes i am saith bore ddoe.
2. Fe agores i'r ffenest bore ddoe.
3. Fe godes i o'r gwely bore ddoe.
4. Fe ymolches i yn y stafell ymolchi bore ddoe.
5. Fe fytes i frecwast bore ddoe.
   **(b)**
1. Fe welodd Gwen ffilm ddoe.
2. Fe gerddodd Tom i'r dre ddoe.
3. Fe brynodd Aled gar ddoe.
4. Fe agorodd Edward Jones siop ddoe.

**Ex. 2 (a)**
1. Do, fe weles i fe.
3. Do, fe dales i fe.
5. Do, fe fytes i fe.
   **(b)**
1. redon ni ddim.
3. chwareuon ni ddim.
5. symudon ni ddim.
7. stopion ni ddim.

2. Do, fe glywes i fe.
4. Do, fe golles i fe.

2. eisteddon ni ddim.
4. ffonion ni ddim.
6. siaradon ni ddim.

**(c)**

1. fe bacion nhw neithiwr.
2. fe gysgon nhw neithiwr.
3. fe ganon nhw neithiwr.
4. fe gychwynnon nhw
5. fe orffennon nhw neithiwr.   neithiwr.

**(d)**

1. agoron nhw mono fe.
2. agoron nhw moni hi.
3. welon nhw mono fe.
4. welon nhw moni hi.
5. ddringon nhw monyn nhw.
6. fyton nhw monyn
   nhw.

**Ex. 3 (a)**

1. wrtho fe.
2. wrthi hi.
3. wrthyn nhw.
4. wrthoch chi.
5. wrthyn nhw.

**(b)**

1. rydyn ni'n siarad amdano fe.
2. rydyn ni'n siarad amdano fe.
3. rydyn ni'n siarad amdani hi.
4. rydyn ni'n siarad amdani hi.
5. rydyn ni'n siarad amdanyn nhw.
6. rydyn ni'n siarad amdanyn nhw.

**Ex. 4**

1. Beth weloch chi?
2. Beth brynoch chi?
3. Pwy weloch chi?
4. Pwy glywoch chi?
5. Faint brynoch chi?
6. Faint baciodd e?

**Ex. 5**

1. het wen neu het felen.
2. car gwyn neu gar melyn.
3. papur gwyn neu bapur
4. gwlân gwyn neu wlân
   melyn.   melyn.
5. jwg wen neu jwg felen.

**Ex. 6**

1. Do, fe gyrhaeddon nhw o'i blaen hi.
2. Do, fe gyrhaeddon nhw o'n blaen ni.
3. Do, fe gyrhaeddon nhw o'u blaen nhw.
4. Do, fe gyrhaeddon nhw o 'mlaen i.
5. Do, fe gyrhaeddon nhw o dy flaen di.
6. Do, fe gyrhaeddon nhw o'ch blaen chi.

**Translation into Welsh**

1. Fe fytodd e'r bwyd i gyd.
2. Dalodd e am y bwyd?
3. Naddo. Thalodd e ddim amdano fe. Fi dalodd amdano fe.
4. Ewch chi yn 'yn lle i.
5. Fe godon nhw o'n blaen ni y bore 'ma.
6. Fe ofynnodd e i fi am fenthyg punt.
7. Fe alwon ni mewn caffe am gwpaned o de.
8. Fe edryches i ymhob man amdanyn nhw.
9. Welest ti Aled yn y pentre?
10. Naddo, ond fe weles i ei chwaer e.

**LESSON 13**

**Ex. 1 (a)**

1. Fe fuodd e yno lawer gwaith.
2. Do, fe fuodd hi yno lawer gwaith.
3. Do, Fe fuon ni yno lawer gwaith.

**(b)**

1. Naddo, fuodd Tom (*or* e) erioed yn Llundain.
2. Naddo, fuodd hi erioed yn Llundain.
3. Naddo, fuon ni erioed yn Llundain.

**(c)**

1. Fe arhosodd e yno am fis. Fe ddaeth e yn ôl heb geiniog.
2. Fe arhosodd hi yno am fis. Fe ddaeth hi'n ôl heb geiniog.
3. Fe arhoson ni yno am fis. Fe ddaethon ni'n ôl heb geiniog.
4. Fe arhoson nhw yno am fis. Fe ddaethon nhw'n ôl heb geiniog.
5. Fe arhosoch chi yno am fis. Fe ddaethoch chi'n ôl heb geiniog.

**(d)**

1. Fe ges i lawer o arian.
2. Fe gafodd e lawer o arian.
3. Fe gawson nhw lawer o arian.
4. Fe gawson nhw lawer o arian.
5. Fe gawson ni lawer o arian.

**Ex. 2**

1. Does dim cadair gyda fi i roi iddi hi.
2. Does dim cadair gyda fi i roi iddo fe.
3. Does dim cadair gyda fi i roi i chi.
4. Does dim cadair gyda fi i roi iddyn nhw.

**Ex. 3**

1. mae'r car 'ma cystal ag e.
2. mae'r bag 'ma cyn lleied ag e.
3. mae'r gwlân 'ma mor ddu ag e.
4. mae'r papur 'ma mor wyn ag e.
5. mae'r coffi 'ma mor gryf ag e.
6. mae'r bachgen 'ma mor hapus ag e.

**Ex. 4**

2. Ewch hebddi hi.          3. Ewch hebddo fe.
4. Ewch hebddo fe.          5. Ewch hebddyn nhw.

## Translation into Welsh

1. Fuoch chi erioed yn America?
2. Do. Fe fues i (*or* Fe es i) yno chwe mis yn ôl, ac fe ddes i'n ôl heb geiniog.
3. Fe naeth hi ei gorau i 'mherswadio i i ddod.
4. Beth naethon nhw? Naethon nhw ddim byd.
5. Rhowch fwyd iddo fe. Does dim bwyd gyda fi (*or* Does gyda fi ddim bwyd) i roi iddo fe.
6. Fe es i i'r ysgol yn y car, a fe ddes i adre hebddo fe.
7. Mae hwn yn gar cyflym, ond dydy e ddim mor gyflym â char Aled.
8. Sut es i? Fe es i yn 'y nghar 'yn hunan.
9. Aeth e hebddot ti? Do. Mae e bob amser yn mynd hebddo i.
10. Ei di i'r siop drosto i, a dod â hanner dwsin o wyau?

LESSON 14

**Ex. 1 (a)**

1. a fe fydd e'n codi am saith yfory.
2. a fe fydd hi'n codi am saith yfory.
3. a fe fyddwn ni'n codi am saith yfory.
4. a fe fyddwch chi'n codi am saith yfory.

5. a fe fyddan nhw'n codi am saith yfory.
   **(b)**
1. Bydd, fe fydd e'n galw yma yfory.
2. Bydd, fe fydd hi'n galw yma yfory.
3. Byddan, fe fyddan nhw'n galw yma yfory.
4. Byddwn, fe fyddwn ni'n galw yma yfory.
5. Byddan, fe fyddan nhw'n galw yma yfory.

**Ex. 2 (a)**
1. Bydd, fe fydd rhaid iddo fe godi'n gynnar.
2. Bydd, fe fydd rhaid iddi hi wisgo gwisgo helmet.
3. Byddan, fe fydd rhaid iddyn nhw bacio.
4. Byddwn, fe fydd rhaid i ni gyrraedd am ddeg.
5. Byddwn, fe fydd rhaid i ni godi'n gynnar *or*
   Byddwch, fe fydd rhaid i chi godi'n gynnar.
   **(b)**
1. Rwy'n meddwl ei fod e.   2. Rwy'n meddwl eu bod nhw.
3. Rwy'n meddwl dy fod di.  4. Rwy'n meddwl 'mod i.

**Ex. 3**
1. Na fydda. Fydda i byth yn yfed gwin.
2. Na fydd. Fydd hi byth yn gyrru'r car.
3. Na fydd. Fydd e byth yn codi am chwech.
4. Na fydda. Fydda i byth yn gwisgo het.

**Translation into Welsh**
1. Fyddwch chi (*or* Fyddi di) 'n barod am ddau o'r gloch
   y pnawn 'ma? Na fydda.
2. Aros i fi. Fydda i ddim yn hir.
3. Beth fydd yn digwydd yn y dre heno?
4. Fe fydd gêm rygbi yno heno.
5. Pwy fydd yn chwarae? Caerdydd fydd yn chwarae.
6. Wyt ti'n gwybod 'mod i'n chwarae yn y tîm?
7. Ydw, fe glywes i ddoe dy fod di'n chwarae.
8. Mae'n debyg (y) bydd pawb o'r dre yno.
9. Fyddi di yno? Na fydda. Fydda i byth yn edrych ar
   rygbi.
10. Fe fydda i'n mynd i'r gwely yn gynnar heno.

LESSON 15

**Ex. 1 (a)**

1. Galla, fe alla i godi.
2. Galla, fe alla i basio.
3. Gall, fe all e yrru car.
4. Gall, fe all e ferwi wyau.
5. Gall, fe all e chwarae rygbi.
6. Gallan, fe allan nhw ddod.
7. Gallan, fe allan nhw ddringo'r mynydd.

**(b)**

1 Na alla, alla i ddim codi.
2. Na alla, alla i ddim pasio.
3. Na all, all e ddim gyrru car.
4. Na all, all e ddim berwi wyau.
5. Na all, all e ddim chwarae rygbi.
6. Na allan, allan nhw ddim dod.
7. Na allan, allan nhw ddim dringo'r mynydd.

**Ex. 2 (a)**

1. Ga i aros heno, os gwelwch yn dda?
2. Ga i smocio pib, os gwelwch yn dda?
3. Ga i chwarae gyda chi, os gwelwch yn dda?
4. Ga i agor y ffenest, os gwelwch yn dda?
5. Ga i gau'r ffenest, os gwelwch yn dda?
6. Ga i yrru'r car, os gwelwch yn dda?

**(b)**

1. Caiff, fe gaiff e yrru.
2. Caiff, fe gaiff hi ganu.
3. Cewch, fe gewch chi smocio.
4. Cân, fe gân nhw ddewis.

**(c)**

1. Na chaiff. Chaiff e ddim amser i nôl y coffi.
2. Na chei. Chei di ddim amser i chwarae golff.
3. Na chei. Chei di ddim amser i ddarllen y papur.
4. Na chewch. Chewch chi ddim amser i ddringo'r wal.
5. Na chewch. Chewch chi ddim amser i olchi'r llestri.
6. Na chân. Chân nhw ddim amser i fynd adre.

**Ex. 3**

1. Dydw i ddim eisiau rhedeg ar ei hôl hi.
2. Dydw i ddim eisiau rhedeg ar ei ôl e.
3. Dydw i ddim eisiau rhedeg ar ei hôl hi.

4. Dydw i ddim eisiau rhedeg ar eu hôl nhw.
5. Dydw i ddim eisiau rhedeg ar eich ôl chi.

**Ex. 4 (a)**

1. Nage, hen dŷ, gwaetha'r modd.
2. Nage, hen bib, gwaetha'r modd.
3. Nage, hen wely, gwaetha'r modd.
4. Nage, hen feic, gwaetha'r modd.
5. Nage, hen fodel, gwaetha'r modd.

**(b)**

1. Nag oes, dyma'r unig dŷ.   2. Nag oes, dyma'r unig gar.
3. Nag oes, dyma'r unig ferch.   4. Nag oes, dyma'r unig
5. Nag oes, dyma'r unig ddyn.      goleg.
6. Nag oes, dyma'r unig botel.

**Translation into Welsh**

1. Alli di gerdded? Galla, fe alla i gerdded ychydig.
2. Fe allan nhw ddeall Cymraeg ond allan nhw mo'i siarad (hi).
3. Allwch chi ddweud wrthon ni beth yw'r amser (*or* beth yw hi o'r gloch), os gwelwch yn dda?
4. Allwch chi ein helpu ni, os gwelwch yn dda? Na alla, alla i mo'ch helpu chi. Alla i ddim codi.
5. Pryd gallwch chi ddod? Alla i ddim dod heno.
6. Allwch chi dalu? Na alla. Does dim arian gyda fi.
7. Rydyn ni wedi cael cinio da heddiw. Gawn ni gystal cinio yfory?
8. Ga i ddod i mewn ar eich ôl chi? Cewch, dewch ar unwaith.
9. Chân nhw mo'n curo ni. Dydyn nhw ddim cystal â ni.
10. Ga i fenthyg llyfr? Dyma'r unig lyfr sy gyda fi.

**LESSON 16**

**Ex. 1**

1. Ffilm mae e'n weld.   2. Bwthyn mae e'n brynu.
3. Gwen mae e'n garu.   4. Barry mae hi'n briodi.
5. Pum punt mae e wedi dalu.   6. Afal mae e wedi fwyta.

**Ex. 2**

1. Fe dala i fe nawr.       2. Fe wela i fe nawr.
3. Fe orffenna i fe nawr.   4. Fe bryna i fe nawr.
5. Fe goda i nawr.

**Ex. 3**

1. Mae'r wraig sy'n byw drws nesa yn athrawes.
2. Mae'r bachgen sy'n byw drws nesa yn chwarae rygbi.
3. Mae'r bobl sy'n byw drws nesa yn cadw siop 'sglodion'.
4. Mae'r ferch sy'n byw drws nesa yn canu drwy'r dydd.
5. Mae'r ardd sy o flaen y tŷ yn llawn o goed rhosynnau.

## Translation into Welsh

1. Beth rydych chi'n gael i swper heno?
2. Pwy rydych chi'n chwarae?
3. Pam na chwareuwch chi yfory? Achos mae (*or* Am fod) 'y mrawd i'n priodi, a mae'n rhaid i fi fynd i'r briodas.
4. Ydy e'n chwarae? Os nad ydy (*or* yw) e, maen nhw'n gobeithio (y) chwareuiff ei frawd e.
5. Pryd codwch chi? Fe goda i am chwech o'r gloch.
6. Welwn ni byth moni hi eto.
7. Faint rowch chi i fi am y car 'ma?
8. Mae'r wraig sy'n byw drws nesa i ni yn hoff iawn o siarad.
9. Roedd y dyn ddaeth i'r drws yn chwilio amdanoch chi.
10. Sut agorwch chi'r drws? Fe fenthyca i allwedd.

LESSON 17

**Ex. 1**

1. Na, fe â i (*or* fe af i) fory.   2. Na, fe weithia i fory.
3. Na, fe ddarllena i fory.   4. Na, fe dala i fory.
5. Na, fe ddechreua i fory.   6. Na, fe bacia i fory.

**Ex. 2 (a)**

1. Ond mae 'ngwraig i'n ifancach.
2. Ond mae 'n llaw i'n oerach.
3. Ond mae 'nghar i'n gyflymach.
4. Ond mae 'nheulu i'n hapusach.
   **(b)**
1. Ond mae 'nheulu i'n fwy prysur.
2. Ond mae 'mrawd i'n fwy caredig.

3. Ond mae 'n chwaer i'n fwy lwcus.
4. Ond mae 'nghar i'n fwy newydd.

**Ex. 3**

1. Dyma'r coed ucha yn y wlad.
2. Dyma'r car cyflyma yn y wlad.
3. Dyma'r lle gorau yn y wlad.
4. Dyma'r adeilad mwya yn y wlad.
5. Dyma'r pentre lleia yn y wlad
6. Dyma'r cwm isa yn y wlad.

**Ex. 4**

1. Ond 'y nghi i ydy hwnna!
2. Ond 'y nghar i ydy hwnna!
3. Ond 'y mhotel i ydy honna!
4. Ond 'y ngwely i ydy hwnna!
5. Ond 'y masged i ydy honna!

**Ex. 5**

1. Na, mae'n well gyda fe ddod yfory.
2. Na, mae'n well gyda hi ddod yfory.
3. Na, mae'n well gyda nhw ddod yfory.
4. Na, mae'n well gyda ni ddod yfory.

**Translation into Welsh**

1. Allwn ni neud e? Beth rwyt ti (*or* rydych chi) 'n feddwl?
2. Talwch e'n awr. Na, fe dala i fe yfory.
3. Fe gymera i chi adre yn y car. Chi biau'r car 'ma?
4. Ydych chi'n ei helpu fe heddiw? Ydyn, a fe helpwn ni fe fory, hefyd.
5. Pan ddaw'r gaeaf, fe ddringwn ni'r mynydd ucha.
6. Dydyn ni ddim wedi cyrraedd eto. Chyrhaeddwn ni byth!
7. Arhoswch chi amdanyn nhw? Mae'n ddrwg gyda fi, alla i ddim aros.
8. Os ewch chi nawr, fe gewch chi'r tocynnau gorau i'r gêm.
9. Pan ddaw e i mewn, fe na i swper iddo fe.
10. Os byti di ragor, chysgi di ddim heno!

LESSON 18

**Ex. 1**
1. Na, doedd e erioed wedi bod yno.
2. Na, doedd hi erioed wedi cysgu yno.
3. Na, doedden ni erioed wedi gweld y lle.
4. Na, doedden nhw erioed wedi cael bwyd yno.

**Ex. 2**
1. Fe fydd e wedi gorffen erbyn deg.
2. Fe fydd hi wedi gorffen erbyn deg.
3. Fe fyddan nhw wedi gorffen erbyn deg.
4. Fe fyddwn ni wedi gorffen erbyn deg.
5. Fe fyddan nhw wedi gorffen erbyn deg.

**Ex. 3**
1. Rydw i newydd ddod i mewn.
2. Rydw i newydd olchi'r llestri.
3. Rydw i newydd gael brecwast.
4. Rydw i newydd godi o'r gwely.
5. Rydw i newydd orffen 'y ngwaith i.
6. Rydw i newydd ddeffro.

**Ex. 4**
1. Mae peswch arni hi.
2. Mae syched arni hi.
3. Mae ofn arni hi.
4. Mae hiraeth arni hi.

**Ex. 5**
1. Na, gofynnwch **chi** iddi hi.
2. Na, gofynnwch **chi** iddyn nhw.
3. Na, gofynnwch **chi** iddyn nhw.
4. Na, gofynnwch **chi** iddo fe.

**Ex. 6**
1. Fi sy'n talu amdano fe.
2. Fi sy'n talu amdani hi.
3. Fi sy'n talu amdani hi.
4. Fi sy'n talu amdanyn nhw.
5. Fi sy'n talu amdanyn nhw.

**Translation into Welsh**
1. Roedden ni wedi cyrraedd yn rhy ddiweddar (*or* yn rhy hwyr) i brynu tocynnau.
2. Fe fyddwn ni wedi mynd adre erbyn hynny (*or* yr amser 'na).

3. Roeddwn i'n cerdded ar hyd y ffordd pan weles i fod yr eglwys ar dân.
4. Roedden nhw ar fynd i'r gwely pan alwon ni.
5. Beth sy'n bod ar Glyn? Mae hiraeth arno fe.
6. Mae arna i ofn fod y ci bach ar goll.
7. Diolchwch i Dr Rhys am bopeth mae e wedi 'neud.
8. Mae hi'n debyg iawn i'w (*or* S. Wales idd i) mam, ond yw hi?
9. Gadewch i ni fynd gyda'n gilydd.
10. Gadewch i ni ddathlu'r flwyddyn newydd. O'r gore.

### LESSON 19

**Ex. 1**
1. Hoffe, ond does dim amser gyda fe.
2. Hoffen, ond does dim amser gyda ni.
3. Hoffen, ond does dim amser gyda nhw.
4. Hoffen, ond does dim amser gyda nhw.

**Ex. 2**
1. Galle, fe alle hi ei helpu fe.
2. Galle, fe alle fe ei helpu fe.
3. Gallen, fe allen ni ei helpu fe.
4. Gallen, fe allen nhw ei helpu fe.

**Ex. 3**
1. Gofynnwch iddo fe ydy e'n mynd.
2. Gofynnwch iddyn nhw ydyn nhw'n mynd.
3. Gofynnwch iddyn nhw ydyn nhw'n gwybod.
4. Gofynnwch iddi hi ydy hi'n chwarae golff.

**Ex. 4**
1. Fe ddwedes i (y) gallwn i alw.
2. Fe ddwedes i (y) gallwn i ganu.
3. Fe ddwedes i (y) gallwn i drïo.
4. Fe ddwedes i (y) gallwn i yrru.
5. Fe ddwedes i (y) gallwn i ddechrau.
6. Fe ddwedes i (y) gallwn i glywed.

**Ex. 5**
1. Mae Aled yn dweud ei bod hi'n dod.
2. Mae Aled yn dweud ei bod hi'n gwybod.

3. Mae Aled yn dweud eu bod nhw'n gwybod.
4. Mae Aled yn dweud ei fod e'n cysgu.
5. Mae Aled yn dweud eu bod nhw yno.
6. Mae Aled yn dweud ei bod hi'n siopa.

**Ex. 6**

1. Pe base fe yma, fase hi ddim wedi cwympo.
2. Pe base fe yma, fasen nhw ddim wedi ein curo ni.
3. Pe base fe yma, fase Jac ddim wedi prynu'r car.
4. Pe base fe yma, fasech chi ddim wedi colli.
5. Pe base fe yma, fase'r plant ddim wedi dringo'r mynydd.

**Ex. 7**

1. Mae'r ffilm yn cael ei dangos yn yr ysgol.
2. Mae'r ffilm yn cael ei dangos yn y dre.
3. Mae'r ffilm yn cael ei dangos ar y teledu.
4. Mae'r ffilm yn cael ei dangos yn y capel.
5. Mae'r ffilm yn cael ei dangos yn y neuadd.

**Ex. 8**

1. Fe gafodd y capel ei godi ym mil wyth cant wyth deg.
2. Fe gafodd yr eglwys ei chodi ym mil dau gant pum deg.
3. Fe gafodd y neuadd ei chodi ym mil wyth cant naw deg naw.
4. Fe gafodd y sinema ei chodi ym mil naw cant dau ddeg dau.

**Ex. 9**

1. Pryd cafodd Aled ei eni? Ym mil naw (cant) pum (deg) wyth.
2. Pryd cafodd Siân ei geni? Ym mil naw (cant) chwe deg.
3. Pryd ces i 'ngeni? Ym mil naw (cant) chwe (deg) dau.
4. Pryd cawson nhw eu geni? Ym mil naw (cant) tri (deg) dau.

**Ex. 10**

1. Rwy inne'n brysio adre hefyd.
2. Rwy inne'n byw yng Ngwynedd hefyd.
3. Rwy inne'n dod o Lundain hefyd.
4. Rwy inne'n gweithio yn y tŷ hefyd.
5. Rwy inne'n mynd am dro i'r parc hefyd.

**Translation into Welsh**

1. Hoffech chi gael cwpaned o goffi? Mae'r llaeth wedi ei ferwi. O'r gorau, diolch.
2. Ddylech chi ddim gyrru mor gyflym. Mae eira ar y ffordd.
3. Gofynnwch i Siân ydy hi'n dod neu beidio.
4. Mae'r doctor wedi (cael) ei alw allan.
5. O beth mae hwn wedi ei neud? Mae e wedi ei neud o bren pîn.
6. Mae Barry Edwards yn athro ardderchog, on'd ydy e?
7. Hoffech chi wrando ar y record? Fe hoffwn i, ond alla i ddim aros nawr.
8. Fe ddylwn i fynd nawr, ond rydw i eisiau torri'r lawnt yn gynta.
9. Ydy'r car wedi (cael) ei olchi? Ydy, fe olches i fe 'yn hunan.
10. Rwy'n byw yng Nghaerdydd. Ydych chithe'n byw yng Nghaerdydd hefyd?

LESSON 20

**Ex. 1**

1. Ŵyr e ddim ble mae e.
2. Ŵyr e ddim pwy yw e.
3. Wyddoch chi ddim pam rydych chi wedi dod?
4. Wyr hi ddim ble mae hi'n mynd.
5. Wyddon nhw ddim beth maen nhw eisiau.

**Ex. 2**

1. Dyma'r tîm enillodd y gêm.
2. Dyma'r bachgen ddaeth â'r newyddion i ni.
3. Dyma'r llyfr ddewises i.
4. Dyma'r mynydd ddringon ni.
5. Dyma'r ffarm brynon ni.

**Ex. 3**

1. Newch chi ffonio'r meddyg?
2. Newch chi deipio'r llythyr?
3. Newch chi yrru'r car?

4. Newch chi brynu coffi a chaws?
5. Newch chi orffen y gwaith?

**Ex. 4 (a)**

1. Mis Ionawr yw'r mis cyntaf.
2. Mis Awst yw'r wythfed mis.
3. Mis Rhagfyr yw'r deuddegfed mis (*or* yw'r mis olaf).
4. Mis Mehefin yw'r chweched mis.
5. Mis Chwefror yw'r ail fis.

**(b)**

1. Yr haf yw'r ail dymor yn y flwyddyn.
2. Y gwanwyn yw'r tymor cyntaf yn y flwyddyn.
3. Y gaeaf yw'r pedwerydd tymor yn y flwyddyn.
4. Yr hydref yw'r trydydd tymor yn y flwyddyn.

**Ex. 5**

1. Fe ddwedodd hi mai Siân sy'n (*or* oedd yn) eistedd yn y car.
2. Fe ddwedodd hi mai Dr Rhys brynodd y bwthyn.
3. Fe ddwedodd hi mai Eric sy (*or* oedd) biau'r car.
4. Fe ddwedodd hi mai annwyd sy (*or* oedd) ar Mrs Owen.
5. Fe ddwedodd hi mai glas oedd lliw y car.

**Translation into Welsh**

1. Pe baswn i'n gwybod ei bod hi yma, faswn i ddim wedi dod.
2. Sut nabyddoch chi hi?
3. Fe nabyddes i hi wrth ei gwallt coch (hi).
4. Mae'r dderwen oedd ar y sgwâr wedi (cael) ei thorri i lawr.
5. Pwy fydd cadeirydd y clwb golff y flwyddyn nesa, wyddost ti? Wn i ddim.
6. Newch chi bacio'r bag 'ma i fi, os gwelwch yn dda?
7. Mae e'n cael ei ben blwydd ddydd Sadwrn, y nawfed o Ionawr.
8. Fe ddwedodd Gwen mai hi oedd biau'r car.
9. Mae pawb yn gwybod *or* fe ŵyr pawb mai'r Wyddfa yw'r mynydd ucha yng Nghymru.
10. Mae'n debyg mai ei dad a'i fam fydd cymdogion Dr Rhys.

LESSON 21

**Ex. 1**

1. ynddo fe
2. ynddi hi
3. ato fe
4. drwyddi hi
5. hebddo fe
6. dani hi
7. iddi hi
8. atyn nhw

**Ex. 2**

(*a*) Am bum munud i wyth.
(*b*) Am bum munud ar hugain i ddeg.
(*c*) Am ddeuddeg (*or* Am hanner dydd *or* hanner nos).
(*d*) Am ddeg munud wedi tri.
(*e*) Am ddeg munud i ddeg.

**Ex. 3**

1. un deg saith
2. dau ddeg pump
3. pum deg
4. saith deg dau
5. naw deg wyth

**Ex. 4**

1. Ie, ei un hi ydy honna.
2. Ie, ein un ni ydy hwnna.
3. Ie, ein un ni ydy honna.
4. Ie, ein rhai ni ydy rheina.
5. Ie, eu rhai nhw ydy rheina.

**Translation into Welsh**

1. Roedd y tren daethon ni ynddo fe hanner awr yn hwyr.
2. Fe ddaeth i mewn am ddeg munud i dri yn lle ugain munud wedi dau.
3. Oeddech chi yno pan ddigwyddodd y ddamwain?
4. Dyna'r car cafodd Eric y ddamwain ynddo fe.
5. Mae'r tŷ maen nhw'n byw ynddo (*or* lle maen nhw'n byw) ar y sgwâr.
6. Eich car chi yw hwnna? Nage, y car coch yw 'yn un i.
7. Faint ydy'r llyfrau? Maen nhw'n bum punt yr un.
8. Faint rydych chi'n dalu i'r gwesty? Ugain punt yr wythnos.
9. Sut le ydy Aberystwyth? Mae e'n lle braf am wyliau yn yr haf.
10. Ydych chi'n siarad Cymraeg? Wrth gwrs 'mod i. Rydw i wedi dysgu ei siarad (hi) o'r llyfr 'ma.

# How to find words in a Welsh–English vocabulary or dictionary

First, look up the word under its initial letter. If you can't find it, refer to the following table to find the 'radical' or un-mutated form. *Note:*

(i) In the Welsh alphabet **ng** comes between **g** and **h**.

(ii) The Soft Mutation of **g** often exposes a vowel.

(iii) If the word begins with **h** look it up under its un-aspirated form, e.g. see **haelwyd** under **aelwyd**, 'hearth'.

(iv) It may be plural. Consult Lesson 10, Section 12.

| *Words beginning with* | *Look up under* |
|---|---|
| a | g |
| b | p |
| ch | c |
| d | t |
| dd | d |
| e | g |
| f | b *or* **m** |
| g | c |
| ng | g |
| ngh | c |
| h | *the next letter* |
| l | g *or* **ll** |
| m | b |
| mh | p |
| n | d |
| nh | t |
| o | g |
| ph | p |
| r | g *or* **rh** |
| th | t |
| w | g |
| y | g |

# Welsh–English Word List

Abbreviations: (M) noun, masculine; (F) noun, feminine; (Pl) plural; (fam.), familiar.

## A

| | |
|---|---|
| a (ac) | and |
| â | with |
| achos | because |
| achos -ion (M) | cause |
| achub (rhag) | to save (from) |
| achwyn | to complain |
| adeilad -au (M) | building |
| aderyn (M) | bird |
| adar (Pl) | birds |
| adnabod | to know, to recognise |
| adnewyddu | to renew |
| adre | homewards |
| adrodd | to recite |
| addo | to promise |
| aelod -au (M) | member |
| afal -au (M) | apple |
| agor | to open |
| agos | near |
| anghofio | to forget |
| anghyfforddus | uncomfortable |
| ail | second |
| ail-law | second-hand |
| allan | out |
| allwedd -i (F) | key |
| am | about, at |
| am fod | because |
| amal (yn) | frequent(ly) |
| ambell | occasional |
| ambiwlans (M) | ambulance |
| amheus | doubtful |
| amhosibl | impossible |
| amser -au (M) | time |
| amynedd (M) | patience |
| anadl (M) | breath |
| annheg | unfair |
| annwyd (M) | a cold |
| anodd | difficult |
| anorac (M) | anorak |
| anrheg -ion (F) | gift |
| ar | on |
| arafu | to slow down |
| arall | (an)other, else |
| ardderchog | splendid |

arfer -ion (F) *custom*
arferol *usual*
arfordir (M) *coast*
arglwydd (M) *lord*
arglwyddes *lady*
  (F)
arian (M) *money*
ar ôl *after*
aros *wait, stay*
ar unwaith *at once*
arwydd -ion *sign*
  (F)
at *towards*
athro (M) *teacher*
  athrawon *teachers*
  (Pl)
awr (F) *hour*
  oriau (Pl) *hours*
Awst *August*
awyddus *eager*
awyr (F) *air, sky*

**B**

bach *small, little*
bachgen (M) *boy*
  bechgyn *boys*
  (Pl)
bag -iau (M) *bag*
balch *proud*
bara (M) *bread*
bardd (M) *poet*
  beirdd (Pl) *poets*
bargen (F) *bargain*
barn (F) *opinion*
basged -i (F) *basket*
bath (M) *bath*
beic -iau *bicycle*
  (M)

bendigedig *blessed,*
  *smashing,*
  *grand*
benthyg *borrow*
berwi *to boil*
beth? *what?*
biau *who owns*
bisged -i (F) *biscuit*
blaen (M) *point, end*
ble? *where?*
blino *to tire*
  wedi blino *tired*
blwydd (F) *year old*
blwyddyn (F) *year*
blynyddoedd *years*
  (Pl)
blynedd *years (used*
  *after*
  *numerals)*
bocs -ys (M) *box*
bodlon *willing,*
  *satisfied,*
  *pleased,*
  *content*
bonet (M/F) *bonnet*
bord (F) *table*
bore -au (M) *morning*
braf *fine, pleasant,*
  *nice*
brân (F) *crow*
  brain (Pl) *crows*
brawd (M) *brother*
brethyn (M) *cloth*
bron *nearly, almost*
busnes (M) *business*
bwgan brain *scarecrow*
  (M)
bwriad (M) *intention*

| | |
|---|---|
| bwriadu | *to intend* |
| bwrw | *to cast, to throw* |
| bwrw glaw | *to rain* |
| bws (M) | *bus* |
| bysys (Pl) | *buses* |
| bwthyn (M) | *cottage* |
| bythynod (Pl) | *cottages* |
| bwyd (M) | *food* |
| byd -oedd (M) | *world* |
| bys-edd (M) | *finger* |
| bywyd -au (M) | *life* |
| bywydeg | *biology* |

## C

| | |
|---|---|
| cadair (F) | *chair* |
| cadeiriau (Pl) | *chairs* |
| cadeirydd (M) | *chairman* |
| cadw | *to preserve, to keep* |
| cael | *to get, to have* |
| Caerdydd (F) | *Cardiff* |
| caets (F) | *cage* |
| caffe (M) | *café* |
| cais (M) | *attempt, try (in Rugby)* |
| caled | *hard* |
| calendr (M) | *calendar* |
| calon -nau (F) | *heart* |
| camfa (F) | *stile* |
| camgymeriad -au (M) | *mistake* |
| canol (M) | *middle, centre* |

| | |
|---|---|
| canolwr (M) | *centre (Rugby)* |
| canolig | *middling* |
| cant (M) | *hundred* |
| cannoedd (Pl) | *hundreds* |
| canu | *to sing, to play an instrument* |
| capel -i (M) | *chapel* |
| capten (M) | *captain* |
| car (M) | *car* |
| ceir (Pl) | *cars* |
| carafan (F) | *caravan* |
| caredig | *kind* |
| cario | *to carry* |
| carped -i (M) | *carpet* |
| carreg (F) | *stone, rock* |
| cerrig (Pl) | *stones, rocks* |
| cartre -fi (M) | *home* |
| cas | *hateful, nasty* |
| casgliad (M) | *collection* |
| castell (M) | *castle* |
| cestyll (Pl) | *castles* |
| cath (F) | *cat* |
| caws (M) | *cheese* |
| cefn (M) | *back* |
| ceg (F) | *mouth* |
| cegin -au (F) | *kitchen* |
| ceiniog -au (F) | *penny* |
| cenedl (F) | *nation, race* |
| cenedlaethol | *national* |
| cerdded | *to walk* |
| ci, cŵn (M) | *dog* |
| cig (M) | *meat* |
| cig moch | *bacon* |
| cilfan (F) | *lay-by* |
| cinio (M) | *dinner* |

cloch (F) — bell
  clychau (Pl) — bells
cloddio — to dig
clust -iau (F) — ear
clwyd -i (F) — gate
clywed — to hear
coch — red
codi — to get up, to arise
coeden (F) — tree
  coed (Pl) — trees
coes -au (F) — leg
coes -au (M) — stem, handle
cofio — to remember
coffi (M) — coffee
coleg -au (M) — college
colli — to lose, to miss
côr (M) — choir
  corau (Pl) — choirs
corff (M) — body, corpse, social body
cyrff (Pl) — bodies
cornel -i (F/M) — corner
coron -au (F) — crown
coroni — to crown
cot -iau (F) — coats
crac (M) — crack
creadur -iaid (M) — creature
credu — to believe
crefft -au (F) — craft, trade
criced (M) — cricket
crio — to weep, cry
cripian — to creep
croesawu — to welcome

croesi — to cross
cryf — strong
crys -au (M) — shirt
curo — to beat, to clap, to knock
cwestiwn (M) — question
  cwestiynau (Pl) — questions
cwm (M) — valley, glen
  cymoedd (Pl) — valleys, glens
cwnstabl (M) — constable
cwpan -au (M/F) — cup
cwpwrdd (M) — cupboard
  cypyrddau (Pl) — cupboards
cwrdd — to meet, to touch
cwrs (M) — course
cwympo — to fall
cychwyn — to start, to begin
cyfan — whole
cyfle (M) — opportunity, chance
cyflwr (M) — condition
cyflym — swift, fast
cyflymu — to hasten
cyfrinach -au (F) — secret
cyfun — comprehensive
cyngerdd (M/F) — concert
cyhŷd — as/so long
cyllell (F) — knife
  cyllyll (Pl) — knives
cymaint — as large, many

Cymraeg (F) — *Welsh*

Cymraes (F) — *Welshwoman*

Cymreig — *concerned with Wales or the Welsh*

Cymro (M) — *Welshman*

Cymru (F) — *Wales*

Cymry (Pl) — *Welsh people*

cymryd — *to accept, take*

cymydog (M) — *neighbour*

  cymdogion (Pl) — *neighbours*

cyn — *before (time), former*

cynddrwg â — *as bad as*

cynilo — *to save*

cynllun -iau (M) — *plan*

cynnal — *to hold, support*

cynnar — *early, soon*

cynnes — *warm*

cynnig (M) — *attempt, offer, proposition*

cynigion (Pl) — *attempts, offers, propositions*

cynnyrch (M) — *produce, product*

cynhyrchion (Pl) — *produce, product*

cynta — *first*

cyrraedd — *to arrive, reach*

cysgu — *to sleep*

cysglyd — *sleepy*

cystal — *as good, equal*

cysurus — *comfortable*

cytuno — *to agree*

## Ch

Chi — *you*

chithau/ chwithau — *you also*

chwaer, chwiorydd (F) — *sister*

chwaith — *(n)either*

chwant (bwyd) (M) — *desire (appetite)*

chwarae — *to play*

chwarter (M) — *quarter*

chwech — *six*

Chwefror (M) — *February*

chwerthin — *to laugh*

chwilio — *to search, to examine*

chwistrelliad (M) — *injection*

chwith — *left*

chwythu — *to blow*

## D

da — *good, well*

dacw — *behold, there's*

daear (F) — *earth, ground, land*

daeth — *(he/she/it) came*

dafad (F) — *sheep*

  defaid (Pl) — *sheep*

dal — *to catch, hold*

dalfa (F) — *jail*

damwain (F) — *accident*

dan/tan — *under, till, as far as*

dangos — *to show*

darlun -iau (M) *picture*
darllen *to read*
darn -au (M) *piece, part*
dathlu *to celebrate*
dau *two*
dawns (F) *dance*
dawnsio *to dance*
de (M) *south*
de/dde (F) *right side*
deall *or* dyall *to understand*
dechrau *to begin*
defnyddio *to use*
deffro *to awake*
deg (deng) *ten*
dere *come!*
derwen (F) *oak-tree*
  derw (Pl) *oak-trees*
desg -iau (F) *desk*
deuddeg *twelve*
deugain *forty*
deunaw *eighteen*
dewch! *come!*
dewis *to choose*
dibynnu *to depend*
diddordeb -au (M) *interest*
diddorol *interesting*
dig *angry*
digon *sufficient(ly)*
digri *funny, amusing*
digwydd *to happen*
dihareb (F) *proverb*
  diarhebion (Pl) *proverbs*
dihuno *to awaken*
dilyn *to follow*

dillad (Pl) *clothes*
dim (M) *any, anything, nothing*
dinas -oedd (F) *city*
diog *lazy*
diolch (M) *thanks*
disgrifio *to describe*
diwedd (M) *end*
diwethaf *last*
diwrnod -au (M) *day*
do *yes*
dod *to come*
dodrefn (Pl) *furniture*
doe/ddoe (M) *yesterday*
dol -iau (F) *dolls*
dosbarth-iadau (M) *class*
draw *yonder*
dringo *to climb*
drwg *bad*
drwgdybio *suspect*
dros (tros) *over, for, instead*
drws, drysau (M) *door*
drwy (trwy) *through, by*
du *black*
Duw (M) *God*
dweud *to say*
dŵr (M) *water*
dwster (M) *duster*
dwsin -au (M) *dozen*
dwy *two (fem.)*
dwylo (Pl) *hands*
dy *thy, your (fam.)*

dydd -iau (M) *day*
dyddiad (M) *date*
dyddiadur *diary*
(M)
dyfynnu *to quote*
dyma *here is*
dyn -ion (M) *man*
dyna *there is, that's*
dysgu *to learn, teach*

**E**

e *he, him*
ebe *said, says*
Ebrill (M) *April*
echdoe *the day before
yesterday*
edrych *to look*
efallai *perhaps*
eglwys -i (F) *church*
ei *his, hers, its;
of him, of
her, of it;
him, her, it*
ei gilydd *each other*
eich *your, of you*
Eidal, Yr (F) *Italy*
ein *our, of us*
eira (M) *snow*
eisiau (M) *need, want*
eisoes *already*
eistedd *to sit*
eisteddfod -au *eisteddfod*
(F)
eitha *very, quite*
eleni *this year*
ennill *to win*
enw -au (M) *name, noun*
enwog *famous*

enwogion *famous people*
er *for, since,
although*
eraill *others*
erbyn *by, against*
ergyd (M) *blow, shot*
erioed *ever, at all*
ers *since*
esgusodi *to excuse*
estyn *to reach,
stretch*
eto *again, still*
eu *their, of them*
euog *guilty*
ewch *go!*

**F**

faint *how much,
how many*
fe/fo *he, him, it*
fel *as, so, like*
felly *so, thus*
fi, mi *I, me*
finnau/ *I also*
minnau
fory *tomorrow*
fy *my, of me*
fyny (i) *up, upwards,
up to*

**Ff**

ffarm (F) *farm*
ffermydd *farms*
(Pl)
ffenest -ri (F) *window*
ffilm -iau (F) *film*
ffiseg *physics*
fflasg (F) *flask*

| | | | |
|---|---|---|---|
| ffon (F) | stick | glan -nau (F) | bank, shore |
| ffôn (M) | phone | glanio | to land |
| fforc (F) | fork | glas | blue |
| ffordd (F) | roadway, manner | glaw (M) | rain |
| | | glo (M) | coal |
| ffyrdd (Pl) | roads | glöwr (M) | collier, miner |
| ffydd (F) | faith | glowyr (Pl) | colliers |
| Ffrangeg | French | gobeithio | to hope |
| ffrind -iau (M) | friend | gofal (M) | anxiety, charge |
| | | gofalu | to take care |
| ffrog -iau (F) | frock | gofalus | careful |
| ffrwyth -au (M) | fruit | gofyn | to ask |
| | | gogledd (M) | north |
| ffŵl (M) | fool | golau (M) | light |
| ffwrdd, i | away | golchi | to wash |
| | | golff (M) | golf |
| **G** | | golwg (M) | sight, appearance |
| gadael | to leave, to allow | golygus | handsome |
| gaeaf -au (M) | winter | gorau | best |
| gair (M) | word | gorchymyn (M) | command |
| geiriau (Pl) | words | | |
| galw | to call | gorchymyn | to command |
| galwad (F) | a call | gorfodi | to compel |
| galwyn -i (M) | gallon | gorffen | to finish |
| gallu | to be able | Gorffennaf (M) | July |
| gan | with, by, from | | |
| gan fod | because | gorffennol (M) | the past |
| gardd (F) | garden | | |
| gerddi (Pl) | gardens | gorffwys | to rest |
| gartre | at home | gormod (M) | excess |
| garej -ys (F) | garage | goror -au (M/F) | boundary, border |
| gelyn -ion (F) | enemy | | |
| gêm -au (F) | game | gorsaf -oedd (F) | station |
| geni | to be born | | |
| gilydd/ei gilydd | each other | gorwedd | to lie down |
| | | gris -iau (M) | stair, step |
| glân | clean | groser -s (M) | grocer |

| | | | |
|---|---|---|---|
| gwael | *poor, ill* | gwin -oedd (M) | *wine* |
| gwaelod (M) | *bottom* | gwir (M) | *truth* |
| gwaeth | *worse* | gwisg -oedd (F) | *dress* |
| gwaetha(f) | *worst* | | |
| gwaetha'r modd | *worst luck* | gwisgo | *to dress* |
| gwag | *empty* | gwlad (F) | *country* |
| gwahaniaeth -au (M) | *difference* | gwledydd (Pl) | *countries* |
| gwaith (M) | *work, industry* | gwlân (M) | *wool* |
| gwallt (M) | *hair* | gwlyb | *wet* |
| gwan | *weak* | gwlychu | *to wet, to get wet* |
| Gwanwyn (M) | *Spring* | | |
| gwared | *to rid* | gwneud, gwneuthur | *to make, to do* |
| gwario | *to spend* | gŵr (M) | *man, husband* |
| gwastraff (M) | *waste* | gwŷr (Pl) | *men, husbands* |
| gwastraffu | *to waste* | gwraig (F) | *woman, wife* |
| gweddol | *fair(ly)* | gwragedd (Pl) | *women, wives* |
| gwefus -au (F) | *lip* | | |
| gweinidog -ion (M) | *minister* | gwrando | *to listen* |
| gweithio | *to work* | gwres (M) | *heat, warmth* |
| gweithiwr (M) | *workman* | gwres canolog | *central heating* |
| gweithwyr (Pl) | *workmen* | gwrthod | *to refuse* |
| | | gwybod | *to know* |
| gweinydd (M) | *waiter* | gwyliau (Pl) | *holidays* |
| gweld | *to see* | gwyn | *white* |
| gwely -au (M) | *bed* | gwynt -oedd (M) | *wind* |
| gwell | *better* | | |
| gwella | *to improve* | gyda(g) | *together with* |
| gwellt (Pl) | *straw* | gynnau | *a short while ago* |
| Gwener (M) | *Friday* | | |
| gwers -i (F) | *lesson* | gynt | *formerly, née* |
| gwerth (M) | *worth, value* | gyrru | *to drive, send* |
| gwerthu | *to sell* | **H** | |
| gwesty (M) | *hotel* | haeddu | *to deserve* |
| gweu | *to knit* | haf/ha (M) | *summer* |

| | |
|---|---|
| halen (M) | *salt* |
| hanes -ion (M) | *history, tale* |
| hanner (M) | *half* |
| hapus | *happy* |
| hardd | *beautiful* |
| haul (M) | *sun* |
| hawdd | *easy* |
| heb | *without* |
| heddiw | *today* |
| heddlu (M) | *police* |
| hefyd | *also, too* |
| heibio | *past, beyond* |
| helmet (F) | *helmet* |
| helpu | *to help* |
| hen | *old, ancient* |
| heno | *tonight* |
| het -iau (F) | *hat* |
| hir | *long* |
| hiraeth (M) | *longing, nostalgia* |
| hoff | *fond* |
| hoffi | *to like* |
| holi | *to ask* |
| holl | *all, whole* |
| hon | *this (fem.)* |
| honno | *that one (fem.)* |
| hufen iâ (M) | *ice-cream* |
| hun/hunan | *self* |
| hwn | *this (masc.)* |
| hwnna: hwnnw | *that one (masc.)* |
| hwylus | *well, convenient* |
| hwyr (M) | *evening* |
| hwyr | *late* |
| hyd -oedd (M) | *length* |
| ar hyd | *along, through* |

| | |
|---|---|
| Hydref (M) | *Autumn, October* |
| hyfryd | *pleasant* |
| hyll | *ugly* |
| hylo | *hello* |
| hyn | *this, these* |
| hynny | *that, those (not present)* |
| hytrach, yn | *rather* |

**I**

| | |
|---|---|
| i | *to, for* |
| i fyny | *up, upwards* |
| i ffwrdd | *away* |
| i gyd | *all* |
| i lawr | *down* |
| i mewn | *into* |
| iach | *healthy* |
| iaith, ieith-oedd (F) | *language* |
| iard (F) | *yard* |
| iawn | *very, right, correct* |
| ie (ïe) | *yes* |
| iechyd (M) | *health* |
| ifanc | *young* |
| ildio | *to yield* |
| Ionawr (M) | *January* |
| is | *lower* |
| isaf | *lowest* |
| isel | *low, depressed* |

**J**

| | |
|---|---|
| jac-y-do (M) | *jackdaw* |
| jam (M) | *jam* |
| jwg, jygiau (F) | *jug* |

**K**

kilo (M)     *kilo*

**L**

lamp, -au     *lamp*
  (F)
lawnt -iau (F)     *lawn*
lifft (F)     *lift*
locwm (M)     *locum*
lwc (F)     *luck*
lwcus     *lucky*

**Ll**

lladd     *to kill*
llaeth (M)     *milk*
llai     *smaller, less*
llais, lleisiau     *voice*
  (M)
llall, lleill     *other, another*
llanw     *to fill*
llanw (M)     *flow of tide*
llathen -ni (F)     *yard*
llaw (Pl.     *hand*
  dwylo). (F)
llawen     *cheerful, merry*
llawer     *many, much*
llawn     *full*
lle -oedd,     *place*
  llefydd (M)
lle tân (M)     *fireplace*
yn lle     *instead of*
lleia     *smallest*
llenor -ion     *man of letters,*
  (M)     *author*
lles (M)     *benefit,*
    *advantage*
llestri (Pl)     *crockery*

lliw -iau (M)     *colour*
Lloegr (F)     *England*
llong -au (F)     *ship*
llosgi     *to burn*
Llun (M)     *Monday*
Llundain (F)     *London*
llwch (M)     *dust, powder*
llwy -au (F)     *spoon*
llwybr -au     *path*
  (M)
llwyddo     *to succeed*
llwyfan -nau     *stage,*
  (M/F)     *platform*
llwyth -au     *tribe*
  (M)
llwyth -i (M)     *load, burden*
llyfr -au (M)     *book*
llygad, llygaid     *eye*
  (M)
llyn -noedd     *lake*
  (M)
llyncu     *to swallow*
llynedd     *last year*
llythyr -au, on     *letter*
  (M)

**M**

mab, meibion     *son*
  (M)
mae e     *he is, it is*
mae hi     *she is, it is*
maen nhw     *they are*
maer (M)     *mayor*
maes, mey-     *field*
  sydd (M)
maes parcio     *car park*
Mai     *May*
mai     *that*

mainc (F), meinciau — *bench*

maint (M) — *size, quantity*

mam -au (F) — *mother*

mam -gu (F) — *grandmother*

man -nau (M/F) — *spot, place*

maneg, menig (F) — *glove*

mantais (F), manteision — *advantage*

map -iau (M) — *map*

marw — *to die*

marw — *dead*

mat -iau (M) — *mat*

math -au (M) — *sort, kind*

mawr — *big, great*

Mawrth — *Tuesday, March*

mawredd (M) — *greatness*

Medi (M) — *September*

meddwl (M), meddyliau — *mind, thought*

meddyg-on (M) — *doctor*

Mehefin (M) — *June*

meipen (F), maip — *turnip*

meithrin — *to nourish, foster*

ysgol feithrin — *nursery school*

meistr -i (M) — *master*

mêl (M) — *honey*

melyn — *yellow*

menyn (M) — *butter*

merch -ed (F) — *daughter, girl*

Mercher (M) — *Wednesday*

merlyn (M), merlod — *pony*

metel -au (M) — *metal*

mewn — *in (a)*

mil -oedd (F) — *thousand*

milltir-oedd (F) — *mile*

mis -oedd (M) — *month*

miwsig (M) — *music*

mochyn, (M) moch — *pig*

model -au (M) — *model*

modryb -edd (F) — *aunt*

moderneiddio — *to modernise*

modur -on (M) — *motor*

moel — *bare, bald*

mor — *as, so, how*

môr, moroedd (M) — *sea*

Morgannwg (F) — *Glamorgan*

mul -od (M) — *mule*

munud -au (M/F) — *minute*

mur -iau (M) — *wall*

mwg (M) — *smoke*

mwy — *more, bigger*

mwya(f) — *most, biggest*

mwyar duon — *blackberries*

mwynhau — *to enjoy*

mynd/myned — *to go*

mynd â — *to take*

mynnu — *to insist*

mynydd -oedd (M) — *mountain*

# N

| | |
|---|---|
| na (nag) | *no, not, nor* |
| nabod (adnabod) | *to be acquainted with, to recognise* |
| naddo | *no (neg. answer to question in past tense)* |
| nage | *no, not so* |
| nant, nentydd (F) | *brook, stream* |
| naturiol | *natural* |
| naw | *nine* |
| nawr | *now* |
| neb (M) | *anyone, no one* |
| nef/nefoedd (F) | *heaven* |
| neges -au (F) | *message, errand* |
| neidio | *to jump, leap* |
| neithiwr | *last night* |
| nes | *nearer* |
| nesa(f) | *nearest, next* |
| neu | *or* |
| neud (*from* gwneud) | *to do, to make* |
| newid | *to change* |
| newydd | *new* |
| newydd sbon | *brand new* |
| newydd -ion (M) | *news* |
| nhw/hwy | *they, them* |
| ni | *we, us* |
| ni/nid | *not, which not* |

| | |
|---|---|
| nifer -oedd (M) | *number* |
| nith -oedd (F) | *niece* |
| niwed (M), niweidiau | *harm* |
| nofio | *to swim, float* |
| nôl | *to fetch* |
| nos -au (F) | *night* |
| noson/ noswaith (F) | *evening* |
| nosweithiau (Pl) | *evenings* |
| noswaith dda | *good evening* |
| nyrs -ys (F) | *nurse* |

# O

| | |
|---|---|
| o | *from, out of, of* |
| (for personal forms see Lesson 11) | |
| o amgylch | *around* |
| o flaen | *before* |
| o gwbl | *at all* |
| o hyd | *still* |
| o'r gorau | *very well* |
| o'r diwedd | *at last* |
| o'r blaen | *before (time)* |
| o'r gloch | *o'clock* |
| ochr -au (F) | *side* |
| od | *strange, odd* |
| oddi | *out of, from* |
| oddi ar | *from, off, since* |
| oed/oedran-nau (M) | *age* |
| oedd | *was (see 'roedd')* |
| oer | *cold* |
| oes | *is, are* |

ofn -au (M)    *fear, terror*
ofnus    *fearful*
ofnadwy    *terrible*
ôl    *behind*
   ar ôl    *after*
   y tu ôl i    *behind*
   yn ôl    *back, accord
       ing to, ago*
olaf    *last*
olwyn -ion (F) *wheel*
ond/onid    *but, only*
os    *if*
os gwelwch    *please*
   chi'n dda
osgoi    *to avoid*
ots    *odds, matter*

**P**

pa?    *which?*
   pa bryd?    *when?*
   pa un?    *which one?*
pam?    *why?*
pan    *when*
papur -au    *paper*
   (M)
papur newydd *newspaper*
papur punt    *pound note*
papur    *writing*
   (y) sgrifennu    *paper*
pâr, parau    *pair*
   (M)
paratoi    *to prepare*
parc -iau (M) *park*
parhau *or*    *to continue,*
   para    *last*
parod    *ready, willing,*
       *prepared*
   yn barod    *already*

parodi (M)    *parody*
parsel -i (M) *parcel*
parti, partïon *party*
   (M)
pasio    *to pass*
pawb    *everybody*
pedair (F)    *four*
pedwar (M)    *four*
pedwerydd    *fourth*
   (M)
pedwaredd    *fourth*
   (F)
peidio (â)    *to cease, stop*
   neu beidio    *or not*
peiriant (M),    *engine,*
   peiriannau    *machine*
pêl, (F) peli    *ball*
pêl -droed    *football*
pell    *far*
pen -nau (M) *head*
pen -blwydd    *birthday*
   (M)
penderfynu    *to decide,*
       *resolve*
pendant    *definite*
penglin -iau    *knee*
   (F)
penlin-iau    *knee*
   (F)
penigamp    *excellent*
pennod (F),    *chapter*
   penodau
pensil -iau    *pencil*
   (M)
pentref -i (M) *village*
pensaer (M),    *architect*
   penseiri
perchen    *to own*

perchennog (M) *owner, proprietor*

perffaith *perfect*

person -au (M) *person*

perth -i (F) *hedge, bush*

perthyn *to belong*

perygl -on (M) *danger*

peswch (M) *cough*

peswch *to cough*

petai *if it were*

peth -au (M) *thing*

piano (M) *piano*

pib -au (F) *pipe*

pin -nau (M) *pin*

pin ysgrifennu *ink-pen*

pîn (M) *pine-tree*

pinc *pink*

plas -au (M) *palace, mansion*

plasty (M), plastai *palace, mansion*

plât, platiau (M) *plate*

plentyn, plant (M) *child*

pleser -au (M) *pleasure*

plisman/ plismon) (M) *policeman*

plismyn (Pl) *policemen*

plwyf -i (M) *parish*

pob *each, every, all*

pobl -oedd (F) *people*

pobman *everywhere*

poced -i (F) *pocket*

poen -au (M/F) *pain, ache*

poeni *to worry, pain, tease*

poeth *hot*

pont -ydd (F) *bridge*

pop (M) *pop*

popeth (M) *everything*

pori *to graze*

post, pyst (M) *post, pillar*

posibl *possible*

posibliadau *possibilities*

postman/ postmon (M) *postman*

postmyn (Pl) *postmen*

potel -i (F) *bottle*

pnawn (prynhawn) (M) *afternoon*

practis (M) *practice*

prawf (M), profion *proof, trial, test*

pregethwr (M), pregethwyr *preacher*

pren -au (M) *tree, wood*

pridd (M) *soil, earth*

prif *chief, major*

prif gwnstabl *chief constable*

prifathro, prif athrawon (M) *headmaster, principal*

prif ddinas -oedd (F) *capital city*

prif ysgol -ion (F) *university*

prin *rare, scarce*

priodas -au (F) *wedding*

priodi, — *to marry*
yn briod — *married*
pris -iau (M) — *price*
profiad -au (M) — *experience*
prudd — *sad, despondent*
pryd/pa bryd? — *what time?*
pryd -au (M) — *meal*
pryd (M) — *time, when*
prydferth — *beautiful*
prydferthwch (M) — *beauty*
prynhawn (M) — *afternoon*
prynu — *to buy*
prysur — *busy*
prysuro — *to hasten*
pump/pum — *five*
pumed — *fifth*
punt (F), punnoedd (Pl) — *pound (£), pounds (£s)*
pur — *pure*
pwdin (M) — *pudding*
pwll (M) — *pit, pool*
pyllau (Pl) — *pits, pools*
pwll glo — *coal pit*
pwlofer (F) — *pullover*
pwrs (M) — *purse*
pwy — *who?*
pwyllgor (M) — *committee*
pwys -au (M) — *weight*
pwysig — *important*
pydru — *to rot*
pymtheg — *fifteen*
pys (Pl) — *peas*

pysgodyn (M) — *fish*
pysgod (Pl) — *fish*
pysgota — *to fish*
pythefnos (M/F) — *fortnight*

## R

radio (M) — *radio*
ras (F) — *race*
record (F) — *record*
roedd(e, hi) — *he was, she was*
ruban -au (M) — *ribbon*
rwan — *now*
Rwsia — *Russia*
rydw (i) — *I am*

## Rh

rhag — *from*
Rhagfyr (M) — *December*
rhaglen -ni (F) — *programme*
rhagor — *more*
rhagorol — *excellent*
rhai — *some, ones*
rhaid (M) — *necessity, must*
rhain — *these*
rhamantus — *romantic*
rhan -nau (F) — *part, share, section*
rhannu — *to share, to divide*
rhedeg — *to run, to flow*
rheini, rheiny — *those (not present)*
rhent (M) — *rent*
rhentu — *to rent*

| | | | |
|---|---|---|---|
| rhestr -i (F) | *list* | saer maen (M) | *mason* |
| rheswm (M) | *reason* | seiri (Pl) | *carpenters* |
| rhesymau (Pl) | *reasons* | Saesneg (M/F) | *English (language)* |
| rhew (M) | *ice, frost* | | |
| rhieni | *parents* | Saesnes (F) | *Englishwoman* |
| rhif -au (M) | *number* | Sais (M) | *Englishman* |
| rhifo | *to count* | Saeson (Pl) | *(the) English* |
| rhoi | *to give, to put* | saethu | *to shoot* |
| rhosyn -nau (M) | *rose* | safbwynt (M) | *standpoint* |
| rhuthro | *to rush* | sâl | *ill* |
| rhwbio | *to rub* | sawl | *how many, many a* |
| rhwng | *between, among* | Sbaen (F) | *Spain* |
| rhy | *too (much)* | sebon (M) | *soap* |
| rhybudd -ion (M) | *warning* | sedd -au (F) | *seat* |
| rhybuddio | *to warn* | sefyll | *to stand, to stay* |
| Rhydychen | *Oxford* | sêl (F) | *zeal* |
| rhydd | *free, loose* | serfis (F) | *service* |
| rhyddiaith (F) | *prose* | serth | *steep* |
| | | set -iau (F) | *set* |
| rhyfedd | *strange* | set deledu | *television set* |
| rhyfel (M) | *war* | setlo | *to settle* |
| rhyw | *some* | sgert -i (F) | *skirt* |
| rhywbeth (M) | *something* | sgôr (F) | *score* |
| | | sgorio | *to score* |
| rhywbryd | *sometime* | sgrech (F) | *scream, shriek* |
| rhywle | *somewhere, anywhere* | sgrifennu | *to write* |
| | | sgrym (M) | *scrum (in Rugby)* |
| rhywsut | *somehow, anyhow* | | |
| | | sgwâr (M) | *square (shape)* |
| rhywun (M) | *someone, anyone* | sgwâr (F) | *square (town)* |
| | | sialc (M) | *chalk* |
| **S** | | siarad | *to talk, to speak* |
| Sadwrn (M) | *Saturday* | sibrwd | *to whisper* |
| saer (M) | *carpenter* | silff -oedd (F) | *shelf* |

| | |
|---|---|
| sinc (F) | *sink* |
| sinema (F) | *cinema* |
| sioc (F) | *shock* |
| siop -au (F) | *shop* |
| siopa | *to shop* |
| siopwr (M) | *shopkeeper* |
| sir -oedd (F) | *county* |
| siswrn (M) | *scissors* |
| siwgr (M) | *sugar* |
| siŵr/sicr(o) | *sure (of, to)* |
| siwt (F) | *suit* |
| siwtio | *to suit* |
| smart | *smart* |
| smocio | *to smoke* |
| sôn | *to mention, talk about* |
| soned (F) | *sonnet* |
| sosban (F) | *saucepan* |
| sosbanau (Pl) | *saucepans* |
| soser -i (F) | *saucer* |
| stâd -au (F) | *estate* |
| stafell -oedd (F) | *room* |
| staff (Pl) | *staff* |
| stamp -iau (M) | *stamp* |
| stopio | *to stop* |
| stori (F) | *story* |
| storïau (Pl) | *stories* |
| storm -ydd (F) | *storm* |
| stryd -oedd (F) | *street* |
| stydi (F) | *study* |
| Sul (M) | *Sunday* |
| sur | *sour* |
| sut | *how* |
| Swistir, Y (F) | *Switzerland* |
| swn (M) | *noise* |
| swper (M) | *supper* |
| swydd -i (F) | *job* |
| swyddfa (F) | *office* |
| sy, sydd | *who/which, is/are* |
| sych | *dry* |
| syched (M) | *thirst* |
| sychu | *to dry* |
| sydyn (yn) | *sudden(ly)* |
| sydd, sy | *who/which, is/are* |
| sylwi | *to observe* |
| syml | *simple* |
| symud | *to move* |
| syndod (M) | *surprise* |
| syniad -au (M) | *idea* |
| synnu | *to wonder, surprise* |
| syr (M) | *sir* |
| syrthio | *to fall* |
| syth | *straight* |

**T**

| | |
|---|---|
| tacsi -s (M) | *taxi* |
| Tachwedd (M) | *November* |
| tad -au (M) | *father* |
| tad -cu (M) | *grandfather (S. Wales)* |
| tafod -au (M) | *tongue* |
| taid, (M) teidiau | *grandfather (N. Wales)* |
| tair (F) | *three* |
| taith, teithiau (F) | *journey* |
| tal | *tall* |

| | | | |
|---|---|---|---|
| tâl (M), taliadau | *payment* | tir -oedd (M) | *land* |
| talu | *to pay* | tipyn (M) | *little, bit* |
| tan/dan | *under* | tithau (fam.) | *you too* |
| tân (M) tanau | *fire* | tlawd | *poor* |
| tanc -iau (M) | *tank* | tlws | *pretty* |
| tap -iau (M) | *taps* | to (M) | *roof* |
| taro | *to strike, hit* | tocyn -nau (M) | *ticket* |
| taten (F) | *potato* | torheulo | *to sunbathe* |
| tatws (Pl) | *potatoes* | torri | *to break, cut* |
| tawel | *quiet* | toriad -au (M) | *fracture, cutting* |
| te (M) | *tea* | torth -au (F) | *loaf* |
| 'te | *then* | tost | *ill* |
| tebot -au (M) | *teapot* | tost (M) | *toast* |
| tebyg | *like* | traeth -au (M) | *beach, shore* |
| teg | *fair, fine, beautiful* | trafferth -ion (F) | *trouble, bother* |
| tegan -au (M) | *toy* | traffig (M) | *traffic* |
| tegell (M) | *kettle* | tram -iau (F) | *tram (coal)* |
| tei (M) | *tie* | tre-fi (F) | *town* |
| teigar (M) | *tiger* | trefn (F) | *order, system* |
| teimlo | *to feel* | trefnu | *to arrange, organise* |
| teipio | *to type* | trên -au (M) | *train* |
| teisen -nau (F) | *cake* | treulio | *to spend, wear out, to digest* |
| teithio | *to travel* | | |
| teledu (M) | *television* | | |
| teleffon (M) | *telephone* | tri | *three* |
| telyn -au (F) | *harp* | trïo | *to try* |
| temtio | *to tempt* | tro-eon (M) | *turn, walk* |
| tenau | *thin, narrow* | troed, traed (F) | *foot, base* |
| tenis (M) | *tennis* | | |
| teulu -oedd (M) | *family* | troi | *to turn* |
| tew | *fat* | troli (M) | *trolley* |
| ti (fam.) | *you* | tros/dros | *over* |
| tip -iau (M) | *tip* | trowsus -au (M) | *trousers* |
| tîm -au (M) | *team* | | |

trugaredd (F) *mercy*
trwm *heavy*
trwsio *to mend*
trwy/drwy *through*
trwyn -au (M) *nose*
trydan (M) *electricity*
tu (M/F) *side, region*
tu allan *outside*
tu fewn/mewn *inside*
tu ôl *behind*
tua/tuag *towards*
tuag at *towards*
tudalen -nau *page*
  (M)
twlc (M) *pigsty*
twll (M), *hole*
  tyllau
twnel -au (M) *tunnel*
twym *warm*
twymo *to warm*
tŷ, (M) tai *house*
tybed *I wonder*
tyfu *to grow*
tymer (F) *temper*
tymheredd *temperature*
  (M)
tymor (M), *term, season*
  tymhorau
tynnu *to pull*
tynnu llun *to photograph*
tyrd *come!*
tystysgrif *certificate*
tywallt *to pour*
tywel (M) *towel*
tywod *sand*
tywydd (M) *weather*
tywyll *dark*
tywyllu *to darken*

# U

ucha(f) *highest*
uchel *high, loud*
ugain *twenty*
un *one*
uned -au (F) *unit*
unig *lonely, only*
unman *anywhere*
unrhyw *same, any*
unwaith *once*
uwch ben *above*

# W

wal -iau (F) *wall*
wedi *after*
wedyn *afterwards*
weithiau *sometimes*
wel! *well!*
wrth *by*
wrth gwrs *of course*
wy -au (M) *egg*
Wyddfa, Yr *Snowdon*
  (F)
Wyddgrug, Yr *Mold*
wyneb -au *face, surface*
  (M)
wyth *eight*
wythfed *eighth*
wythnos -au *week*
  (F)

# Y

y, yr, 'r *the*
ychwaith/ *either,*
  chwaith *neither*
ychydig *little, few*

| | | | |
|---|---|---|---|
| ydw/ydwyf | (*see* Rydw) | yntê? | *is it not?* (*tag*) |
| ydy/ydyw/yw | *is, are* | ynys -oedd (F) | *island* |
| ydych | (*see* Rydw) | ysbyty (M), | *hospital* |
| ydyn | (*see* Rydw) | ysbytai | |
| yfed | *to drink* | ysgafn | *light* |
| yfory/fory | *tomorrow* | ysgol -ion (F) | *school, ladder* |
| ynghýlch | *about,* | ysgrifennu/ | *to write* |
| | *concerning* | sgrifennu | |
| yma | *here, this* | ysgrifennydd | *secretary* |
| ymarfer | *to practise* | -ion (M) | |
| ymddiddan | *to talk* | ysgrifenyddes | *secretary* |
| ymenyn/ | *butter* | (F) | |
| menyn (M) | | ystafell/stafell | *room* |
| ymhell | *far, afar* | (F) | |
| ymhen | *within* | ystafelloedd | *rooms* |
| ymladd | *to fight* | ystafell wely | *bedroom* |
| ymlaen | *on, onwards* | ystafell | *bathroom* |
| ymyl-on | *edge, border* | ymolchi | |
| (M/F) | | ystod, yn | *during* |
| yn/yng/ym | *in, at* | ystwyth | *flexible,* |
| yna | *there, then* | | *nimble* |
| yno | *there, thither* | ystyr -on | *meaning* |
| yntau | *he, he too* | (M/F) | |

# English–Welsh Word List

Abbreviations: (M), masculine noun; (F), feminine noun; (Pl), plural.

## A

| | |
|---|---|
| able, to be | *gallu, medru* |
| about | *am* |
| (concerning) | |
| (time) | *tua* |
| above | *uwchben* |
| accept, to | *derbyn* |
| accident | *damwain* (F) |
| according to | *yn ôl* |
| across | *ar draws* |
| aeroplane | *awyren* (F) |
| after | *wedi, ar ôl* |
| afterwards | *wedyn* |
| again | *eto* |
| against | *yn erbyn* |
| agree, to | *cytuno* |
| air | *awyr* (F) |
| all | *i gyd, holl* |
| allow, to | *caniatáu* |
| allowed, to be | *cael* |
| almost | *bron* |
| already | *eisoes* |
| alright | *yn iawn* |
| also | *hefyd* |
| although | *er (bod)* |
| always | *bob amser* |
| ambulance | *ambiwlans* (M) |
| and | *a, ac* |
| anorak | *anorac* (M) |
| answer | *ateb* (M) |
| any | *unrhyw* |
| anyone | *unrhyw un, rhywun* |
| anything | *unrhyw beth, rhywbeth* |
| apple | *afal* (M) |
| April | *Ebrill* |
| appearance | *golwg, ymddangosiad* |
| architect | *pensaer* (M) |
| arrive, to | *cyrraedd* |
| as | *fel* |
| as . . . as | *mor/cyn . . . â* |
| as far as | *hyd* |
| ask, to | *gofyn* |
| at (time) | *am* |
| at home | *gartre* |

| | |
|---|---|
| at once | *ar unwaith* |
| attempt (to) | *cais, ceisio* |
| August | *Awst* |
| aunt | *modryb* (F) |
| avoid, to | *osgoi* |
| awaken, to | *deffro, dihuno* |
| away | *i ffwrdd* |

**B**

| | |
|---|---|
| back | *cefn, yn ôl* (M) |
| bacon | *cig moch* (M) |
| bad | *drwg* |
| bag | *bag* (M) |
| bald | *moel* |
| ball | *pêl* (F) |
| bank | *banc* (M) |
| bard | *bardd* (M) |
| bare | *moel* |
| bargain | *bargen* (F) |
| basket | *basged* (F) |
| bath | *bath* (M) |
| beat, to | *curo* |
| beautiful | *hardd, tlws, pert* |
| because | *achos, am fod* |
| bed | *gwely* (M) |
| before | *cyn, o flaen* |
| begin, to | *dechrau,* |
| behind | *y tu ôl i* |
| believe, to | *credu* |
| bell | *cloch* (F) |
| belong, to | *perthyn* |
| bench | *mainc* (F) |
| benefit | *lles* (M) |
| best | *gorau* |
| better | *gwell* |
| between | *rhwng* |

| | |
|---|---|
| beyond | *tu draw i, tu hwnt i* |
| bicycle | *beic* (M) |
| big | *mawr* |
| biology | *bioleg, bywydeg* (M) |
| bird | *aderyn* (M) |
| birthday | *pen-blwydd* (M) |
| biscuit | *bisged* (F) |
| black | *du* |
| blackberries | *mwyar duon* |
| blow, to | *chwythu* |
| blue | *glâs* |
| body | *corff* (M) |
| boil, to | *berwi* |
| bonnet | *bonet* (M) |
| book | *llyfr* (M) |
| border | *border, goror* (M) |
| born, to be | *geni* |
| borrow, to | *benthyg, benthyca* |
| bottle | *potel* (F) |
| bottom | *gwaelod* (M) |
| box | *bocs* (M) |
| boy | *bachgen* (M) |
| bread | *bara* (M) |
| breath | *anadl* (M) |
| bridge | *pont* (F) |
| brother | *brawd* (M) |
| burn, to | *llosgi* |
| business | *busnes* (M) |
| busy | *prysur, yn brysur* |
| but | *ond* |
| butter | *menyn* (M) |

| | | | |
|---|---|---|---|
| bus | *bws* (M) | church | *eglwys* (F) |
| buy | *prynu* | city | *dinas* (F) |
| by | *wrth, yn ymyl* | class | *dosbarth* (M) |
| | | clean | *glân* |
| **C** | | climb, to | *dringo* |
| café | *caffe* (M) | cloth | *brethyn* (M) |
| cage | *caets* (M) | clothes | *dillad* (Pl) |
| calendar | *calendr* (M) | coal | *glo* (M) |
| call, to | *galw* | coal mine | *pwll glo* (M) |
| car | *car* (M) | coast | *arfordir* (M) |
| caravan | *carafan* (F) | coat | *cot* (F) |
| Cardiff | *Caerdydd* | coffee | *coffi* (M) |
| careful | *gofalus* | cold | *oer* |
| carpenter | *saer* (M) | cold, a | *annwyd* (M) |
| carpet | *carped* (M) | collect, to | *casglu* |
| carry, to | *cario* | collection | *casgliad* (M) |
| castle | *castell* (M) | college | *coleg* (M) |
| cat | *cath* (F) | collier | *glöwr* (M) |
| catch, to | *dal* | colour | *lliw* (M) |
| cause | *achos* (M) | command (to) | *gorchymyn* |
| cease, to | *peidio* | committee | *pwyllgor* (M) |
| celebrate, to | *dathlu* | compel, to | *gorfodi* |
| centre | *canol* (M) | compre- | *cyfun* |
| chair | *cadair* (F) | hensive | |
| chair, to | *cadeirio* | concert | *cyngerdd* (M) |
| chairman | *cadeirydd* (M) | condition | *cyflwr* (M) |
| | | constable | *cwnstabl* (M) |
| chance | *cyfle* (M) | continue, to | *parhau, para* |
| change (to) | *newid* | convenient | *cyfleus* |
| chapel | *capel* (M) | corner | *cornel* (M/F) |
| chapter | *pennod* (F) | cottage | *bwthyn* (M) |
| cheap | *rhad* | cough, to | *peswch* |
| cheerful | *llawen* | cough | *peswch* (M) |
| cheese | *caws* (M) | count, to | *rhifo* |
| chief | *prif* | country | *gwlad* (F) |
| child | *plentyn* (M) | course | *cwrs* (M) |
| choir | *côr* (M) | crack | *crac* (M) |
| choose, to | *dewis* | craft | *crefft* (F) |

| | | | |
|---|---|---|---|
| creature | *creadur* (M) | do | *(gw)neud* |
| creep, to | *cripian* | doctor | *doctor,* |
| cricket | *criced* (M) | | *meddyg* |
| crockery | *llestri* (Pl) | | (M) |
| cross | *croes* (F) | doll | *dol* (F) |
| crow | *brân* (F) | door | *drws* (M) |
| crown | *coron* (F) | doubtful | *amheus* |
| cry, to | *crio, llefain* | down | *i lawr* |
| cup | *cwpan* (M) | dozen | *dwsin* (M) |
| cupboard | *cwpwrdd* (M) | dress | *gwisg* (F) |
| custom | *arfer* (F) | drink, to | *yfed* |

**D**

| | | | |
|---|---|---|---|
| | | drink, a | *diod* (F) |
| | | drive, to | *gyrru* |
| dance, to | *dawnsio* | dust | *llwch* (M) |
| danger | *perygl* (M) | | |
| date | *dyddiad* (M) | **E** | |
| daughter | *merch* (F) | | |
| day | *dydd,* | each | *yr un* |
| | *diwrnod* | each other | *ei gilydd* |
| | (M) | eager | *awyddus* |
| dead | *marw* | ear | *clust* (M/F) |
| December | *Rhagfyr* | early | *cynnar* |
| decide, to | *penderfynu* | earth | *daear* (F), |
| definite | *pendant* | | *pridd* (M) |
| dependent | *dibynnol* | easy | *hawdd* |
| describe, to | *disgrifio* | eat, to | *bwyta* |
| deserve, to | *haeddu* | eight | *wyth* |
| desire | *awydd,* | eighteen | *deunaw, un* |
| | *chwant* | | *deg wyth* |
| | (M) | either . . . or | *naill ai . . .* |
| diary | *dyddiadur* | | *neu* |
| | (M) | empty | *gwag* |
| | | end | *diwedd* (M) |
| die, to | *marw* | enemy | *gelyn* (M) |
| difference | *gwahaniaeth* | England | *Lloegr* |
| dig, to | *palu* | English | *Saesneg* |
| dinner | *cinio* (M/F) | Englishman | *Sais* |
| dirty | *brwnt, budr* | English- | *Saesnes* |
| divide, to | *rhannu* | woman | |

| English people | *Saeson* |
|---|---|
| engine | *peiriant* (M) |
| enjoy, to | *mwynhau* |
| equal | *cyfartal* |
| errand | *neges* (F) |
| evening | *noswaith* (F) |
| every | *pob* |
| everyone | *pawb* |
| examine, to | *archwilio* |
| excess | *gormod* |
| excuse, to | *esgusodi* |
| experience | *profiad* (M) |
| eye | *llygad* (M/F) |

**F**

| fairly | *gweddol* |
|---|---|
| faith | *ffydd* (F) |
| fall, to | *cwympo, syrthio* |
| far | *ymhell* |
| farm | *ffarm* (F) |
| fast | *cyflym* |
| fear | *ofn* (M) |
| February | *Chwefror* |
| fetch, to | *nôl* |
| field | *cae* (M) |
| fifth | *pumed* |
| fifteen | *pymtheg* |
| fill, to | *llanw* |
| finger | *bys* (M) |
| finish, to | *gorffen, cwpla* |
| fireplace | *lle tân* (M) |
| first | *cynta* |
| fish, a | *pysgodyn* (M) |
| five | *pump* |
| flask | *fflasc* (F) |
| follow, to | *dilyn* |

| fond (of) | *hoff* (o) |
|---|---|
| food | *bwyd* (M) |
| fool | *ffŵl* (M) |
| for | *am, i* |
| formerly | *gynt* |
| fork | *fforc* (F) |
| fortnight | *pythefnos* (M) |
| four | *pedwar* |
| fourth | *pedwerydd* (M), *pedwaredd* (F) |
| free | *rhad, am ddim rhydd* |
| frequently | *yn aml, yn fynych* |
| friend | *ffrind, cyfaill* (M) |
| Friday | *(dydd) Gwener* |
| frock | *ffrog* (F) |
| from | *o, rhag* |
| fruit | *ffrwyth* (M) |
| full | *llawn* |
| funny | *digri* |
| furniture | *dodrefn, celfi* (Pl) |

**G**

| gallon | *galwyn* (M) |
|---|---|
| game | *gêm* (F) |
| garden | *gardd* (F) |
| garage | *garej* (F) |
| gate | *clwyd* (F) |
| get, to | *cael* |
| girl | *merch, geneth* (F) |
| give, to | *rhoi, rhoddi* |

| | | | |
|---|---|---|---|
| Glamorgan | *Morgannwg* | heaven | *nef* (F), |
| glove | *maneg* (F) | | *nefoedd* (F) |
| go, to | *mynd* | hedge | *perth* (F), |
| God | *Duw* | | *gwrych* |
| golf | *golff* (M) | | (M) |
| good | *da* | hello | *hylo* |
| goods | *nwyddau* (Pl) | help | *help, cymorth* |
| grandfather | *tad -cu, taid* | | (M) |
| | (M) | help, to | *helpu* |
| grandmother | *mam -gu, nain* | her | *ei . . . hi* |
| | (F) | here | *yma* |
| graze, to | *pori* | his | *ei . . . e* |
| great | *mawr* | history | *hanes* (M) |
| grocer | *groser* (M) | holidays | *gwyliau* (Pl) |
| guilty | *euog* | home, at | *gartre* |
| | | homewards | *adre* |
| **H** | | home, a | *cartre* (M) |
| hair | *gwallt* (M) | honey | *mêl* (M) |
| hand | *llaw* (F) | hope, to | *gobeithio* |
| handle | *dolen* (F), *coes* | hot | *poeth* |
| | (M) | hotel | *gwesty* (M) |
| handsome | *golygus* | hour | *awr* (F) |
| happen, to | *digwydd* | house | *tŷ* (M) |
| happy | *hapus* | how | *sut* |
| hard | *caled* | how much, | *faint* |
| hasten, to | *brysio* | many | |
| hat | *het* (F) | hundred | *cant* (M) |
| hateful | *cas* | husband | *gŵr* (M) |
| have (re- | *cael* | | |
| ceive), to | | **I** | |
| he | *e, fe* | I | *fi, i, mi* |
| head | *pen* (M) | ice | *iâ* (M) |
| headmaster | *prifathro* | ice cream | *hufen iâ* |
| | (M) | | (M) |
| health | *iechyd* (M) | if | *os , pe* |
| healthy | *iach* | ill | *sâl, tost* |
| hear, to | *clywed* | impossible | *amhosibl* |
| heart | *calon* (F) | important | *pwysig* |

| | | | |
|---|---|---|---|
| improve, to | *gwella* | **L** | |
| in | *yn* | | |
| injection | *chwistrelliad (F)* | lady | *arglwyddes (F)* |
| insist, to | *mynnu* | lake | *llyn (M)* |
| intend | *bwriadu* | land | *tir (M), gwlad (F)* |
| intention | *bwriad* | | |
| into | *i mewn i* | land, to | *glanio* |
| island | *ynys (F)* | language | *iaith (F)* |
| it | *e/hi* | last | *olaf, diwethaf* |
| Italy | *Yr Eidal* | last night | *neithiwr* |
| | | last year | *llynedd* |
| **J** | | late | *hwyr, diweddar* |
| Jam | *jam (M)* | laugh, to | *chwerthin* |
| January | *Ionawr* | lay-by | *cilfan (M)* |
| jug | *jwg (F)* | learn, to | *dysgu* |
| July | *Gorffennaf* | leave, to | *gadael* |
| jump, to | *neidio* | left (side) | *chwith* |
| June | *Mehefin* | leg | *coes (F)* |
| | | lesson | *gwers (F)* |
| **K** | | letter | *llythyr (M)* |
| keep, to | *cadw* | lie, to | *gorwedd* |
| key | *allwedd (F), agoriad (M)* | life | *bywyd (M)* |
| | | lift, to | *codi* |
| | | like, to | *hoffi* |
| kill | *lladd* | light | *golau (M)* |
| kilo | *kilo (M)* | light (weight) | *ysgafn* |
| kind | *caredig* | lip | *gwefus (F)* |
| kitchen | *cegin (F)* | listen, to (to) | *gwrando (ar)* |
| knife | *cyllell (F)* | list | *rhestr (F)* |
| knit, to | *gweu* | little | *ychydig, bach* |
| knock, to | *cnocio, curo* | live, to | *byw* |
| know (a fact), to | *gwybod* | load | *llwyth (M)* |
| | | locum | *locwm (M)* |
| know (a person or place), to | *nabod, adnabod* | London | *Llundain* |
| | | long | *hir* |
| | | longing | *hiraeth* |

| | | | |
|---|---|---|---|
| look, to | *edrych* | minute | *munud* |
| lord | *arglwydd* (M) | | (M/F) |
| lose, to | *colli* | mistake | *camgymeriad* |
| low | *isel* | | (M) |
| lower | *is* | modernise, to | *moderneiddio* |
| luck | *lwc* (F) | Monday | (*dydd*) *Llun* |
| lucky | *lwcus* | money | *arian* (M) |
| | | month | *mis* (M) |
| **M** | | moon | *lloer, lleuad* |
| | | | (F) |
| make, to | *neud, gwneud* | | |
| man | *dyn, gŵr* | more | *rhagor* |
| | (M) | most | *mwya* (f) |
| manner | *dull* (M) | mother | *mam* (M) |
| many | *llawer* | motor | *modur,* |
| map | *map* (M) | | *peiriant* |
| March | *Mawrth* | | (M) |
| marry | *priodi* | mountain | *mynydd* (M) |
| mason | *saer maen* | mouth | *ceg* (F) |
| | (M) | much | *llawer, yn* |
| master | *meistr* (M) | | *fawr* |
| mat | *mat* (M) | much, too | *gormod* |
| May | *Mai* | mule | *mul* (M) |
| mayor | *maer* (M) | music | *cerdd* (F), |
| me | *fi* | | *miwsig* |
| meal | *pryd o fwyd* | | (M) |
| | (M) | my | *fy, 'y, 'yn* |
| meat | *cig* (M) | **N** | |
| member | *aelod* (M) | | |
| message | *neges* (F) | name | *enw* (M) |
| metal | *metel* (M) | nasty | *cas* |
| middle | *canol* | nation | *cenedl* (F) |
| mile | *milltir* (F) | national | *cenedlaethol* |
| milk | *llaeth,* | natural | *naturiol* |
| | *llefrith* | near | *agos* |
| | (M) | nearly | *bron* |
| mind | *meddwl* (M) | necessity | *rhaid* (M) |
| minister | *gweinidog* | née | *gynt* |
| | (M) | need | *eisiau* |

| | | | |
|---|---|---|---|
| neighbour | *cymydog* (M) | paper | *papur* (M) |
| new | *newydd* | pain | *poen* (F) |
| niece | *nith* (F) | parents | *rhieni* (Pl) |
| night | *nos* (F) | park | *parc* (M) |
| nine | *naw* | parcel | *parsel* (M) |
| no | *na, ddim* | parish | *plwyf* (M) |
| nobody | *neb* | parody | *parodi* (M) |
| nor | *na* | party | *parti* (M), |
| north | *gogledd* (M) | | *plaid* (F) |
| nothing | *dim* | pass, to | *pasio* |
| now | *nawr, rwan* | past | *gorffennol* |
| number | *rhif* (M) | | (M) |
| nurse | *nyrs* (F) | path | *llwybr* (M) |
| | | patience | *amynedd* (M) |

**O**

| | | | |
|---|---|---|---|
| | | pay, to | *talu* |
| oak | *derwen* (F) | peace | *heddwch* (M) |
| occasional | *ambell* | peas | *pys* (Pl) |
| o'clock | *o'r gloch* | pencil | *pensil* (M) |
| October | *Hydref* | penny | *ceiniog* (F) |
| odds | *ots* | people | *pobl* (F |
| of (out of) | *o* | | *singular*) |
| offer (to) | *cynnig* | perfect | *perffaith* |
| offer | *cynnig* (M) | perhaps | *efallai* |
| old | *hen* | person | *person* (M) |
| opinion | *barn* (F) | physics | *ffiseg,* |
| other | *arall* | | *anianeg* |
| ought | *dyl-wn etc.* | | (M) |
| open, to | *agor* | piano | *piano* (M) |
| our | *ein . . . ni* | picnic | *picnic* (M) |
| over | *dros* | picture | *darlun, llun* |
| owner | *perchennog* | | (M) |
| | (M) | piece | *darn* (M) |
| Oxford | *Rhydychen* | pig | *mochyn* (M) |
| | | pine | *pîn* (M) |
| **P** | | pint | *peint* (M) |
| | | pipe | *pib* (F) |
| pack, to | *pacio* | pit | *pwll* (M) |
| pair | *pâr* (M) | place | *lle* (M) |

| | | | |
|---|---|---|---|
| plate | *plât* (M) | **Q** | |
| play, to | *chwarae* | quarter | *chwarter* (M) |
| pleasant | *hyfryd* | question | *cwestiwn* |
| please | *os gwelwch yn dda* | | (M) |
| | | quite | *hollol, yn* |
| pleasure | *pleser* (M) | quote, to | *dyfynnu* |
| plenty | *digon* | | |
| pocket | *poced* (F) | **R** | |
| poet | *bardd* (M) | | |
| point | *pwynt* (M) | race | *ras* (F) |
| police | *heddlu* (M) | radio | *radio* (M) |
| policeman | *plisman* (M) | rain | *glaw* (M) |
| pony | *merlyn* (M) | rather | *hytrach* |
| pop | *pop* (M) | reach, to | *cyrraedd,* |
| Post Office, the | *Swyddfa'r Post* (F) | | *estyn* |
| | | read, to | *darllen* |
| postman | *postman* (M) | ready | *parod* |
| pound | *punt* (F) | reason | *rheswm* (M) |
| pound note | *papur punt* (M) | recite, to | *adrodd* |
| | | recognise, to | *nabod,* |
| practice | *practis* (M) | | *adnabod* |
| preacher | *pregethwr* (M) | record | *record* (F) |
| | | remember, to | *cofio* |
| prepare, to | *paratoi* | renew, to | *adnewyddu* |
| preserve, to | *cadw* | rent | *rhent* (M) |
| produce | *cynnyrch* (M) | rest, to | *gorffwys* |
| proposition | *cynnig* (M) | ribbon | *rhuban* (M) |
| prose | *rhyddiaith* (F) | rid, to | *gwared* |
| | | right | *iawn, cywir* |
| price | *pris* (M) | road | *ffordd, heol* (F) |
| promise | *addewid* (F) | | |
| proud | *balch* | romantic | *rhamantus* |
| proverb | *dihareb* (F) | rose | *rhosyn* (M) |
| pudding | *pwdin* (M) | rot, to | *pydru* |
| pullover | *pwlofer* (M) | rub, to | *rhwbio* |
| pure | *pur* | run, to | *rhedeg* |
| purse | *pwrs* (M) | rush, to | *rhuthro* |
| put, to | *dodi, gosod* | Russia | *Rwsia* |

## S

| | |
|---|---|
| sad | *trist* |
| salt | *halen* (M) |
| Saturday | *(dydd) Sadwrn* |
| save, to | *cynilo, achub* |
| say, to | *dweud* |
| scarce | *prin* |
| scarecrow | *bwgan brain* (M) |
| school | *ysgol* (F) |
| score, to | *sgorio* |
| sea | *môr* (M) |
| seal, to | *selio* |
| search, to | *chwilio* |
| seat | *sedd* (F) |
| second | *ail* |
| second-hand | *ail-law* |
| secret | *cyfrinach* (F) |
| see, to | *gweld, gweled* |
| self | *hunan* |
| sell, to | *gwerthu* |
| send, to | *danfon* |
| September | *Medi* |
| set, to | *gosod, set* |
| sheep | *dafad* (F) |
| ship | *llong* (F) |
| shoot, to | *saethu* |
| slow | *araf* |
| side | *ochr* (F) |
| sight | *golwg* (F) |
| sign | *arwydd* (M) |
| since (time) | *ers* |
| since (because) | *achos, am fod* |
| sing, to | *canu* |
| sister | *chwaer* (F) |
| sit, to | *eistedd* |
| six | *chwech* |
| size | *maint* |
| skirt | *sgert* (F) |
| sky | *awyr, wybren* (F) |
| sleep, to | *cysgu* |
| slow | *araf* |
| small | *bach, bychan* |
| smashing | *bendigedig* |
| smoke, to | *smocio, smygu* |
| smoke | *mwg* (M) |
| snow | *eira* (M) |
| snow, to | *bwrw eira* |
| soil | *pridd* (M) |
| soap | *sebon* (M) |
| some | *rhai* |
| something | *rhywbeth* |
| someone | *rhywun* |
| somehow | *rhywsut* |
| somewhere | *rhywle* |
| so | *felly, mor* |
| son | *mab* (M) |
| soon | *yn fuan* |
| south | *de* (M) |
| splendid | *ardderchog* |
| spoon | *llwy* (F) |
| Spring | *Gwanwyn* (M) |
| stage | *llwyfan* (M) |
| stairs | *grisiau* (Pl) |
| stand, to | *sefyll* |
| standpoint | *safbwynt* |
| start, to | *dechrau, cychwyn* |
| station | *stesion, gorsaf* (F) |
| stay, to | *aros* |

| straw | *gwellt* (M) | ten | *deg* |
| steep | *serth* | terrible | *ofnadwy* |
| stick | *ffon* (F) | test | *prawf* (M) |
| stile | *camfa* (F) | thanks | *diolch* (M) |
| still | *llonydd; o hyd* | that | *hwnnw;* |
| stone | *carreg* (F) | | *hwnna,* |
| stop, to | *stopio* | | *honna* |
| strange | *dieithr, diarth* | the | *yr, y, 'r* |
| stream | *nant* (F) | their | *eu . . . nhw* |
| stretch, to | *ymestyn* | them | *nhw* |
| strong | *cryf* | then | *yna, wedyn* |
| succeed, to | *llwyddo* | they | *nhw* |
| sufficient | *digon* | think, to | *meddwl* |
| Summer | *Haf* (M) | this | *y . . . hwn,* |
| sun | *haul* (M) | | *hon, ma* |
| sure (to, of) | *siŵr* (o) | thou | *ti* |
| Sunday | *(dydd) Sul* | thought | *meddwl* (M) |
| swallow, to | *llyncu* | thousand | *mil* (F) |
| swift | *cyflym, buan* | through | *drwy* |
| swim, to | *nofio* | throw, to | *taflu* |
| | | thus | *fel hyn* |
| **T** | | time | *amser* (M), |
| | | | *gwaith* (F) |
| table | *bwrdd* (M), | | |
| | *bord* (F) | tire, to | *blino* |
| take, to | *cymryd* | tired | *wedi blino* |
| talk, to | *siarad* | to (wards) | *at* |
| tall | *tal* | to (into) | *i* |
| taxi | *tacsi* (M) | today | *heddi(w)* |
| tea | *te* (M) | together | *gyda . . .* |
| teach, to | *dysgu,* | | *gilydd* |
| | *addysgu* | tomorrow | *fory, yfory* |
| teacher | *athro* (M), | tonight | *heno* |
| | *athrawes* | too | *hefyd* |
| | (F) | touch, to | *cyffwrdd* |
| teapot | *tebot* (M) | trade | *masnach* (F) |
| tease, to | *poeni* | tree | *coeden* (F) |
| television | *teledu* (M) | true | *yn wir* |
| tell, to | *dweud wrth* | truth | *gwir* (M), |

| | |
|---|---|
| try, to | *trïo, ceisio* |
| Tuesday | *(dydd) Mawrth* |
| turnip | *meipen* (F) |
| two | *dau* (M), *dwy* (F) |

## U

| | |
|---|---|
| ugly | *hyll* |
| uncomfortable | *anghyfforddus* |
| under | *dan, o dan* |
| understand, to | *deall* |
| unfair | *annheg* |
| university | *prifysgol* (F) |
| up | *i fyny* |
| us | *ni* |
| use, to | *defnyddio* |

## V

| | |
|---|---|
| valley | *cwm, dyffryn* (M) |
| value | *gwerth* (M) |
| very | *iawn* |
| village | *pentre* (M) |
| voice | *llais* (M) |

## W

| | |
|---|---|
| wait, to | *aros* |
| waiter | *gweinydd* (M) |
| Wales | *Cymru* |
| walk, to | *cerdded* |
| wall | *wal* (F), *mur* (M) |
| war | *rhyfel* (M/F) |
| warm | *cynnes* |
| warning | *rhybudd* (M) |
| wash, to | *golchi* |
| wash (oneself) | *ymolchi* |

| | |
|---|---|
| waste, to | *gwastraffu* |
| wasteful | *gwastraffus* |
| water | *dŵr* (M) |
| we | *ni* |
| weak | *gwan* |
| weather | *tywydd* (M) |
| wedding | *priodas* (F) |
| Wednesday | *(dydd) Mercher* |
| week | *wythnos* |
| weep, to | *crio, llefain* |
| weight | *pwysau* (Pl) |
| welcome | *croeso* (M) |
| well | *yn iach* |
| Welsh | *Cymraeg* (F) |
| Welsh (from Wales) | *Cymreig* |
| Welshman | *Cymro* (M) |
| Welshwoman | *Cymraes* (F) |
| Welsh people | *Cymry* (Pl) |
| wet | *gwlyb* |
| what? | *beth?* |
| wheel | *olwyn* (F) |
| when | *pryd, pan* |
| where | *ble, lle* |
| which | *a* |
| which? | *pa?* |
| white | *gwyn* |
| who | *a* |
| who is/are | *sy* |
| who? | *pwy?* |
| whose? | *pwy?* |
| whole | *cyfan* |
| why | *pam* |
| wife | *gwraig* (F) |
| willing | *parod, bodlon* |
| wind | *gwynt* (M) |

| | | | |
|---|---|---|---|
| wine | *gwin* (M) | worst luck | *gwaetha'r* |
| winter | *gaeaf* (M) | | *modd* |
| with | *â, gyda* | write, to | *sgrifennu* |
| within | *tu mewn* | | |
| without | *heb, tu allan* | **Y** | |
| woman | *menyw, dynes,* | | |
| | *gwraig* (F) | yard | *llathen; iard* |
| wood | *pren* (M), | | (F) |
| | *coed* (Pl) | year | *blwyddyn* (F) |
| wool | *gwlân* (M) | yellow | *melyn* |
| word | *gair* (M) | yesterday | *ddoe* |
| work | *gwaith* (M) | yield, to | *ildio* |
| work, to | *gweithio* | yonder | *acw* |
| world | *byd* (M) | you | *chi, ti* |
| worse | *gwaeth* | young | *ifanc* |
| worst | *gwaetha* | your | *eich . . . chi* |

# Mynegai—Index

# GOOD ENGLISH

## G. H. THORNTON AND K. BARON

The ability to write good English is not easy to acquire. Rather than a knowledge of grammatical terms the student must understand the principles which underlie good written English.

Designed as a course, for use either in the classroom or for the student working on his own, *Good English* is divided into a series of carefully graded lessons. Each particular aspect of written English, such as sentence construction or style, is explained and discussed with the aid of working examples. The result is not a grammar book, but rather a course on the underlying principles of good English and a description of how they can be applied in English composition.

**TEACH YOURSELF BOOKS**

# IRISH

## MYLES, DILLON AND DONNCHA
## Ó CRÓININ

Irish is a Celtic language, closely related to Gaelic and
Manx, and, as the official language of the Republic of
Ireland, is taught in schools throughout the country,
thus playing an important part in the revival of Irish
culture.

This course has been divided into three parts. Part I
covers the alphabet and pronunciation and the prob-
lems of spelling. Part II is a series of twenty-seven
graded lessons, each one covering a particular aspect of
the grammar. Part III contains the keys to the exercises
which are to be found in each of the lessons, while at
the end of the book are verb lists and a vocabulary.

'It is very difficult to achieve the perfection which is so
obvious in the text. Great talent and a lot of hard work
has gone into it.'

*Irish Press*

## TEACH YOURSELF BOOKS

# GAELIC

## RODERICK MACKINNON

A complete course in Scottish Gaelic for beginners, consisting of a series of thirty-five carefully graded lessons, which will take the student to the point where he can confidently sit the Scottish Certificate of Education Learners' 'O' Grade examination in Gaelic.

The approach throughout the course is deliberately lively and modern, while each lesson contains both working examples and exercises, and a comprehensive scheme of pronunciation. Also included in the text are extensive vocabularies and a selection of Ordinary Grade Gaelic Examination papers.

'Extremely competently done, having of the virtues of Scottish thoroughness and systematic teaching.'
*The Scotsman*

**TEACH YOURSELF BOOKS**